Safety Monitoring and Assessment of Long Span Bridges

大跨桥梁安全监测与评估

冯兆祥　缪长青　钟建驰　编著

人民交通出版社

内容提要

本书共分为10章，其主要内容包括：大跨桥梁病害与结构分析方法，桥梁健康监测系统设计与实施，桥梁安全监测中的测试技术，大跨桥梁基础安全监测异常状态识别与预测，大跨桥梁上部结构监测预警与损伤识别，大跨桥梁地基及基础安全监控的评估分析，大跨桥梁上部结构安全评估，大跨桥梁安全监测与评估软件，大跨桥梁基础安全监测与评估实例。

本书可供公路桥梁设计、施工及相关技术人员参考使用。

图书在版编目（CIP）数据

大跨桥梁安全监测与评估/冯兆祥等编著.—北京：人民交通出版社，2010.9
ISBN 978-7-114-08668-7

Ⅰ.①大… Ⅱ.①冯… Ⅲ.①大跨度结构-桥梁工程-安全监察②大跨度结构-桥梁工程-安全性-技术评估 Ⅳ.①U448.437

中国版本图书馆CIP数据核字（2010）第177394号

书　　名：大跨桥梁安全监测与评估
著 作 者：冯兆祥　缪长青　钟建驰
责任编辑：刘永超　钱悦良
出版发行：人民交通出版社
地　　址：(100011) 北京市朝阳区安定门外外馆斜街3号
网　　址：http://www.ccpress.com.cn
销售电话：(010) 59757969，59757973
总 经 销：人民交通出版社发行部
经　　销：各地新华书店
印　　刷：北京鑫正大印刷有限公司
开　　本：787×1092　1/16
印　　张：16.75
字　　数：406千
版　　次：2010年9月　第1版
印　　次：2010年9月　第1次印刷
书　　号：ISBN 978-7-114-08668-7
定　　价：42.00元

前　言

大型桥梁结构往往位于交通的咽喉要道，是交通运输系统中的枢纽工程，在国民经济中起着举足轻重的作用。20世纪80年代以来，随着经济的高速发展和社会的进步，对于交通的需求越来越高，加之桥梁结构分析理论、建筑材料和施工技术的迅速发展，大型桥梁的建设规模、建设速度和技术创新都进入了一个飞速发展的时期，桥梁跨度变得越来越大。

近几年来，已在大江大河上建设了一批特大型斜拉桥和悬索桥，如江阴长江大桥(悬索桥、主跨1 385m)、香港青马大桥(悬索桥、主跨1 377m)、润扬长江大桥(南汊悬索桥、主跨1 490m)、西堠门跨海大桥(悬索桥、主跨1 650m)、苏通长江大桥(斜拉桥、主跨1 088m)。

大跨桥梁的整个结构体系的安全性主要体现在基础的安全性和上部结构的安全性。大型桥梁的跨度长、自重大，传递到地基上的作用力很大，需要设置大型或特大型桥梁基础。桥梁基础是桥梁的关键承载结构，一旦发生基础的异常变形与破坏，将导致整个桥梁的整体破坏，造成的经济损失将是十分巨大的，桥梁基础安全性监测与分析是大型桥梁建设与使用过程中的一项重要工作。而上部结构受交通、环境等外界作用荷载的影响更直接，是大桥运营维护管理部门极为关注的。在长达几十年、甚至上百年使用期中，由于环境侵蚀、材料老化和荷载的长期效应、疲劳效应、突发事件、交通量及重车数量的不断增加等因素的共同作用，将不可避免地导致结构系统的损伤累积和抗力衰减，结构的安全性和使用功能也必然发生退化。而且有的构件损伤可能扩展很快，极端情况下易引发灾难性的突发事故。

为了保障大型桥梁结构的安全性、完整性、适用性与耐久性，对于大型桥梁结构和基础设施，采用有效的技术手段监测和评定其安全状况，并及时修复和控制结构损伤，具有重要的意义。自1940年美国塔科马(Tacoma)悬索桥发生风毁事故以后，桥梁结构安全监测的重要性就引起人们的注意。20世纪80年代中后期，先后在许多重要的大跨度或结构体系新颖的桥梁上建立了安全监测系统。我国桥梁结构安全监测系统的研究与应用始于20世纪90年代，依托我国大规模基础设施建设的背景，桥梁结构安全监测系统在我国得到了广泛的应用。新建的大型桥梁结构总结以往的经验和教训，也在工程建设的同时建立安全监测系统。这对于保证大跨桥梁的结构安全、及时掌握结构运营状况、发现桥梁早期的病害及查明不可接受的响应原因、实施经济合理的维修计划、实现安全经济的运行具有重要意义和实用价值。

本书从桥梁整体结构体系以及全寿命周期的思想出发，对于大跨缆索支承型桥梁基础结构及上部结构安全监测系统的设计与实施、现代测试技术的应用、结构预警与状态识别、结构安全性评估等方面相关问题进行了系统阐述。

近10多年来，本书作者先后参加了江阴长江大桥、润扬长江大桥、泰州长江大桥等特大型桥梁工程的建设，负责和参与了国家科技支撑计划项目、国家863计划项目、国家自然科学基金项目、江苏省自然科学基金项目等国家及省部基金项目，主持和参与了润扬大桥等特大型桥梁结构安全监测系统的科研与工程实践。本书的编写得到了江苏省长江公路大桥建设指挥部、东南大学土木工程学院、河海大学土木工程学院、解放军理工大学等建设管理部门和合作单位的大力支持,对以上单位作者表示衷心的感谢!

参加本书编写和内容研究的还有吉林研究员高工、李爱群教授、邵建国教授、李兆霞教授、韩晓林教授、丁幼亮博士、郭彤博士、杨杰博士、王锦国博士、赵启林博士、朱晓文博士,作者对于他们为本书相关内容研究所作出的贡献表示衷心的感谢。

由于大跨桥梁结构安全监测及评估研究尚在不断发展与完善之中,更主要的是受作者水平及时间所限,书中难免存在不当和错误之处,敬请读者和有关专家给予赐教和指正。

本书的出版得到了"江苏省333高层次人才培养工程"专项资助和江苏省自然科学基金项目(BK2008316)资助,在此表示衷心感谢。

作者

2010年6月

目　录

第1章　绪　　论

1.1　引　　言

重大工程结构的使用期长达几十年、甚至上百年，在环境侵蚀、材料老化和荷载的长期效应、疲劳效应和突变效应等灾害因素的共同作用下，将不可避免地导致结构系统的损伤累积和抗力衰减，从而导致抵抗自然灾害、正常环境下的使用能力的下降，极端情况下易引发灾难性的突发事故，造成人民生命财产的重大损失，对公共安全造成巨大冲击以致产生恶劣社会影响。因此，为了保障结构的安全性、完整性、适用性与耐久性，对于重大工程结构和基础设施急需采用有效的技术手段监测和评定其安全状况，并及时修复和控制结构损伤，具有现实意义和广阔的应用前景。

20世纪80年代以来，随着经济的高速发展和社会的进步，大型桥梁等基础设施在世界各国不断地兴建。尤其是近几年，随着我国经济实力的提高，已在大江大河上建设了一批特大型斜拉桥和悬索桥，如汕头海湾大桥（悬索桥、主跨452m）、西陵长江大桥（悬索桥、主跨900m）、虎门大桥（悬索桥、主跨888m）、宜昌长江大桥（悬索桥、主跨960m）、江阴长江大桥（悬索桥、主跨1 385m）、香港青马大桥（悬索桥、主跨1 377m）、润扬长江大桥（南汊悬索桥、主跨1 490m）、西堠门跨海大桥（悬索桥、主跨1 650m）、南京长江二桥（斜拉桥、主跨628m）、南京长江三桥（斜拉桥、主跨648m）、苏通长江大桥（斜拉桥、主跨1 088m）。目前，我国正在建设南京长江四桥（悬索桥、主跨1 418m）、马鞍山长江大桥（三塔两跨悬索桥、主跨1 080m+1 080m）、泰州长江公路大桥（三塔两跨悬索桥、主跨1 080m+1 080m）等更大跨径的特大型桥梁。

大跨桥梁的生命周期包括设计、施工、运营、养护管理等阶段，在整个寿命期内桥梁结构面临着如何保证结构设计的合理与安全性、施工安全与质量保证、使用期间的安全性与耐久性、维护管理的经济性等问题。因此，对于整个生命周期内的大跨桥梁结构状态进行监测与安全性评估，对于实现合理的养护维修计划、保证桥梁的正常运营以及结构的安全耐久性具有重要的意义。

从大跨桥梁的整个结构体系的结构特点看，桥梁的安全性主要体现在基础的安全性和上部结构的安全性。大型桥梁的跨度长、自重大，传递到地基上的作用力很大，一般需要设置大型或特大型桥梁基础。桥梁基础是桥梁的关键承载结构，一旦发生基础的异常变形与破坏，将导致整个桥梁的整体破坏，造成的经济损失将是十分巨大的，桥梁地基基础的安全性监测与分析是大型桥梁建设与使用过程中的一项重要工作。而上部结构在运营中受交通、环境等外界作用荷载的影响更直接，是大桥运营维护管理部门极为关注的。桥梁在长期的运营使用过程中，由于气候、环境等自然因素的作用和日益增加的交通量及重车、超重车过桥数量的增加，桥梁上部结构的安全性和使用功能也必然发生退化，难免会发生各种结构损伤。

自1940年美国塔科马（Tacoma）悬索桥发生风毁事故以后，桥梁结构安全监测的重要性就引起人们的注意。但是，由于受科技水平的限制和人们对自然认识的局限性，早期的监测手段比较落后，在工程应用上一直没有得到很好的发展。20 世纪 60 年代以来，在北美、欧洲和亚洲的一些国家和地区，相继发生了桥梁结构的突然性断裂事件。例如，1962 年，美国 Kings 钢桥因疲劳而倒塌；1967 年，美国俄亥俄河上的一座主要桥梁倒塌，造成 46 人丧生；1994 年，韩国圣水（Sungsu）大桥中孔崩塌，造成 32 人死亡；1999 年，我国重庆市綦江彩虹桥突然倒塌，死伤数十人；2000 年 8 月，我国台湾高屏大桥倒塌；2001 年 11 月，四川宜宾南门大桥桥面突然断裂；2004 年 6 月，我国辽宁盘锦市境内辽河大桥中孔突然倒塌；2007 年 8 月 1 日，美国明尼苏达州横跨 Mississippi 河的 I-35W 桥（全长 581m、三个主跨、拱式钢桁架桥）在使用 40 年后突然倒塌。这些灾难性事故不仅引起了公众舆论的严重关注，也使各国政府和科研机构意识到，研究桥梁结构的健康状态监测与诊断问题已刻不容缓。

导致桥梁结构发生破坏和功能退化的原因是多方面的，有些桥梁的破坏是人为原因造成的（劣质工程，如四川綦江彩虹桥等），但大多数桥梁的破坏和功能退化是自然原因造成的。自然原因中，基础沉降变位、循环荷载作用下的裂纹失稳扩展是造成许多桥梁结构发生灾难性事故的主要原因。近年来，国内发生的几起大桥坍塌或局部破坏事故在很大程度上是由于构件疲劳和监测养护措施不足，从而严重影响构件的承重能力和结构的使用，进而发生事故。理论研究和经验都表明，加强建设期间和成桥后运营过程中的结构状态检测、损伤检测，加强结构的承载能力、运营状态分析与预警，适时维修，有助于从根本上消除隐患及避免灾难性事故的发生。

现代大跨桥梁设计方向是更长、更轻柔化、结构形式与功能日趋复杂化。为确保大跨桥梁的结构安全、实施经济合理的维修计划、实现安全经济的运行及查明不可接受的响应原因，通过安全监测系统发现桥梁早期的病害，能大大节约桥梁的维修费用，避免出现重大的经济损失。

1.2 桥梁结构安全监测的发展

工程结构安全监控开始于 20 世纪 60 年代初，最早是在大坝工程方面得到应用，如今在桥梁工程、高层建筑等领域都得到发展。自 20 世纪 80 年代，由于人们对于大型桥梁安全性与耐久性的认识的提高，对于原有桥梁与在建的大型桥梁进行安全监测控制逐渐发展起来。欧美一些国家明确提出了结构健康监测（Structure Health Monitoring，简写为 SHM）的新理念，并先后在许多重要的大跨度或结构体系新颖的桥梁上建立了健康监测系统。

从监测的部位而言，桥梁系统的安全监测可以分为桥梁上部结构的监测和桥梁地基与基础的监测。从监测的时机来看可以分为：在桥梁寿命初期进行的施工过程结构安全监测；成桥后的结构运营安全监测。施工期监测就是在桥梁建设施工阶段，监测结构的变形、应力等变量，及时了解结构的状况，从而保证施工安全和结构质量，同时可以进行施工的反馈设计，如丹麦就对法罗（Faroe）跨海大桥进行了施工阶段的安全监测，中国在江阴大桥、虎门大桥、徐浦大桥等桥梁上部结构与地基基础的施工阶段都进行了安全监测，通过监测结果来指导施工设计与进度。

结构安全监测就是在桥梁建设与使用阶段对桥梁的上部结构与地基基础实时测量某些点的位移、应变、应力、温度、加速度与倾斜角等，一方面了解结构所受荷载等情况以及在荷载状况下的结构响应，判断结构是否安全，进一步通过一定的计算手段判断结构是否发生损伤以及损伤的位置。

1.2.1 大跨桥梁基础安全监测的发展

大跨度桥梁跨度长、自重大，传递到地基上的作用力和作用范围也较大，需要设置大型或特大型桥梁基础，涉及的岩土问题相应也较多。而且大跨桥梁工程设计与建设周期长、使用环境恶劣，易受自然环境的影响，且长期承受动荷载作用。锚碇、塔基础、地基等作为大跨桥梁的根基，如果发生稳定性破坏，将导致整个桥梁损毁。

如悬索桥的大部分荷载将由主缆承受，通过索股与锚碇架分散传到锚碇上，再由锚碇基础传递到地基。锚碇基础及地基一旦发生稳定性破坏，将导致整个桥梁的破坏，造成的经济损失将是十分巨大的。锚碇等地基基础的稳定安全是关系到整个大桥安全最重要的因素之一，大跨桥梁的塔基、锚碇等基础在施工期与运营期存在难以预测的地震、施工质量缺陷等因素，都会引起桥梁基础的不安全。因此，建设期和运营期的悬索桥锚碇等基础安全稳定性更成为各界的广泛关注的问题，是大型桥梁建设与运营过程中必须进行的一项重要工作。

目前，进行地基基础稳定性分析的理论方法主要有极限平衡法与干扰能量法等，但这些方法在非线性有限元求解等方面尚不成熟。随着研究工作的深入，人们逐渐认识到由于岩土材料的复杂性与随机性等因素，单纯利用数值计算模型难以对大型桥梁地基基础在施工与使用过程中的稳定性进行准确的预测与分析。于是人们逐渐将现场监测技术应用到大型桥梁地基基础的稳定性预测与控制中，通过理论计算模型与现场监测手段相结合，来进行大型桥梁基础设施、地基基础稳定性的分析、预测与控制。

桥梁地基基础的工程安全监测贯穿于工程设计、施工、结构运营等结构工程寿命内，对其实际情况的监测具有重要意义。通过对基础外部变形，基础结构内部变形、应力与应变等变量进行实时并且长期的监测，将这些信息反馈到专家系统与计算模型中，有利于提高对地基基础稳定性分析的准确程度。同时根据监测结果进行基础安全性分析，将分析结果作为依据对工程采取控制措施，做到“防患于未然”更显重要。不仅如此，地基基础的监测信息也可以用于验证桥梁基础的设计计算理论，对桥梁设计计算理论水平的提高发挥重要作用。

随着对大型桥梁结构的认识越来越深，人们不仅对上部结构监测技术进行深入研究，而且对大型桥梁地基变形、基础与地基相互作用等也日益重视，对于许多大型桥梁进行了地基基础安全监测。希腊科林斯海湾大桥地基处于80m厚的软土沉积层上，并跨越一个活动地质断层线，通过全球定位系统(GPS)监测地基基础的移动，三年的监测期间测量到的位移达52mm。日本明石大桥在锚碇的散索鞍设置了变位监测点，在锚碇体上设置了加速度监测点，用于锚碇地基基础的长期监测。江阴长江大桥在施工期为监控北锚碇及沉井基础的变位和稳定，在沉井顶面4个角点和鞍部顶面各布置了4个变位监测点，对锚碇变位进行监测，并将锚碇的监测信息用于主缆架设与主鞍位移的控制。润扬大桥在施工期间布置位移测点、测斜仪、钢筋计、土压力计、孔隙水压力计等近500个传感器对锚碇塔基础进行安全监测，其中部分位移监测点、钢筋计等用于运营期间的基础变位、压力的长期观测。

过去我国对桥梁的地基基础进行安全性分析，主要是依据地质调查、力学参数的室内试验来建立理论计算模型，通过这些理论计算模型进行桥梁地基基础的安全性分析与评估。随着大型桥梁地基基础实时监测系统的应用，实现了对于桥梁地基基础变形、应力与应变等变量的实时测量分析，这些信息反馈到专家系统与理论计算模型中，大大提高了对地基基础安全性分析和预测的准确性。

1.2.2 上部结构安全监测的发展

国外桥梁结构安全监测系统的应用可以追溯到20世纪80年代。美国在80年代中后期，开始在多座桥梁上布设监测传感器，如佛罗里达州的Sunshine Skyway斜拉桥安装了500多个各类传感器，用来测量桥梁建设过程中和建成后桥梁的温度、应变及位移。英国在80年代后期，开始研制和安装大型桥梁的检测仪器和设备，研究和比较了多种长期监测系统的方案，并在爱尔兰Foyle钢箱梁桥安装了监测系统，该系统的主要监测项目包括主梁挠度、气象数据、温度、应变等，试图探索一套有效的、可广泛应用于类似结构的监测系统。丹麦曾对总长1 726m的Faroe跨海斜拉桥进行施工阶段及通车首年的监测；此外，在大带桥(Great Belt Bridge)的结构安全监测系统中，安装了近200个各类传感器对桥梁结构的温度分布、结构沉降、位移、振动等进行监测。另外，英国的Flintshire独塔斜拉桥、美国的Benicia-Martinez钢桁架桥、挪威的Skarmsundet斜拉桥、墨西哥的Tampico斜拉桥、加拿大的Confederation连续刚构桥等也安装了不同规模的结构安全监测系统(表1-1和表1-2)。

国内外安装结构健康监测系统的桥梁 表1-1

桥梁名称	结构类型	跨度 (m)	国家或地区
Sunshine Skyway桥	斜拉桥	164.7+366+164.7	美国
Commodore Barry桥	悬臂桥	274+548+274	美国
Fred Hartman桥	斜拉桥	160.6+416.6+160.6	美国
Golden Gate桥	悬索桥	343+1 280+343	美国
Ironton-Russell桥	悬臂桥	117+241+117	美国
明石桥	悬索桥	960+1 991+960	日本
南备赞濑户桥	悬索桥	274+1 100+274	日本
多多罗桥	斜拉桥	270+890+270	日本
白鸟大桥	悬索桥	330+720+330	日本
大鸣门桥	悬索桥	330+876+330	日本
Flintshire桥	斜拉桥	194+100	英国
Foyle桥	梁桥	144.3+233.6+144.3	英国
Forth公路桥	悬索桥	408+1 006+408	英国
Namhae桥	悬索桥	128+404+128	韩国
Saohae桥	斜拉桥	60+200+470+200+60	韩国
Yeongjing桥	悬索桥	125+300+125	韩国
Banghwa桥	系杆拱桥	540	韩国
Gwangan桥	悬索桥	200+500+200	韩国
Confederation桥	梁桥	45×250	加拿大

续上表

桥梁名称	结构类型	跨度（m）	国家或地区
Taylor 桥	梁桥	5×33.0	加拿大
Great Belt 桥	悬索桥	535+1 624+535	丹麦
Pereria-Dos Quebradas 桥	斜拉桥	114.6+210.9+114.6	哥伦比亚
Normandie 桥	斜拉桥	856	法国
Skarsundet 桥	斜拉桥	240+530+240	挪威
青马桥	悬索桥	455+1 375+300	中国香港
汀九桥	斜拉桥	127+448+475+127	中国香港
汲水门桥	斜拉桥	160+430+160	中国香港
昂船洲桥	斜拉桥	1 018	中国香港
江阴大桥	悬索桥	1 385	中国
润扬大桥南汊桥	悬索桥	1 490	中国
润扬大桥北汊桥	斜拉桥	176+406+176	中国
苏通大桥	斜拉桥	主跨 1 088	中国
虎门大桥	悬索桥	888	中国
南京长江三桥	斜拉桥	主跨 648	中国

部分国内外桥梁监测系统中使用的传感器 表1-2

传感器	青马桥	汀九桥	汲水门桥	明石桥	南京二桥	润扬大桥	江阴大桥
风速仪	6	7	2	9	4	2	
温度计	115	75	224			28+16	
动态地秤	6	6	6				
加速度计	17	67	3	10	27	85+15	72
位移传感器	2	2	2	7	6	4	
沉降传感器	9		5			√	
应变传感器	118	128	46	8		40+20	
光纤传感器						8+32	
水平仪	9	0	5				
电子测距仪					1/16		1/16
磁弹性测力仪							24
剪力销							12
速度计				12			
GPS	√					√	
测斜仪						6	

(1)加拿大 Confedration 桥，1997 年建成。全长 12.9km，是世界上最长的建于海水中的预应力混凝土箱梁桥。主跨 45×250m，设计寿命为 100 年。因为当时世界上还没有一种规范或标准能涵盖该桥的设计标准，于是在该桥上实施一套综合监测计划，以便对桥梁在冰荷载作用下的性能、桥梁的短期和长期变形、温度应力、车辆荷载及荷载组合、在风和地震荷载下的动

力响应以及环境对桥梁的侵蚀进行研究。监测系统所用的加速度计、应变计、倾斜计、水荷载传感器以及热电偶等各种传感器740个。

(2)日本明石海峡(Akashi-Kaikyo)大桥,如图1-1a)所示,1998年建成。主跨1 991m,是目前世界上最长的悬索桥。为了证实在强风和地震时的设计假定和有关参数的取值,另外为确定桥梁在温度变化和受其他条件影响的变形特性,在该桥上安装了包括地震仪、风速计、加速度计、速度计、全球卫星定位系统(GPS)、测量主梁边缘位移的位移计、测量调频质量阻尼器(TMD)的位移计及温度计等传感器的监测系统。

(3)韩国Seohae桥和Youngjong桥。Seohae桥为主跨为400m的双塔斜拉桥;Youngjong桥为自锚式悬索桥,跨度布置为125m+300m+125m,2000年建成。建成后分别安装了结构健康监测系统,监测内容包括结构的静动态性能和环境荷载,其中Seohae桥安装了各种类型传感器120个,Youngjong桥安装了各种类型传感器380个。

(4)香港青马(Tsing Ma)大桥、汲水门(Kap Shui Mun)桥和汀九(Ting Kau)桥,如图1-1b)～1-1d)所示。其中,青马桥是主跨1 377m的悬索桥(图1-2);汲水门桥为主跨430m的斜拉桥(图1-3);汀九桥为3塔单索面斜拉桥,两个主跨分别为448m和475m,1997年建成。由于索支承桥对风比较敏感,香港路政署在这些桥上安装了保证桥梁运营阶段安全的监测系统,称之为“风和结构健康监测系统”(WASHMS)。该系统的监测项目包括作用于桥梁上的外部作用(包括环境因素及车辆荷载等)与桥梁的响应,共安装了GPS、风速风向仪、加速度计、位移计、应变计、地震仪、温度计、动态地磅等各类传感器774个。

a) 明石海峡大桥　b) 青马大桥

c) 汲水门桥　d) 汀九桥

图1-1　建立安全监测系统的大跨度桥梁

(5)上海徐浦大桥,1997年建成。双塔双索面斜拉桥,主跨590m,主梁采用钢梁和钢筋混凝土桥面板组成的组合梁,边跨为预应力混凝土连续梁。为了探索大跨度桥梁健康监测的经验,在该桥上安装了一个带研究性质的结构健康监测系统。该监测系统包括如下监测内容:车辆荷载、主跨主梁的标高、主跨主梁跨中断面的温度及应变、主跨主梁的自振特性以及斜拉索的索力及斜拉索的振动水平。整个监测系统共用各类传感器74个。

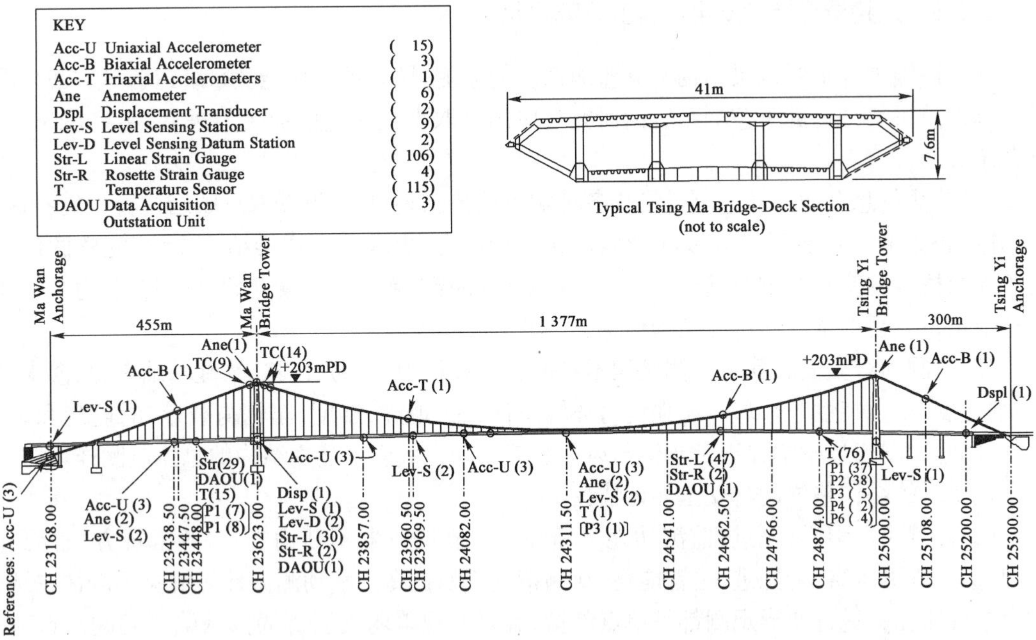

图 1-2　香港青马大桥上部结构健康监测系统传感器布置示意图

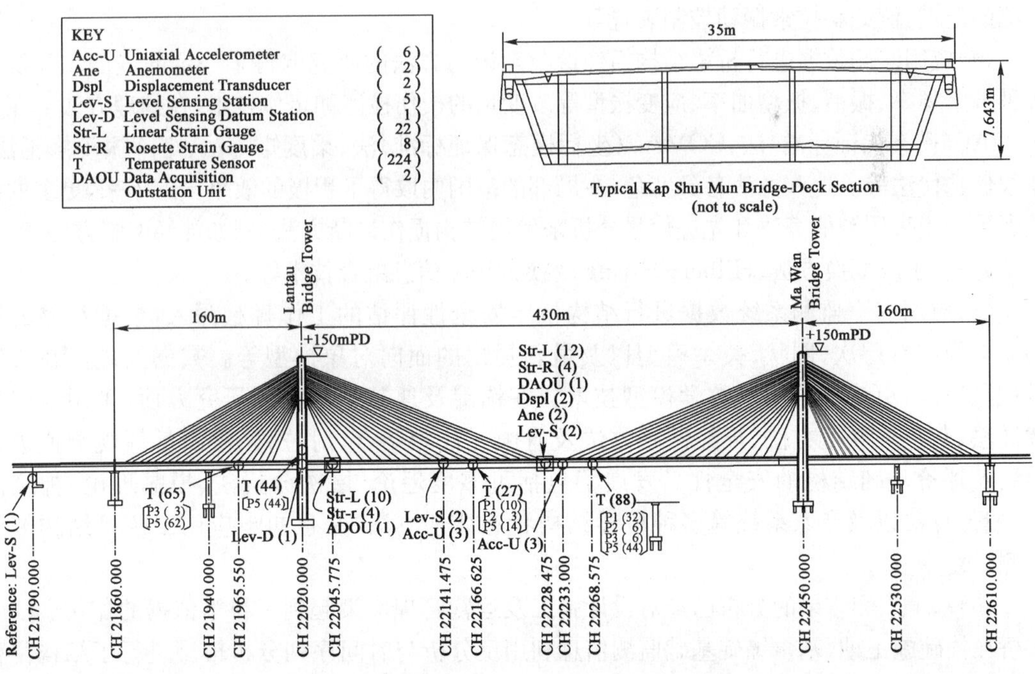

图 1-3　香港汲水门桥上部结构健康监测系统传感器布置示意图

1.2.3 大跨桥梁结构安全监测的研究现状

从上述国内外主要桥梁结构健康监测系统的监测目标、系统功能及系统运营等方面来看，目前国内外桥梁结构健康监测系统的研究与应用已取得了一定的成果与进展，主要反映在以下几个方面。

(1)监测信息全面。通过测量结构各种响应的传感装置，能够获取反映结构行为的各种记录，并在桥梁通车运营后连续或间断地监测结构状态，力求获取桥梁结构连续、完整的信息。对于大跨桥梁的锚碇等重要基础设施，从桥梁基础勘察、施工监控就开始进行监测，力求连续、完整地记录大桥的全寿命过程结构信息。

(2)监测内容全面。除了监测结构本身的状态和行为(应力、位移、锚碇基础压力、渗水、倾角、加速度、动力特性等)以外，还强调对环境条件(风、地震、温度、车辆荷载等)的监测和记录分析，同时试图通过桥梁在正常车辆与风荷载下的动力效应来建立结构的总体监测样本，并借此开发实时的结构整体性与安全性评估技术。

(3)监测仪器多样、先进，监测功能不断完善。新的仪器不断涌现，一些常规方法得到改进，观测手段更丰富、更先进、更智能化，观测精度不断提高。滑动测微计等解决了以往在结构物上或观测孔中进行变形观测都是单点测量，难以发现软弱夹层等局部缺陷的问题。自动激光准直系统大大地提高了变形观测的效率。伺服加速度传感器的使用，大大提高了测斜仪的精度与观测深度。变磁阻感应式遥测垂线坐标仪、深层基岩多点变位计、附壁位移计、结构CT技术、光纤传感等新型观测装置和技术得到了更多应用。监测系统具有快速大容量的信息采集、通信与处理能力，并实现网络共享。另外，一些重要辅助设施的工作状态也纳入长期监测的范围，例如斜拉索振动控制装置等。

(4)应用监测数据进行桥梁结构损伤诊断理论与方法的研究取得了一定的进展。开发了各种基于频率、振型、振型曲率、应变振型等改变量的损伤检测和定位技术，在处理方法上探寻了 MAC(模态保证标准)法、COMAC(坐标模态保证标准)法、柔度矩阵法、矩阵振动修正法、非线性迭代法等。这些方法各具特色，在局部的范围内取得了积极的效果。近年来，更多的研究者致力于采用智能算法和先进信号分析来发展结构损伤诊断方法，例如神经网络方法、模糊数学方法、小波变换方法、Hilbert-Huang 变换方法和信息融合技术等。

(5)应用安全监测系统数据进行结构桥梁安全性评估的工作日趋深入，数据存储的结构数据模型有层次、网状、关系模型以及最新提出的面向对象模型等。数据处理向在线实时控制发展，更多地采用了数学模型技术。在锚碇及地基基础监测研究方面，采用卡尔曼滤波法、灰色关联度方法、神经网络方法及有限元法相结合，对位移、渗漏量等观测值进行预测及评价基础结构的安全性。发展了包括可靠度理论、层次分析法、模糊理论、神经网络、遗传算法以及专家系统等多种桥梁结构状态评估方法，并且初步应用于桥梁结构健康监测系统中。

(6)基于监测结果的分析已经对设计施工及运营管理决策起到了科学依据的作用。江阴大桥在锚碇施工期，基于锚碇基础监测信息利用反分析与时间序列分析模型进行了结构位移预测分析，指出锚碇的水平位移过大并会导致上部结构的不安全，并及时更改了设计。润扬大桥则采用基于时间窗口的神经网络多步滚动预测技术，根据地下连续墙的变形监测数据对润扬大桥南汉北锚碇地连墙的施工变形进行了预测，指导施工。

需要指出，上述关于桥梁结构损伤诊断、结构安全评估方面的研究进展还理论探索阶段，距离建立桥梁结构安全监测系统的理想目标尚有较大的差距。这主要是由于：①桥梁结构的不确定性因素和复杂的工作环境对结构响应的灵敏性造成了不利的影响，导致了目前桥梁状态监测结果分析判断的困难；②对桥梁结构在寿命周期内工作特性的变化缺乏全面深入的研究，难以建立客观统一的桥梁状态评估标准。

在安全监测系统建设方面，目前国内外已经建立的大跨桥梁结构健康监测系统大部分仅限于数据采集、保存，而在对监测数据进行科学管理方面、科学合理的桥梁评估指标的建立、结构健康状态诊断体系的建立、应用监测数据对桥梁健康状况进行系统评估等方面的研究与应用明显不足。系统的可靠性、长期稳定性、维修性等方面也存在问题。综合国内外已建的桥梁健康监测系统，主要有以下几方面需要完善：

(1)建立科学合理的桥梁健康状态和结构安全性评估系统，是整个结构安全监测系统的核心。目前国内大跨桥梁结构安全监测系统仅限于数据采集、保存，对于数据的处理与利用依然落后，在应用监测信息对桥梁结构健康状况进行状态评估方面尚未完善。目前还没有一个真正意义上的专家智能系统可以进行准确的损伤判断，几乎所有的系统都没有实现利用已有信息进行计算模型的修正，也没有提供结构受到损伤后的剩余承载力判断的能力。

(2)在进行桥梁监测系统设计与信息处理时，往往是上部结构与地基基础分开处理，在大跨桥梁的桩土耦合作用以及对于结构安全性影响方面的研究比较少。但是实际建设、运营中上部结构与锚碇地基基础等是一个相互影响的整体，应该建立统一的监测系统与分析评估系统。

(3)关于应用监测系统信息反馈于设计的方面研究较少。在基础方面，利用力学参数反演理论进行理论计算模型的修正与结构响应的预测等方面的研究，依然存在求解不稳定、反演结果可信性低等问题。而在上部结构，利用结构安全监测系统提取的运营状态结构特征反馈大跨桥梁结构构造设计方面的研究几乎是空白。

(4)结构健康评估系统要具有较好的开放性、兼容性。目前的大跨桥梁安全监测系统基本是一个自成体系的独立系统，而仅仅依靠监测系统的数据还很难对于结构运营状态进行准确的评估。对于大跨桥梁结构状态评估要将结构安全监测系统与大桥的日常检测养护管理结合起来。

(5)监测项目的选择、测点布置、监测模式有待完善。在监测系统的布置上，经验的成分多，理论指导少，往往是根据设计者自己的经验，提出监测的项目和测点的布置，缺乏系统的理论指导。测点的布置要充分考虑结构安全评估的需要，还应充分考虑结构的设计思路、运营管理的要求。

(6)在监测手段方法上应有所突破。目前传感器存在的主要问题是耐久性与分布式监测能力差。传感器的选择除了要满足测量的要求外，还要满足数据通信的要求。应采用光纤传感器、GPS等现代测量技术，保证数据采集、传输和系统通信的可靠性。

(7)数据库的结构模式要充分考虑到结构评估、检索、管理、通信等方面的需要。系统的界面要形象地反映结构响应、桥梁结构工作的状况。

成桥后的结构状态识别是桥梁结构安全监测的核心问题，桥梁运营过程中的损伤检测、预警及适时维修主要涉及两个问题：一是如何对结构状态及参数进行识别，包括对结构系统中已经出现的损伤进行有效的识别、定位和评价；二是如何对有损结构的功能退化状况和使用风险进行定量评估。近年来，科学技术的发展已经给动态试验技术、大型复杂结构的在线监测、数值模拟和结构识别技术带来了很大进步，这些技术在航空航天和汽车工业等领域已经广为应用。但是这些技术手段在大型桥梁结构中的综合应用还不多见，这主要是由于桥梁等工程结构与航天航空工程、机械工程等结构有明显的差别，尺寸和质量大，具有较低的自振频率和振动水平，而且结构的动力响应极容易受到环境因素以及非结构构件因素的影响，实际结构的不确定性因素非常多。另外，桥梁结构试验在技术和经费方面难度也较大，因而很少进行整体结构的试验和测试。

随着科学技术的发展，目前在适用于结构健康监测的测量和通信技术方面也已经有了长足的发展，如光纤光栅传感技术、全球卫星定位系统(GPS)、现场总线控制技术和利用 Internet 的数据通信方法等。这些技术的成功发展使得在桥梁健康监测系统中方便地获取大量精确的测量信息成为可能。另一方面，在监测系统硬件发展的同时，健康监测的相关基础理论研究也在深入开展，其中大量的研究集中于结构完整性评估与结构损伤识别理论和方法。由于基于结构振动响应的健康诊断技术在航天、机械等领域的深入研究和较为成功的应用，这类技术被视为土木结构中除无损检测技术以外的最重要的损伤诊断方法并得到广泛的研究(当然，基于振动的诊断技术本身也可归为无损检测技术)。除了损伤识别方法研究以外，结构健康监测理论的研究还涉及测点优化布置、振动模态识别、结构特性变异性、海量数据流的处理等。

我国自 20 世纪 90 年代中期开始桥梁健康监测方向的研究，在工程实践方面，我国先后开发了江阴长江大桥、南京长江二桥、上海徐浦大桥、广东虎门大桥、润扬长江大桥、苏通大桥、西堠门大桥等特大桥梁结构健康监测系统，在监测系统的设计与布设以及监测系统的运营维护和数据分析与应用等方面积累了经验。

近年来，我国的桥梁建设取得了举世瞩目的成就。经济的迅速发展，对于交通能力的要求也在不断提高，不少桥梁的老化和功能退化已呈现加速趋势。为了确保大型桥梁结构的安全性和耐久性，减少和避免重大损失，进行大型桥梁结构工作状态和结构特性参数的监测和评估工作已迫在眉睫，开展大跨桥梁结构健康监测的研究与应用具有非常重要的意义。

1.3 桥梁结构安全监测的目标

现代大跨桥梁设计方向是更长、更轻柔化、结构形式与功能的日趋复杂化。虽然在设计阶段已经进行了大量的勘测、结构动力性能模拟试验等科研工作，然而由于大型桥梁的力学和结构特点以及所处的特定地质条件和气候环境，在大桥设计阶段完全掌握和预测结构在各种复杂环境和施工运营条件下的结构力学特性和行为是非常困难的。这主要是由于结构理论分析是基于设计图纸的理想化的有限元计算分析，并且分析时常以很多假定条件为前提。在有限元模型过程中通常存在：①材料本构关系的近似。尤其是岩土材料的力学参数往往是难以测准，只有通过室内或室外试验近似取值。②几何尺寸与形态的近似，其主要表现在结构分析时，在一定的计算范围内对结构简化，再通过约束条件反映边界效应；地基的地质模型也是在概化基础上的一个近似模型等。③荷载与地应力的近似，由于荷载与地应力的不确定性，所以在确定性分析模型中的计算荷载也只是一种对实际荷载的近似。

因此，为确保特大跨桥梁的施工过程和运营期间的结构安全、实施经济合理的维修计划、实现安全经济的运行及查明异常结构响应原因，建立大跨桥梁安全监测系统是非常必要的。大跨桥梁安全监测系统是桥梁施工控制、结构养护决策系统的支撑条件之一（图 1-4）。

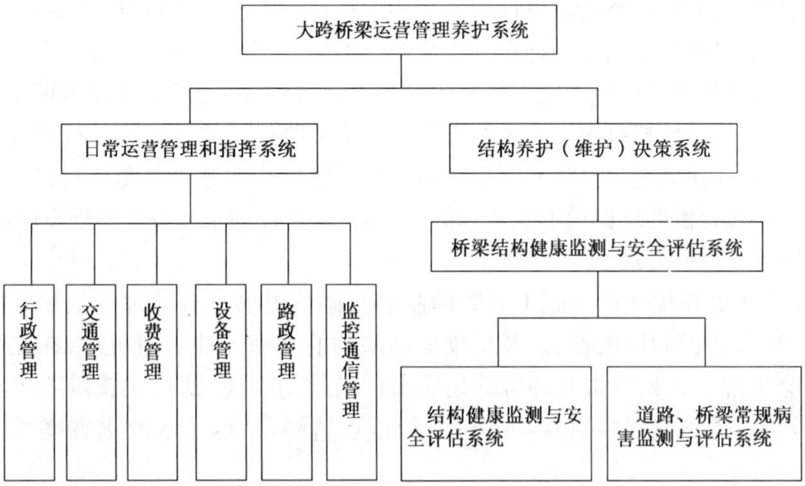

图 1-4　大跨桥梁运营管理与结构健康监测系统的关系

从建立大跨桥梁结构安全监测的目标与功能分析，现代桥梁安全监测不只是传统的桥梁检测加结构评价新技术，而是被赋予了结构安全监控与评价、施工方案优化、设计验证、管理与维护支持、研究发展等多个方面的意义(图 1-5)。具体包括：

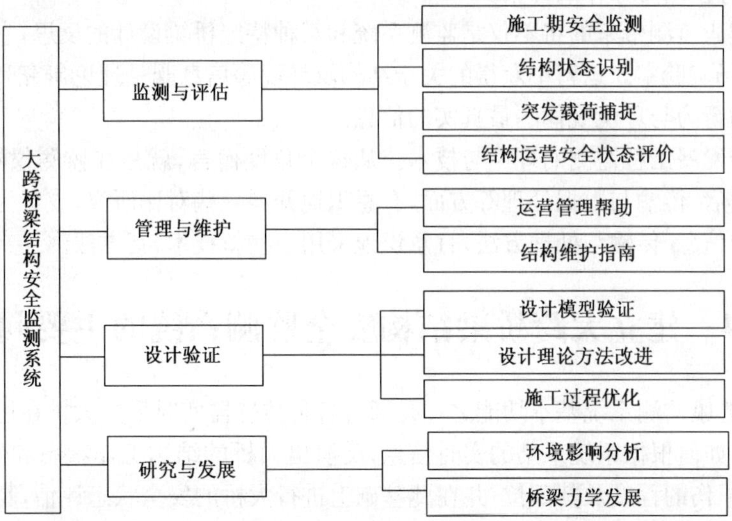

图 1-5　大跨桥梁安全监测系统的目标

(1)监测施工期与运营期大桥地基基础安全和结构工作状况,评估结构的安全性和健康状态,为大桥的科学施工、正常使用提供必要且可靠的信息。即监测系统通过对大桥地基基础的一些关键部位(如散索鞍、塔基、锚碇地基以及锚前引桥基础等)结构响应量(变形、应变与应力等)的实时测量,及时了解这些关键部位的状态,同时结合这些状态量的时空分析评估地基基础的局部与整体稳定性。通过对桥梁结构在正常环境与交通条件下运营的物理与力学状态监测、重要构件和附属设施的工作状态监测、结构工程所处环境条件监测等,评估桥梁结构的健康状态。

(2)验证与完善大跨度桥梁的设计理论和相关设计规程。大型桥梁,其基础规模庞大,结构复杂,设计规范中的规定的常用计算方法往往已不能适用。如特大跨径悬索桥和斜拉桥的主塔桩基础中的大直径桩已经不能直接套用中小直径桩的计算方法,而要借助于桩的静载试验,锚碇及其基础的设计规范中更是少有提及。关于大跨径桥梁桥道系结构的非线性分析方法、结构疲劳验算等在规范中也没有明确说明。通过桥梁结构健康监测所获得的实际结构的静动力行为来检验大桥的理论模型和计算假定,不仅对设计理论和设计模型有验证作用,而且有益于新的设计理论的形成。

(3)为设计变更和优化以及施工方案的制定与调整提供充分的理论依据。因为地质条件的复杂性、人类认识的局限性,以及桥梁地基基础的不确定性与随机性,在工程实际施工过程中常常会出现一些始料未及的特殊地质条件与结构响应,这往往就需要进行设计变更与施工方案调整,这样就需要对这些部位进行重点监测,从而了解改进方案的安全性与有效性。

(4)审查强风气候、地震和船舶撞击等极限荷载作用对结构的影响。对结构工程在特殊气候、交通条件下或运营状况严重异常时发出预警信号,为桥梁运营期间的维护、维修与管理决策提供依据和指导。

(5)监视结构疲劳、应力分布和沉降情况,以及对结构安全性的影响。对结构工作状态下的安全度和预计使用寿命作出评估。

(6)桥梁健康监测带来的将不仅是监测系统和某种特定桥梁设计的反思,它还可能并成为桥梁研究的现场实验室。运营中获得的关于结构及环境等信息既是理论研究和实验室调查的补充,也是结构行为与环境规律的最真实的信息。

(7)进一步发展工程监测的理论与技术。从这个角度而言,就是在监测仪器选取、监测技术选择、监测信启、传输与数据处理等方面,有意识地开展一些对比研究,或者为验证一些新的监测技术、新的信息、传输与处理方法,有意识地采用一些新技术、新方法。

1.4 建立大跨桥梁结构安全监测系统的主要问题

桥梁结构健康监测系统基本功能之一是通过各种传感器实时采集大桥在运营状态下的各种数据。但是,如何根据系统采集的实时信息,反演出大桥的结构工作状态和健康状况,识别出可能的结构损伤的程度及其部位,并在此基础上进行大桥的安全状态评估,真正为大桥的运营维护管理提供指引,是结构健康监测系统要解决的最主要问题。实际上,科学合理的桥梁结构安全评估系统,是桥梁结构健康监测系统的核心。如果不能很好地解决这一问题,那么在大桥上设置结构健康监测系统的主要目的也就不能达到。

要充分发挥桥梁结构健康监测系统的作用，关键在于桥梁结构健康监测系统和安全评估系统要能够一体化。具体而言，就是在建立监测系统时要从评估的需要出发设计传感器系统、监测信息采集和传输系统，在建立安全评估系统时要充分利用监测系统输出的全部信息和其他综合信息，监测系统和评估系统在研究、设计和建立过程中要不断反馈、相互伺服。根据大跨缆索支承型桥梁的结构特点和大跨桥梁，建立大跨桥梁结构健康监测与安全评估系统，主要需要解决以下几个关键问题：

(1)大跨桥梁结构健康监测的策略。根据不同大跨桥梁的结构特点和大桥所处的自然环境特点，从保证工程质量要求、结构状态安全评估的需要和运营养护管理需求出发，确定监测项目、传感器优化布置和选型，保证测点布置和数据采集的科学性、真实性和最大有效性。

(2)结构状态识别和结构安全评估模型的确定。在大跨桥梁结构安全监测和状态评估过程中，准确的数学物理模型是不可缺少的前提。在大跨桥梁结构安全监测系统的实现过程中，桥梁结构的数学物理模拟应针对不同时期、不同的分析层次与分析目标采取相应的策略。

(3)大跨桥梁结构损伤识别技术和方法。目前关于结构损伤识别的理论比较多，但是由于大跨桥梁结构非常复杂、环境影响因素多，迄今为止还没有一种成熟的方法能够直接应用于大跨桥梁结构的损伤识别。这就要求我们对各种损伤识别方法进行深入的研究与优选，最终建立一个与实际桥梁结构健康监测系统适配的结构状态识别系统，能根据结构监测系统采集的数据与信号，应用结构识别理论和状态评估方法反演大桥的工作状态，或者识别出可能的结构损伤，评估其损伤程度。

(4)建立针对桥梁结构健康状态评估体系、结构安全性评价系统和安全预警系统。根据不同桥梁的结构受力特点和结构的易损性分析、桥梁结构疲劳损伤累积过程的分析，建立结构安全评估指标和结构可靠性评估系统和预警系统，为大桥的管理维护提供指引。

(5)数据采集与通信网络系统的设计。数据采集与通信系统的设计必须以保证数据采集和远程数据传输的稳定性、可靠性和准确性为目标。

(6)科学的系统软件设计原则和流程图。应根据监测与评估的需求进行数据采集与信号传输软件、数据分析软件、结构状态评估软件等软件的设计。

(7)建立科学完善的结构原始指纹数据库、结构安全在线监测数据库和阶段运营评估资料库。大跨桥梁在其始于设计、基础施工的整个生命过程中有一系列突出的技术问题需要解决，在整个大桥的勘测、设计、放样、施工监控等过程产生大量的测量数据，只有建立了资料完备的结构原始指纹数据库和结构工况档案资料库，才能准确地对大桥运营过程中的结构状态进行判断和评估，见图1-6。

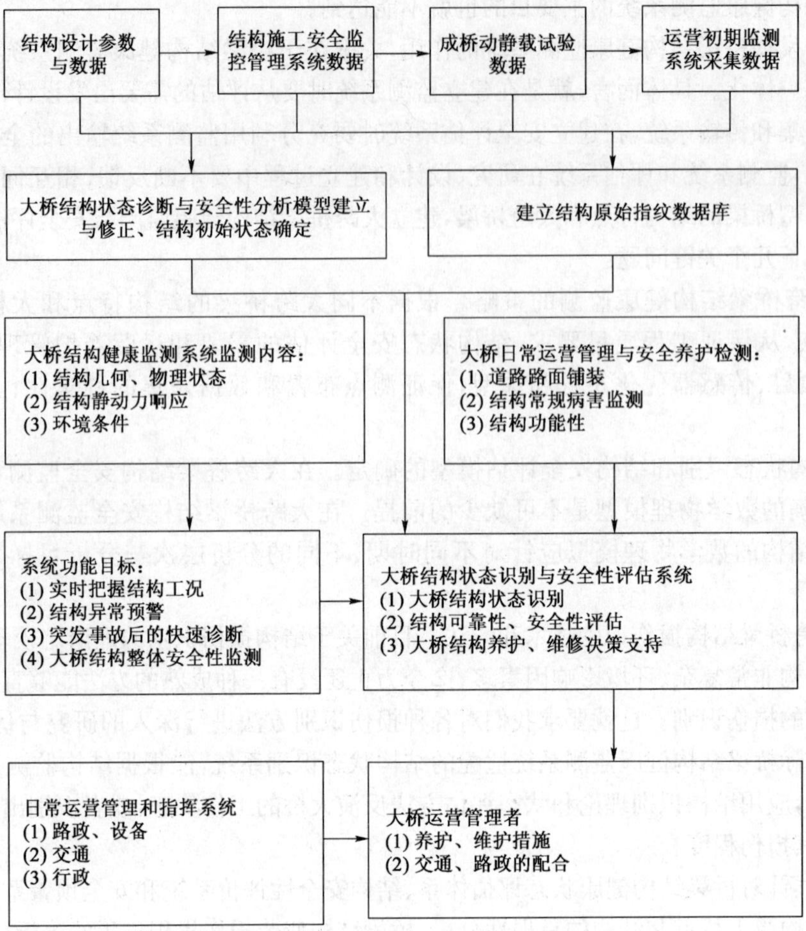

图 1-6　建立桥梁健康监测系统流程及与其他系统的关系图

第2章　大跨桥梁病害与结构分析方法

随着现代经济的发展，现代桥梁设计方向是更长、更轻柔化、功能日趋复杂化。缆索承重体系桥梁以其大跨度的跨越能力而著称，是现代大跨桥梁主要结构形式，主要有斜拉桥和悬索桥两种桥型。其结构体系可分为四个主要部分，分别为包括桥面结构在内的加劲梁、缆索系统、索塔以及锚固系统。由于跨度比较大，所以加劲梁一般采用钢结构。

2.1　悬索桥的结构特点

悬索桥是以悬索为主要承重结构的桥梁。大跨悬索桥是一种几何非线性受力的柔性结构，具有非凡的跨越能力。经过几个世纪的发展，悬索桥的跨度不断增大，结构形式也更加轻盈美观，目前世界上已建成的跨度超过1 000m的桥梁基本上都是悬索桥。

我国建成现代悬索桥约70余座。公认的国内第一座大跨径现代悬索桥是1995年建成的汕头海湾大桥，采用三跨预应力混凝土箱梁，跨度为154m＋452m＋154m，目前仍是同类悬索桥的世界第一。1996年，主跨900m首次实现一跨过江的湖北西陵长江大桥是我国自主设计施工的第一座全焊钢箱梁悬索桥。1997年，主跨888m的虎门大桥，是我国自主建造的第一座现代化六车道高速公路钢箱梁。1998年建成，主跨1 377m的香港青马大桥，是一座跨径超过千米的公铁两用悬索桥。1999年建成的主跨1 385m江阴长江大桥是内地首座跨度超千米的特大桥。同年建成的主桥跨径为230m＋648m＋230m的厦门海沧大桥，是国内首座三跨连续飘浮体系悬索桥，位居同类悬索桥的世界第二。2005年建成的主跨1 490m润扬长江大桥南汊悬索桥，其跨度是当时国内第一，世界第三。2009年建成的主跨1 650m的西堠门大桥，其跨度世界第一(表2-1)。

我国已建的部分大跨悬索桥　　表2-1

桥　名	桥　址	桥　型	主　跨　(m)	建成年份
达孜桥	西藏	单跨钢桁架悬索桥	500	1984
汕头海湾大桥	广东	三跨预应力混凝土箱梁悬索桥	452	1995
西陵长江大桥	湖北	单跨钢箱梁悬索桥	900	1996
丰都长江大桥	重庆	单跨钢桁架悬索桥	450	1997
青马大桥	香港	双跨钢桁架悬索桥	1 377	1997
虎门珠江大桥	广东	单跨钢箱梁悬索桥	888	1997
江阴长江大桥	江苏	单跨钢箱梁悬索桥	1 385	1999
厦门海沧大桥	福建	三跨连续钢箱梁悬索桥	648	1999
鹅公岩长江大桥	重庆	三跨连续钢箱梁悬索桥	600	2000
忠县长江大桥	重庆	单跨钢桁架悬索桥	560	2001
宜昌长江大桥	湖北	单跨钢箱梁悬索桥	960	2001

续上表

桥名	桥址	桥型	主跨（m）	建成年份
润扬大桥南汊悬索桥	江苏	单跨钢箱梁悬索桥	1 490	2005
武汉阳逻长江大桥	湖北	单跨钢箱梁悬索桥	1 280	2005
西堠门大桥	浙江	双跨钢箱梁悬索桥	1 650	2009

2.1.1 悬索桥结构特点与受力分析

悬索桥上部结构的主要构件为桥塔、主缆和加劲梁，其次还有吊索、鞍座、索夹等。在结构形式上，绝大部分的悬索桥，都是地锚式悬索桥。地锚式悬索桥的形式如图 2-1 所示，即主缆的拉力由桥梁端部的重力式锚固体（锚碇）或岩洞式锚固体（岩锚）传递给地基。因此，在锚固体处一般要求地基具有较大的承载力，最好是有良好的岩层作持力地基。

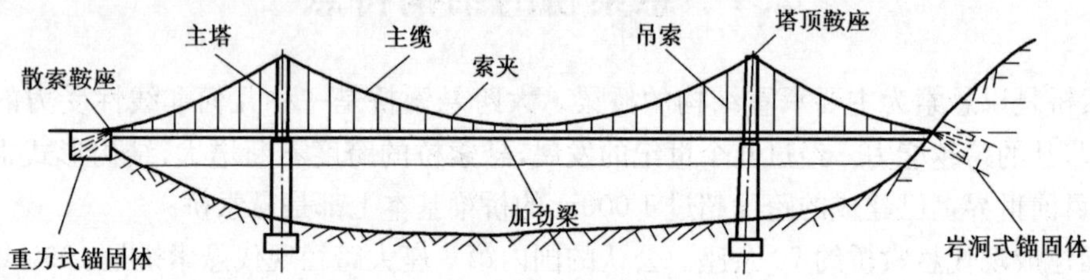

图 2-1　悬索桥构造

悬索桥有时也可以来用自锚式。自锚式悬索桥的主缆拉力是直接传递给它的加劲梁来承受：主缆拉力的垂直分力（一般较小）可以起到边跨端支点的部分反力作用而使加劲梁底下的端支点反力得以减小，但水平分力则以轴向方式传递到加劲梁中。

地锚式悬索桥结构是现代大跨悬索桥结构中应用较多的结构形式，基本构造主要包括以下六大部分：

(1)主缆：悬索桥的主要承重构件；

(2)桥塔：位于桥跨两端，是支承主缆的高耸结构；

(3)锚碇：主缆两端的锚固体，将主缆的拉力传至大地的结构物；它是地锚式悬索桥的重要组成部分。

(4)主梁或桥面系：又称加劲梁，是直接承受活载的构件；

(5)吊索：是将活载和主梁的恒载传至主缆的构件；

(6)鞍座：分为桥塔塔顶的主鞍座和锚碇前端的散索鞍，是主缆线形转折点和支承物之间的传力构件。

悬索桥受力特征是：作用于主梁的荷载由吊索传至主缆，再由主缆传至锚墩，传力途径简捷、明确。悬索桥在承受活载后，塔、缆和吊索均发生较一般桥梁结构形式更大的变形。对于梁式、拱式、桁式桥可以忽略这种变化，对计算结果无明显影响，但是对于悬索桥的计算却不可以。

悬索桥是大跨桥梁的主要形式，因其主要杆件受拉力，利用效率最高，更由于近代悬索桥的主缆采用高强度钢丝，使其能比其他形式更能经济合理地修建大跨度桥。构造简单，受力明确，是悬索桥的主要特点之一。悬索桥的另一个重要特点是：跨径愈大，材料耗费愈少、桥的造价愈低。

2.1.1.1　索塔与塔基础

桥塔也称主塔，是支承主缆的重要构件。悬索桥的活载和恒载(包括桥面、加劲梁、吊索、主缆及其附属构件如塔顶鞍座和索夹等重量)通过主塔传递到下部的塔墩和基础。

现代大跨悬索桥索塔多为门形框架塔。在结构分析过程中，一般将索塔作为独立结构，在桥轴及垂直桥轴方向分别进行分析。对于柔性塔，由于塔柱的刚度相对较小，还必须计算其屈曲临界荷载。

索塔承受的荷载主要可分为两部分：一是直接作用于塔上的风、地震、温度等产生的各种组合荷载；二是由主缆、加劲梁等的自重及作用于悬索桥体系上的活载、温度、地震等所产生的各种组合荷载。后者主要通过主缆以及塔顶的鞍座作用于塔，主要为竖向荷载，随着主缆的位移塔顶也发生顺桥向的水平位移。另外，在塔梁连接部位，还有支座等连接构件产生的荷载作用。

索塔是悬索桥抵抗竖向荷载的主要承重构件，在恒载作用下，以轴向受压为主；在活载作用下，以压弯为主，呈梁柱构件特征。由于水平抗推刚度相对较小，塔顶位移主要由中跨、边跨的主缆平衡条件决定。因而，塔内弯矩大小取决于塔的弯曲刚度。

大跨桥梁索塔基础大多采用群桩基础。群桩基础由于其承载力高，沉降小而均匀，稳定性好，抗震性能优越，工程造价低，而且其几乎可以适应各种不同的地质条件和类型的工程等优点，使其成为大量工程应用的一种基础形式。由于工程地质和水文地质条件复杂，大跨桥梁的群桩基础的桩直径、长度、数量和规模都远大于一般工程结构。

2.1.1.2　主缆

主缆是通过塔顶鞍座悬挂在主塔上并锚固于两端锚固体中的柔性承重构件，主缆本身又通过索夹和吊索承受活载和加劲梁(包括桥面)的恒载，除此之外，它还分担一部分横向风荷载并将它直接传递到塔顶。

现代悬索桥的主缆多采用拉力强度和疲劳强度更高的钢丝。目前，大跨悬索桥主缆多采用平行丝股线，根据其制作方法不同分成预制丝股(PWS)和空中挠线(AS)两种。大跨悬索桥的主缆材料具有以下几个特点：材料单位有效面积的拉力强度大；材料拉伸的延伸率小；材料弹性模量大；材料截面密度大；材料疲劳强度高、徐变小；制成主缆后其锚固和防锈容易。

主缆是结构体系中的主要承重构件，是几何可变体，主要承受拉力作用。主缆不仅可以通过自身弹性变形，而且可以通过其几何形状的改变来影响体系的平衡，表现出大位移非线性的力学特征，这是悬索桥区别于其他桥梁结构的重要特征之一。主缆在恒载作用下具有很大的初始张拉力，对于后续结构形状提供强大的“重力刚度”，这是悬索桥跨径得以不断增大、加劲梁高跨比得以减小的根本原因。

2.1.1.3　吊索与索夹

索夹位于每根吊索和主缆的连接节点上，是主缆和吊索的连接件。索夹以会箍的形式紧固在主缆上，它在主缆上夹紧后产生一定的摩阻力来抵抗滑移，从而固定了吊索与主缆的节点位置。同时，也是固定主缆外形的主要措施。

吊索是将活载和加劲梁(包括桥面)的恒载通过索夹传递到主缆的构件：它的上端与索夹相连，下端与加劲梁相连。为了操作方便，现代悬索桥一般采用柔性的钢丝绳或平行钢丝索作为吊索。少数小跨度悬索桥也有用刚性吊杆。

吊索与索夹的连接一般可以分为四股骑跨式与双股销铰式。

2.1.1.4 主梁结构

悬索桥的加劲梁一般都是钢结构。早期以采用钢桁梁为主,个别中小跨度的悬索桥也有采用钢板梁的。自美国塔科马(Tacoma)桥风毁后,大跨悬索桥加劲梁的设计多采用阻风面积小的钢桁梁型式。而在1966年,英国在塞文桥首次采用流线型扁平钢箱梁作为加劲梁后,改变了大跨悬索桥的传统钢桁梁的单一形式,使其加劲梁的构造型式多样化。从结构受力特点等方面看,钢桁梁加劲梁、钢箱梁加劲梁及混凝土箱梁加劲梁各有优缺点。

现在公路桥梁应用较多的是钢箱梁。钢箱梁抗扭刚度大,比钢桁梁的构造简单,易于制造,尤其比钢桁梁稍省钢材,易于养护。

悬索桥加劲梁首先是直接承受竖向活载,其次是能够安全地抵抗横向风压,并在风动力作用下不丧失稳定,最后要能抗震。在进行计算分析时,主要进行如下几方面计算:

(1)加劲梁在活载作用下的弯矩、剪力和扭矩;

(2)横向风力的效应;

(3)起控制作用的强度验算;

(4)加劲梁在不同荷载下的变位。

大跨悬索桥加劲梁的高跨比很小,在活载作用下梁的应力不大,但变形(梁的挠度和曲率)大。大跨度悬索桥加劲梁的挠度是从属于主缆的,随着跨度的增大,加劲梁的功能退化为将活载传至主缆,其自身抗弯刚度对结构刚度的影响也逐渐减小。所以加劲梁只是将短段活载分摊到附近的几根吊索,最后传到主缆、塔、锚等主要承重结构上。加劲梁承受的正弯矩,正是由此段加活载工况决定;而在不加活载的区段,主缆因发生向上的竖位移,通过吊索就使加劲梁在这些区段引发负弯矩。

2.1.1.5 鞍座

鞍座是塔顶上承受主缆的重要构件,通过它可使主缆中的拉力以垂直力和不平衡水平力的方式均匀地传给塔顶。主缆在进入锚固室或岩洞之前必须先经过散索鞍座或喇叭形散索套,将原来捆紧的主缆截面散开,变成以一股一股的钢丝索股为单元,逐股分开锚固。散索鞍座一般位于主缆锚固体之前,它具有能使主缆转角和分散索股的作用。如果主缆在进入散索室或岩洞之前不需转角,则可以采用喇叭形散索套代替。喇叭形散索套的内表面适应主缆从捆紧状态逐渐变化到分散状态。

2.1.1.6 锚碇

锚碇工程是大跨悬索桥的主体结构之一,以重力式锚碇(重力锚)与隧道式锚碇(岩洞锚)最为常见。重力式依靠锚固体的巨大自重来抵抗主缆的垂直分力,水平分力则由锚固体与地基之间的摩阻力(包括侧壁的)或嵌固阻力来抵抗。岩洞式则由钳固体将主缆中的拉力直接传递给岩洞周壁。重力式锚碇常用于工程地质条件较差的悬索桥桥位区,在实际工程中比较多见,其主要受力构件常由散索鞍支墩、鞍部、基础、锚块等组成,其中基础有直接基础,还有沉井、地下连续墙等人工基础。重力式锚碇的受力特点类似于重力坝(如需承受较大的水平荷载并以基底摩阻力为主要抗滑力),但还存在更不利的因素,比如除需承受基底水压力外,还需安全承受主缆的巨大上拔力,而且力的作用点集中、传力机理复杂。此外,锚碇的边界条件也独具特色，它分布于河岸上，以塔墩地基和河岸岸坡为抗力体。所以其剩余推力对塔墩地基和岸坡稳定影响巨大，对上部结构的安全也至关重要，显然，对于锚碇既要考虑其自身的安全稳定，还要考虑其对塔墩地基和岸坡稳定以及对上部结构的影响。

2.1.2　悬索桥结构计算理论

在现代悬索桥的发展历程中，设计计算理论、施工工艺和计算工具的发展是相互促进的。19 世纪末，悬索桥的设计以弹性理论为主，注重加劲梁的刚度作用。1909 年莫伊瑟夫(Moisseiff)提出了悬索桥计算分析的挠度理论。但是挠度理论也是建立在若干理想化的假设之上，且隐含着加劲梁越柔越经济的观念。于是加劲梁越做越柔，用钢量越来越省，加劲梁的抗扭作用也越来越被削弱。1940 年，基于用挠度理论设计的主跨 853m 的塔科马桥（Tacoma Narrows Bridge, old)在 19m/s 的风速下垮塌，给桥梁界带来极大的震动。20 世纪 60 年代，基于非线性有限元法的有限位移理论的提出，使悬索桥的计算借助电子计算机的广泛应用而得到了长足进步。

大跨悬索桥，由于它的刚度相对斜拉桥比较小，荷载产生的竖向挠度比较大，同时由于缆索的拉力很大，所以在计算分析中必须考虑悬索桥结构体系几何非线性，需要应用考虑竖向挠度影响的二阶理论，又称变位理论。

在计算机广泛用于结构分析的今天，广泛采用了能更好考虑悬索桥结构体系特性的有限位移论理和其他非线性有限的分析方法。其最主要特点为：①荷载作用下结构大变形，平衡方程以变形后几何关系建立，力与变形关系为非线性；②以恒载作用下主缆初始几何线形和初始轴力为依据。

悬索桥的刚度是指结构抵抗活载变形的能力，悬索桥抵抗活载变形是靠大缆张紧和桥跨结构巨大的恒载而形成的线形平衡稳定的状态，不为较小的短段活载而有显著变化，这便是缆的重力和桥跨结构重力形成的刚度，称之为重力刚度。

作用在悬索桥上的荷载，在进行计算分析时，一般把它们分成三个方向独立的荷载，即铅直面内荷载、横向荷载和扭转荷载。对铅直面内荷载，可用弹性理论、挠度理论及有限位移理论等；对横向荷载可用属于近似计算的均等分配法或属于挠度理论的弹性分配法等；而对扭转荷载，可采用与挠度理论类似的方法或数值分析法等。一般情况下，不同方向的荷载耦合效应可以略而不计。

2.2　斜拉桥的结构特点

斜拉桥是一种桥面体系受压，支承体系受拉的桥梁。其桥面体系用加劲梁构成，其支承体系由钢索组成。

由于斜拉索中所受的力很难计算和控制，所以一直没有得到发展和广泛应用。直到 20 世纪中叶，由于电子计算机的出现逐步解决了索力计算难的问题，调整装置完善解决了索力的控制问题，使得斜拉桥得到大的发展。

从 1955 年瑞典建成了主跨 185m 的斯特劳姆桑德钢斜拉桥，1962 年委内瑞拉建成了 5 孔 236m 的马拉开波混凝土斜拉桥以后，斜拉桥的建设取得辉煌的成就。1994 年法国修建的诺曼底桥和 1999 年日本完成的多多罗桥第一次把斜拉桥带入特大跨径领域。

斜拉桥在我国的发展始于1975年四川省云阳县跨径76m的钢筋混凝土斜拉桥。截至目前,我国已建跨径大于200m的各种类型斜拉桥近50座,跨径超过400m的斜拉桥也有近20座。这充分表明中国的斜拉桥建设水平已跨入世界斜拉桥先进行列。

目前世界排名靠前的大跨斜拉桥见表2-2。从表中可以看出,前十位的斜拉桥都是20世纪90年代后建成的。

世界大跨斜拉桥一览 表2-2

主梁结构	桥　名	主跨(m)	建成年	类　型	地　点
钢结构与混合结构	苏通大桥	1 088	2008	公路	中国江苏
	多多罗桥(Tatara)	890	1999	公路	日本
	诺曼底桥(Normandy)	856	1995	公路	法国
	南京长江二桥	628	2001	公路	中国南京
	南京长江三桥	648	2005	公路	中国南京
	金塘大桥	620	2009	公路	中国舟山
	武汉白沙洲长江大桥	618	2000	公路	中国武汉
	青州闽江桥	605	2001	公路	中国福州
	杨浦大桥	602	1993	公路	中国上海
	名港中大桥(Meiko Central)	590	1997	公路	日本
	徐浦大桥	590	1997	公路	中国上海
	桃夭门大桥	580	2006	公路	中国舟山
	汕头海湾二桥	518	1999	公路	中国汕头
	鹤见航道桥	510	1994	公路	日本
	厄列松桥	490	2000	公铁	丹麦/挪威
	生口桥	490	1993	公路	日本
预应力混凝土结构	斯卡恩圣特桥(Skarnsundet)	530	1991	公路	挪威
	重庆长江二桥	444	1995	公路	中国重庆
	卢纳大桥(Luna)	440	1983	公路	西班牙
	铜陵长江大桥	432	1995	公路	中国安徽
	赫尔格兰特桥	425	1991	公路	挪威
	郧阳汉江桥	414	1993	公路	中国郧阳
	武汉长江二桥	400	1995	公路	中国武汉

2.2.1 斜拉桥结构特点与受力分析

斜拉桥基本承载构件由主梁(桥面)、拉索、桥塔三部分组成。斜拉桥是高次超静定结构,主梁和桥塔是主要承重构件,通过斜拉索组合成整体结构。

由于拉索的支承,斜拉桥主梁具有跨越能力大、梁的高度小和能够借助拉索的初应力对主梁内力进行调整等特点。主梁由锚固在索塔上的斜拉索作为弹性支承,主梁作为多点弹性支承的连续梁,索将梁的自重和活载传给索塔,因而降低了主梁跨中正弯矩,增加了主梁的跨越能力。当然，斜拉索对梁的这种弹性支承作用，只有在索始终处于拉紧状态才能得到充分发挥，因此必须在承受荷载前对斜拉索进行预拉。这样的预拉还可以减小斜缆索的应力变化幅度，提高斜缆索的刚度，从而改善结构的受力状况。另一方面，斜拉索的水平分力对主梁产生轴向预施压力的作用可以增强主梁的抗裂性能，节约高强度钢材的用量。同时由于斜拉索的水平分力使主梁承受巨大的纵向预压力，因而斜拉桥的结构刚度较悬索桥要大得多。张拉和调整斜拉索的索力，可以使斜拉桥的主梁处于最佳受力状态。

如果将斜拉桥看成一个预应力体系，斜拉索即为体系的体外索。因此设计上体外索需要考虑的疲劳和防腐等，斜拉索亦要考虑。如果将斜拉桥主梁在墩、塔的支承全部用活动支座，为了给主梁以纵向约束，则需在塔梁间设置弹性索。如将塔上支承改为索支承，两边墩为活动支座，斜拉桥则成为漂浮体系。采用漂浮体系可减小主梁在塔处的负弯矩，但需要在主塔处主梁侧放置侧向支座，以限制梁的侧向位移。如果塔梁连接处采用固接方式，使塔梁形成刚构，这增加了悬臂施工的安全性和成桥的侧向刚度，相应削弱了索支承的特点，刚结点和塔柱截面甚至主塔基础均需加大，以承受所分配的更大的弯矩和剪力。

斜拉桥结构与一般非索结构桥梁相比，具有明显的索的非线性和结构的非线性，这是在设计时必须要考虑的。索垂度造成的索的非线性，随着恒载状态的形成，可以基本消除，但成桥后活载下结构的非线性是设计需要考虑的。

在斜拉桥中，梁和塔是主要承重构件，通过斜缆索组合成整体结构。根据梁的支承方式，组成不同形式的母体结构。

2.2.1.1　斜拉索

斜拉索是斜拉桥的重要组成部分，并显示了斜拉桥的特点。斜拉桥桥跨结构的重量和桥上荷载，绝大部分通过斜拉索传递到塔柱上。

斜拉索在构造上可分为刚性索和柔性索两大类。现在应用较多的平行钢丝索属于柔性索，是用几十根到几百根左右的圆截面钢丝紧密而平行地组成六角形蜂巢状截面。平行钢丝索的抗拉强度和弹性模量均较大，抗疲劳性能也较好，但其缺点是由于刚度大而引起的二次应力问题以及架设和防腐处理较复杂。

根据斜缆索的数量，斜拉桥可分为稀索桥和多索桥。总的说来，稀索多为刚性索，密索多为柔性索。早期采用稀刚性索斜拉桥较多，近些年来则采用密柔性索斜拉桥多，各有优缺点。密柔性索斜拉桥的主要受力特点包括：

(1)索间距短，主梁中的弯矩小；

(2)每索的拉力较小，锚固点的构造简单；

(3)锚固点附近的应力流变化较小，补强范围也较小；

(4)多密索的自振周期不一样，互相干扰，不易产生共振，可减少风振的危险。

斜拉桥斜拉索在横桥向布置上，大体可分为单面索、双面索和三面索三种。其中双面索应用最为广泛，我国建成的斜拉桥多采用双面索。从结构受力分析看：采用单面索时，斜缆对桥跨抗扭不起作用，因此主梁应采用抗扭刚度较大的截面；采用双面索时，作用于桥梁上的扭矩可由斜缆的正负轴力来抵抗。

拉索的截面形式、材料及防护措施有多种。早期修建的斜拉桥用的较多的是平行镀锌钢丝束外加PE套管，内部压注水泥浆的形式。平行钢绞线索是现代斜拉桥上采用较多的拉索类型，它通常由多根钢绞线平行排列而成。

由于斜拉索防腐问题一直是斜拉桥上十分重要的一个问题，现代斜拉桥都开始采用由单独防护的钢绞线制成的平行钢绞线索。单根钢绞线采用日本在20世纪90年代提出的同步热挤PE的技术进行防护，再将多根这样单独防护的钢绞线平行组合在一起。钢绞线的组装和更换，可以用简单轻便的张拉设备进行，且不影响桥上交通。

斜拉索主要承受轴向拉力，与桁架中的弦杆类似。在端部拉索也部分承弯，在拉索大幅振动时更加明显，这样会增加端部的磨损，由相互间独立的平行钢绞线组成的拉索在这方面性能有所改善。

2.2.1.2 桥塔

斜拉桥桥塔除承受自重外，还将由拉索传递来的主梁的恒、活载传至基础，并承受拉索水平分力引起的塔柱弯矩和剪力，是斜拉桥重要受力构件。从顺桥向看，经常采用的主塔结构形式有单柱式、A形和倒Y形等。从横桥向看，斜拉桥主塔形式有柱式、门式、A形、倒Y形及菱形、花瓶形等。目前采用较多的是花瓶形索塔，这种形式的索塔能承受较大的横向弯矩，且抗扭刚度大，外形美观。

桥塔一般均为空心断面，用钢结构或钢筋混凝土制作，根据需要也可采用预应力混凝土结构。桥塔的结构形式应根据斜缆索的布置、桥面宽度以及主梁跨度等因素决定。现在大跨斜拉桥应用较多的是倒Y形结合顶部门形框架桥塔，缆索可为单面索或双斜面索。

2.2.1.3 主梁

目前斜拉桥主梁主要有预应力混凝土主梁、叠合梁、混合梁和正交各向异性箱梁四种形式。现在大跨桥梁结构中应用较多的是梯形型式的正交异性钢箱梁，其优点是：悬臂伸出到全部路面宽度，并且有很好的空气动力稳定性，抗扭刚度大。工厂制造质量易于保障，安装方便快捷，近年来采用较多，适应于特大跨度斜拉桥。润扬大桥斜拉桥、南京长江二桥、南京长江三桥、安庆长江大桥也都采用了这种形式。

2.2.1.4 斜缆索锚固结构与支承

斜缆索与塔、梁锚固结构的功能是将斜缆索力可靠地传递给桥塔及主梁。其结构构造根据斜拉索布置、根数、桥塔及主梁的结构等情况确定。锚固结构上的传力途径为：缆索力、锚头、支承板、锚梁、传递剪力的纵隔板、桥塔或主梁。在其结构的设计和施工中，各部分都应严格避免有较大的应力集中。

斜缆索与主梁是以锚固形式连接的，但在与桥塔上则有两种联结方式，一是直接锚固，另一是通过塔顶索鞍而延伸到桥塔的另一侧主梁上锚固。斜拉桥主梁的轴力随斜拉桥的支承条件而变化。

斜拉桥结构体系按力学性能可分为飘浮体系（半飘浮体系）、支承体系、塔梁固结体系和刚构体系，如图2-2所示。目前在大跨径斜拉桥中，应用较多的是飘浮体系半飘浮体系。

飘浮体系为塔墩固结、塔梁分离，主梁除两端有支承外，其余全部用拉索悬吊，是具有多点弹性支承的单跨梁。为了抵抗横向水平力，一般在塔梁间设置橡胶支座。其主要优点：两跨布载时，塔柱处主梁无负弯矩峰值，温度及收缩徐变内力较小，变形和内力变化平缓；地震时允许全梁纵向摆动，成为长周期运动，从而吸震消能。缺点是悬臂施工时塔柱处主梁需临时固结，

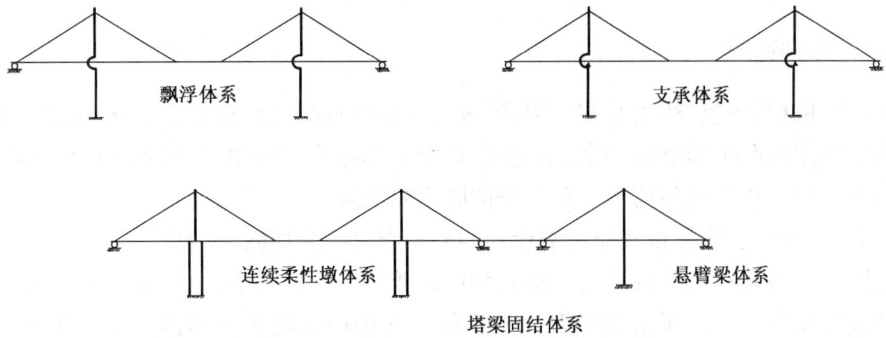

图 2-2　斜拉桥基本结构体系

以抵抗施工中不平衡弯矩和纵向剪力。目前斜拉桥设计多采用飘浮体系。

所谓半飘浮体系，是指在飘浮体系的基础上，为了使主梁不至于产生过大的纵向位移，并避免主梁横向位移对桥塔产生"撞击"，在构造上采取一定的措施来适当地限制主梁在纵、横两个方向上的变位。在结构计算上仍按飘浮体系计算。

2.2.2　斜拉桥结构计算理论

斜拉桥近年来巨大的建设成就离不开结构分析理论的发展。斜拉桥是由塔、梁和拉索三种基本构件组成的缆索承重结构体系，一般表现为柔性的受力特性。根据不同的结构形式、计算阶段和分析目的，斜拉桥结构分析应选用相应的力学模型和计算理论。

以结构设计为例，斜拉桥在概念设计阶段，主要研究结构的设计参数，以求获得理想的结构布置，因此，对结构内力精度要求不高，可以采用平面杆系模型；在技术设计阶段，当计及空间荷载(风载、地震荷载、局部温差等)的作用效应时，一般选用空间杆系模型；若要计算全桥构件的应力分布特性，可选用空间板壳、块体和空间梁单元的组合模型；若要进一步研究斜拉桥结构中特殊部件(如斜拉索锚固区、梁内构件结合部)的应力集中现象，可进行局部应力有限元分析。将特殊部件从整体结构中取出，细分结构网格，将整体结构在分离断面处的内力、位移作为被分析子结构的边界条件进行二次分析。总之，计算模型的选择应基于不同的分析目标和阶段，选取力求简单合理。

同样，对于大跨桥梁结构健康监测来说，也应根据不同的分析目标和工作阶段建立不同层次的计算分析模型。

斜拉桥计算理论的选用也是十分重要的。根据跨度大小的不同，采用两种不同的理论。对中小跨径的斜拉桥，采用微小变形理论，就能获得令人满意的结果。对特大跨径(>500m)的斜拉桥，由于斜拉索较长，由拉索自重产生的垂度很大，再加上大位移效应、弯矩与轴向力的相互作用，造成斜拉桥体系的非线性因素的影响，因而必须采用有限变形理论。

2.3　大跨桥梁损伤主要原因

导致桥梁损伤发生的原因是多方面的，地震、飓风、洪水、撞击以及日常各种载荷作用产生的疲劳损伤都是导致桥梁结构发生灾难性事故的重要因素。通常，导致桥梁结构损伤的主要载荷有以下几种。

2.3.1 车辆荷载

车辆驶过桥梁，车辆、桥梁互相作用，形成一个整体垂向耦合动力学系统，桥梁结构除了要承受各种车辆作用产生的静应力载荷，还要承受车辆行驶过程中产生的动应力载荷的作用。这种循环动载荷的作用是裂纹产生和失稳扩展主要原因。

另一方面，超载运输使得按原标准设计的桥梁裂纹扩展加剧，少数特大超重车甚至有可能导致桥梁垮塌。超载对公路桥涵安全构成严重的威胁，荷兰和美国加利福尼亚州，就曾发生过因超载导致财政难以负担桥梁加固费用的事件。我国的江阴大桥也因为重车等车辆荷载原因，导致桥面铺装的严重破坏和钢箱梁局部损伤。

2.3.2 温度

温度的作用对于大跨桥梁结构响应影响非常大，在有些大跨径桥梁中，温度应力可以达到甚至超出活载应力。温度裂缝区别其他裂缝最主要特征是将随温度变化而扩张或合拢。引起温度变化主要因素有：

(1)年温差。一年中四季温度不断变化，但变化相对缓慢，对桥梁结构的影响主要是导致桥梁的纵向位移，一般可通过桥面伸缩缝、支座位移或设置柔性墩等构造措施相协调，只有结构的位移受到限制时才会引起温度裂缝，例如拱桥、刚架桥等。

(2)日照。桥面板、主梁或桥墩侧面受太阳曝晒后，温度明显高于其他部位，温度梯度呈非线形分布。由于受到自身约束作用，导致局部拉应力较大，出现裂缝。日照和下述骤然降温是导致结构温度裂缝的最常见原因。

(3)骤然降温。突降大雨、冷空气侵袭、日落等可导致结构外表面温度突然下降，但因内部温度变化相对较慢而产生温度梯度。

2.3.3 风荷载

风荷载是大跨桥梁结构设计与分析时要考虑的重要荷载。自 1940 年美国 Tacoma 悬索桥发生风毁事故以后，桥梁的抗风设计以及对桥梁的风响应一直是大跨桥梁工程中最关注的问题之一。风荷载作用是影响桥梁稳定性的重要因素，桥梁的稳定性研究包括静稳定性和动稳定性两个方面。扭转发散是大跨桥梁最典型的一种静稳定性问题，颤振和抖振是大跨桥梁最主要的两种动稳定性问题。

颤振是桥梁结构在气动力、弹性力和惯性力的耦合作用下产生的一种发散的振动，会导致桥梁的倒塌。因此，桥梁抗风设计时必须对桥梁颤振进行分析，确定临界颤振风速和振动特性。

抖振是桥梁结构在风湍流的作用下的一种强迫振动，虽然抖振是一种限幅振动，但是由于发生抖振的风速低、频度大，会导致结构的局部疲劳，影响行人和车辆行驶的安全性。

2.3.4 地震

大型桥梁都有埋深较大的深基础，地震动沿深度的变化和土与结构相互作用对桥梁结构安全产生的影响。行波波速、多点激励和不同地震动输入对不同桥梁的影响程度是不同的。地震波的相位差和地基土层性质对桥梁的地震反应有重要影响。地震对于桥梁的震害主要表现为下部结构和和基础的严重破坏引起桥梁倒塌。

2.3.5 缆索的振动与风振

缆索的振动是导致桥梁损坏的一个重要因素。拉索振动的形式有涡激振动、尾流驰振、参数共振和斜拉索雨振等,其中影响最严重是斜拉索雨振。下雨时,大跨度斜拉桥的斜拉索在一定的风速和风向范围内会形成一条稳定的上水路,发生大幅度的振动,称为雨振。这种振动会引起相邻斜拉索的碰撞,使其保护层受到破损;还会使斜拉索末端紧固件产生疲劳损伤,导致减振器破坏,危及桥梁安全。我国的上海南浦大桥、杨浦大桥和武汉长江二桥等几座大跨斜拉桥建成后都发生过斜拉索的雨振现象。

2.3.6 环境腐蚀

环境腐蚀作用是影响桥梁结构安全的重要因素,尤其是因缆索锈蚀造成大跨缆索支承型桥梁结构安全性隐患的问题越来越受到桥梁工程师的关注。悬索桥的主缆、斜拉桥的斜拉索,作为体外预应力索,直接暴露在空气中,并处于高应力状态,很容易受腐蚀而出现断丝甚至整根缆索失效的情况。而拉索是斜拉桥的主要受力构件,如果某一根斜拉索突然断裂,则很可能导致结构遭受灾难性的突然破坏。针对环境腐蚀对结构安全的影响,目前在桥梁工程上已经采取了很多锈蚀防护的措施,但仍是效果不理想或有待实践的进一步检验,腐蚀对结构安全影响的定量分析也有待进一步研究。

2.4 大跨缆索支承型桥梁主要病害

如前所述缆索承重体系桥梁结构分为四个主要部分:包括桥面系在内的加劲梁、缆索系统、索塔以及锚固系统。病害最为严重的部分是缆索体系。

2.4.1 悬索桥缆索系统主要病害

如前所述,悬索桥受力特点是:荷载由吊索传至缆,再传至锚墩。缆索系统是悬索桥的关键受力构件。对悬索桥使用状况进行检查时,检查要点主要有主缆线形;主缆、索股和锚头锚杆的防护是否完好;缠丝是否完好;主鞍座和散索鞍的位置是否正,有否锈蚀;索夹位置有否变化,连接的螺栓或连接杆有否松动;吊索有无倾斜,各紧固件是否松动;清查吊索已腐蚀的钢丝数量,当腐蚀根数和受腐蚀的程度等级叠加后相当的断丝根数超过总丝数的5%时,应更换此索;加劲梁有否生锈、损伤或变形;焊缝或高强度螺栓有否裂缝、松动;锚室内有否积水等。

悬索桥上部结构主要有缆索系统、塔柱及主梁,悬索桥主缆与吊索是容易出现病害的部位,尤其是在散索鞍之后主缆是散开在锚室内,在喇叭口处,防护极为不易;悬索拉索和主梁、立柱、索夹和索鞍等的结合处,通常也是最易受腐蚀的地方;锚室内雨水渗漏或积水;塔顶主鞍座蓄水致锈、主鞍座上主缆的螺杆、螺帽如果松动,则会导致主缆与主鞍座发生相对位移。

悬索桥以缆索为主要的承重结构,悬索桥缆索系统的病害对于悬索桥结构安全极为重要。

悬索桥缆索系统由主缆、吊索、主索鞍、散索鞍和索夹组成。

2.4.1.1 主缆

主缆的病害主要有主缆线型变化、腐蚀及断丝等。在长期运营中，由于主缆松弛以及载重量的改变（如桥面载重量、附属设施增加），会导致主缆线形的变化，这种变化积累到一定程度便会影响整个桥梁使用功能和美观。

桥梁索缆腐蚀可分为均匀腐蚀、凹痕腐蚀、裂缝腐蚀、应力腐蚀、氢裂化和疲劳腐蚀。悬索桥主缆钢丝的腐蚀与具体的桥梁防护情况和当地的环境条件密切相关，也与主缆钢丝生产过程、搬运和储存、水上运输、架设程序、缠丝程序和缆索防腐层的养护密切相关。主缆钢丝腐蚀会导致索股有效承载面积的减小和强度下降，严重地危及到整个悬索桥的安全性。

根据国外部分悬索桥主缆防护状况调查，主缆腐蚀的原因是在施工过程中侵入雨水的滞留以及在运营过程中防护的损伤。防护的损伤导致外界雨水和水汽的不断渗入，而且在风的作用下，可以使缆索下的水加速进入开口的裂缝中，如果在空气中含有一定量酸性气体的环境中，主缆钢丝将会逐渐发生腐蚀，腐蚀发展到一定程度后，必将影响大桥的正常使用功能。

在使用过程中，由于疲劳、腐蚀等原因，导致吊索或主缆索股断丝。有些断丝发生在外层，有些则发生在内部，肉眼无法看到。

2.4.1.2 吊索

悬索桥吊索的立面布置一般有垂直布置和斜向布置两种形式，我国新建的悬索桥吊索大多采用垂直布置。吊索是以钢丝绳、钢绞线、平行钢丝束构成，所用钢丝直径较小，在恶劣的环境下，容易生锈、腐蚀，直至断裂，国内外有许多光面钢丝缆索生锈腐蚀，直至断裂失效的实例。

吊索断索的原因应该是基于多种因素的合成，主索断裂主要是振动疲劳和锈蚀综合作用的结果。钢丝绳钢丝之间存在摩擦接触应力，而润滑油被水冲掉后，钢丝之间直接磨损，很容易形成应力蚀和锈蚀。

在营运过程中出现的主要问题包括：雨水等渗入锚固护筒造成锚具及索体腐蚀；索体与锚具之间存在一个未能密封的间隙，存在空气或其他污染源。

吊索是可替换结构，防腐重视程度较少。现在大部分吊索索体均采用了镀锌钢丝，通过热镀锌工艺，在钢丝表面形成铁－锌合金和纯锌层，镀锌钢丝的锌层与周围的介质也会发生化学和电化学反应，镀锌层对钢丝有防腐的作用，但这个保护层是不可能完全致密的，在较恶劣的环境下还是会继续腐蚀直至伤及钢基。在钢丝和索体制造、储运和安装过程中，可能伤及镀锌层。

目前在吊索防腐蚀中通常采用两种方法，一是采用特殊涂料涂装形成外保护层；二是采用高密度聚乙烯（PE）套管密封形成保护套。对于索体目前应用较多的是热塑高密度聚乙烯（PE）套筒防腐蚀方法，而吊索与钢箱梁连接的耳叉等构件通常采用涂装防腐方法。

2.4.1.3 索夹

索夹主要病害是索夹在主缆上滑移，吊索索夹在主缆上产生滑移的原因有两个，一是高强度拉杆的预拉力松弛，使索夹与主缆的夹紧程度放松；二是在长期使用后主缆的挤紧程度提高，空隙率减小，使得索夹在主缆上产生滑移。

滑移改变吊索状态，由竖直索变成斜吊索，使加劲梁的受力状态及吊索的内力改变，对结构产生不利影响；索夹在主缆上的滑移会刻伤主缆缠丝、损坏防锈层，进而使缠丝破坏，导致主缆损伤。

2.4.1.4　锚具

锚具的主要病害为锚具及索体之间的过渡段存在一个钢丝的裸露区域，它是索体疲劳破坏的主要部位，钢丝易腐蚀破坏。

锚具为金属制品，目前主要采用的是涂装、镀锌、镀锌后涂装等防腐蚀方法，由于锚具主要是与主缆索夹和钢梁的吊点相连，故一般是根据上、下吊点，分别将主缆和钢梁外表面进行涂装。

2.4.2　斜拉桥拉索及锚具主要病害

拉索是斜拉桥的重要组成部分，必须具备抗疲劳性能、耐久性和良好的抗腐蚀性。由于斜拉索腐蚀，早期修建的斜拉桥结构损坏状况非常严重。虽然目前工程中采用了各种方法对斜拉索进行防护，但由于材料防腐科学的限制和施工原因，许多防护办法在某种程度上是不成功的。

目前斜拉索的腐蚀和疲劳断裂是目前国内外斜拉桥换索的主要原因。

2.4.2.1　拉索腐蚀

斜拉索是斜拉桥的关键受力部件，布置于梁体外部，并长期处于高应力状态下，其截面尺寸又小，对腐蚀作用非常敏感，即使发生轻微的腐蚀其强度也会有较大的损失。氧化、水、电化电位(氯离子、二氧化硫和二氧化碳)、持续作用于高强钢丝的拉应力等因素都会引起钢丝腐蚀。尽管斜拉桥是按照超静定结构体系设计的，它能经受某单根拉索的突然破坏。然而，如果破坏是由于腐蚀引起的，则力的进一步重分配可能引起更多拉索的破坏，剩余拉索结构的整体性也会被损害，在此情况下结构有可能渐次崩溃。

拉索腐蚀分为三种类型即钢丝锈蚀、应力腐蚀开裂和氢脆。钢丝锈蚀是最普遍的一种现象，是由空气中的 CO_2、H_2O 和 Fe 及其内部杂质互相作用引起的铁的锈蚀，可能导致拉索自行坠落，拉索松弛失效。应力腐蚀开裂和氢脆都是电化学现象，一般先在材料表面形成局部破坏，破坏的局部性增强了应力集中，内部溶液加速了开裂的发展，使开裂扩展下去。

国内外不少大跨斜拉桥因斜拉索防腐不妥而导致锈蚀被迫换索的情况，如美国的 P-K 桥、我国的济南黄河大桥、广州海印大桥以及四川岷江大桥等。

2.4.2.2　拉索疲劳

斜拉索在成桥之后，斜拉索在风、雨作用下，或是在桥面、桥塔振动的作用下，或是在上述因素的共同作用下，都会发生各种不同机制的振动。有的振动虽然振幅不大，但经常发生；有的振动虽然发生频率不高，但振幅很大。

振动是造成斜拉索疲劳的主要因素，斜拉索振动导致索端接头部位疲劳，在索锚结合处产生疲劳裂纹，破坏索的防腐系统，严重的造成拉索失效。索的振动还会造成行车不适。正因为拉索风振的严重危害，研究其抑振措施显得尤为必要。

根据长期的观察和研究，目前探索出斜拉索的振动机制主要有涡激共振、尾流驰振、雨振、抖振以及参数共振五大主要类型。

2.4.2.3　斜拉索锚具及锚固端病害

锚具因其构造特征，水易进难出，容易被侵蚀，且锚具的布置位置不易于检测，出现了问题一般难以被及时发现。工程中对锚具的防腐不够理想，锚具的截面尺寸较大，单独锚具的锈蚀影响不大，但从电化学的腐蚀机理来看，锚具的锈蚀会导致锚端部位斜拉索的锈蚀。从锚具的布置位置来看，锚具处常易于受潮，特别是雨水顺斜拉索流下使锚固处受雨水侵蚀。锚杯的构造使得水汽易进难出，容易引起斜拉索的锈蚀。

在桥面活载作用下，斜拉索与索塔、主梁锚固点处存在疲劳问题，其表现为斜拉索因为受到横向挤压和反复“弯折”产生疲劳，锚具因承受拉索传递过来的活载而产生疲劳。导致索塔、主梁锚固点处疲劳抗力衰减的因素较多，包括锚固的构造细节、力学作用及外界腐蚀等。无论采用哪种锚固体系，锚固点处总存在钢丝(钢绞线)损伤、接触应力及局部应力峰值，这些都会导致锚固点处疲劳抗力的衰减。此外，由于斜拉桥刚度较小，在车辆、风雨等荷载作用下，极易发生振动，经常剧烈的振动会使拉索锚固区套筒产生裂纹，发生积水，使锚头锈蚀，进而导致其疲劳抗力的降低。锚固点处的疲劳问题同样对拉索的使用寿命具有重要影响，对于运营多年的斜拉桥，为防止锚固体系的疲劳破坏，有必要更换斜拉索的锚固系统。

2.4.3 索塔病害

在大跨缆索支承型桥梁的索塔中，目前主要是用钢筋混凝土或者钢材这两种材料。一般的索塔结构，除了本身自重引起的轴力、作用于索塔的水平荷载(风和地震力)，还必须考虑通过缆索系统传给塔身的主梁和桥面系的重量，以及桥面系所受到的竖向荷载和水平荷载，从整体上说，缆索支承型桥梁索塔不仅承受巨大的轴向压力，还要承受绕顺桥向轴和横桥向轴的弯矩作用。而弯矩通常是索塔设计分析中的主要控制指标。

索塔稳定问题在桥梁工程中有着与强度问题同等重要的意义，随着桥梁跨径的不断增大，桥塔的高耸化、塔壁的薄壁化以及高强度材料的应用，结构整体和局部的刚度下降。缆索支承型桥梁是一种比较细柔的结构，在外荷载作用下，索塔承受了很大的压力，当压力达到一定值时，索塔就可能产生较大的屈曲变形，进而丧失稳定性。

2.4.4 悬索桥锚碇基础主要病害

滑移和开裂是悬索桥锚碇的主要病害。

悬索桥是一种柔性结构，当悬索桥主梁连接成贯通桥梁，主鞍座也最终就位固定，全桥进入“成桥状态”之后锚碇的变位将对全桥受力发生永久性影响。悬索桥的锚碇在承受来自主缆的竖向反力的同时，主要还承受主缆的水平力，它是悬索桥的主要承重结构之一。全桥荷载通过主缆传递到锚固系统，锚碇的作用是将主缆的拉力安全的传给地基，保证全桥正常运营。

为满足主塔以及整个桥梁体系的稳定要求，锚碇的最大位移必须控制在一定数值范围内，否则将引起主梁挠度变化、塔顶位移增加和塔根弯矩加大，从而影响结构安全，因此对锚碇位移进行控制显得特别重要，特别是水平位移对上部结构的影响一般约为沉降影响的两倍，更值得引起注意。锚碇的尺寸大小首先要保证受力的安全，即满足抗滑移和抗倾覆的要求，锚碇作为一个刚体，在主缆拉力的水平分力作用下，不应产生滑移。

按照日本设计基准，锚碇水平位移或沉降引起的塔底应力不应超过其容许应力。根据我国《公路悬索桥设计规范》规定，锚碇散索鞍处容许水平位移不得大于中孔跨径的1/6 000。为控制影响锚碇地基基础稳定的位移，早期大跨悬索桥都要求将基础落在岩层。从 1964 年有了维拉扎诺桥锚碇的设计经验后，人们对悬索桥锚碇的认识提高了，悬索桥锚碇可以建在软质地基上，允许下沉，但必须严格限制滑动，尽量减少倾覆量。

悬索桥锚碇基础的另一个常见病害是局部应力过大和混凝土开裂。由于跨径的加大，悬索桥锚碇结构混凝土浇筑量越来越大。体积的增大，强度的提高，对施工工艺及养护维修就提出了更高的要求；而大体积混凝土由于受多种因素的影响，若措施不当，很容易出现裂缝，影响混凝土的整体性强度以及钢筋的耐久性、实用性。锚碇属大体积混凝土结构，一般分块浇筑，由于混凝土的水化热作用，混凝土浇筑后将经历升温期、降温期和稳定期三个阶段，在这个过程中混凝土的体积亦随之伸缩，若各块混凝土体积变化受到约束就会产生温度应力，如果该应力超过混凝土的抗裂能力，混凝土就会开裂。

具体地讲，悬索桥地基基础与锚碇的病害与安全性主要包括以下几个方面：

(1)锚碇在主缆拉力作用下，不应滑移，因为一旦发生，全桥都将变形，所以应严格保证基底抗滑安全系数；

(2)在主缆拉力和锚碇自重等作用下，在其基底面任意一点的竖向应力不应超过基础持力层地基的容许承载力，基底应力不应有大的突变；

(3)整体抗倾覆稳定；

(4)边坡稳定；

(5)应保证不能有过大沉降量，沉降在施工阶段已大部分完成且各部分不能有太大沉降差；

(6)局部应力不应过大。

除了局部应力计算牵涉到锚块与主缆的强度安全，其他主要考虑基础稳定与变位。

2.4.5　主梁病害

缆索型支承型桥梁的主梁病害主要有桥跨主梁线形的变化、钢梁的腐蚀疲劳、局部失稳等。

2.4.5.1　线形变化

由于缆索型支承型桥梁跨度较大，桥塔基础的沉降、桥塔混凝土收缩徐变以及缆索内力变化等因素的影响，都会引起桥跨结构主梁线形的变化，线形的变化导致了主梁受力不利，甚至危及桥梁结构安全。

缆索型支承型桥梁的主梁表现为柔性的受力特性，因此几何非线性的影响较大，引起几何非线性的因素主要有结构大变形的影响、缆索垂度的影响及轴力与弯矩的组合效应的影响。

2.4.5.2　疲劳与脆性断裂

钢桥主梁的局部破坏主要是疲劳和脆性断裂。有些桥梁是由于较低疲劳抗力细节或较大的初始非连续性缺陷引起的裂纹。这些较大的非连续性缺陷常常是因为对所采用的焊接接头没有提出精确控制焊接质量的要求而引起的。

连接细部的疲劳裂纹在钢桥结构中是很常见的现象。产生疲劳裂纹主要有以下原因造成：翘曲引起的应力、不恰当的结构细节以及超载。在桥梁设计中，基于规范荷载及分布系数，主要关注结构的整体性能，而忽略结构构件之间的相互作用力或变形。如果连接细节设计不合理，就会产生二次效应，比如横向框架及横隔板中产生的力是疲劳裂纹产生的主要原因之一。

平面外翘曲引起的疲劳裂纹是主梁结构中常见裂纹。平面外疲劳裂纹大部分发生于横向结构构件（比如楼板梁、横隔板或横向框架）与纵向梁通过连接平板连接的地方。由这种翘曲引起的最大拉伸应力一般发生在水平的腹板与翼缘焊缝以及竖向的腹板与连接板焊缝的焊脚处。这些应力在腹板内或者腹板与翼缘焊缝处产生水平开裂，或者在腹板与连接平板的焊缝末端处产生水平或竖向开裂。在循环力作用下，裂缝长度增长，裂缝的方向也改变成与主拉应力垂直。裂纹扩展多数是发生在焊接结构中，因其焊趾通常处于高的循环应力区。

焊接导致的一些缺陷会导致小裂纹的出现，他们一般在焊缝处出现，在荷载作用下，小裂纹会发展，导致连接的破坏。在焊接桥梁或采用焊接加固的构件中，疲劳裂纹可能发生在焊缝中以及在外作用下而产生的受拉应力集中区和有焊接残余应力的基材上。应力集中区多出现在因割断板件、焊接小板、拼接板、加劲肋、隔板等引起的截面突变部位；焊缝端部以及各类钉孔补焊处。出现裂纹的外部标志主要是锈蚀痕迹和油漆脱皮现象。

铆钉连接损伤也是一种严重的破损，它除了能使作用于杆件和其连接的动力影响以及连接构件和整体的变形加大，还导致铆钉孔周围的应力集中现象急剧增加，加大疲劳损伤的累积速度和出现疲劳裂纹的概率，这点对多次重复变号或变拉力的杆件尤甚。铆钉连接破损是一个长时间过程。随运营时间的加长，连接损伤也在不断地累积加大。由于铆钉损伤严重，造成向钉孔壁渗入湿气及侵蚀性的气体而促进钢材的锈蚀，并使位于铆钉孔边缘应力集中最大处的疲劳裂纹加速发展。在主梁结构中，铆钉损坏常见于斜杆（特别是中间部分的斜杆）、吊杆与上弦节点连接处；主梁的纵向、横向联结系的连接处；主桁、连接系的斜杆相交处。桥面系中铆钉损坏发生在纵梁和横梁的连接中，当纵梁腹板的上翼缘角钢没有设置鱼形板时尤甚。纵梁间纵向和横向联结系的连接也常常出问题。

2.4.5.3　腐蚀

钢梁属暴露在野外环境中的钢结构，其表面与周围介质（水分、盐分等）极易发生化学及电化学作用，当涂层性能较差时，便会破坏涂层使钢铁产生锈蚀。钢桥一般横跨江河，常年平均气温和湿度较高，腐蚀环境较为恶劣。

桥梁的建设是根据需要而建造，它横跨各类大江、大河、山川、海湾，连接陆地和岛屿，地理位置千变万化，各处气候条件复杂，腐蚀环境亦各不相同。如南方的湿热和酸雨、北方的寒冷和冰盐、沿海的盐雾等，都是造成钢桥腐蚀的主要原因。金属腐蚀已经成为钢桥的一大灾害，它给钢桥的维修带来很大困难，特别是难以接近的地方，必须有庞大昂贵的专有设备配合，才能使防腐蚀涂装充分进行。

大气中除空气与水汽外，还有很多污染杂质，如 CO_2、SO_2、H_2S 和氯化物、盐粒子、灰尘等，特别是 SO_2 是影响最大的一种污染物。主梁下迎河水面，常年河水的蒸发增加了钢梁周围的环境湿度，并促使酸性气体及盐粒的溶解，成为较强的电解质，加速钢梁不断地遭受到电化学腐蚀，随着大气中相对湿度增大，腐蚀将急剧增加。腐蚀降低了梁腹板以及翼缘板的厚度，如果检查不及时，那么腐蚀就会削弱梁的腹板和翼缘板，甚至可能导致结构的失效。

钢梁结构钢结构桥梁大多为铆接或栓焊结构，板与板之间存在着大小不同的缝隙，当缝隙间距在 0.025～0.1mm 内是缝隙腐蚀的敏感区间，发生缝隙腐蚀时，缝隙内部一般出现加速腐蚀，而缝隙外部腐蚀较轻。由于缝内贫氧，形成缝内外氧浓差电池，缝内为阳极，且发生酸的自催化过程，因此造成缝内的加速腐蚀，腐蚀产生的体积膨胀，堆积在缝隙处使缝间距不断扩大，导致铆钉及缀板等出现锈胀变形现象。

2.4.5.4　碰撞损伤

在大桥运营过程中，大型车辆发生事故时，会对主梁结构杆件的撞击造成损伤；由于桥梁净空高度限制的问题，大型船只的桅杆、吊装船的吊杆等构件时常会对于主梁结构造成撞击损伤。此外在桥梁制造架设过程中也可能发生损伤。

碰撞造成的损伤形式多种多样，如个别杆件整根断掉或部分断裂；梁体局部或整体翘曲；梁体局部击穿、压陷等。不仅与杆件损伤尺度大小有关，也与受力状态以及因损伤引起的应力状态改变有关。对受碰撞损伤的杆件，特别是在碰撞部位附近要仔细地检查，以便发现裂纹。在翘曲的杆件中可能产生附加应力，对受压杆件将降低其抗纵向弯曲程度。

2.5　基于安全监测的大跨桥梁结构分析

为了准确地对桥梁结构的日常工作状况、安全健康状态以及各种灾害对结构的影响进行分析和评估，必须保证预测评估模型与实际结构相符。因此，精确的有限元模拟是大跨桥梁结构损伤诊断与安全评估必要的基础。

2.5.1　大跨桥梁结构三维有限元模型

有限元法是连续问题的一种离散化近似解法——把原来属于无限自由度的问题近似地按照有限自由度的问题来处理，从数学的角度来看就是把原来的微分方程问题转化成代数方程问题，因而离散化就是有限元法的核心。有限元建模阶段，就是要解决如何离散化的问题，即用什么样的单元来模拟结构构件以及结构整体如何划分单元，这牵涉到有限元建模的目标和策略。

大跨桥梁结构具有构件众多、自由度数目巨大、连接条件复杂等特点。建立一个和实体结构完全一致的有限元模型是不可能的，也没有必要。大跨桥梁结构的有限元建模策略应该是基于有限元分析目标，进行多尺度模拟。不同的有限元分析尺度对于有限元模型有不同的技术要求，应采用不同的有限元建模策略与方案。

2.5.1.1　大跨桥梁基础结构有限元分析

关于大跨桥梁的基础结构有限元分析，主要是依据地质调查、室内实验获取力学参数来建立理论计算模型，通过这些理论计算模型进行锚碇地基基础的稳定性分析、索塔基础承载能力分析等。

对于人工基础的抗滑与抗倾覆稳定性的计算模型主要有刚体计算模型和地基梁模型，这两种简化模型易于计算，但与实际情况相差较大，而有限元法则相对能更好地模拟工程实际，所以目前常用简化模型进行设计计算再用有限元计算结果作为校核。有限元在模拟地基与基础相互作用以及地基的非连续变形方面依然存在缺陷，且由于地质力学参数的随机性与地质模型的模糊性，使得这些计算方法都存在一定的局限，在设计阶段对锚碇地基基础的安全性难以做出十分准确的判断。

由于影响索塔和悬索桥锚碇基础的主要力学参数是位移与局部应力，所以针对基础结构安全监测的有限元模拟相对比较简单，其监测布点与安全评估对于有限元模拟的要求基本是一致。

2.5.1.2 大跨桥梁上部结构有限元分析

(1)以布点方案研究为目标的桥梁上部结构动力特性有限元模拟

以桥梁设计为目的的有限元分析只需建立比较简单的有限元模型，只要确保计算分析的结果是趋于保守的就可达到设计的目标。简单"脊骨梁"形的有限元模型可以用来进行静力分析，但进行动力特性分析时，误差较大，这种简单的"脊骨梁"模型不能满足健康监测的需要。

为了建立有效的桥梁结构健康监测系统，首先需要针对监测目的和需要设计合理高效的传感器布点方案。大型桥梁的模态试验结果和桥梁结构静动力响应是传感器布设的重要依据。

以传感器布点方案研究为目的的桥梁结构有限元分析的目标是：准确计算上部结构桥梁结构的频率、振型等整体动力特性，以便根据计算的振型形状初步确定测点；较为准确地计算在典型载荷下桥梁结构中的内力和应力分布情况，以便确定结构中的高应力区、高疲劳应力区、易损部位等关键构件。有限元模型必须满足如下技术要求：要能有效计算桥梁结构的动力特性，较精确分析桥体各部分主要构件和缆索在设计恒载下的内力和应力分布。

(2)以结构预警和状态识别为目标的有限元分析

大跨桥梁的结构预警和状态识别主要是基于以振动试验模态分析法为主的结构整体检测方法，通过分析与结构动力特性相关的动力指纹变化或结构刚度变化来判别结构的状态。

因此，以结构预警和状态识别为目标的整体动力分析模型的模拟目标是准确计算桥梁结构的自振频率和振型等动力特性。有限元模型应该满足如下技术要求：要能有效计算桥梁结构的动力特性，较精确分析桥体各部分主要构件和缆索在设计恒载下的内力和应力分布。

(3)以状态评估为目标的桥梁动力响应有限元分析

桥梁结构健康监测系统建立以后，可以对桥梁结构各部位实施连续的在线监测，产生大量的监测信息。利用这些监测信息评估桥梁结构的健康状态、检测可能的损伤，是结构健康监测的信息后处理过程，也是健康监测的主要过程。建立一个以结构状态评估为目标的桥梁结构动力响应有限元模型以分析计算桥梁结构的工作状态，是结构健康监测信息能否被充分利用从而达到损伤检测与状态评估的关键。此外，由于传感器安装过程中往往受到桥体结构上的限制，安装传感器的部位不一定就是结构中的危险部位，如桥体中的多种类型构件的焊接点往往发生疲劳破坏的可能性很高，但在这些位置加布传感器十分困难，就需要建立更为精细的有限元模型来反映桥梁结构中关键构件的局部应力集中分布。

因此，以结构状态评估为目的的桥梁结构有限元分析的目标是：能够准确计算分析桥梁结构在实际运用载荷下的动力响应和桥梁结构中关键构件的热点应力分布；在此基础上，进一步进行疲劳损伤累积过程和其他类型失效过程的仿真分析。为了达到这一目的，相应建立的有限元模型应该满足的技术要求为：除了动力特性的有限元模型应该满足的要求以外，在结构应力模拟中，还要包含关键构件的焊、连接细节处的应力集中；在结构的边值条件中，要包含对桥梁实际运营载荷的准确模拟等。

2.5.2　基于结构健康监测的悬索桥上部结构有限元模拟分析

上面的章节分析表明，由于分析研究的目标不同，大跨桥梁的上部结构有限元分析比基础结构复杂得多。本章节以及下个章节，以润扬长江公路大桥为例，分别说明基于结构健康监测目标的大跨悬索桥、大跨斜拉桥上部结构有限元模拟分析策略。

润扬长江大桥由南汊悬索桥和北汊斜拉桥组合而成。其中南汊悬索桥为主跨 1 490m（中国第一，世界第三）单跨双铰简支钢箱梁桥，中跨矢跨比为 1∶9.96。两边跨长为 470m，边跨无吊索。主梁采用扁平流线型钢箱梁，梁高 3m，全宽 38.7m。主塔为钢筋混凝土多层门式框架，塔柱为变壁厚矩形单箱单室结构，设三道横梁。主缆采用预制平行索股，每根主缆为 184 股，每股 127 根镀锌高强钢丝。南北锚碇均采用重力式混凝土锚体。吊索间距 16.1m，吊索与主缆和加劲梁均采用销接连接。为了减小不对称加载下的挠度，减轻由于桥面纵向位移和风振作用等所造成的跨中短吊索弯折、疲劳问题，润扬大桥悬索桥在设计上借鉴国外经验，在国内首次采用了跨中缆梁固结的中央扣结构代替跨中短吊索。

前面已经说明，简化的整体有限元模型在主梁的模拟方面存在着一定的简化，该分析模型能保证桥梁设计计算的结果是趋于保守的，没有能够全面、正确地反映桥梁整体结构的真实性态，对诸如横截面畸变、局部屈曲和剪力滞后等二次效应对全桥总体分析计算的影响难以得到实质性反映。因此，为了能够准确地模拟润扬大桥悬索桥的整体静、动力特性，在 ANSYS 分析软件的基础上，分别采用局部精细单元和壳梁单元对结构进行精细的模拟。

2.5.2.1　主缆、吊索的模拟

主缆、吊索都属于柔性受拉索系，目前对于这类结构有限元模拟通常的离散方法有：Ernst 等效弹性模量法、曲线单元法和多直杆法。三种方法各有特点，考虑到润扬大桥悬索桥的矢跨比，采用多直杆法运用杆单元（Link10）模拟缆、索。

悬索桥缆、索的结构刚度直接取决于拉力的大小，具有明显的应力刚化特性。Link10 单元通过生成和使用一个称为“应力刚化矩阵”的附加刚度矩阵来考虑应力刚化影响：

$$[s_l]=\frac{F}{L}\begin{bmatrix}0&0&0&0&0&0\\0&C_2&0&0&-C_2&0\\0&0&C_2&0&0&-C_2\\0&0&0&0&0&0\\0&-C_2&0&0&C_2&0\\0&0&-C_2&0&0&C_2\end{bmatrix}\tag{2-1}$$

其中，$F=AE\varepsilon^{in}$（第一步迭代时），ε^{in} 是单元的轴向初应变值，为建模时的输入参数，反映了单元初拉力的大小。

$$C_2=1.0\text{（受拉时）},C_2=\frac{AE}{F\times10^6}\text{（受压时）}$$

这样，单元总的刚度矩阵为初应力刚度矩阵$[s_l]$与杆单元弹性刚度矩阵$[k_l]$之和：

$$[k]=[k_l]+[s_l]\tag{2-2}$$

由于初应力刚度矩阵$[s_l]$的存在，缆、索单元的垂度效应通过应力刚化效应得到了考虑，同时也使得缆、索单元的计算始终是几何非线性的分析过程。

2.5.2.2　桥塔与锚碇基础的模拟

桥塔是悬索桥主要的传力构件，对全桥的安全性十分重要。实际桥梁中桥塔的破坏主要表现为动力失稳，发生强度破坏的可能性极小。因而桥塔结构采用梁单元(Beam4)建模，主要关注其动力特性的模拟，而桥塔的应力水平及分布情况不是关注的重点。

在索塔及上部结构有限元模拟分析中，锚碇、桥塔基础通常作为固结考虑。

2.5.2.3　钢箱梁体系的模拟

在钢箱梁体系的模拟方面，存在着两个难点：

(1)悬索桥主跨 1 490m，存在着 92 个梁段，如果按照完全意义上的精细模型，每个梁段都采用精细梁段，则模型单元数目过大，导致计算无法进行。

(2)润扬大桥悬索桥成桥状态主要控制参数为：中跨 $l=1\ 490\text{m}$，边跨 $l'=470\text{m}$，中跨理论垂度 $f=149.605\text{m}$，矢跨比约为为 1∶9.96，主梁凸形竖曲线半径 $R=37\ 250\text{m}$。另外已知最短吊索(中央扣)长度 3.184m，梁高 3m。除了这些控制点，其他位置的缆、索、梁的空间坐标(即成桥状态初始构形)则需要通过恒载作用下的静力计算得出。另外，考虑到主梁的矢高每个梁段均不同，这就给建模带来很大的难度。

考虑到以上问题，在建模过程中将钢箱梁划分为关键截面和一般截面。关键截面包括：$L/2$、$L/4$、$3L/4$、$L/8$ 截面等，是局部应力计算的重点截面，对于这些截面，根据结构的构造采用了包含顶板加劲肋、底板加劲肋的精细箱梁模型，图 2-3 显示了精细模型钢箱梁内部构造。

对于一般截面，只需要较为准确地模拟其整体的刚度、质量及其分布，不需要模拟其局部受力，因此一般梁段的顶板、底板通过将桥面板及其加劲肋采用网格划分尺寸较大的正交异性壳单元进行模拟。显然，相比脊骨梁模型仅考虑截面的几何性质，正交异性壳单元梁模型也考虑了横向连接系对主梁刚度的影响。图 2-4 是跨中中央扣精细模型与一般模型在交接处的单元划分示意。

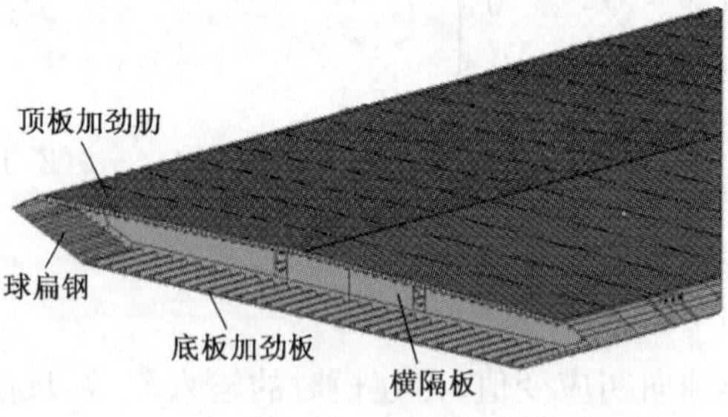

图 2-3　精细模型箱梁内部构造

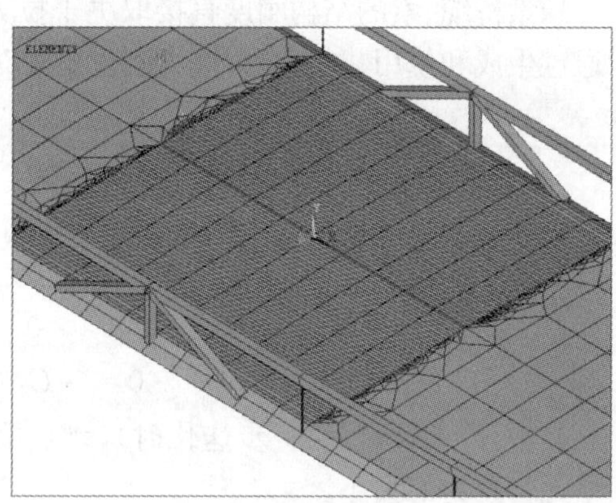

图 2-4　精细模型与一般模型在交接处的单元划分示意

2.5.2.4　边界条件的模拟

边界条件的模拟在模型中是通过处理相应节点自由度的主从关系，或将某些节点处理成铰接端或固结端来实现的。对于润扬大桥悬索桥边界条件的处理如下：

(1)主梁端部的处理

润扬大桥悬索桥主梁端部设置了竖向支座和抗风支座。同时主梁与引桥在桥面相连处设有伸缩缝，伸缩缝具有一定的抗推刚度。据此将主梁横桥向、竖向、绕竖向转动和绕顺桥向桥轴转动的自由度与主塔横梁节点建立主从关系。用一维弹簧单元来模拟伸缩缝，弹簧刚度根据测试结果进行修正。

(2)主缆边界的处理

主缆在锚碇处作固结端处理，主缆在桥塔塔顶取交点铰接，该铰接端与桥塔塔顶节点处理为主从关系。主缆与散索鞍铰接，散索鞍另一端固结。

(3)桥塔边界的处理

润扬大桥悬索桥南北两桥塔的基础为大直径群桩基础，每个塔柱下布置了 16 根直径 2.8m的钻孔灌注桩，群桩顶部又有强大的承台与塔柱连接。因此，塔柱底部节点处理成固定端。

2.5.2.5　动力特性计算分析

表 2-3 给出了润扬大桥悬索桥“脊骨梁”有限元模型、精细有限元模型和现场动力特性实验的前 28 阶频率和振型特性结果。比较分析可以发现，精细模型由于显然与试验结果更加吻合。而且精细模型提供了大桥关键截面的局部结构精细模型，结合健康监测系统关键截面的应变传感器的布置，模型可以直接用于结构的局部应力分析、疲劳分析和安全评估。

润扬大桥悬索桥动力特性计算与实测分析　　表 2-3

振型阶数	自振频率(Hz)			振型描述
	实测值	精细模型计算值	简化模型值	
1	0.058 6	0.060 8	0.049 5	主梁一阶正对称侧弯
2	0.122 1	0.125 0	0.089 5	主梁一阶正对称竖弯
3	0.144 0	0.142 6	0.124 14	主梁一阶反对称竖弯
4	0.158 7	0.151 3	0.124 91	主梁一阶反对称侧弯
5	0.168 5	0.169 6	0.167 40	主梁二阶正对称竖弯
6	0.188 0	0.190 0	0.189 57	主梁二阶反对称竖弯
7	—	0.201 9	0.217 54	主缆面外异相振动
8	—	0.208 3	0.217 61	主缆面外异相振动
9	—	0.218 2	0.222 02	主缆面外同相振动
10	—	0.219 2	0.223 73	主缆面外同相振动＋主梁侧弯
11	0.239 8	0.238 3	0.234 18	主梁一阶正对称扭转＋边缆振动
12	—	0.241 8	0.241 96	主梁三阶正对称竖弯
13	—	0.249 6	0.255 24	边缆面外同相振动
14	—	0.249 8	0.256 50	边缆面外同相振动
15	—	0.256 3	0.262 76	边缆面外异相振动

续上表

振型阶数	自振频率(Hz)			振 型 描 述
	实测值	精细模型计算值	简化模型值	
16	—	0.256 3	0.264 88	边缆面外异相振动
17	—	0.262 7	0.264 88	边缆面内同相振动
18	—	0.262 8	—	边缆面内异相振动＋主梁扭转
19	—	0.269 1	0.264 88	边缆面内同相振动＋主梁竖弯
20	—	0.272 6	0.264 88	主梁侧弯、扭转＋边缆振动
21	0.275 9	0.275 0	0.270 25	主梁侧弯、扭转＋边缆振动
22	—	0.292 1	0.275 60	主梁三阶反对称竖弯
23	0.309 8	0.292 5	0.278 79	主梁一阶反对称扭转＋边缆振动
24	—	0.334 9	—	主缆面外异相振动
25	—	0.338 8	—	主塔横桥向异相振动＋主缆面外同相振动＋边缆面外同相振动
26	—	0.345 3	—	主塔横桥向同相振动＋主缆面外同相振动＋边缆面外同相振动
27	—	0.346 9	0.291 12	主梁四阶正对称竖弯
28	0.371 1	0.358 6	0.299 07	主梁二阶正对称扭转

2.5.3　基于结构健康监测的斜拉桥上部结构有限元模拟分析

润扬大桥北汊斜拉桥是双塔三跨双索面斜拉桥，跨径布置为175.4m＋406m＋175.4m。斜拉桥索塔的主体结构采用空间索面花瓶形钢筋混凝土塔柱结构，桥面以上部分呈倒Y形，桥面以下呈V形，总高143.03m，索塔共设置三道横梁，塔柱和横梁均采用矩形箱型断面。主梁采用扁平流线型钢箱梁，正交异性板桥面，梁高3m，全宽37.4m(含风嘴、锚固区)，钢箱梁主体结构及临时匹配件均采用Q345D钢，钢箱梁腹板为抗层状撕裂钢材，即Z向钢。主梁由13×4对斜拉索支承，斜拉索采用平行钢绞线拉索，拉索由多股无黏结高强度平行钢绞线组成，空间扇形双索面体系。斜拉桥与钢箱梁主梁以锚箱的方式连接，斜拉索锚固于钢箱梁腹板侧的斜拉索锚箱上。过渡墩墩身采用分离式的单箱单室钢筋混凝土结构，过渡墩承台采用实体普通钢筋混凝土矩形构造，墩顶采用盆式橡胶支座，要求支座在垫石顶面滑动。

2.5.3.1　斜拉索的模拟

润扬大桥斜拉桥采用的是空间扇形双索面体系，建立有限元模型时斜拉索采用空间杆单元(link10)进行离散，将其设为只能承受拉力，不能承受压力，即受压时处于松弛状态。建模过程中同时考虑重力垂度和初始应力的影响，使有限元模型尽可能与实际索的受力一致。

2.5.3.2　索塔和过渡墩的模拟

索塔是斜拉桥的关键结构之一，由塔柱、横梁等构成。这里采用空间三维梁单位来模拟，塔的单元划分不宜太粗，因为单元划分的粗细决定了堆聚质量的分布、振型的形状和地震荷载分布，从而会影响索塔的动力特性和内力分布。建模时考虑了不同位置的截面性质，索塔各部位的材料参数的不同，采用了 6 组不同的材料参数和 6 种截面参数。密度的具体数值是根据图纸提供的钢筋质量和混凝土的体积计算得到的。

过渡墩同样采用三维梁单元来模拟。每个过渡墩按照设计资料分成三段，采用两种截面参数，上部和下部是实心矩形截面，中部是箱形截面。

2.5.3.3　桥面系的模拟

传统的桥面系有以下几种模拟方式：脊骨梁模式、Π 形模式、双主梁模式、三主梁模式。

润扬大桥斜拉桥主梁采用的是扁平流线型钢箱梁，正交异性板桥面，考虑到此三维有限元模型将来要要用于结构的安全健康监测和寿命评估，这里建立有限元模型时不再采用传统的梁单元来模拟，而是按箱梁原型的构成及尺度用更加接近于实际结构的梁、壳等单元来模拟。

钢箱梁内部横隔板的模拟是严格按照设计图纸，不同厚度的横隔板采用不同的材料参数，桥面一般位置无拉索处的横隔板厚 10mm，支座处包括桥塔和桥墩处的横隔板厚 20mm，有拉索处的横隔板厚 12mm。钢箱梁内部的纵向桁架采用空间梁单元(beam4)离散。钢箱梁内的边跨压重采用等效质量块来模拟。钢箱梁上下桥面板的加劲肋是采用复合材料力学的方法将桥面板的构造正交各向异性板等效为物理正交各向异性板。

2.5.3.4　边界条件的模拟

边界连接条件的变化对斜拉桥的动力特性和地震反应有较大的影响，必须正确的模拟边界连接条件。润扬大桥斜拉桥主塔基础是深达基岩的桩基础，可以认为塔与地面的六个自由度都是固结。

润扬大桥斜拉桥是半飘浮体系，桥面板和索塔中塔柱之间是侧向限位装置，在有限元模型中，把桥面板和索塔中塔柱的横桥向自由度耦合起来。桥面板下部和桥塔下横梁之间是盆式橡胶支座，限制桥面板的竖向位移，建模时把索塔下横梁和桥面板的竖向和侧向位移耦合起来。过渡墩与桥面板之间同样也把竖向和侧向自由度耦合起来。

2.5.3.5　斜拉桥动力特性计算分析

表 2-4 给出了润扬大桥斜拉桥有限元脊骨梁模型、精细模型和现场动力特性实验的前 28 阶频率和振型特性结果。

比较分析可以发现，本节建立的整体细化分析模型与动力实测频率相当吻合，而空间骨架模型与实测频率的最大误差达到 26.4431%。而且随着振型阶数的增加，精细模型与实测频率能保持良好的吻合趋势，而空间骨架模型的计算误差则逐渐增大。

本节所建立的整体精细分析模型可作为润扬大桥斜拉桥整体动力分析的基准有限元模型，为桥梁结构的损伤预警、损伤定位与复杂动力响应分析提供了准确的结构描述。

有限元模型的自振频率与实测频率比较　　表 2-4

振型阶数	自振频率(Hz)			振 型 描 述
	实测值	精细模型计算值	简化模型值	
1	—	0.153 2	—	纵飘
2	0.312 5	0.300 2	0.270 6	主梁一阶对称竖弯
3	0.410 2	0.415 4	0.378 6	主梁一阶反对称竖弯
4	0.576 2	0.612 4	0.525 4	主梁一阶对称侧弯

续上表

振型阶数	自振频率(Hz)			振 型 描 述
	实测值	精细模型计算值	简化模型值	
5	0.649 4	0.680 0	0.615 7	主梁二阶对称竖弯
6	0.722 7	0.766 8	0.696 4	主梁二阶反对称竖弯
7	—	0.770 7	—	塔反对称侧弯＋主梁反对称侧弯
8	0.771 5	0.814 1	0.759 8	塔对称侧弯＋主梁对称侧弯
9	0.849 6	0.885 9	0.820 7	主梁三阶对称竖弯
10	—	1.087 9	—	塔对称纵弯＋主梁对称竖弯
11	—	1.095 1	—	主梁三阶反对称竖弯
12	1.084 0	1.105 6	1.013 3	主梁一阶对称扭转
13	1.240 3	1.275 6	1.030 0	塔反对称纵弯＋主梁反对称竖弯
14	—	1.284 6	—	边跨主梁对称竖弯
15	—	1.317 4	—	边跨主梁反对称竖弯
16	1.401 4	1.398 0	1.229 4	主梁四阶对称竖弯
17	1.587 0	1.530 2	—	塔对称纵弯＋主梁反对称扭转
18	—	1.559 7	—	塔反对称纵弯＋边跨主梁扭转
19	1.723 7	1.675 6	1.267 9	主梁四阶反对称竖弯
20	1.684 7	1.707 7	1.550 6	主梁一阶反对称扭转
21	1.816 4	1.758 4	1.456 1	主梁一阶反对称侧弯
22	1.845 8	1.885 8	—	边跨主梁扭转
23	2.138 7	2.035 5	—	塔反对称纵弯＋主梁对称竖弯
24	—	2.041 7	—	塔反对称纵弯＋边跨主梁竖弯
25	2.275 5	2.249 4	—	主梁二阶对称扭转
26	2.851 6	2.819 3	—	主梁二阶反对称扭转
27	2.969 0	3.009 3	—	边跨主梁扭转＋中跨主梁竖弯

第3章 大跨桥梁安全监测系统设计

3.1 系统一般构成与设计原则

结构监测系统是提供获取桥梁结构信息的工具，使决策者可以针对特定目标作出正确的决策。然而，对于一座运营的大型桥梁结构来说，政府、桥梁管理部门、维修养护部门等关心的问题各有不同。比如：政府部门关心的是桥梁是否正常通行，不影响整个地区或国家经济发展；桥梁管理部门主要关心的是桥梁能否正常运营以及运营的经济效益；维修养护部门关心的是桥梁能否安全运营；而设计与建设单位则关心的是大桥是否达到了设计目标以及一些特殊设计的工作状况如何。在进行系统设计时，主要把握以下几个原则：

(1)系统的可靠性：由于桥梁结构安全监测系统是长期野外实时运行，必须保证系统的可靠性。根据大桥的地理位置特征、大桥的结构特征，应选择国内外有业绩的成熟产品和技术，保证的功能和指标要求的实现。

(2)系统的先进性：设备的选择、监测系统的功能要与现代测试技术的发展水平、结构健康监测的相关理论发展相适应，具有先进性。

(3)可操作和易维护性：系统正常运行后应易于管理、易于操作。对操作人员及维护人员的技术水平及能力，不应有过高要求。选用产品时，应考虑以后的升级换代的方便，考虑到系统维护和调整的方便，使系统长期保持正常运转。

(4)完整性和可扩容性：系统的监测过程必须内容完整、逻辑严密、各功能模块之间既相互独立又相互关联，避免故障发生时的联动影响。随着桥龄的增长，系统需要监测的内容将会增多，所以要充分考虑系统的可扩容性，留有软硬件接口，方便扩容。

因此，在设计大型桥梁结构监测系统时，首先应该综合考虑大桥的结构特点和各个方面对系统功能的要求，确定系统需要获取哪些信息；其次应当结合监测费用，从科学经济实用的角度出发，由大量可选监测项目中选取适当项目实施，达到最大费用—效益比。通过分析，明确哪些项目进行长期连续监测，哪些作为周期检测或日常检测项目，通过专门的检测设备获取需要的数据。根据功能要求和成本—效益分析确定监测项目，优化选择并安装系统硬件设备。

一个完整的大跨桥梁结构健康监测系统包括采集测量系统和数据分析处理两个部分，四个子系统，如图3-1所示。即：传感器子系统；数据采集与传输子系统；数据信号处理与控制子

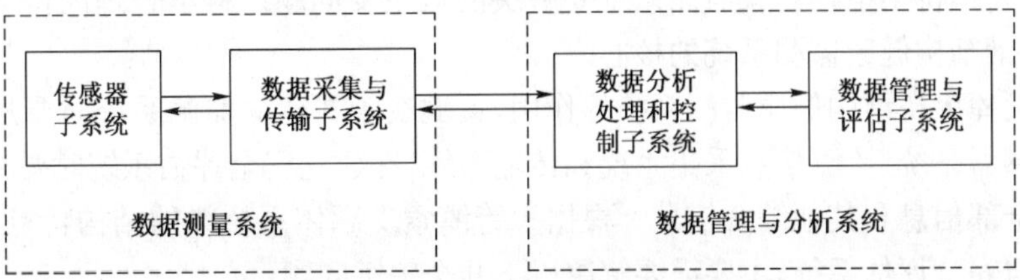

图3-1 大型桥梁安全监测系统构成

系统;数据管理与分析评估子系统。四个子系统组成一个完整的网络结构,硬件设备包括网络服务器、PC机、专用工控机、放大器、传感器等。外站作为网络节点,往下由工控机、数据采集板、信号调理器、传感器等构成微型网络,方便系统开发和监测规模的扩大。

3.2 大跨桥梁结构安全监测系统的功能

虽然现代桥梁健康监测被赋予了结构监控与评价、设计验证、管理与维护支持、研究发展等多个方面的意义,但是桥梁结构健康监测系统的直接应用是应用于大桥的运营养护管理。因此,大跨桥梁结构健康监测系统的功能应包括:

(1)能够测量结构各种响应的传感装置对大桥在各种环境条件下与运营条件下的工作状况进行自动监测。及其响应强度实施实时在线监测。

(2)能够根据桥梁结构状态识别和安全评估的要求对各监测项目进行数据采集、存储和查询。对大桥结构安全状况的进行实时监测,监测数据滚动处理。

(3)具有反映大桥结构状况关键值的多级报警功能,并设定日常信道报警系统,用于桥梁的日常运营管理。

(4)能够报告大桥在各种工作环境下的结构载荷变化,报告大桥主要构件的实际工作状况,为结构维护提供依据。

(5)具有快速大容量的信息采集、通信与处理能力,并实现数据的网络共享。能够对监测数据进行分析处理,并根据分析处理结果对大桥整体结构的异常状态进行诊断。

(6)应能够通过对监测数据进行分析处理,对推断大桥主要构件有否潜在病害,并对大桥结构的安全性进行分析,为运营期间的维护、维修提供指引。

(7)具有直观友好的可视化人机交互界面;能够通过因特网将数据或图形传输到有关部门。

(8)依靠自主的技术力量,实现系统软、硬件的国内维护管理,并将复杂的系统监测运行、监测内容和监测分析,简化成易于大桥管理人员掌握和管理的操作程序。

(9)以国内外桥梁结构健康监测技术理论的最新发展和对大桥结构状况分析、评价的内容要求,完善系统的监测构成和监测数据处理。

(10)支持对大桥结构健康响应特征指纹的检测认识与监测知识的积累;支持深化系统监测功能与发展对大桥结构异常状态诊断、分析技术的研究。

如何根据系统采集的实时信息,反演出大桥的结构工作状态和健康状况,识别可能的结构损伤程度及其部位,并在此基础上进行大桥的安全状态评估,真正为大桥的运营维护管理提供帮助,是建立大跨桥梁结构健康监测系统要解决的最主要问题。科学合理的桥梁结构安全评估系统,是桥梁结构健康监测系统的核心。

要充分发挥大桥结构健康监测系统的作用,关键在于在建立监测系统时要从评估的需要出发设计传感器系统、监测信息采集系统和传输系统,在建立安全评估系统时要充分利用监测系统输出的全部信息和其他综合信息。根据大跨缆索支承体系桥梁的结构特点,建立大桥结构健康监测与安全评估系统,主要需要解决以下几个关键问题:

(1)大桥结构健康监测策略。根据大桥的结构特点和大桥所处的自然环境特点,从结构状态评估的需要和运营养护管理需求出发，确定监测项目、传感器优化布置和选型。保证测点布置和数据采集的科学性、真实性和最大有效性。

(2)大桥结构损伤识别技术和方法。目前关于结构损伤识别的理论比较多，但是由于大跨桥梁结构非常复杂、环境影响因素多，迄今为止还没有一种成熟的方法能够直接应用于大跨桥梁结构的损伤识别。这就要求我们对各种损伤识别方法进行深入的研究与优选，最终建立一个与大桥结构健康监测系统适配的识别系统。

(3)建立针对大桥结构的健康状态评估体系、结构安全性评价系统和安全预警系统。根据润扬大桥的结构受力特点和结构的易损性分析、桥梁结构疲劳损伤累积过程的分析，建立结构安全评估指标、结构可靠性评估系统和预警系统，为大桥的管理维护提供帮助。

(4)数据采集与通信网络系统的设计。数据采集与通信系统的设计必须以保证数据采集和远程数据传输的稳定性、可靠性和准确性为目标。

(5)科学的系统软件。应根据监测与评估的需求进行数据采集与信号传输、数据分析、结构状态评估等软件的设计。

3.3　大跨桥梁安全监测策略

3.3.1　监测项目的选择

在进行大跨桥梁健康监测系统设计时，应根据大桥的结构(以及结构响应)特点、所处的环境、投资规模等，确定监测系统的具体项目与内容。通常，大跨桥梁结构健康监测系统的监测项目包括三个方面内容，即：桥梁工作环境监测、桥梁结构状态监测和结构响应行为监测。大跨桥梁结构健康监测项目的选择主要从以下几个方面考虑：

(1)大跨桥梁各类结构构件在结构安全中的重要性和构件的易损性，以及特殊结构设计。

(2)根据大跨桥梁所处的地理环境和气候环境特点，进行风、温度、地脉动作用下的结构响应监测，以及结构基础的影响监测。

(3)系统监测内容中的监测参数选择，从结构状态评估的需要和运营养护管理需求出发，要为未来进行状态识别和结构安全评判做技术准备。包括大桥主体结构的内力、位移的静动态响应、结构振动特性参数等。

(4)对大跨桥梁结构的长期监测布点设置以监测桥梁结构的整体状况与观测桥梁结构响应的规律性为主，同时考虑长期监测对局部结构病害检测的指引。

(5)对于一些重要的特殊结构设计一般都要列入监测项目。

对于大跨缆索支承型桥梁，结构健康监测系统主要对悬索桥的主缆、吊索，斜拉桥的斜拉索，主梁和索塔的几何状态、静动态响应，大桥所处的自然环境、交通荷载状况等进行监测。主要监测项目包括：

(1)索塔和锚碇基础：索塔位移与沉降，索塔的振动监测，索塔温度监测。锚碇地表位移与基底土压力、锚碇基础位移等。

(2)缆索：斜拉桥斜拉索索力监测，斜拉索的振动监测。悬索桥主缆内力监测、振动监测，吊索内力监测、振动监测。

(3)主梁:主梁线形监测(倾角),主梁应力监测,主梁的振动监测,主梁的温度监测梁端位移。

(4)特殊结构设计:如润扬大桥悬索桥中央扣连接处应力监测,苏通大桥索塔与连接处的液压缓冲系统位移监测,南京长江三桥索塔振动响应监测、上部钢结构与基础混凝土结构连接部位结构应力监测等。

(5)交通荷载监测:各个车道车辆荷载和车流量的监测。

(6)环境状态的监测:环境监测(温度、风速风向),地面运动监测,水流冲刷监测等。

3.3.2 基础监测系统优化设计

对于大跨桥梁基础工程,结构安全监测第一个目标是保证施工期与成桥运营期大桥地基基础安全,这也是每一个大型桥梁地基基础监测系统都必须完成的,而设计验证等目标则要根据实际情况综合考虑。监测目标决定了监测项目、监测区域、监测仪器与技术和信息、采集技术使用等内容。根据监测目标,现有的大型桥梁地基基础的监测系统只决定监测系统的主要项目与区域,至于监测点的数目、监测仪器与信息采集技术一般由监测系统的投资规模来确定。因此,效益—成本分析成为大跨桥梁地基基础监测系统设计的第二个基本原则,即在完成监测目的的基础上通过优化手段来确定测点数目、测量仪器与数据采集方式等,从而以最低或工程可以接受的成本达到预期的监测目的。

大跨桥梁基础监测主要对于锚碇等地基基础变形、应力及地下水等进行监测,考虑到尽量采用比较成熟的方法,目前一般选用四种监测手段:

(1)外部变形监测:通过布设变形观测的专用控制网观测岩土体表面及建筑物表面变形,包括水平位移观测和垂直位移观测,从总体上观测基础的变形与稳定;

(2)应力监测:用土压力计和钢筋应力计等监测关键部位的内部应力;

(3)内部变形监测:采用测斜仪等监测关键部位的内部变形;

(4)水压力观测:利用孔隙水压力计等观测关键部位的水压力。

这些监测项目的主要监测对象为结构的变位、土压力等,为了获得这些物理量,在对大型悬索桥锚碇地基基础响应等进行原型实测研究时往往需要布置多个测点。一般来说测点越多,越能够更多地了解结构安全状况,得出比较准确的结构特性测试结果,但是测点越多增加的仪器设备会提高监测系统的成本,工作量会大大增加,数据处理的难度也会加大。

此外,仪器埋设位置不当有可能造成监测精度过低,或者得到的信息偏少,这样不能使仪器发挥应有的效益,不仅造成浪费,还可能影响到安全监控工作的正常进行。因此,在实际监测中一般希望利用适量的测点保证较高的监测精度,得到比较完整、合理的数据和较多的重要信息,达到监控的目的。监测区域与监测点在空间的布置存在一个优化布置的问题。

以往对地基基础的测点布置一般是根据人们对结构在施工运营期状况的认识和已有经验来确定的,主要采用定性的方法确定测点数量和位置,专家咨询常常是进行地基基础监控系统设计的主要手段。可以相似工程类比、采用专家知识与理论分析相结合的思路,确定大桥地基基础的监测区域与监测点空间布置,以满足监测的主要目的。

具体而言,就是首先收集有关国内外有关大型桥梁地基基础长期监测的资料,从这些资料当中分析长期监测中应该主要监测的项目与区域,结合具体工程的特点初步决定大桥监测项目与区域，这是因为相似工程的监测系统设计本身已经包含了大量的专家知识与理论分析的成果，直接利用这些成果是进行具体工程监测系统设计的一个方便途径，也是可靠的途径；而后进行初步方案的专家咨询，根据专家经验与业主要求进行方案修改，这是因为具体工程具有具体工程的特殊性，通过长期进行工程实践的专家对具体问题的分析，可以完善方案设计，将这些特殊性考虑进去；最后就是在修改方案的基础上进行理论分析，对于方案进行最后的论证与补充，这是因为无论是相似工程类别，还是专家知识修正都具有经验性的成分，因此通过理论上分析可以将经验中不合理的部分和没有考虑的部分考虑近来，从而使方案真正达到低成本、高效益的目的。目前，进行大跨桥梁地基监测系统设计主要基于突破口理论和敏感性分析理论。

3.2.2.1　基于突破口理论的地基基础安全监测系统优化设计

突破口理论是在进行边坡安全性监测时首先提出的一种进行安全监测系统优化设计的理论，它认为岩土体发生破坏，不可能各个部位同时发生失稳破坏，只有从一处或少数几处开始发生点破坏，然后随应力调整、强度和外界条件的变化，或者继续发生逐次破坏，或转向稳定。在建立监测系统时，这些关键点应该是监测的重点区域。如地基中存在的可以成为潜在滑动面的软弱夹层、断层等，这些部位往往是边坡发生失稳破坏的开始点。

突破口理论同样适用于大型桥梁地基基础安全监测系统。因为，一方面大型桥梁基础一般都作用在岩土质地基上，存在大量的岩土体失稳破坏问题；另一方面即使是基础结构自身的破坏问题也同样符合以上规律，即悬索桥锚碇体等结构发生破坏时，不可能各个部位同时发生破坏，也是从一处或少数几处首先开始发生点破坏。因此我们可以利用同样可以利用突破口理论进行桥梁地基基础安全监测系统的优化设计。

利用突破理论进行监测系统的优化布置就是如何综合集成所有的有关信息(包括工程信息、地质信息、理论分析结果、专家经验与施工中的监测信息)来估计地基基础发生破坏的、可能突破口的位置和范围，从而优先监测这些部位。就大型桥梁地基基础的稳定性监测而言，首先通过地质条件的分析与施工过程中知识收集，由专家来确定可能严重影响地基基础稳定性的断层与软弱夹层等，这些地方往往是地某基础破坏的突破口；通过室内的模型实验与三维非线性有限元计算模型来模拟结构与地基在外载作用下的破坏形式与特征，从而可以确定最先发生破坏的部位。图 3-2 给出了基于突破口理论的基础监测优化布置与系统设计的思路。

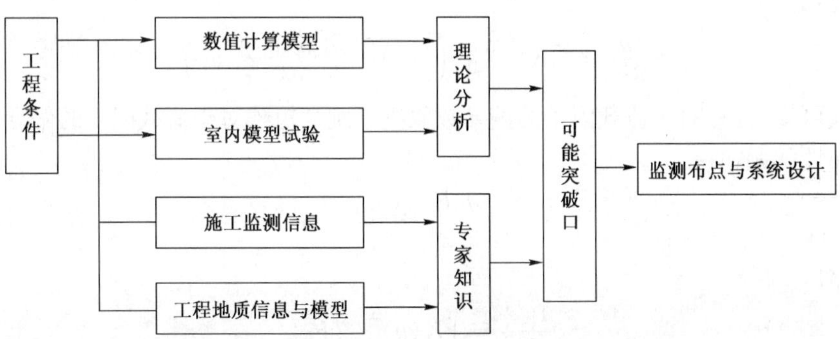

图 3-2　基于突破口理论的基础监测优化布置与系统设计

3.2.2.2 基于敏感性分析的地基基础安全监测系统设计

一般意义上的敏感性分析是指当自变量发生微小变化时，因变量发生变化的程度，用数学语言来表达就是因变量 y 关于自变量 x 的导数或偏导数，如果用符号 $senx$ 表示因变量 y 关于自变量 x 的敏感性，有：

$$senx = \frac{\mathrm{d}y}{\mathrm{d}x} \quad 或 \quad senx = \frac{\partial y}{\partial x} \tag{3-1}$$

大型桥梁地基基础的安全性监测就是监测那些当荷载结构力学特性与几何特性等自变量发生变化时，地基基础的效应量(位移、应力与应变等)发生变化的情况。地基基础中由于自变量微小变化而效应量有较大变化的区域，一方面可能是容易破坏的区域，如某点监测得到的应变变化幅度较大，那么该点容易破坏，往往也是地基基础破坏的突破口；另一方面这些点的效应量对自变量变化较为敏感，可以有效地反演自变量和减小测量误差对于反演的影响。

因此利用敏感性理论进行监测系统优化设计，就是重点监测对自变量变化敏感的区域，这些区域包括：荷载变化的敏感性区域；力学参数变化的敏感性区域；下部结构变化的敏感性区域。

(1)荷载变化的敏感性区域

荷载变化的敏感性区域包含两层含义：一是在相同荷载作用下，地基基础不同部位变形大小不一样，变形较大区域是监测的重点区域，这样可以提高监测信息中有用成分，提高分析的准确性，减小测量误差对分析的影响；二是荷载发生相同变化时，效应量变化较大的区域，这样可以有效地捕捉荷载变化的情况，较为精确地反演荷载值。

为了获得不同区域效应量关于荷载的敏感性，这里以变形为例，用差分法近似求解变形关于荷载的效应量。假设荷载的变化是等比例变化，则结构非线性有限元表达式可以写成：

$$[K(u)]\{u\} = \lambda\{F_0\} \tag{3-2}$$

式中：$[K(u)]$——刚度矩阵；

$\{u\}$——位移列阵；

$\{F_0\}$——标准荷载列阵；

λ——载荷因子。将对于载荷因子 λ 求偏导，

$$\frac{\partial[K(u)]}{\partial\lambda}\{u\} + [K(u)]\frac{\partial\{u\}}{\partial\lambda} = \{F_0\} \tag{3-3}$$

于是有：

$$\frac{\partial\{u\}}{\partial\lambda} = [K(u)]^{-1}\left(\{F_0\} - \frac{\partial[K(u)]}{\partial\lambda}\{u\}\right) \tag{3-4}$$

由上式可知，位移对于荷载因子的偏导数取决于刚度矩阵对于荷载因子的偏导数。

对于弹性问题，有：

$$\frac{\partial[K]}{\partial\lambda} = 0 \tag{3-5}$$

因而，有：

$$\frac{\partial\{u\}}{\partial\lambda} = [K(u)]^{-1}\{F_0\} \tag{3-6}$$

对于弹性问题可以方便地用上式求得位移关于荷载的敏感性。

但是对于弹塑性非线性问题，由于位移$\{u\}$是荷载的函数，因而

$$\frac{\partial[K]}{\partial\lambda}\neq 0 \tag{3-7}$$

但是位移$\{u\}$是荷载的隐函数，一般无法写出刚度矩阵$[K(u)]$关于荷载因子的偏导数，因此一般也无法给出非线性问题中位移关于荷载的显性敏感性表达式。

为此，应用差分法进行敏感性分析，其基本思路如下：结构有限元分析最后可以表达为：

$$[K(u)]\{u\}=\lambda\{F_0\} \tag{3-8}$$

在外荷载因子变化 $\Delta\lambda$ 的情况下，我们同样可以利用上式求得位移变化：

$$[K(u+\Delta u)]\{\Delta u\}=\Delta\lambda\{F_0\} \tag{3-9}$$

上式是非线性有限元的质量表达式，可以有多种方法求得位移增量$\{\Delta u\}$。于是位移对荷载的敏感性可以近似表达为：

$$\frac{\partial\{u\}}{\partial\lambda}=\frac{\{\Delta u\}}{\Delta\lambda} \tag{3-10}$$

由式(3-6)与式(3-10)可以给出不同节点上位移关于荷载的敏感度，如果该点的变形对荷载越敏感，往往该点越容易破坏，同时由于地基基础的效应量越大，可以减少测量值中误差百分比，提高监测效果。因此监测仪器可以优先布置在这些点上。

(2)力学参数变化的敏感性区域

由于岩土材料的力学参数随机性较大，一般很难用试验准确确定，于是我们经常利用工程实测得到的位移进行力学参数的反演。目前力学参数反演的计算方法较为成熟，但是其唯一性、可信性问题并没有较好解决，如果我们利用那些对力学参数变化较为敏感的点位移信息往往能够提高反演的效率与可信性。因此，对力学参数变化较为敏感的区域也应该重点监测。

为了在大跨桥梁基础监测系统优化布设过程中实现对于力学参数变化敏感区域的重点监测，首先需要确定哪些地层的力学参数需要利用位移信息进行反演，其次就是计算不同节点关于这些地层力学参数的灵敏度，最后比较不同节点力学参数灵敏度的大小，确定灵敏度较大的节点。

在这三个部分中最为关键的是灵敏度的计算，传统的求解方法如下：

根据有限元平衡方程：

$$[K(u,x)]\{u\}=\{F\} \tag{3-11}$$

对于待求参数求导，有：

$$\frac{\partial\{u\}}{\partial\{x\}}=[K]^{-1}\left(\frac{\partial\{F\}}{\partial\{x\}}-\frac{\partial\{K\}}{\partial\{x\}}\{u\}\right) \tag{3-12}$$

其中：$\frac{\partial\{K\}}{\partial\{x\}}=\int[B]^T\frac{\partial[D]}{\partial[x]}[B]\mathrm{d}v$。可见参数灵敏度的求解最终为求解 D 矩阵对力学参数的偏导数。由于在岩土问题中 D 矩阵一般是力学参数$\{x\}$复杂非线性函数，只有少数的可以求出偏导数的表达式。通常利用差分方法进行力学参数敏感度的近似计算，即当力学参数 x_i有 Δx_i的变化时，有：

$$[K(u+\Delta u,x_i+\Delta x_i)]\{u+\Delta u\}=\{F\} \tag{3-13}$$

由上式可以求得位移增量$\{\Delta u\}$，从而位移关于力学参数 x_i 的灵敏度可以近似表示为：

$$\frac{\partial\{u\}}{\partial x_i}=\frac{\{\Delta u\}}{\Delta x_i} \tag{3-14}$$

这样由式(3-14)可以近似求得地基基础不同部分关于力学参数 x_i 的灵敏度。对于那些灵敏较高的区域应该成为监测的重点区域。

(3)下部结构变化的敏感性区域

地基基础的安全监测目的不仅仅是监测地基基础的自身安全性，更为重要的一点就是通过对地基基础关键点的监控，保证地基基础的变位不会影响上部结构的安全性。因此在基础与上部结构发生直接作用的区域中(散索点、塔基等)，这些微小变位会引起上部结构形态较大变化的区域应该是重点监测区域，如散索点。为了定量确定这些区域，首先建立上部结构的有限元分析模型，其有限元表达式可以写成：

$$[K(u,x)]\begin{Bmatrix}u_s\\u_x\end{Bmatrix}=\{F\} \tag{3-15}$$

$\{u_s\}$为上部结构结点的待求变量向量；$\{u_x\}$是下部结构作用于上部结构的边界约束位移向量。将刚度矩阵进行分解，有：

$$\begin{bmatrix}K_{11}(u,x) & K_{12}(u,x)\\K_{21}(u,x) & K_{22}(u,x)\end{bmatrix}\begin{Bmatrix}u_s\\u_x\end{Bmatrix}=\begin{Bmatrix}F_s\\F_x\end{Bmatrix} \tag{3-16}$$

于是：

$$\begin{aligned}K_{11}\{u_s\}+K_{12}\{u_x\}&=\{F_s\}\\K_{21}\{u_s\}+K_{22}\{u_x\}&=\{F_x\}\end{aligned} \tag{3-17}$$

由上述方程组第一式

$$K_{11}\{u_s\}=-K_{12}\{u_x\}+\{F_s\} \tag{3-18}$$

式中，$\{u_s\}$是上部结构结点的待求变。而在建立上部结构有限元分析模型时，边界约束位移向量通常设为是已知的。如边界约束位移向量$\{u_x\}$的分量 u_{xi} 有 Δu_{xi} 的扰动，则上式可以写成：

$$K_{11}\{u_s+\Delta u_s\}=-K_{12}\{u_x+\Delta u_x\}+\{F_s\} \tag{3-19}$$

$\{\Delta u_x\}$的第 i 个分量为 Δu_{xi}、其余分量为 0，与$\{u_x\}$同长度的向量。由上式可得，当分量 u_{xi} 有 Δu_{xi} 的扰动时的$\{\Delta u_s\}$，于是：

$$\frac{\partial\{u_s\}}{\partial u_{xi}}=\frac{\{\Delta u_s\}}{\Delta u_{xi}} \tag{3-20}$$

由此可以得到基础中那些自身微小变位会引起上部结构形态较大变化的区域。在进行监测系统布置时，这些区域也应该成为重点监控的区域。

3.3.3 上部结构传感器布置优化方法

桥梁结构安全监测及评价系统的基本监测功能是通过传感器系统来实现的，合理布置传感器是保证结构监测质量的前提。监测系统使用的传感器越多，量测的信息越丰富。但由于传感器、二次仪表及存储介质等的费用，一般只能使用有限个传感器。如何放置这有限个传感器以获取尽可能多的信息，这也是大跨度桥梁结构健康监测系统的关键技术之一。

对于连续监测的桥梁上部结构监测系统，合理布置传感器尤为重要。因为相对于基础监测系统，大跨桥梁上部结构的结构参数响应要敏感得多。如果说基础安全监测系统是对于"静态结构"进行实时测量，那么上部结构安全监测系统对于"动态结构"进行实时测量。

目前，关于桥梁上部结构监测传感器布点大多也是基于经验，但是经验不能保证传感器的布点质量。传感器测点的布设应该遵循"从状态评估的需要出发，以有效和经济为主使测点能够发挥最大效应"的原则，具体主要依据以下几点：

(1)监测的目的和要求。包括：要监测的信息的类型；预计的结构响应与行为；所要记录的响应的数量(数据长度)等。

(2)大桥的静动力计算分析结果(恒载作用下的结构控制部位、可能产生应力集中的位置、动力响应敏感点)。

(3)在有限元分析结果的基础上，应用有关优化理论进行测点优化的分析结果。

(4)设计人员的设计思想、评估需求、结合大桥结构特点作分析研究。

(5)桥梁专家的经验与建议。

(6)国内外尤其是世界一流其他类似结构桥梁的经验和教训。

3.3.3.1　一般测点的优化布设

对于大跨桥梁结构几何状态、车辆荷载、结构温度场及环境风等一般性测点的确定，基本上可以根据工程常识和经验来确定。

(1)索塔塔墩空间坐标监测：在索塔塔顶及中横梁布置测点；在塔墩承台顶面各布置四个测点。

(2)主梁线形监测：斜拉桥通常选择中跨四分点断面及边跨跨中断面箱梁顶板上游侧及下游侧设置测点。悬索桥通常选择八(或十六)分点断面箱梁顶板上游侧及下游侧设置测点。

(3)钢箱梁动态变形监测：在中跨跨中断面箱梁顶板上、下游侧边缘，一四分点断面箱梁顶板上游侧边缘以及一索塔塔顶处设置 GPS 测点。地面参考站测点可与塔墩空间坐标监测参考点共用。

(4)交通车辆荷载监测：在上下游侧引道的每个车道布置车辆荷载传感器。

(5)风环境监测：一般选择主梁跨中断面以及两索塔塔顶位置布设风速风向仪(大跨悬索桥应在四分点断面增加测点)。

(6)地面运动监测：在大桥附近地面选择两处受地面运动以外的振源影响小的位置布设测点。

(7)温度与湿度监测：国外大跨度桥梁健康监测的实测结果表明，大桥主梁横断面上的温度分布形态沿桥纵向基本不变。可以选择大桥跨中断面(大跨悬索桥应在四分点断面增加测点)。

3.3.3.2　振动测点优化布设的遗传算法

利用结构的振动响应是进行结构异常状态识别的主要方法，为了获得大跨缆索支承型桥梁的振动模态特性，需要在大桥上布置较多的振动监测测点。

关于大跨桥梁振动传感器的优化布点问题可以这样描述：对于大跨桥梁结构模型，共有 n 个自由度，现有 m 个传感器($m<n$)，如何布置这 m 个传感器，以使得布置结果按某种标准达到最优。在数学模型上，此问题属非线性规划范畴。振动模态试验的传感器布设问题最早是在轨道航天器的动态控制与系统识别中得到广泛研究，最为人们熟知的方法是 Kammer 提出

的有效独立法。清华大学土木系在利用遗传算法寻找大跨悬索桥加速度传感器最优布点中，把测取的变形能最大作为遗传进化的适应值。对于大跨桥梁振动测点布置，首先根据结构动力特性分析结果采用广义遗传算法进行测点优化的理论计算分析，然后综合考虑评估和数据采集等因素，进行振动测点的布置。

根据大跨桥梁的结构特性的前几十阶模态，采用广义遗传算法进行传感器优化布置的理论分析，分析中采用基于变形能的适应度。其分析过程如下：

假定利用 n 个振型(位移模态)：$\Phi=[\varphi_1,\varphi_2,\cdots,\varphi_n]$进行计算，结构模型的自由度数为 N，其中有 m 个测点，则基于变形能的适应度定义为：

$$f_a=\sum_{i=1}^{n}\sum_{j=1}^{n}\left|\sum_{r=1}^{m}\sum_{s=1}^{m}\varphi_{ri}k_{rs}\varphi_{xj}\right| \tag{3-21}$$

式中，k_{rs}为第 r 点与第 s 点间的刚度影响系数；φ_{rj}为第 j 振型的第 r 分量；$r,s\in m$，表示 r,s 限于全部测点。适应度 f_a越大越好。为改进角的全局性和加快收敛，通常采用四分之二择优方式的广义遗传算法，其进化程序为：双亲选择→基因交叉→一家四口→四分之二生存选择→基因突变→一家四口→四分之二生存选择→下一代解群。

3.3.3.3 应变测点优化布设的遗传算法

对大跨桥梁的应变监测，只能在有限的截面上布设应变监测传感器，因此这些截面位置的确定非常重要。

同样运用遗传算法可以进行大跨桥梁结构应变监测断面的优化。但应变测点优化采用不同于振动测点的适应度。由于梁、柱的最外层纤维的应变正比于梁、柱的曲率，因此这里运用曲率模态来寻找应变传感器的最优布点，并采用基于弯曲变形能的适应度：

$$f_s=\sum_{i=1}^{n}\sum_{j=1}^{n}\left|\sum_{r\in\Theta}(EI)_r\varphi_{ri}^{n}\varphi_{rj}^{n}\right| \tag{3-22}$$

其中，E、I 分别为梁(柱)的弹性模量和截面惯性矩；φ_{ri}^{n}、φ_{rj}^{n}分别为第 i 和第 j 曲率模态的第 r 分量(曲率模态由位移模态的二次中差商求得)；Θ 为全部非测点的集合，$r\in\Theta$ 表示 r 限于全部非测点。因此，适应度 f_s越小越优。

应用遗传算法确定的应力监测断面可以作为结构应力监测布点的主要依据。实际布置时还考虑到对结构高应力区、反复应力作用区的监测。如：大跨斜拉桥边跨的控制截面的应力监测、钢箱梁结构焊缝的应力监测、伸缩缝区域的应力监测等。

3.4 数据采集与传输

3.4.1 系统设计原则与网络结构的选型

数据采集和传输系统的主要功能是对各传感器信号进行采集、传输和保存，供数据处理及数据评估使用。其系统的设计应该遵循以下原则：

(1)从传感器到计算机网络的所有设备，都应采用能从市场上购买到的优质器件，尽量考虑设备的通用性和延续性，便于维修及更换。

(2)网络结构必须安全可靠、简便通用、便于使用者维护管理。

(3)桥梁系统是一个长期使用的系统,网络通信系统的寿命越长越好,器件应选购有发展方向的系列产品,且应易于更新升级。

桥梁结构健康监测及安全评价系统需采用各种不同传感器,不同的传感器又有不同的通信接口和通信协议。目前,在组网中应用较多是 TCP/IP 技术和 LONWORKS 技术。TCP/IP技术是受用户认可的、完全公开的网络通信技术,是非常理想的组网方式。利用 LONWORKS 现场监控通信网络技术,主干网采用 100Mbps 以上高速光纤网,是较理想的组网方式。但监测系统对数据采集的控制、同步和集成化要求很高,LONWORKS 不能完全满足监测系统要求。

图 3-3 是常用的基于 TCP/IP 技术的数据采集和传输系统网络拓扑方案,在结构上主要有以下特点:

(1)各种传感器输出的信号,首先进入含防雷设备的接线箱。

(2)对于模拟信号,接入信号调理器,经滤波放大后,再接入工控机(外站)的采集器,计算机软件完成数据采集;如果是数字信号,直接接入外站采集器,计算机软件完成数据采集。

(3)有些传感器输出的信号,经信号调理后,通过 RS232(或 RS485、RS422),直接接入外站的串行口,计算机软件完成数据采集。

(4)组网的主干线路采用多模光纤,采用星型网络结构,系统由光纤收发设备、交换机、集线器、网卡等硬件组成。任何一个工作站的线路出问题都不会影响其他工作站的数据传输。

(5)位于永久工程沿线的合适位置上的工控机(外站)采集到的数据,送到监控室的数据库服务器,并同时存储在本地硬盘备份。

3.4.2 数据采集与传输子系统的技术要求

数据采集与传输子系统的关键是保证数据采集与传输系统的稳定、可靠及耐久性。其技术要求:

(1)系统应该既能在无人值守条件下连续采样,又可在报警状态下(如台风、地震、船撞等)进行特殊采样和人工干预采样。

(2)系统中所有数据采集操作必须在同一时标下工作,不同外站以及数据采集系统之间的时间基准差异小于 1μs。

(3)对于系统中任何模拟信号通道,系统保证不同采样频率得到的数字序列,其时标的同步性优于 2μs;不同外站上同频采样得到的数字序列的采样同步性优于 1μs,相当于对 50Hz 信号,采样不同步引起的相位误差小于 π/10 000;单台多通道数据采集设备的采样保持环节应保证各通道之间的不同步性小于 0.01μs,孔径时间内信号最大衰减小于 1/1 000。

(4)所有模拟信号数据采集通道必须有抗混滤波措施,抗混滤波措施在(1/2 采样频率)点的衰减大于 40dB,阻滞衰减大于 80dB,通带波动小于 1%,过渡带每倍频程衰减大于 60dB。3dB 点大于等于 1/3 采样频率。

(5)数据采集软件应具有数据采集和 45d 缓存管理功能,并能对现场数据进行在线统计运算和频域分析,例如,每个传感器信号均可在线预览、滤波、拟合、变换和均值、方差、高阶矩以及非参检验,以便显示相应信息。进行在线统计和频域分析不影响和间断数据采集、传输以及接受控制等工作也不降低这些工作的性能指标。

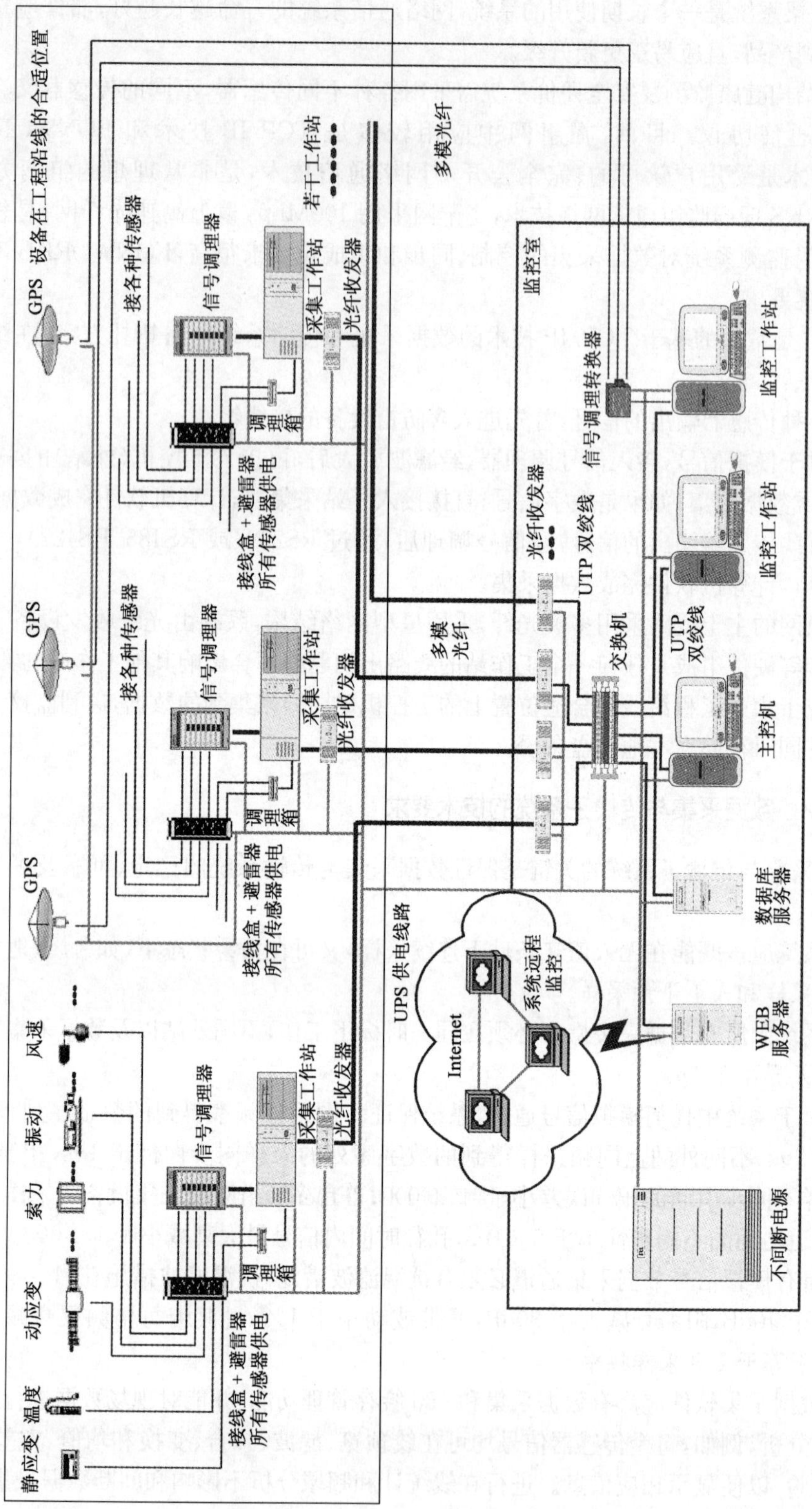

图 3-3　大跨桥梁结构健康监测系统构成

(6)数据可供远程传输和共享,采样参数可远程在线设置和调整,允许远程授权用户获取实时数据,数据传输速度只受到公共网络传输资源的限制。

(7)系统具有实时自诊断功能;系统应能自动将故障信息上传至数据管理与控制服务器,并以足够醒目或引起操作人员注意的方式显示、报警。

(8)当系统的一个或多个部分暂时断电时,系统的各个部分应无需人为干涉即可自动重新启动、同步校时和继续正确运行,并保留断点信息。局部停止工作,其他设备应保持其不受影响。例如,网络通信崩溃后,单台外站的数据采集、缓存、在线、离线分析功能不受影响。

(9)光纤数据传输网络应基于 TCP/IP 标准,网络拓扑结构可以采用双光纤环网型。

(10)光纤数据传输网络的设计和构造要考虑将来的扩展,且扩展无需中断系统操作和影响现有的用户。在各站之间的数据交换应符合 ISO 或 CCITT 标准。

3.4.3　数据采集系统的设备

机箱:所有数据采集站和数据采集子站均有一个机箱,它为各个模块(如控制器模块、信号调理模块和数据采集模块等)提供电源,并负责各个模块的信号连接。

控制器模块:每个数据采集站均有一个控制器模块,它负责对数据采集站进行控制,如管理本地数据、响应数据管理与控制服务器的指令等。

信号调理模块应综合传感器类型、采样频率和通道数等因素来选择。要求如下:

(1)所有主要的选件、选项或设置应采用模块化、程控化设计,模块替换、选项变更和参数重新设定后应保证通道性能稳定,响应时间不能影响数据采集工作。

(2)信号调理模块须结构紧凑,便于对输出信号进行检测和诊断。

(3)信号调理模块应能根据各类传感器的需要为其提供稳定的、精确的和低噪声的电源。

(4)信号调理模块应能适应所有可能的信号强度,并能在数据采集单元控制下对每个通道进行自动量程设置或切换。

(5)程控滤波器应能在数据采集单元控制下实现自适应抗混滤波或抗噪滤波的功能。

3.4.4　数据传输系统的设备组成及技术参数

数据参数系统主要由光交换机、光纤等硬件设备构成。关于光交换机、光纤等硬件产品,国内的产品基本可以满足系统的要求。

为了保证大跨桥梁监测系统的可靠性和长期稳定性,双环型网络是目前采用较多的较先进网络结构。其采用光纤分布式数据接口(FDDI,Fiber Distributed Data Interface)技术,利用光纤进行传输,双环网络由两个光纤链路环构成,具有断环重构自愈能力,正常运行时数据传输是在一个环上传输,当网络发生意外情况,网络不能传输数据时,系统将立即启用另一个备用环,负担起网络传输的任务。

此外,数据向一个方向传输时,某环断开时(双光纤或设备出故障),数据可以从另一个方向传输,系统仍能正常进行工作。这样数据就会大大减少因为网络或设备的问题而丢失数据的可能。FDDI 环行网络具有联网范围大、技术成熟、可靠性高等优点。FDDI 主要技术特点:

(1)使用基于 IEEE 802.5 令牌环网介质访问控制协议。

(2)使用 IEEE 802.2 协议,与符合 IEEE 802 标准的局域网兼容。

(3)数据传输速率为100Mbps,联网的接点数小于等于1000,环路长度为100km。

(4)可以使用双环结构,具有容错能力。

(5)可以使用多模或单模光纤。

(6)具有动态分配带宽的能力,能支持同步和异步数据传输。

以上完全可以满足监测系统开放性、可扩充性、高速实时数据传输的要求,并方便软件的模块化与结构化。

3.4.5 数据采集的控制、同步和集成化

(1)分布式数据采集装置:系统采用分布式数据采集,监控主机通过数据库服务器,进入外站对各传感器进行控制采集。网络上单个采集装置节点(DAU)的故障不应影响该网络其他部分功能的发挥。系统的一个或几个部分发生故障时,每个部件都应能自行重新接通和同步。

(2)根据采集软件的数据捕获和系统控制功能:系统数据采集软件应具有控制、同步功能,能控制数据选择和档案处理,并能对现用数据作有限的数学运算,以便显示。

(3)系统集成化:传感器、外站、通信网络、WEB服务器、数据库服务器、主监控机、监控机、INTERNET远程监控集成在一起,构成一个完整的集成化系统。

3.4.6 基于因特网的大桥安全监测系统的远程监视和控制技术

(1)TCP/IP通信协议:采用国际组织和国际产业部门制定的普遍广泛使用的TCP/IP通信协议,使系统具可扩展性和升级能力,并能方便实现系统的远程控制。

(2)B/S结构:系统远程控制采用浏览器/服务器结构方式,远程监控机可通过INTERNET和监控室里的监控机一样完成系统的监控,并可得到任何特征参数和评估报告。

3.4.7 数据采集的软件控制与集成

信号采集及处理系统的设计方案目标与要求如下:

(1)开发合适的数据采集界面和参数配置软件

采集界面:采集启动后,各外站的每个通道的采集数据能通过示波或示值显示出来,以检测采集数据的准确性及可靠性。系统有控制采集启动或停止的开关,有采集同步按钮。

参数设置:采集由外站完成,采集参数的设置在监控工作站的监测软件完成。在输入界面中包含各传感器的信息,如通道号、外站号、类型、输出单位、校正因子等。

(2)数据采集工控机(外站)和数据通信网络线路分布

根据传感器的分布、布线结构的优化、通信的可靠性等因素,外站安装在桥梁钢箱里的适当位置,它与光纤通信设备,网络交换机及监控室里的计算机设备构成可扩充、可灵活组合、便于维护的永久性工程系统。

(3)标签数据库

数据采集所需的所有参数都应由标签数据库控制。系统能为所有传感器通过标签配置编辑程序生成、编辑或删除标签数据库中的所有标签。

(4)采集系统能对硬件设备的故障的检测

采集系统工作前,应对所有传感器进行标定。采集过程中根据标定值进行监测数据自检

及互检校正，发现问题时在监控室的主显示器上启动相应的报警或消息。

(5)数据库服务器

系统使用 WEB 服务器及数据库服务器，采集系统使用 C/S 结构，具有现场数据的采集，缓冲存储和数据处理的能力。外站采集的数据送数据库服务器存储，并在本地保存一备份。

3.5　数据处理与控制

数据处理及控制系统用于对数据收集、传输、处理、存储和显示进行全面控制。其应能通过对由数据采集和传输系统获取的实测数据进行校准、处理、数据质量和可靠性测试等过程，以各种可用方式对数据进行处理、可视化、评估、编译，从而完成数据—信息—知识的转化，并通过对数据库中的大量监测数据进行抽取、转换、分析和其他模型化处理，从中提取能辅助后续自动状态识别与状态评估的关键性数据；其应能将经过处理和分析的数据提供给结构安全状况识别、评估使用。

3.5.1　数据处理与控制子系统组成与主要功能

根据监测系统的规模，数据处理与控制系统由数台计算机服务器和工作站组成，一般设置在大桥监控中心。主要硬件包括：数据处理与控制计算机服务器、WEB 计算机服务器、结构健康监测计算机工作站、结构状态识别与综合评估分析工作站、养护管理工作站、GPS 分析工作站。

数据管理与控制计算机服务器及 WEB 服务器功能主要包括：

(1)提供数据交换接口，能够从测试系统各数据采集单元获取采集数据，并发送指令控制和改变这些测试系统的测试工况参数，接口应具有可扩展性。

(2)能够根据结构识别与评价系统提出的要求和控制参数，组合、生成并提供相应的历史数据、在线数据、原始数据、处理后数据等不同类型的信息，并能根据健康评价系统的要求，修改各个数据采集系统的工况参数。

(3)以统一的方式对海量的监测数据进行集中式管理，对数据收集、处理、传输、存储和显示进行全面控制，达到对海量监测数据的高效管理的目的。

(4)作为统一的数据出口，实现多用户操作及数据共享。

(5)管理用于存储原始数据及其预处理结果的动态数据库(Dynamic Database)，定期存档、备份数据。

(6)WEB 计算机服务器完成基于因特网的大桥安全监测综合管理系统的远程监视和控制。

数据处理与控制计算机工作站的主要功能包括：

(1)对外站的数据进行分布式管理，可对外站的采样参数进行远程在线设置和调整。

(2)对在线数据进行基本的统计运算。例如传感器信号在线预览、滤波、变换和同步统计处理，以便显示相应信息。

(3)实时诊断外站工作状态，并将故障信息实施有效报警、生成报警日志并上传至数据管理与控制服务器。

(4)能够与数据处理与控制服务器交换信息，根据数据处理与控制服务器的指令修改数据采集参数或提供数据。

(5)运行结构健康评估系统软件,为授权用户访问数据库和结构健康评估结果提供服务。

(6)能够与数据处理与控制服务器交换信息,并能与结构健康评估工作站交换信息。

3.5.2 数据处理与控制系统的设备

数据处理与控制计算机服务器、计算机工作站及 WEB 服务器等硬件设备主要为计算机产品。由于普通计算机的使用已经非常普及,质量也完全过关,市场上的计算机产品完全可以满足系统要求。

由于大跨桥梁监测系统采集的数据量非常大,对于数据的转换速度要求也比较高,设备的选取主要考虑大容量和高速缓存参数。同时考虑采用磁盘阵列进行超大数据量存储、管理及备份。

3.5.3 数据处理与控制子系统软件组成

软件组成主要分为两个部分:一个部分为计算机系统软件,另一部分为结构安全监测综合管理系统应用软件。

(1)计算机系统软件包括:

- 服务器操作系统:Windows server 2003
- 工作站操作系统:Windows XP professional
- 数据库管理软件:ORACLE Standard Edition 8
- 编程开发工具软件:VC/C++ 7.0、Labview、Matlab

(2)结构安全监测综合管理系统应用软件

- 数据采集与传输软件
- 数据处理、显示、存储与控制软件
- 养护管理软件
- 结构状态识别软件
- 结构安全综合评估软件
- 以上软件的管理软件

3.5.4 结构状态的特征参数提取的数据处理流程

监测数据的数据处理过程一般包括:

(1)数据的预处理:这一过程在数据采集单元内完成,主要进行简单的统计运算,如设定时段内的最大(小)值、均值、方差、标准差等,计算结果作为初级预警的输入。

(2)数据的二次预处理:这一过程在数据处理和控制系统服务器上进行,采用常用的数学统计与信号处理方法,进行时域及频域的参数识别。

(3)数据的后处理:这一过程在结构健康评估工作站内进行,主要对监测数据进行深入分析。例如:实时模态分析、大桥结构特征量与环境因素之间的相关性分析、非线性回归分析等,分析数据来自动态数据库和已备份的原始数据库。

图 3-4 为结构状态的特征参数确定及其提取的工作流程,从该工作流程图,我们可以看到从数据采集与传输系统拾取的各传感器数据,及人工检测数据、施工监控数据、动静载试验数

据经过数据处理与控制子系统提取出各反映结构状态的特征参数，存入数据库，供养护、状态识别与综合评估子系统使用。

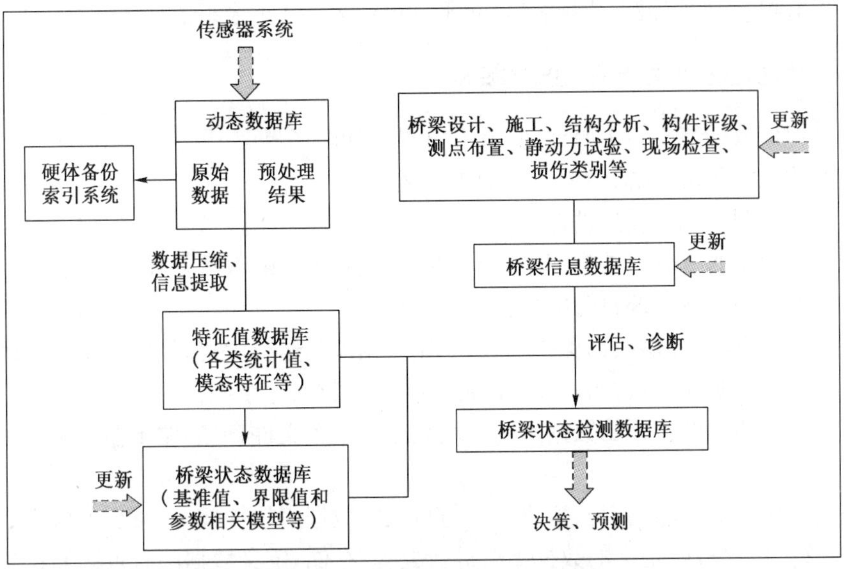

图 3-4　结构状态特征参数确定及其提取工作流程

3.5.5　数据处理的主要内容

(1)统计信息：统计数据是所有监测项目公有的应保存的信息量。在对每一种类型的传感器进行监测时，都应记录其在某个时间段内的数值统计，包括最大值、最小值、最值产生时间、平均值、均方根值、均方根差值、协方差值、协方差系数。用这些数据反映被测量点的统计特性，可以监测出信号变化范围，振荡幅度的大小。

(2)趋势信息：趋势数据信息是所有监测项目公有的应保存的信息量。对每一种类型的传感器进行监测时，记录其在一日内的每一分钟的值。加速度传感器小时记录每一分钟的峰值，速度传感器小时记录有效值，位移传感器小时记录峰值，应变传感器小时记录有效值。趋势数据反映的是被测量点的长期监测结果，可以直观反映出信号变化趋势，来预测信号将来的变化，提前采取应对措施。

(3)谱分析信息：用户可根据需要在参数设置对话框选择频谱类型，包括幅值谱、功率谱、功率谱密度、能量谱密度等。可根据需要在参数设置对话框选择加窗函数：直角窗、哈宁窗、平顶窗、Kassia-Bessal 窗。谱软件有自动最大频率识别功能和刻度线移动查询功能。

(4)应力谱：通过雨流计数法得到应力谱，用于确定材料疲劳损伤的程度，计算疲劳寿命，进行疲劳设计、安全评价等。

(5)报警信息：对每个通道的采集数据块计算比较，若计算结果大于设定的告警限，并超过了相应告警限的告警确认时间，则确认告警，数据处理及控制系统记录本次告警事件。

(6)人工输入信息：日常定期进行的人工检测数据、大桥建设时期的施工监控数据、大桥建成后进行的动静载试验数据，此外，桥梁使用中的大修数据，本系统软件提供这些数据的录入接口，并对数据进行分类、处理与提取。

(7)报表:对系统计算保存在硬盘中的统计数据采用报表形式显示。提供多种类型的统计报表,如"日最大值报表","日平均值报表","日最小值报表","月最大值报表","月平均值报表","月最小值报表","年最大值报表","年平均值报表","年最小值报表"等。

3.5.6 数据处理、显示与控制技术要求

(1)数据管理软件能支持多平台,具有字符界面和图形界面,易于开发;

(2)数据的在线备份,无需中断系统的正常运行;

(3)数据的控制、显示、转换功能;

(4)数据维护功能应可对数据库中已有的数据进行增、删、改等操作;

(5)数据库管理具备系统自身的备份与恢复功能;

(6)控制用户权限,提供数据保护功能,控制数据库的运行状态,调整数据缓冲区的大小;

(7)具有数据透明、网络透明,支持异种网络、异构数据库系统;

(8)多文件存储数据。原始数据采用一块数据用一个文件存储,便于在异常情况下对数据进行恢复;

(9)提供快速提交、成组提交、多块读出与写入的数据库软件技术,减少I/O量;

(10)能够对用户自己定义的数据类型进行处理、存储,定义数据的有效区间;

(11)允许用户将自己定义的函数嵌入到数据库管理系统中;

(12)具有报警系统,当数据在规定的数据量极限时,自动进行报警,并记录报警时间、报警值等参数。

3.5.7 数据管理与控制软件

数据处理与控制软件主要实现对各个外站监测数据的收集、汇总、存储、分析、管理与控制。软件完成下述工作:

(1)与外站通信:主要设置外站传感器参数信息,报警值,检测网络设备状态。与外站的通信采用共享数据库命令表的方式实现。

(2)与数据库服务器通信:服务器中有新的采集数据到来时向监测工作站发刷新数据命令,监测工作站中的处理进程收到命令后进行各种数据处理。通信软件是运行在监测工作站的独立进程,它和数据服务器的通信软件建立连接,侦听服务器数据刷新命令,这通过Windows套接字来实现通信。

(3)与系统主机通信:接受主机校时命令,启动监测命令,停止监测命令,设备检测命令等。和系统主机的通信采用共享数据库命令表的方式实现。

(4)与养护管理系统的通信:数据处理与控制软件按规定的数据库格式、数据内容、传输要求、通信协议要求将养护管理系统数据存入数据库,养护管理系统可以通过检索这些数据库数据进行养护管理工作。

(5)与结构状态识别系统及结构安全综合评估系统的通信:数据处理与控制软件按规定的数据库格式、数据内容、传输要求、通信协议要求将结构状态识别系统及结构安全综合评估系统的数据存入数据库,结构状态识别系统或结构安全综合评估系统可以通过检索这些数据库数据进行结构状态识别或结构安全综合评估工作。

第4章　桥梁安全监测中的测试技术

桥梁安全监测系统涉及的传感器种类较多，既有局部检测元件，亦有整体监测元件。如进行位移、速度和加速度等监测的结构整体性态传感器和进行压力、应力、应变、裂纹等监测的结构局部性态传感器。在传感器的选型方面，针对不同的测试项目，其技术难度也不相同。有些测试项目属于常规测试范围之内，诸如温度、压力、渗水、风向风速、交通荷载等，除常见的技术参数外，主要选择传感器的输出方式（模拟/数字）和是否具有"智能传感器"的特征。而结构变形、位移、索力、应变、振动等检测项目的传感器选择必须针对桥梁的结构特点和监测目标需求确定。

虽然大跨桥梁结构安全监测系统传感器数量较多，但是相对于庞大复杂的大跨桥梁结构，传感器的数量是比较少的，难以完全满足进行结构局部损伤识别、评估的数据需求。因此，结合桥梁运营期间的周期性检测和日常养护检测进行结构安全性评估就显得非常重要。

本章首先介绍大跨桥梁检测的分类、日常周期检测的内容，接着介绍了桥梁安全监测中的常用测试技术，最后介绍了光纤光栅、GPS等现代测试技术的基本原理以及在大跨桥梁安全监测中的应用。

4.1　大跨桥梁结构日常周期检测内容

桥梁检测是桥梁养护工作的重要内容之一，是保证桥梁正常运营的重要工作。其目的在于随时掌握桥梁的技术状态和安全状态，为桥梁运营、管理与维修提供依据。为了及时发现桥梁的病害，必须对桥梁各部位进行检查检测。

4.1.1　日常周期检测分类

根据检测的周期，大跨桥梁检查分为日常性检查、周期性检查、结构性检测等。

4.1.1.1　日常性检查

日常性检查是日常工作。经常性检查由路段检查人或桥梁养护人员进行巡视检查。以目测为主，配以简单的量测工具，与日常管理及保养小修结合进行。对特大桥而言，应每天有人员按月计划的安排进行。检查的对象主要是桥面，特别在弯道和竖曲线部分有无妨碍行车的情况；其次是检查主要结构有无异常情况。

进行日常性检查时，应认真作好记录和描述，必要时进行摄影和录像。

4.1.1.2　周期性检查

定期检查是依靠富有经验的专职桥梁检查工程师，以目视观察为主，辅以必要的工具、常规测量仪器、照相机和其他器材等手段，实地判断病害原因，提出特殊检查或下次检查的要求。

根据桥梁的全长、跨度、结构类型、材质、运营情况及重要性等，可每半年、一年或两年进行一次定期检查。对斜拉桥、悬索桥等这样结构复杂的桥,可半年进行一次。对预应力混凝土连续梁、预应力混凝土连续刚构等类型的桥梁,可每一年、甚至两年检查一次。每年春、秋两季可对桥梁的结构状态各进行一次细致的全面检查。春季时,桥梁经过严寒的冬天,除了应注意检查易受低温影响的部位(如钢梁的主要焊缝),混凝土构件中易于积水冰冻的部位,桥头路基冻融变位等外,还应检查流冰过桥情况,调查上游水库,调节疏浚河道,加强防护,迎接汛期。而秋季在经过夏季洪汛后,检查桥梁的全面技术状态,除须量测基础的水下冲淤,墩台的位置,以及上部结构受到膨胀的影响外,因秋季气候较好,检查上、下部结构均较方便深入,检查的项目可更为全面。

定期检查除目测外,要使用较多的工具及仪器设备等。定期检查的内容虽然也包括了某些经常检查的内容,但比经常检查的内容全面、深入、详细。定期检查后要形成报告,对受检部位和关键数据要进行鉴定与评价。

4.1.1.3 结构性检测

成桥经过长时间运营,其实际情况可能发生了较大变化。当大桥运营过程中发生以下情况时,应该进行结构性检测。

(1)桥梁设计规范有了重大修订和补充;

(2)车辆类型及载重发展增大,与当初采用的设计和估计发展荷载有大的差异;

(3)日交通量及车速增加,与当初设计时采用的允许车速和规定的日交通量有大的变化;

(4)疲劳、侵蚀的累积使桥梁的某个和数个部位或构件有了相当的削弱;

(5)当遇到特殊情况,如台风来袭时和台风过后、地震过后、超重车辆通过时和通过后、船只等大漂浮物撞击后和特大交通事故后也均应对桥梁进行结构性检测。

桥梁检测应使用多种专门的仪器设备。检测完成后要有专门报告,必须对某些比较严重的部位及关键部位的技术状态和安全状态进行特别说明,并对全桥的安全状态和过载能力做出评估,对桥梁的维修提出建议性意见。

4.1.2 悬索桥检测内容

悬索桥是典型的缆索支承型桥梁,是大跨桥梁中的主要结构形式。对于悬索桥进行结构检测时,主要包括:塔梁线形检测、主梁结构、墩台和支座检测、主缆、索股、主鞍座和散索鞍、索夹、吊索、锚碇等结构的检测。

4.1.2.1 全桥的线形和标高测量

悬索桥跨度大,桥塔锚碇基础的沉降,桥塔、主梁混凝土的收缩徐变以及缆索内力变化等因素,都会引起桥跨结构线型的变化,进而导致了主梁受力不利,甚至危及整个结构的安全。

线形标高的策略包括上部和下部结构的标高,主梁及索塔轴线的检测,如墩台的支承垫石或支承板、承台和梁底标高等。如果桥梁的标高和线形良好,说明桥梁无大的病害;如果有变化且变化较大,则表明该桥有可能基础发生了沉降,上部结构有较大的损伤和变形。

4.1.2.2 主缆、主缆索股及其锚头的检测

主缆系统是悬索桥的关键承重构件,而且不可更换。主缆检测的内容主要包括:

(1)主缆线形是否与设计线形一致;

(2)主缆防护系统的缠丝是否完好;

(3)主缆的腐蚀与断丝情况检测；

(4)主缆振动特性的检测；

(5)索股内力以及分布状态检测；

(6)索股的腐蚀情况检测；

(7)索股和锚头锚杆的腐蚀防护是否完好。

4.1.2.3　吊索、索夹的检测

(1)吊索内力与分布状态的检测；

(2)吊索钢丝的腐蚀检测；

(3)索夹在主缆上是否滑移；

(4)耳叉的涂层破损、锈蚀是否严重；

(5)吊索有无倾斜，吊索连接的螺栓或连接杆有否松动。

4.1.2.4　主梁结构检测

悬索桥通常采用钢梁结构，铁路钢桥为了提高梁的结构刚度，通常采用钢桁架结构，公路较多采用钢箱梁结构。钢梁结构的主要检测内容包括：

(1)检查油漆涂层的完好程度，有无起皮、剥落、锈斑等。

(2)检查钢件，特别是容易积水积尘或不通风部位有锈蚀构件的实际剩余厚度，以便考虑断面削弱的影响。

(3)检查构件有无裂纹、穿孔、硬伤、硬弯、歪扭、爆皮及材料夹层等。要特别注意杆件与节点板连接处、纵梁与横梁的连接、焊缝端部、纵梁上翼缘角钢、U 形肋与横隔板连接处焊缝等部位有无疲劳裂纹发生。

(4)检查钢箱梁工地拼接时的大环形焊缝(即同一截面的顶板—腹板—底板—腹板的周围焊缝)和 U 形肋嵌补段焊缝有无异常。

(5)检查杆件的平直度。在压杆的弯曲矢度大于杆件自由长度的 1/1 000、拉杆的弯曲矢度大于杆件自由长度的 1/500 时，均应注意弯曲的影响。

(6)检查铆钉头有无锈蚀，铆钉有无松动等。应特别注意杆件连接和接头处；纵梁与横梁连接处；纵梁及上承式板梁上翼缘角钢的垂直肢；承受反复应力杆件的连接和交叉处；联结系斜杆的交叉处等。

(7)观察高强度螺栓是否完好，有无松动和延迟断裂等情况。

4.1.2.5　锚碇、主鞍座的检测

锚碇的检测内容主要包括：

(1)检测锚碇是否有滑移、变位，锚碇混凝土体是否有开裂；

(2)锚室内有否积水等；

(3)主鞍座和散索鞍主要检测：位置是否正、有否锈蚀。

由于锚碇基础是悬索桥最为重要的结构之一，除了上述的常规检测内容之外，现代大跨悬索桥已经将锚碇与地基基础纳入了结构长期安全监测的内容。

4.1.2.6　支座的检测

支座的检测主要观察支座的位置是否仍处于设计位置，能否正常工作，有无锈蚀及损坏是

其锚固螺栓有无松动和被剪断或变形等。具体包括以下几个方面的内容：

(1)简易垫层支座的油毡是否老化破裂；

(2)钢板滑动支座和弧形支座是否干涩、锈蚀；

(3)摆式支座各部分相对位置是否正确，受力是否均匀，钢筋混凝土立柱是否损坏；

(4)橡胶支座是否老化、变形，位置是否正确；

(5)滑动钢盆橡胶支座的固定螺栓有无剪断破坏，螺母有无松动；

(6)活动支座是否灵活，实际位移是否正确；

(7)滑动面、滚动面是否夹杂尘埃和异物，以及防水装置和排水装置等的缺陷而产生的漏水、溢水等。

4.1.2.7 墩台、索塔与锚固钢筋混凝土结构检测

索塔混凝土结构检测主要内容包括混凝土裂缝、混凝土强度等检测。具体位置包括：

(1)索塔承台、桥墩的外观和裂缝的检测。观察有无风化剥落及破损。

(2)索塔横梁连接区的外观和裂缝的检测。

4.1.3 斜拉桥检测内容

斜拉桥也是大跨桥梁中的主要结构形式。但由于斜拉桥发展历史较短而且为超静定结构复杂受力体系，成桥后整体特征、破坏机理以及发展变化规律还有待进一步研究。如何通过检测来了解结构的工作状态、承载能力以及使用条件等均无规范可查。目前我国国内的许多斜拉桥大多都进行以下内容相关的检测工作。

对于斜拉桥进行结构检测时，除了进行塔梁线形检测、主梁结构检测、墩台和支座检测外，还包括斜拉索内力检测等。

4.1.3.1 斜拉索系统检测

拉索是斜拉桥的重要组成部分，必须具备抗疲劳性能、耐久性和良好的抗腐蚀性。斜拉索力分布是判断斜拉桥运营状态的重要参数。索力测量通常采用频谱分析仪测量索的基频，通过索力与基频的计算公式，求出索力。

斜拉索的检测还包括：斜索的锚固系统、防护系统的完好，斜索钢索是否发生锈蚀、损坏等，斜拉桥索防护层、钢拉索锈蚀情况及拉索锚头锈蚀情况的检测。

4.1.3.2 预动混凝土主梁结构检测

与悬索桥结构不同，跨度稍小的斜拉桥结构的主梁也经常采用预应力混凝土结构梁。混凝土梁结构的主要检测内容：

(1)裂缝检测：梁体竖向和纵向裂缝分布、宽度、深度等；

(2)破损带检测：梁体破损位置、范围、程度等；

(3)保护层剥落及露筋检测：剥落的位置、范围、深度；

(4)主筋附近竖向裂缝、腹板斜向裂缝、组合梁组合面裂缝；

(5)钢筋混凝土框架、梁、悬臂梁及挂孔等裂缝、破损及渗漏、露筋检测；

(6)碳化层深度及渗漏检测：部位、范围、程度。保护层剥落及露筋检测。

混凝土强度用回弹仪按照前述的有关规程进行检测。碳化层深度用游标卡尺和1%酚酞酒精溶液进行测量。裂缝宽度用放大镜测读。裂缝深度用便携式超声波测试仪进行检测。

4.1.3.3　斜拉索锚固钢筋混凝土结构检测

对于斜拉桥，斜拉索在塔上的锚固混凝土结构的检测是重点。具体位置包括：

(1)斜拉索在塔上的锚固连接区的检测，尤其要注意锚固区混凝土裂缝分布、宽度、深度、混凝土强度。

(2)索塔横梁连接区的外观和裂缝的检测。

4.2　大跨桥梁结构监测常用测试技术

根据桥梁结构检测目标，桥梁结构检测可分为局部检测和整体检测两大类。整体检测技术可连续或间隔地检查结构的安全状态，并可用来指导对损伤可疑部位的评估，提高检测的效率；局部的无损检测技术可较精确地对结构缺陷部位进行定位、探查，甚至定量分析。

整体检测的方法是通过对表征结构整体特性的量，如结构的变形、振动频率、振型等参数的测量，对结构的整体状况进行评价。桥梁几何检测是对桥梁结构上设置的观测点在修建施工过程中和使用期间工作状态下所进行几何位置测量，从这些观测点坐标的变化中了解桥梁结构几何形变的空间分布及其随时间变化的规律。几何监测是桥梁结构整体特性检测的一项重要内容。

基于振动的结构损伤检测方法在本质上属于结构整体检测方法，相比于传统的局部无损检测技术具有信号易于提取、可以实现对于结构长期实时监测等特点。国内外众多学者、专家在这方面做了许多的研究工作，初步形成了动力指纹类方法、模型修正方法以及利用统计方法和专家系统的识别方法。整体检测则试图对整个结构进行结构反应信息的有效采集以及分析系统的处理来获得对整个结构状况的了解，其中包括结构的刚度、质量分布情况、结构的动力特性等。

局部检测主要检测桥梁主要构件的局部状态，通过对结构的局部部位进行集中测试，实现对结构缺损状况的了解，检测手段主要依赖经验目测以及成熟的无损检测技术。包括施工监控、结构性荷载试验中的应变测试等。无损检测技术主要包括：涡流仪、磁试验、透入试验、X 射线试验和超声试验。近年来，无损检测技术有了很大发展，出现了无线电成像、光纤、超声检测、全息摄影、红外检测、声发射、自然电位检测、冲击回波检测、磁试验、γ 或 X 射线检测、光干涉、中子射线照相和散射、脉冲雷达等技术。其中有些技术已经在桥梁检测过程中得到广泛应用，如利用相干激光雷达测试桥梁下部结构的挠度，利用全息干涉仪和激光斑纹测量桥体表面的变形状态，利用双波长远红外成像检测桥梁混凝土层的损伤等等。

随着大型桥梁在国民经济和社会生活中的作用越来越重要，人们对大型桥梁的安全性、耐久性与正常使用功能日渐关注。作为结构安全性分析的重要手段，桥梁测试技术的发展受到越来越多的关注。美国联邦公路管理局(FHWA)有大量的课题开展以增强土木结构无损检测技术应用的研究，包括：含有双带远红外热成像技术的桥面板检测系统、具有无线电发送等技术的桥梁测试和健康监测系统、先进的疲劳裂纹探测和评估系统、先进的锈蚀探测和评估技术等。

4.2.1　桥梁结构几何参数及变形测试

桥梁几何检测主要采用测量学的精密测量方法，按照测量学变形观测的基本理论，建立相应的观测网点和测量路线，利用全站仪、精密水准仪、测距仪、GPS 全球定位系统等测量仪器设备，在独立假定的坐标系中，通过测量桥梁结构上观测点在不同工作状况下的空间位置，并对观测数据进行分析和处理，取得桥梁结构在各种工作状况下发展趋势，了解桥梁结构几何形变的空间分布及其随时间变化的规律，为桥梁的施工控制、运营管理以及桥梁的加固改造提供第一手技术资料。

桥梁变形观测的包括对桥梁墩台基础的静态变形和对桥梁结构的挠度进行周期性的重复观测。常规地面测量方法是变形观测的主要手段，主要利用常规测量仪器(经纬仪、测距仪、水准仪)测量角度、边长和高程的变化。其基本原理都是基于光电测距原理。

水平位移观测通常采用三角网、边角网、三边网以及角度和距离交会、导线测量等形式。在测量手段上，一般采用高精度的经纬仪和高精度测距仪进行角度交会或边角交会、高精度全站仪直接进行三维坐标测量、测量机器人(TCA)进行三维坐标自动跟踪测量、全球定位系统GPS技术、数字化近景摄影测量技术等手段对桥梁结构监测点进行水平位移的测量。

桥梁挠度测量是桥梁检测的重要组成部分，是桥梁安全性评价的一项重要指标。为检验桥梁结构的工作性能和施工是否达到设计要求，保证桥梁运营的可靠性，并为桥梁竣工验收提供依据，桥梁的挠度与桥梁的承载能力及抵御地震等动荷载能力有密切关系。目前常用的桥梁挠度的测量方法主要有精密水准测量的方法、流体静力水准测量、光电桥梁挠度检测仪，百分表、QY型倾角仪以及高精度全站仪等。

桥梁工程位移测试中常用的还有接触式位移计、张线式位移计、手持式引伸仪、水准管式倾角仪、钻孔测斜仪等。

4.2.1.1 全站仪

全站仪全称为全站型电子速测仪(Electronic Tachometer Total Station)。由光电测距仪、电子经纬仪、微处理器、电源装置和反射棱镜等组成，是一种自动测距、测角、测高于一体，实现对测量数据进行自动获取、显示、存储、传输、识别、处理计算的三维坐标测量与定位系统。

全站仪的种类较多，按其结构可分为整体型(Integrated)和积木型(Modular，又称组合型)两类。积木型全站仪是将电子经纬仪、光电测距仪和微处理器通过一定的连接器构成组合体，其优点是即可组合在一起，又可分开使用，也易于维修。整体型全站仪是在一个仪器外壳内包含有电子经纬仪、光电测距仪和微处理器，电子经纬仪和光点测距仪使用共同的光学望远镜，方向和距离测量只需一次瞄准，使用十分方面。按测角精度可分为0.5″、1.0″、1.5″、2.0″、3.0″、5.0″等级别。使用全站仪进行观测，速度快，精度高，能满足变形监测的精度要求。

全站仪的结构原理如图4-1所示。图中左侧部分包含有测量的四大光电系统，即测距、测水平角、测竖直角和水平补偿。电源是可充电电池，供各部分运转、望远镜十字丝和显示器照明。键盘是测量过程的控制系统，测量人员通过键盘可调用内部指令指挥仪器的测量工作过程和测量数据处理。以上各系统通过I/O接口接入总线与计算机系统联系起来。

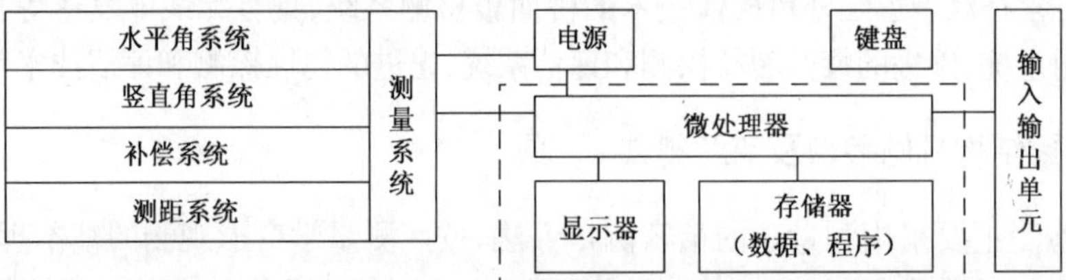

图4-1　全站仪的结构原理

微处理机是全站仪的核心部分，它如同计算机的中央处理器(CPU)，主要由寄存器系列(缓冲寄存器、数据寄存器、指令寄存器等)、运算器和控制器组成。微处理机的主要功能是根据键盘指令启动仪器进行测量工作，执行测量过程的检核和数据的传输、处理、显示、储存等工作，保证整个光电测量工作有条不紊地完成。输入输出单元是与外部设备连接的装置(接口)。为便于测量人员设计软件系统处理某种目的的测量工作，在全站仪的微型电脑中还提供有程序存储器。

变形监测的精度主要取决于测量仪器设备本身的测量精度。随着科学技术的发展，测量仪器的精度和性能越来越好，以 LAICA TCA2,003 高精度自动追踪目标、识别的全站仪(称机器人或智能全站仪)为例，应用自动目标识别(ATR)模式，当全站仪发送的红外光被反射棱镜返回并经全站仪内置的 CCD 相机判别接受后，电动机就驱动全站仪自动转向棱镜，并自动精确测定；由于全站仪自动精确照准，减少了人员照准误差等，提高了观测精度。其静态测角精度可达到±0.5″，测距精度为 1mm+1ppm。自动识别目标的有效距离可达 1 000m，望远镜照准精度 2mm/500m，在 100m 处的跟踪速度可高达 5m/s。同时，它还有大气折光和地球曲率影响的自动改正程序，能自动改正大气折光和地球曲率对所测距离的影响。

4.2.1.2　接触式位移计

百分表、千分表和挠度计都是接触式位移计。三者的外形相似，构造及工作原理相同，但检测的精度及量程不一样。百分表、千分表的量程较小，前者刻度值为 0.01mm，后者的刻度值 0.001mm。挠度计的量程较大，刻度值常为 0.05mm。百分表与千分表是桥梁工程检测中最常用的机械式仪表，常用于桥梁结构挠度与位移的测量，还可以与其他传感器组合成测应变、转角、曲率、扭角等的仪具。

将百分表或千分表配以适当的夹角即构成接触式位移计，可以用于量测结构各部位较小的位移。这类仪器的优点是构造简单，使用方便，造价低廉，准确度高。在桥梁结构试验中，此类仪器适合量测结构的各种比较小的位移及支座下沉、构件间的相对滑移和构件变形、钢筋混凝土梁的挠度等。

用位移计测挠度与变位时，应注意下面几点：

(1)作为固定位移计的不动点支架，必须有足够的刚性，还要考虑温度变形的影响。

(2)位移计测杆应与所量测的位移方向完全一致，以减小误差。

(3)位移计使用前、后要认真检查测杆上、下活动是否灵活。

(4)百分表的量程一般为 5mm 或 10mm，在量测过程中要经常注意即将产生的位移是否会超过仪表量程。

4.2.1.3　张线式位移计

张线式位移计是桥梁工程检测中测量大位移的基本仪表。其基本特点是仪表通过一根张紧的钢丝与桥梁工程结构上的测点相连，利用钢丝传递测点的位移。

常用的张线式位移计有利用杠杆放大的简易挠度计、利用摩擦轮放大的静载挠度计、齿轮传动的挠度计。常用的为摩擦轮放大的张线式位移计。张线式位移计使用中，应注意位移的相对性外，特别要注意所用的钢丝。

张拉式位移计不仅是桥梁施工检测、日常检测的主要传感器。结合自动化电测技术，经过改进的数字式张线式位移计，已经被普遍用于大跨桥梁结构安全系统中梁端位移的长期动态监测。

4.2.1.4 手持式引伸仪

手持式引伸仪也是一种用位移计测量应变的仪器。其特点是:一台仪器可以作多个测点的数据检测,使用方便。使用时无需将仪器固定在结构测点上,而是每次用手持着,临时按在各测点上进行测读,故称手持式引伸仪。测读后,仪器收起,其所测的结果仍保持数值的连续性,故适合于长期观测和多点观测,并可解决需大量或长期占用仪器的困难。

4.2.1.5 水准管式倾角仪

桥梁工程检测工作中,角变形和转角的测定多用水准式倾角仪。水准式倾角仪是以零位法测定各种倾角。仪器的指零装置是高灵敏度的水准管。试验时可直接将仪器安装在相应的断面上。也可以直接放置在被测转角的表面。利用微调螺旋调平,使水准泡居中。当构件受力变形时,倾角仪随断面倾斜 α 角,水准跑偏至一边,再次调平。两次调平时度盘读数的差值即转角 α。

4.2.1.6 钻孔测斜仪

钻孔测斜仪主要用于基础体水平位移监测,有固定式和滑动式两种,固定式测斜仪用于测量沿孔深某些以定测点在两个正交方向上的水平位移。工程中应用较多的是滑动式钻孔倾斜仪。滑动式钻孔倾斜仪测头传感器的型式有伺服加速度计式、电阻应变片式等多种,伺服加速度计式的测头,精度高、长期稳定性好;电阻应变片式测头精度、长期稳定性相对较低。在大跨桥梁的基础长期安全检测中主要采用滑动式伺服加速度测斜系统,系统由测斜探头、电缆、读数装置、测斜管、套管接头、管座、回填料、锁帽及孔口保护装置等组成。

4.2.2 桥梁结构的应变测试技术

4.2.2.1 电阻应变片及电阻应变仪

电阻应变片是应用电阻丝的电阻值随金属丝的变形而变化的关系,即金属丝的应变效应。把力学参数(如压力、荷载、位移、应力或应变)转换成与之成比例的电学参数。在测量应变时,应变片用粘合剂粘贴在试件上,试件受载荷作用产生变形,贴在试件上的应变片的敏感元件随着发生变形,此时应变片的电阻值也将产生微小变化。

在桥梁结构应变检测中,应根据试件的应力状态、材质特点等选择电阻应变片。对于应力梯度较大、材质均匀的结构和试件,应选用小标距电阻应变片。对于应力分布变化缓慢,材质不均匀的结构和试件,应选用大标距电阻应变片。对于长期动荷载作用下的应变测量,应选用疲劳寿命长的电阻应变片,如箔式应变片。对冲击荷载作用下的应变测量,还要考虑电阻应变片的频率响应,一般标距愈小的电阻应变片频响愈高。当要测量塑性范围的应变时,则应选用机械应变极限值高的电阻应变片。

电阻应变仪,主要由惠斯顿电桥和放大器组成。电桥测量应变的基本原理是基于电桥的输出电压与应变片的电阻变化率的代数和成正比。通过测量电桥可位微小的电阻变化转换成电压或电流的变化,再经电子放大器放大,并根据比例常数关系,变换成被测试件的应变值而显示或记录下来。主要工作过程是:输入电路与被测应变片或传感器的应变片组成电桥,并对电桥的输出信号进行放大处理以推动输出电路显示、打印或存储所测得的数据。

4.2.2.2　钢弦式传感器

钢弦式传感器是以被张紧的钢弦作为敏感元件，利用其固有频率与张拉力的函数关系，根据固有频率的变化来反映外界作用力的大小。钢弦频率的变化反映了钢弦应变的变化，由于钢弦计与被测结构物变形协调，钢弦计应变即为结构的应变。

钢弦式应变计由于其独特的优点，应用范围十分广泛，既可用于结构应变测试，亦可用于荷载、位移、压力等的测试。

(1) 埋入式应变计：多埋于混凝土、钢筋混凝土等结构物中。主要用于结构物内部的应变的长期观测；也可埋入混凝土中，观测病害的发展情况。埋入式混凝土应变计要根据不同的混凝土标号选用不同规格的应变计，避免超载损坏应变计或灵敏度太低影响测量精度。

(2)表面式应变计：安装在结构的表面，用于结构应变或混凝土结构裂缝发展的观测。为保护表面应变传感元件的稳定性，应变计应避免较大冲击。

(3)钢筋应力计：也称钢筋测力传感器。用于量测钢筋混凝土结构中的钢筋应力，亦可将其串接起来用于量测隧道及地下结构锚杆的应力分布。

(4)孔隙水压力计：基础结构用于孔隙(裂隙)水压力观测，国内外通常采用钢弦式测压计，它具有稳定性好、不受埋设深度影响，施工干扰小等优点。该测压系统包括测压计测头、加强钢丝的土工电缆和读数装置。为达到较高的量测精度，测压计应根据孔隙水压力的预估值而选用不同的量程。

4.2.3　桥梁结构振动测试

基于振动测试分析的结构动态特性是结构整体特性的描述。桥梁动力检测主要目的是通过对检测并记录的桥梁振动情号进行时域及频域的分析，得到桥梁振动模态及行车响应等桥梁动力指标。目前得到普遍认同的最有前途的结构损伤识别方法是结合系统识别、振动理论、振动测试技术、信号采集与分析等学科的试验模态分析方法。

大跨桥梁结构振动的特点是频率低，多数情况处于微振动测量，信号动态范围大，对振动传感器的要求比较高。因此，首先应考虑传感器系统的频率范围，尤其是低频特性。目前可供选择的振动传感器主要有压电式(包括 ICP 型)、电容式和伺服式等。

(1)压电式及 ICP 型加速度传感器

压电式加速度计是使用最普遍的振动传感器，特点是稳定性好，体积小，使用方便，是中高频振动的理想传感器。压电式加速度计其惯性接收具有零频率响应，但接上电荷放大器后的整个测量系统不具有零频率响应。其下限频率是由电荷放大器的有限低频特性所决定的，当下限频率过低时，传感器相位特性变差，对振动模态分析有一定的影响；同时由于时间常数大造成过载后不易恢复。因此，压电式传感器系统通常适用于中小跨度的桥梁动测及斜拉桥索力检测等，而不太适合大跨度桥梁的模态测试。

(2)电容式加速度传感器

电容式加速度计是一种适合超低频测量的振动传感器，其下限频率可以达到 0Hz，非常适用于极低频率和静态加速度测量。电容式加速度计的生产工艺与信号驱动要求较高，目前国内尚无性能稳定的产品，主要有美国 PCB、Kistler、恩德福克等公司产品。价格较压电式传感器高，灵敏度不高。

(3)伺服式振动传感器

目前伺服式振动传感器是测量超低频微振动的理想传感器,它采用有源或无源闭环伺服技术,具有良好的超低频特性,适合超低频大量程测量和微弱振动测量。进口产品价格昂贵,国内的产品在桥梁测试系统中普遍应用,但在长期监测系统中使用不多。

4.2.4 桥梁结构局部无损检测

(1)超声波裂纹探测

超声波脉冲—反射技术比其他无损探测技术更常用于金属结构的裂纹探测,这种选择的主要原因是超声检测设备相对易于携带的。然而,现在的设备一般都要求一手擎着扫描传感器,一手操作电子仪器,这通常使探测人员在测试时难以保证安全和顺手。

(2)声发射监测

声波检验技术是近年来发展非常迅速的一项实用技术。声波的发射是通过发射探头将声频振荡器发生的电信号转换成机械振动,再向被测介质发送声波,声波在介质中传播一段距离后,由接收探头接收并转换成电信号再送到仪器中进行处理、显示和读数。为使发射探头向被探测的构件发送声波,必须向其提供声频电信号,接收探头接收声波信号并将其转换为电信号后也必须进行放大、处理和显示才能进行判断和识别。这些工作都是由声波探测仪器来完成的。根据仪器发射声波的类型可分为三种:连续波型仪器(这种仪器发射的声波是连续的,并且声波频率保持不变)、调频波型仪器(仪器发射的声波是调频的连续波,将声波作为载频,它受到另一低频振荡的频率调制)、脉冲波型仪器(仪器不连续发射周期性的、频率保持不变的声波,可将其视为矩形脉冲所调制的声波)。接收信号的显示方式,可以采用光屏波形显示和数字显示,也可以采用两者相结合的方法显示。

(3)双波长远红外成像

传统单波长远红外成像的一个主要问题通常是被测结构发射性的差别会使探测信号产生比真实的热敏信号更大的变化。已开发出了双波长远红外成像系统用来检测公路和桥梁的混凝土层损伤。由于这种系统具有双波长特性,因此能够在混凝土分层位置处,从油污、砂、骨料、金属元件和表面粗糙度等引起的发射特性的差别中区别出温差。

(4)锈蚀的磁探测

已开发了某些检测混凝土桥锈蚀变化的电化学技术。目前研制出一种新颖的对金属材料进行非接触式遥测和锈蚀估计的方法。可用电化学阻抗分光仪与感应管道和地电流的磁力计一起对地下各种覆盖层和土层下的煤气管进行检测。该方法允许在地表面测量地下管线,对管子的锈蚀区域进行定位,并确定有覆盖层的管子的探测区域,包括尺寸和锈蚀率。这个系统对如混凝土结构内部钢筋锈蚀估计这类应用会非常有用。

(5)计算机辅助层析摄像

计算机辅助的层析摄像在所有先进的医学研究领域已是一种标准的技术,X 光和中子层析摄像也都已进入无损评估领域。目前这项技术不菲的价格在某种程度上限制了应用的推广,但在进一步的发展中,随着探头、计算机和数字图像预警信息等方面检测费用的减少,将来可望更多地应用在主要结构领域。计算机辅助层析摄像可对被测物精确位置和内部尺寸有关的三维信息进行检索,其应用分成检测和特征化两部分,检测技术要求识别并确定尺寸,特征化应用则要求定量分析。计算机辅助层析式摄像在土木结构方面的主要应用是钢构件的裂纹图像和混凝土中钢筋的锈蚀。

4.3　光纤传感器技术在大跨桥梁安全监测中的应用

随着现代科学技术的发展,特别是计算机的发展速度,大大促进了现代测控系统自动化、智能化的发展。现代测试技术要求传感器的准确度与可靠性高、稳定性好,而且具有一定的数据处理能力和自检、自校、自补偿能力,有些场合还需要能同时测量多个参数的体积小的多功能传感器。借助于低损耗、大带宽的特性,光纤成为现代网络中的最佳传输媒质,将以往通信系统的传输容量扩展了几个数量级。光纤传感技术是随着光通信技术产生的,人们发现如果能测出光波参数(如光强、相位、频率、波长等)的变化,就可以知道导致光波参数变化的各种物理量的大小,于是产生了光纤传感技术。

与传统的各类传感器相比,光纤传感器具有一系列独特的优点:

(1)抗电磁干扰,电绝缘,本质安全。由于光纤传感器是利用光波传输信息,而光纤又是电绝缘的传输媒质,因而不怕强电磁干扰,也不影响外界的电磁场,并且安全可靠。

(2)耐腐蚀。由于光纤表面的涂覆层是由高分子材料组成,耐环境或者结构中酸碱等化学成分的能力强,适合于智能结构的长期健康监测。

(3)测量精度高。光纤传感器采用光测量的技术手段,一般为微米量级,采用波长调制技术,分辨率可达到波长尺度的纳米量级,利用光纤和光波干涉技术使不少光纤传感器的灵敏度优于一般的传感器。

(4)结构简单,体积小,重量轻,耗能少。光纤传感器都基于光在传感器中的传播机理进行工作,因而与其他传感器相比耗能相对较少。光纤可绕的优点使其可制成外形各异、尺寸不同的各种光纤传感器。

(5)测量对象广泛。可以采用很相近的技术基础构成测量不同物理量的传感器,这些物理量包括声场、磁场、压力、温度、加速度、转动(陀螺)、位移、液位、流量、电流、辐射等。

(6)传输频带较宽。通常系统的调制带宽为载波频率的百分之几,光波的频率较传统的位于射频段或者微波段的频率高出几个数量级,因而其带宽有巨大的提高,便于实现时分或者频分多路复用,可进行大容量信息的实时测量,使大型结构的健康监测成为可能。

(7) 便于复用成网。能够用一根光纤测量结构上空间多点或者无限多自由度的参数分布,是传统的机械类、电子类、微电子类等分立型器件无法实现的功能,是传感技术的新发展。光纤传感器可很方便地与计算机和光纤传输系统相连,有利于与现有光通信网络组成遥测网和光纤传感网。

4.3.1　光纤传感器技术基本原理

光纤传感器按照是否对所测量的信号进行调制,一般可分为非本征型和本征型。非本征型光纤传感器中的光纤仅起传输的作用,而对被测信号的传感则是利用其他光学敏感元件来完成的。本征型光纤传感器不仅传输信号,也起传感作用,即同具“传”和“感”两种功能,通过光纤自身的光敏效应、光弹效应、双折射效应、法拉第效应、荧光效应等把待测量调制为光的强度、相位、偏振或者波长的变化。通常所说的光纤传感器均指本征型光纤传感器。

光纤传感器主要由光源、光纤与探测器 3 部分组成。光源发出的光耦合进入光纤，经光纤进入调制区，在调制区内，外界被测参数作用于进入调制区内的光信号，使其光学性质如光的强度、相位、频率、偏振态、波长等发生变化成为被调制的信号光，再经过光纤送入光探测器而获得被测参数。

光纤传感器种类很多，目前用于土木工程中的光纤传感器类型主要有 Math-Zender 干涉型光纤传感器、Fabry-Perot 腔式光纤传感器、光纤布拉格光栅(FBG：Fiber Bragg Grating)传感器等几种。

光纤 F-P 应变传感器是一种“点式”传感器，最适宜用来测试结构的局部应力。F-P 传感器的基本原理如图 4-2 所示。在光纤中人为制造出一个全密封真空腔，当光束通过传感光纤入射到腔内时，会在真空腔的两个端面分别反射，并沿原路返回。结构受力变化时会使腔长发生变化，从而使两反射光的相位差改变，干涉情况反映了结构的应力状态(图 4-3)。

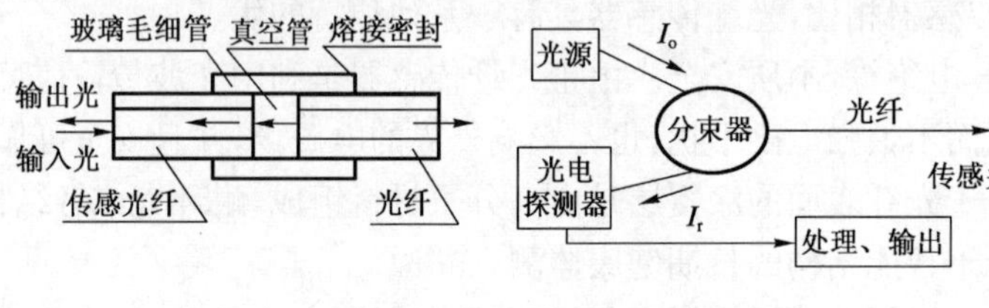

a) 传感头原理图　　b) 传感系统原理图

图 4-2　F-P 光纤传感器系统示意图

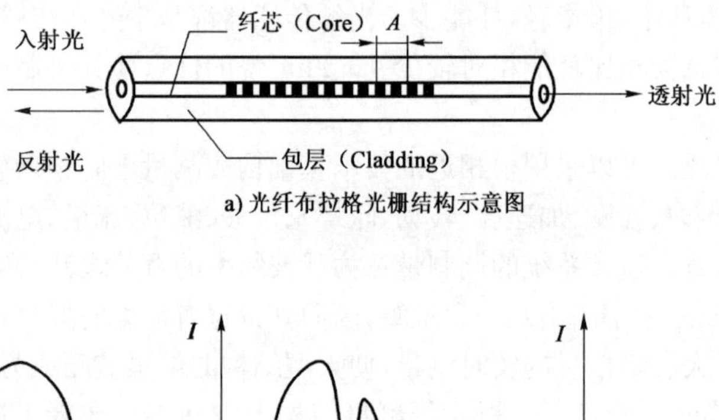

a) 光纤布拉格光栅结构示意图

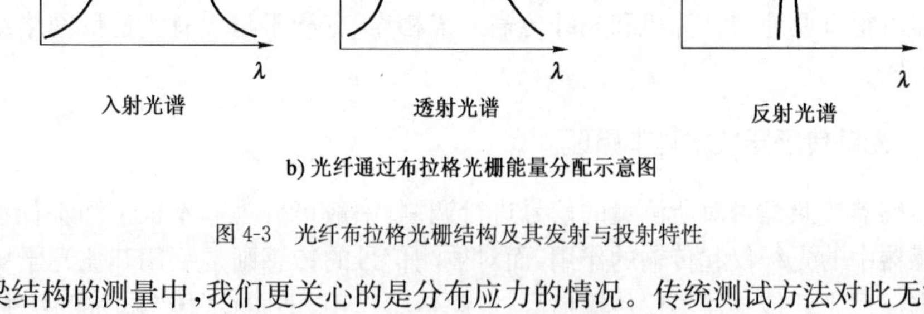

b) 光纤通过布拉格光栅能量分配示意图

图 4-3　光纤布拉格光栅结构及其发射与投射特性

在桥梁结构的测量中，我们更关心的是分布应力的情况。传统测试方法对此无能为力，光纤光栅传感器为大型结构的分布应力监测提供了技术支持。

光纤光栅是利用光纤材料的光敏感性(外界入射光子和纤芯内锗离子相互作用引起的折射率的永久性变形)在纤芯内形成空间相位光栅,其作用实质上是在纤芯内形成一个窄带的(透射或反射)滤光器或反射镜,利用这一特性可构成许多独特性能的光纤无源器材,例如利用光纤光栅的窄带高反射率特性构成光纤反馈腔,依靠掺饵光纤等为增益介质即可制成光纤激光器;用光纤光栅作为激光二极管的外腔反射器,可以构成外腔可调谐激光二极管;利用光纤光栅可构成 Mihelson 干涉仪型、Mach-Zehnder 干涉仪型和 Fabry-Perot 干涉仪型三种类型的光纤滤波器;利用闪耀型光纤光栅可以制成光纤平坦滤波器;利用非均匀光纤光栅可以制成光纤色散补偿器等等。利用光纤光栅对外界应变和温度的敏感特性,可以制成用于应力、应变、温度等诸多参量监测的光纤传感器。

在温度和应力作用之下,光纤光栅折射率和栅格常数将发生变化,反映到光纤光栅的峰值反射波长(或透射波长)会发生移动。光纤光栅的峰值反射波长(或透射波长)随外界物理量变化而移动的现象可在传感领域得到应用光纤光栅峰值反射波长 λ_B 满足关系式:

$$\lambda_{\mathrm{B}} = 2n_{\mathrm{eff}}\Lambda \tag{4-1}$$

其中,n_{eff} 为光栅区的有效折射率,Λ 为光栅周期。对上式微分得为:

$$\frac{\Delta\lambda_B}{\lambda_B} = \frac{\Delta n_{eff}}{n_{eff}} + \frac{\Delta\Lambda}{\Lambda} \tag{4-2}$$

可见能引起折射率或栅格间距发生微扰的物理量均能引起布拉格反射波长的变化,并被 FBG 传感元所感知。

4.3.1.1　应变传感原理

应力作用于 FBG 上时,一方面,光栅周期由于 FBG 的机械性的伸长而发生改变;另一方面,弹光效应使 FBG 有效折射率发生变化,两者分别为:

$$\frac{\Delta\Lambda}{\Lambda} = \varepsilon_x \tag{4-3}$$

$$\frac{\Delta n_{eff}}{n_{eff}} = -P_e\varepsilon_x \tag{4-4}$$

式中,P_e为有效弹光系数,ε_x为考察点处的轴向应变。Λ 和 n_{eff} 构成对 FBG 格栅间光程的总贡献。记绝对漂移量为 $\Delta\lambda_B$,温度不变时,将式(4-3)、式(4-4)代入式(4-2),应力引起布拉格反射中心波长的相对漂移量为:

$$\frac{\Delta\lambda_B}{\lambda_B} = (1-P_e)\cdot\varepsilon_x \tag{4-5}$$

其中,P_e 为有效弹光系数(硅纤介质中 $P_e = 0.22$)

$$P_e = \frac{n_{eff}^{\ 2}}{2}[p_{12} - \gamma(p_{11} + p_{12})] \tag{4-6}$$

这里,$p_{1j}(j = 1,2)$ 为 Pockel 系数,γ 是 Poisson 比。

4.3.1.2　温度传感原理

温度一方面由于热胀效应使得 FBG 伸长而改变其光栅常数;另一方面热光效应使得光栅区域的折射率发生变化。一定温度范围内两者均与温度的变化量 ΔT 成正比,可分别表示为:

$$\frac{\Delta\Lambda}{\Lambda} = \alpha\cdot\Delta T \tag{4-7}$$

$$\frac{\Delta n_{eff}}{n_{eff}}=-\frac{1}{n_{eff}}\frac{dn_{eff}}{dV}\frac{dV}{dT}\cdot\Delta T \tag{4-8}$$

其中，α 为光纤材料的热膨胀系数，V 为光纤的归一化频率。温度变化引起的 FBG 波长漂移主要取决于热光效应，它占热漂移量的 95%左右，记：

$$\xi=-\frac{1}{n_{eff}}\frac{\mathrm{d}n_{eff}}{\mathrm{dV}}\frac{\mathrm{dV}}{\mathrm{d}T} \tag{4-9}$$

硅纤中 $\xi=6.67\times10^{6}/℃$，温度对 FBG 波长的漂移的总影响为：

$$\frac{\Delta\lambda_B}{\lambda_B}=(\alpha+\xi)\cdot\Delta T \tag{4-10}$$

4.3.1.3 压力对 FBG 的作用

压力变化(AP)对 FBG 的反射波长会产生影响，可表示为：

$$\frac{\Delta\lambda_B}{\lambda_B}=\left(\frac{1}{\Lambda}\frac{\partial\Lambda}{\partial P}+\frac{1}{n_{eff}}\frac{\partial n_{eff}}{\partial P}\right)\cdot\Delta P \tag{4-11}$$

而

$$\frac{1}{\Lambda}\frac{\partial\Lambda}{\partial P}=-\frac{(1-2\gamma)}{E} \tag{4-12}$$

$$\frac{1}{n_{eff}}\frac{\partial n_{eff}}{\partial P}=-\frac{n_{eff}^2}{2E}(1-2\gamma)(2P_{12}+P_{11}) \tag{4-13}$$

其中，E 为杨氏模量。将式(4-11)、(2-12)代入式(4-10)得：

$$\frac{\Delta\lambda_B}{\lambda_B}=\left[-\frac{1-2\gamma}{E}+\frac{n_{eff}^2}{2E}(1-2\gamma)(2P_{12}+P_{11})\right]\Delta P \tag{4-14}$$

应力、温度和压力这三个物理量可直接作用于 FBG，均通过折射率和光栅常数来影响布拉格波长，因此可观察 FBG 得波长漂移而对其进行监测。如果 FBG 同时受上述三个物理量作用，则总漂移量为：

$$\frac{\Delta\lambda_B}{\lambda_B}=(1-P_e)\cdot\varepsilon_x+(\alpha+\xi)\cdot\Delta T+\left[-\frac{1-2\gamma}{E}+\frac{n_{eff}^2}{2E}(1-2\gamma)(2P_{12}+P_{11})\right]\Delta P \tag{4-15}$$

由上式可以看出，相对于应变(或应力)和温度，FBG 传感器对压力不太敏感，除非用来测高压或者有波长分辨率极高的解调装置，或者借助某种装置将压力转化对 FBG 作用的应力，否则 FBG 一般不用来测压力。

应变(或应力)和温度是最能直接显著改变 Bragg 光栅波长的物理量。当 Bragg 光栅受到外界应变(或应力)作用时，光栅周期会发生变化，同时光弹效应会导致光栅有效折射率变化；当 Bragg 光栅受到外界温度影响时，热膨胀会使光栅周期发生变化，同时热敏效应会导致光栅的有效折射率变化。通常情况下，FBG 只用于对温度、应力以及借助某种装置能转化为这两个量(常为应力)作用于光栅的物理量进行传感。目前已有的基于光纤 Bragg 光栅的各种传感器基本上都是直接或间接地利用应变或温度改变光栅中心波长，达到测试物理量的目的。

4.3.2 光纤传感器技术在桥梁健康监测中的应用

由于光纤光栅具有独特的优点，因而受到各国专家的广泛注意并参与研究。自从 1989 年布朗大学的 Mendez 等人首先将光纤传感器用于混凝土结构和建筑监测后，美国、英国、加拿大、法国、日本等许多国家的研究者都对光纤传感技术在土木工程结构中的应用进行了大量的研究。我国的清华大学、南京大学、东南大学、武汉理工大学等也相继在这一领域开展了监测混凝土结构应变、温度及裂缝的发生与发展等光纤传感技术的研究。现在，无论在光栅的制造、性能研究，还是推广应用等方面均以获得长足的进步。

利用光纤光栅进行的直接传感的物理量是温度和应变。目前用于温度的传感器相对成熟，主要采用对光栅敏感元件进行封装后通过监测温度范围内温度与光栅波长对应关系标定实现。通过被测物理量与传感器机构中的敏感元件应变量对应关系，现状已经制作出其他形式的传感器，如：位移传感器、倾角传感器、压力传感器、加速度传感器等。

光纤光栅传感监测系统由光纤光栅传感器、光纤信号传输网络、光纤光栅测量信号解调分析仪、监测终端机、软件和监测技术标准组成。光纤传感器在桥梁结构工程中的应用大致可分为三个主要领域：①结构检测和损伤评估；②试验应力分析；③远程智能监控系统。埋入混凝土结构物内部或粘贴于结构物表面的干涉型光纤传感器，适用于长期、连续的监测。可以测量应变，探测结构损伤，对结构的振动进行传感，实施整体测量和连续监测，研究结构动力特性。对于结构混凝土的应力、应变、温度、裂纹的发生与发展等内部状态均有较好的测试结果。在大跨桥梁结构健康监测系统中，主要通过建立光纤温度、应变传感器系统测量桥梁结构的温度、位移、应变响应。

4.3.2.1　国外应用概况

美国在 20 世纪 80 年代中后期就开始在多座桥梁中布设光纤传感器，用来验证设计假定、监视施工质量和服役安全状态。美国佛蒙特(Vermont) 大学自 20 世纪 90 年代初已在光纤传感器的智能化钢筋混凝土结构健康诊断以及振动监测方面进行了一系列实用性探索。1989 年在一座横跨威努斯基(Winooski) 河的高速公路桥桥面上埋置了光纤传感器，对桥面在气锤冲击、卡车行驶时的振动情况进行了监测，同时与采用传统传感器的监测结果相比较，两者吻合较好。1992 年，Fuhr 和 Huston 等人在佛蒙特大学附近的一座铁路桥中埋入和粘贴了单模光纤以及部分光纤束和光缆，以检测铁路桥在火车经过时的振动情况，并根据收集到的振动信息来确定所通过列车的类型，达到控制火车流量的目的。1995 年，Fuhr 和 Huston 等人还利用基于铁锈测量的光纤腐蚀传感技术在桥梁结构的钢筋上安装了光纤腐蚀传感器，以检测钢筋的锈蚀情况。

1993 年，在加拿大卡尔加里建了一座名为贝丁顿特雷尔的两跨公路桥，首次采用了碳纤维复合材料替代混凝土中的钢筋，以解决钢筋的易腐蚀问题，并在桥梁的 26 根梁的 5 根埋设了光纤布拉格光栅传感器，用来监测使用过程中碳纤维复合材料代替钢筋的效果及桥梁的内部应变状态。位于加拿大马尼托巴，横跨在温尼伯西边阿西尼博因河上的泰勒大桥上安装了由加拿大电—光设备公司和多伦多大学光纤传感器技术实验室人员研制的光纤传感器及其监测系统，用来测量横梁的应变、荷载和温度并长期监测这些新材料的老化过程。1998 年加拿大的圣埃梅利、德黑兰、若夫尔等大桥采用了埋入式、点焊式光纤传感器进行测量；1999 年加拿大的惠灵顿大桥采用了粘贴式光纤传感器进行测量。

位于德国柏林的马林费尔德大桥是一个两跨、双 T 形预应力梁桥，它首次实现了对桥梁结构的完全监控。在这座桥中，除了把传感器与预应力筋结合在一起之外，还把一个完整系列的光纤传感器直接埋入混凝土中。在1989年11月,用250块混凝土(每块板重10kN)的荷载对该桥进行荷载试验,埋入桥中的光纤传感器很好地记录下了桥梁在试验时的动力行为。1992年,Woff等人在德国勒沃库森的希斯贝格街道桥上,将光纤埋入收缩量很小的合成树脂砂浆中,组成预应力筋,每根预应力筋中安装两只光纤传感器,整座桥使用了27根光纤预应力筋,用于检测桥面的内部损伤情况,另外在桥面的上下面也各装了4只光纤传感器来监测裂缝,从而实现了对大桥的长期监测。1994年,德国结构维护及现代化研究所(IEMB)的Habel和Hufman等人在德国柏林市区一座桥的钢筋上粘贴了光纤应变传感器,用来测量钢筋在车辆经过时的变形和振动。

位于瑞士洛桑的韦诺日河高速公路桥是一座4跨、其混凝土桥面板由2个平行刚架支撑的高架桥。为了监测混凝土收缩的影响,特别是混凝土在刚浇筑后头几个小时收缩的影响,在其桥面板中埋入了光纤传感器进行监测,验证在已知静荷载下桥梁的变形。瑞士的吕利高速公路桥(1995)是一座复合材料大桥,在这座桥的混凝土路面中安装了11根1m长的由瑞士联邦工学院应力实验室开发的基于二次Michelson干涉的SOFO传感器去监测混凝土的收缩、混凝土与刚排架的相互作用以及由预应力引起的变形。位于瑞士提契诺州的比索内公路桥则是一座有30多年历史的老桥,由于使用时间长,混凝土损坏较严重,1996年对它进行了整修,除去了已坏的旧混凝土,重新浇筑了一层新混凝土。为了评估新老混凝土之间的黏着力采用了2根1.5m长的SOFO传感器,其中1根安放在靠近新老混凝土界面的地方,另1根装设在新混凝土的表面。美国新墨西哥州Las Cruces的I-10桥梁是一座钢结构桥,建成后不久已经出现了许多的疲劳裂纹,为了对该桥进行监测,1999年在桥上安装了120个FBG传感器,创造了当时在同一桥梁上使用FBG传感器最多的纪录。

4.3.2.2 国内应用概况

近年来,随着我国社会经济的快速发展,光纤传感器在土木工程结构健康监测和诊断的系统研究和应用得到了较大程度的重视,并取得了较快的进展。

欧进萍等在光纤光栅传感测试技术研究以及桥梁安全监测应用方面,做了深入的研究工作。在呼兰河大桥工程中,将15个光纤光栅传感器布设在第二跨预应力箱形梁上,用于监测施工过程中梁的受力与安全情况,并在大桥运营期监测通车流量及梁的损伤累积情况,一年后的监测结果表明,传感节点生存良好。在滨州黄河大桥,为了对大桥主梁监测截面与斜拉索截面的温度与应变进行监测,布设了138支光纤光栅传感器,建立了基于编程光开关、光纤光栅解调仪的光纤传感网络,利用空分复用原理,实现了对多个传感器的数据动态采集。在哈尔滨松花江大桥的横梁与纵梁上布置了36个片式封装光纤光栅应变传感器,先期的监测结果为后期监测桥梁和索塔的温度场及其变化,把握桥梁的实际应力状态并评价桥梁的运行安全状况打下了良好的基础。在南京长江三桥深水基础施工监测项目中,开发了索塔基础施工智能监测系统,在钢护筒施工阶段、索塔桩基础施工阶段、封底混凝土施工阶段和索塔承台大体积混凝土的施工阶段共布设了397个光纤光栅应变和温度传感器,对相应施工阶段进行了监测,为索塔深水桩基础的施工过程提供了参考数据和具体的施工控制方案。同时开发的施工监测系统与综合数据管理系统纳入了大桥长期健康监测系统。

武汉理工大学光纤传感中心研发了多种形式的FBG传感器及相应的监测系统,并构建了完整的FBG传感器的埋设工艺,分别在巴东长江大桥、武汉长江二桥等桥梁上安装了相应的

FBG 实时监测系统，对桥梁结构的应变、温度、振动、索力进行了实时监测，为桥梁安全评估提供了可靠的依据。

东南大学结构健康监测研究所李爱群等在润扬长江大桥健康监测项目中，在正交钢箱梁面板 U 肋和面板布设了 80 多个光纤光栅应变、温度传感器，监测主梁的应力的变化。该系统将光纤传感器的数字信号接入附近的外站并保存，同时通过由外站连接组成的光纤传输网络，与其他类型传感器数据一起传到大桥的监控中心。光纤传感器测试结果与振弦应变计、电阻应变计的测试结果一致。该系统实现多种传感器的数据融合和网络化数据的集中管理，并将光纤传感器的数据应用于大桥结构的在线预警与安全评估。

重庆公路科学研究所的工程技术人员将多模光纤模域光纤振动传感系统应用于虎门大桥桥面铺装结构的模型试验中，用来监测 5 种桥面铺装结构经过几十万次重复加载过程中的变形、裂缝生成和扩展等情况。

从国内外光纤传感技术的研究可以看出，光纤传感技术的优点已逐渐被人们认识，并在许多领域取得了实际的应用。现阶段桥梁结构健康监测领域应用光纤传感器基本以温度和应变传感为主，采用较多的是应用 F-P 光纤传感器和 Bragg 光栅光纤传感器，F-P 传感器主要用于局部应力的测试，Bragg 传感器则用于分布应力监测。

总的看来，由于光纤传感技术较传统的电学传感技术有较明显的优势，有着广阔的应用前景。但是，就目前的应用情况看，在光纤传感机理与应用方面仍有许多工作要做，包括：

(1)继续深入研究光纤光栅的基本性能，光纤光栅的传感光敏本质机理；光纤光栅灵敏度、动态测试范围的提高途径；光纤光栅对外界物理量的敏感本质及其增敏和减敏的可能方式；光纤光栅用于多参量同时测量的途径。

(2)进一步开展光纤光栅的应用研究，为此应着重研究 Bragg 波长移位的检测技术，应力求发展一些方便、价廉、灵敏度高的波长移位检测技术和设备，这将大大促进光纤光栅传感及其网络技术的发展；此外还应进行光纤光栅在智能结构中的应用等研究。

(3)进一步完善现有的光栅写入方法及其技术，发展新的写入方法，尤其是非均匀光栅的写入方法，进一步降低光纤光栅的成本，提高其使用寿命(对于埋入智能结构的光栅更应具有较长的使用寿命。

(4)进一步研究光纤和 FBG 传感器埋入基体或粘贴在基体表面以及 FBG 封装后的传感机理，尽最大可能地提高光纤和 FBG 传感器的应变传递系数。

(5)进一步研究光纤和 FBG 传感器的优化布设方法。即如何根据结构施工、结构的特性以及考虑光纤应变传递等因素，选用或开发满足耐久性等要求的粘结剂；如何在大型工程结构中以最短或最少的传感器来获取尽可能多的信息，为桥梁安全评估提供可靠的依据。

4.4　GPS 技术在桥梁安全监测中的应用

随着大型桥梁跨度的增大，结构耐久性与安全性系数越来越受到重视。大型桥梁上部结构柔性大、频率低、对风的作用很敏感，大跨桥梁的变形、承载能力及抵御地震等破坏性荷载的能力直接影响结构的使用性能和安全性。

桥梁结构及基础变形是桥梁安全性评价的重要依据。关于桥梁位移的测量方法主要基于光学原理的水准仪直接测量法、水准仪逐点测量法及全站仪测量法，布设高精度的测量控制网主要依赖于高精度的测距仪和经纬仪。这些方法用于锚碇等基础结构变位测量具有较好的精度。但是，基于光学测量原理的方法，在建立测控网时，要求控制点间必须通视，而且测量时工作量大、受气候条件影响显著、作业时间长，用于在役大跨桥梁结构位移检测时，必须封闭交通，这不可避免地会带来经济损失，尤其在运输繁忙的公路桥、铁路桥或者城市立交桥很难实施，更无法满足大跨桥梁上部结构动态变形的测量要求。

GPS 技术不仅能克服气候条件的限制，而且通过 GPS 技术可以以较高的频率、较高的精度同步测定多个监测点的三维坐标。这些优点为对大型桥梁进行静态以及实时、高精度的动态监测提供了很好的技术基础。

4.4.1 GPS 技术基本原理

GPS (Global Positioning System)系统是在第一代美国海军卫星导航系统(Navy Navigation Satellite System，简称 NNSS，即子午仪)的基础上发展起来的。NNSS 本来是为校准海军弹道导弹潜艇的惯导系统而设计的。1973 年 12 月，美国国防部、国家大地测绘部门正式批准，在空军“NavStar”之“Program621B” 和海军“Timation”的计划成果上，研制出一个可供三军共用并具有民用窗口的第二代卫星无线电导航全球定位系统(GPS)。该系统已在 1993 年 12 月 26 日初步建成并投入使用，1995 年 4 月完全投入使用，也就是现在通用的 GPS 系统。现在已有 21 颗工作卫星和 3 颗备用卫星进入轨道，实用地面控制系统也已全部建成，整个系统进入正常运作。工作卫星分布在 6 个等间隔的轨道面内，每个轨道面分布 4 颗卫星。我国于 20 世纪 70 年代中期，开始引进 NNSS 技术。随着 GPS 技术的迅速发展，GPS 技术的应用已渗透到军事、交通、测绘、水利等各行各业。

GPS 系统由三部分构成，分别为空间星座部分、地面监控部分、用户设备部分。

(1)空间星座部分是由 24 颗 GPS 工作卫星所组成，工作卫星共同组成了 GPS 卫星星座。其中 21 颗为可用于导航的卫星，3 颗为活动的备用卫星，这 24 颗卫星分布在 6 个倾角为 550 的轨道上绕地球运行。每颗 GPS 工作卫星都发出用于导航定位的信号，GPS 用户正是利用这些信号来进行工作的。在地球上任何一点，均可连续地同步观测至少 4 颗 GPS 卫星，从而保障了全球、全天候的连续三维定位。

GPS 卫星的主要作用是向用户连续发送定位信息；接收和储存由地面监控站发来的卫星导航电文等信息，并适时发送给用户；接收并执行由地面监控站发来的控制指令，适时地改正运行偏差和启用备用卫星等；通过星载的高精度铷钟和铯钟，提供精密的时间标准。

(2)地面监控部分由分布在全球的由若干个跟踪站所组成的监控系统，包括一个主控站、三个注入站和五个监测站。其主要任务是监视卫星运行；确定 GPS 时间系统；跟踪并预报卫星星历和卫星钟状态，向每颗卫星的数据存储器注入卫星导航数据，确保 GPS 系统的良好运行。

(3)用户设备部分由 GPS 接收机、数据处理软件及相应的用户设备如计算机、气象仪器等所组成。它的作用是迅速捕获按一定卫星截止高度角所选择的待测卫星信号，并跟踪这些卫星的运行，对所接收到的卫星信号进行变换、放大和处理，以便测定出 GPS 信号从卫星到接收天线的传播时间，解译出卫星所发送的导航电文，实时计算出测站的三维坐标、三维速度及时间信息等。

由于 GPS 具有全天候、全球覆盖和高精度的优良性能，而且其用户设备可无源工作、体积小、重量轻、耗电少、使用方便、价格低廉，因此其应用范围非常广，其技术发展特别迅速。目前 GPS 定位技术已普遍应用在海空导航、导弹制导、精密定位、大地测量、工程测量、工程和地壳变形测量、航空摄影和海洋测绘、运载工具导航和管制、地壳运动监测、车辆引行、工程结构监测、设备安装、时间传递、速度测量等领域。

4.4.1.1　GPS 实时动态定位测量系统(RTK)的基本思想和主要特点

GPS 技术发展经历了单点定位即绝对定位、静态相对定位、准动态相对定位、动态相对定位到实时动态相对定位(Real Time Kinematic，RTK)；其数据处理上，也经历了一般 GPS 数据处理，差分 GPS 数据处理即单差(SD)数据处理，双差(DD)数据处理和三差(ZD)数据处理。目前，应用较广泛的就是实时动态相对定位(RTK)，在工程测量、海洋测量、水下地形测量等方面都得到了广泛的应用。

实时动态 (RTK)测量系统，是 GPS 测时技术与数据传输技术相结合而构成的组合系统，它是以载波相位观测量为基础的实时差分 GPS (RTK GPS)测量技术。实时动态系统包括 1 台基准站和至少 1 台移动站，其基本思想是：在基准站上安置一台 GPS 接收机，对所有可见 GPS 卫星进行连续观测，并将其观测数据通过无线电传输设备，实时的发送给用户观测站。在用户站上，GPS 接收机在接收卫星信号的同时，通过无线电接收设备接收基准站传输的观测数据，然后根据相对定位的原理，实时的计算并显示用户站的三维坐标及其精度。其测量原理图如图 4-4 所示。GPS RTK 技术不仅仅属于 GPS 的范畴，而是集 Internet 技术、信号传输技术、计算机网络管理和 GPS 定位技术于一身的系统。

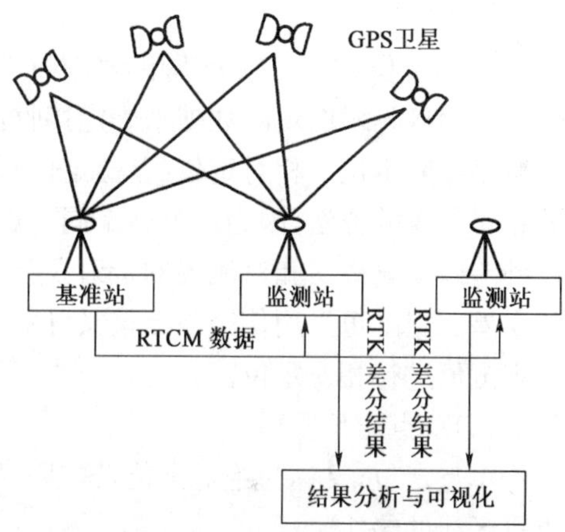

图 4-4　GPS 位移监测原理图

GPS RTK 主要特点为：

(1)各测站间无需通视，是相互独立的观测值；而且可以实现不同测点间的同步观测。

(2)全天候作业。GPS 观测工作可以在任何地点、任何时间连续地进行，一般不受天气状况的影响；目前的 GPS 卫星定位仪都具有防水装置，可以在暴风雨中进行监测。

(3)GPS 定位速度快、精度高。在精确测定观测站平面位置的同时，可以精确测定观测站的大地高程，提供三维坐标。GPS RTK 实时定位精度平面可达 10mm，高程可达 20mm。可以 10～20Hz 速率输出定位结果。从 GPS 信号的同步接收、RTK 厘米级点位输出、光纤网络传输、数据及图像处理的过程都在 1s 内完成。

(4)能同时测定点的动静态三维坐标。与传统方法相比，GPS 不需要对水平位移和垂直位移进行分别测定，减少了工作量，提高了测量的精度。

(5)操作方便。GPS 测量的自动化程度高，从接收信号，捕捉卫星，到完成 RTK 差分位移都可由仪器自动完成。用户可以方便地把 GPS 变形监测系统建成无人值守的自动监测系统。所测三维坐标可直接存入监控中心服务器进行桥梁安全性分析。

4.4.1.2 GPS RTK 系统的基本原理

GPS 网络 RTK 技术的基本原理是:在一个较为广阔的区域均匀、稀疏的布设若干个(一般至少 3 个)固定观测站(称为基准站),构成一个基准站网,并以这些基准站中的一个或多个为基准,计算和播发改正信息,对该地区内的卫星定位用户进行实时改正。

其原理借鉴了广域差分 GPS(Wide Area D GPS,即 WADGPS) 和具有多个基准站的局域差分 GPS(Local Area D GPS,即 LADGPS)的基本原理和方法。广域差分 GPS 采用误差分离技术,将 GPS 定位中的主要误差源分别加以“模型化”,把伪距误差分离为卫星星历误差、卫星钟差和电离层误差,并产生相应的改正数。用户利用广域差分改正数改正 GPS 伪距误差,以提高导航定位的精度。局域差分 GPS (LADGPS)定位系统则向用户提供综合的 DGPS 改正信息——观测值改正,而不是提供单个误差源的改正。与广域差分 GPS 和局域差分 GPS 不同的是,GPS 网络 RTK 技术通过内插法或线性组合法求得改正数,对载波相位进行改正,而非对伪距或位置进行改正。因为这三种类型的差分定位中,利用载波相位进行的差分定位精度最高。

GPS 定位方法可以分为单点定位(或绝对定位)、相对定位(或差分定位)。单点定位就是根据一台接收机的观测数据来确定接收机位置的方式,它只能采用伪距观测量,可用于车船等的概略导航定位。相对定位(差分定位)是根据两台以上接收机的观测数据来确定观测点之间的相对位置的方法,因为两测站是同步观测相同的卫星,所以卫星的轨道误差、卫星钟差、接收机钟差以及电离层和对流层的折射误差等具有一定的相关性,利用相对定位可有效地消除这些误差。它既可采用伪距观测量又可采用相位观测量,大地测量或工程变形监测均应采用相位观测值进行相对定位。

(1)单点定位原理

单点定位,又称为绝对定位,这是一种采用一台接收机进行定位的模式,它所确定的是接收机天线的绝对坐标。

在 GPS 观测中,得到卫星的位置和卫星到接收机天线的距离(伪距),以卫星为中心,以伪距为半径作圆。如果同时观测到了 3 颗卫星,则可得到三个球面,它们的相交点即为接收天线所在位置。实际测量中,由于卫星时钟和接收机时钟之间的钟差,接收机测得的天线与卫星间的距离不是实际的距离,我们称之为伪距。接收机测量的伪距中,包括了三个坐标未知量和一个钟差未知数,为了实时地求得这四个参量,必须同时观测四颗以上的卫星。

定位方程如式(4-16)所示。其中 l_i 是接收机到 i 卫星的距离; x,y,z 分别表示接收机在 WGS-84 坐标系下的三维坐标; x_i,y_i,z_i 分别表示 i 卫星在 WGS-84 坐标系下的三维坐标,可由星历数据获得;c 为光速; δt 为系统测量时钟误差:

$$\left.\begin{aligned}
l_i &= \sqrt{(x-x_i)^2+(y-y_i)^2+(z-z_i)^2}+c\delta t \\
l_j &= \sqrt{(x-x_j)^2+(y-y_j)^2+(z-z_j)^2}+c\delta t \\
l_k &= \sqrt{(x-x_k)^2+(y-y_k)^2+(z-z_k)^2}+c\delta t \\
l_g &= \sqrt{(x-x_g)^2+(y-y_g)^2+(z-z_g)^2}+c\delta t
\end{aligned}\right\} \tag{4-16}$$

由以上四个方程即可以解算出接收机的三维坐标 x,y,z 。

(2)差分定位原理

目前 GPS 系统提供的单点定位精度优于 10m,而为了得到更高的定位精度,通常采用差分定位的方法。其主要采用两台或两台以上的接收机,同时对一组相同的卫星进行观测。将一台接收机安置在地面已知点上作为基准点,其余接收机则分别安置在需要定位的载体上,载体可以是静态也可以是动态。安置在已知基准点上的接收机跟踪现场中所有的可见卫星,以便于所有的流动接收机能实现同步观测。根据基准点的已知坐标即可求出定位结果的坐标修正数(位置差分法)或距离观测值的修正数(距离差分法)。通过基准点和其他观测点之间的数据链把这些修正数实时传送给流动用户,以便用户能对要测接收机的定位结果(测站坐标)或距离观测值进行修正,提高定位的精度和可靠性。这种定位方法称之为差分定位 DGPS(Differential Global Positioning System)。

DGPS 主要分为两大类:伪距差分和载波相位差分。基于这两种观测量,GPS 定位也有两种不同的方法:测距码伪距法定位和载波相位测量法定位。

①伪距差分定位

测距码伪距就是由卫星发射的测距码到观测站的传播时间(时间延迟)乘以光速所得出的距离,习惯上简称为伪距 $\rho=\Delta t \cdot c$ 。伪距观测量是通过测量卫星信号从发射时刻到接收机接收时刻的时延,然后乘以光速得到的距离观测量。传播时延是由接收机内部码跟踪环路通过比较卫星时钟产生的测距码和接收机复制的结构完全一致的测距码而在相关系数达到最大值时得到的。由于两个是根据卫星时钟和接收机时钟而分别产生的,接收机和卫星时钟又不可避免在存在时钟误差,另外由于电离层、对流层延迟等影响,伪距观测量不等于卫星和接收机之间的几何距离。

设在基准站观测 i 个 GPS 卫星,观测方程为:

$$\rho_b^i = R_b^i + c(d\tau_b - d\tau_s^i) + d\rho_b^i + d\rho_{bion}^i + d\rho_{btrop}^i + dM_b + V_b \tag{4-17}$$

式中, ρ_b^i 为卫星到基准站的测距码伪距; R_b^i 是基准站到 i 个卫星的真实距离,可由基准站坐标和卫星的星历求得;c 为真空中传播的光速,常数; $d\tau_b$ 为基准站的时钟偏差; $d\tau_s^i$ 为第 i 卫星的时钟偏差; $d\rho_b^i$ 为第 i 个卫星的星历误差引起的伪距误差; $d\rho_{bion}^i$ 为电离层延迟; $d\rho_{btrop}^i$ 对流层延迟; dM_b 为多路效应; V_b 为 GPS 接收机的测量噪声。

利用卫星星历计算出的卫星位置和已知的基准站精确坐标,计算出卫星至基准站的真实距离 R_b^i ,这样可以求出伪距的改正数为:

$$\Delta\rho_b^i = R_b^i - \rho_b^i = -c(d\tau_b - d\tau_s^i) - d\rho_b^i - d\rho_{bion}^i - d\rho_{btrop}^i - dM_b - V_b \tag{4-18}$$

同样,流动站点接收到的伪距为:

$$\rho_u^i = R_u^i + c(d\tau_u - d\tau_s^i) + d\rho_u^i + d\rho_{uion}^i + d\rho_{utrop}^i + dM_u + V_u \tag{4-19}$$

用基站的改正数 $\Delta\rho_b^i$ 对于流动站点伪距进行修正,于是:

$$\begin{aligned}\Delta\rho_b^i + \rho_u^i =& R_u^i + c(d\tau_u - d\tau_b) + (d\rho_u^i - d\rho_b^i) + (d\rho_{uion}^i - d\rho_{bion}^i) + \\ & (d\rho_{utrop}^i - d\rho_{btrop}^i) + (dM_u - dM_b) + (V_u - V_b)\end{aligned} \tag{4-20}$$

如果基准站与流动站点比较近,则:

$$d\rho_u^i = d\rho_b^i, d\rho_{uion}^i = d\rho_{bion}^i, d\rho_{utrop}^i = d\rho_{btrop}^i$$

所以

$$\Delta\rho_b^i + \rho_u^i = R_u^i + c(d\tau_u - d\tau_b) + (dM_u - dM_b) + (V_u - V_b)$$

$$=[(X^i-X_u)^2+(Y^i-Y_u)^2+(Z^i-Z_u)^2]^{1/2}+\Delta d\rho \tag{4-21}$$

如果基准站和流动站同时观测到相同的4颗以上卫星，解上式给出的4个以上联立方程，可以得到流动站坐标(X_u,Y_u,Z_u)和$\Delta d\rho$，而$\Delta d\rho$中含同一观测历元的各项残差为：

$$\Delta d\rho=c(d\tau_u-d\tau_b)+(dM_u-dM_b)+(V_u-V_b) \tag{4-22}$$

②载波相位测量法定位

载波相位观测量是接收机测量得到的卫星信号载波与测量时刻接收机产生的本振载波相位的差值。由于相位测量只能测量不足一周的小数部分。历元间整周部分通过多普勒积分得到。而历元初始的整周部分未知，因而载波相位测量只相应于卫星和接收机间的部分距离观测量。

进行载波相位测量时，精确的伪距测量资料是极有用的辅助资料，有助于解决整周模糊度等问题。而载波相位观测量是指，在某一指定时刻(历元)由接收机产生的参考载波信号的相位与此时接收到的卫星载波信号的相位之差。利用载波相位进行单点定位可以达到比测距码伪距定位更高的精度，它最主要的应用是进行相对定位。其观测方程为：

$$\lambda\cdot\varphi_b^i=\rho_b^i+c(d\tau_b-d\tau_s^i)-\lambda\cdot N_b^i-d\varphi_{bion}^i+d\varphi_{btrop}^i+d\varphi_{bm}+\varphi_{bv} \tag{4-23}$$

式中，λ为载波波长；φ为载波相位；N_b^i为整周模糊度；φ_{bv}为载波相位测量的测量噪声；$d\varphi_{bm}$为载波相位测量中的多路径误差；其他同上。

参照上述推导，可得：

$$\rho_u^i=\lambda\cdot(N_{u0}^i+N_u^i)+\varphi_u^i \tag{4-24}$$

式中，N_{u0}^i为起始相位模糊度，即相位整周数的初始值；N_u^i为从起始历元到观测历元间的相位整周数；φ_u^i为测量相位的小数部分；λ为载波波长。

将上式代入基站和流动站的观测方程，并考虑到基准站的载波相位数据通过数据链传送至流动站，在流动站上将两者进行差分，可以得到：

$$R_b^i+\lambda\cdot(N_{u0}^i+N_{b0}^i)+\lambda\cdot(N_u^i+N_b^i)+\varphi_u^i-\varphi_b^i=(X^i-X_u)^2+(Y^i-Y_u)^2+(Z^i-Z_u)^2+\Delta d\rho \tag{4-25}$$

式中，R_b^i为基准站到卫星的实际距离，由卫星星历与基准站的坐标求出。

4.4.1.3 RTK GPS系统的作业模式

根据实际需要，实时动态测量系统(RTK GPS)的作业模式主要有以下几种：

(1)快速静态测量：这种测量模式，要求在观测过程中，综合地接收基准站的同步观测数据，实时地解算整周未知数和用户站的三维坐标。而在流动过程中，可以不必保持对GPS卫星的连续跟踪。其定位精度可以达到1～2cm。

(2)准动态测量：这种测量模式，首先要求在某一起始点上进行静止观测，以便快速解算整周未知数，达到完成实时初始化的工作。然后再进行基准站和用户流动站的同步观测，实时解算流动站的三维坐标。观测过程中，要求接收机保持对所观测卫星的连续跟踪，一旦发生失锁现象，就需要重新进行初始化工作。目前其定位精度可以达到厘米级。

(3)动态测量：动态测量模式中，可以选择静态初始化(与准动态测量模式的初始化相同)，也可以采用动态初始化技术(On The Fly, OTF)，达到解算整周未知数的目的。初始化工作完成后，流动站和基准站的接收机，就按照预定的采样时间间隔自动地进行同步观测，实时地确定采样点(流动站点)的空间位置。其精度也可以达到厘米级。

高精度的 GPS 测量必须采用载波相位观测值，RTK 定位技术就是基于载波相位观测值的实时动态定位技术，它能够实时地提供测站点在指定坐标系中的三维定位结果，并达到厘米级精度。在 RTK 作业模式下，基准站通过数据链将其观测值和测站坐标信息一起传送给流动站。流动站不仅通过数据链接收来自基准站的数据，还要采集 GPS 观测数据，并在系统内组成差分观测值进行实时处理，同时给出厘米级定位结果。流动站可处于静止状态，也可处于运动状态；可在固定点上先进行初始化后再进入动态作业，也可在动态条件下直接开机，并在动态环境下完成模糊度的搜索求解(OTF) 。在整周未知数解固定后，即可进行每个历元的实时处理，只要能保持四颗以上卫星相位观测值的跟踪和必要的几何图形，则流动站可随时给出厘米级定位结果。

4.4.2　GPS 技术在桥梁健康监测中的应用

线形位移是大跨桥梁的重要参数。应用 GPS RTK 技术测量大跨桥梁位移线形，不受气候条件的影响，避免了封桥对于交通的影响，大大提高桥梁的检测效率；而且通过位移时程数据分析，可以给出桥梁的一些动力特性参数，从而为结构安全性评价提供可靠的依据。应用该技术可实现对桥梁上多点的自动位移测量，进而判断桥梁的安全状况。

GPS 位移监测系统采用高精度差分 GPS 测量系统检测大桥的位移，其检测精度以及自动化程度较传统的测量方法大大提高，可以在无人操作条件下对桥梁的三维位移与挠度进行 24h 实时监测，通过分析桥梁的位移变化达到监测桥梁状态的目的。而且可以根据不同的监测目的采用不同的作业模式，全寿命监测桥梁基础(如锚碇、索塔基础等)的变化，并建立大型数据库，综合分析影响桥梁安全性的因素。

由于 GPS 系统在位移变形监测方面的优越性，已经在桥梁安全监测系统中得到了广泛应用。香港青马大桥、日本名石海峡大桥、广东虎门大桥、润扬长江大桥、苏通长江大桥、杭州湾跨海大桥、舟山连岛桥、南京长江三桥、南京长江二桥等特大型桥梁工程都采用该技术实时监测大桥形变和动态三维位移。

4.4.2.1　系统构成与总体技术指标

大跨桥梁三维位移 GPS 实时动态监测系统是由基准站、监测站、数据通信链路和中心计算机系统四部分组成。图 4-5 为大跨桥梁 GPS 监测系统总体构成设计图。

根据目前 GPS 技术的发展水平，以及大跨桥对于位移监测响应的需求，系统技术指标如下：

(1)平面精度为 $\pm(10\text{mm}+2\times10^{-3}D)$，高程精度 $\pm(20\text{mm}+2\times10^{-3}D)$；

(2)测量结果输出频率为 1～10Hz，正常工作 1Hz；

(3)原始观测值采样率为 1～5Hz；

(4)在 RTK 状态下，从接收卫星信号到显示位移结果延迟不大于 1.5s；

(5)所建立的系统受气候条件影响下，能 24 小时连续工作。

4.4.2.2　GPS 基准站场地要求

(1)场地稳固，最好建在稳定的基岩上或不低于 40m 钻孔桩；

(2)视野开阔，视场内障碍物的高度不宜超过 15°；

(3)周围没有无线电干扰源；

(4)靠近桥梁，距监测点的距离最远不超过 8km；

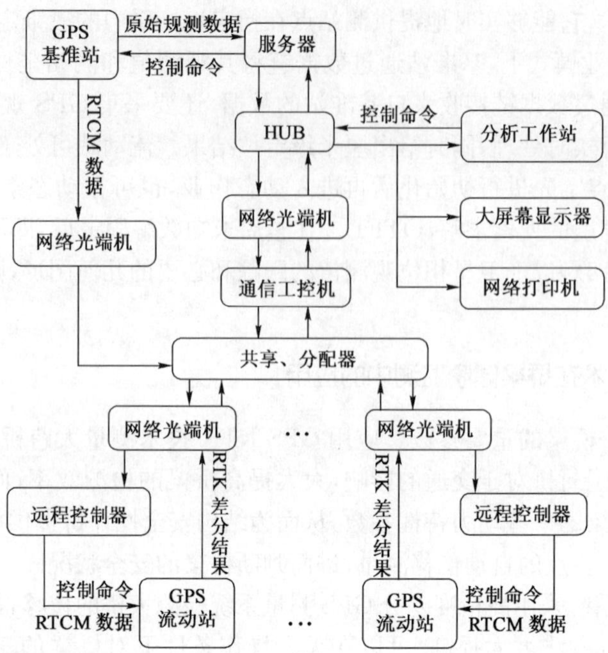

图 4-5　大跨桥梁 GPS 监测系统总体构成设计图

(5)尽量靠近数据传输网络。

4.4.2.3　大跨桥梁 GPS 测点布置

大跨桥梁 GPS 测点的布置要根据大桥结构特点和监测目标设定。通常情况下选取大跨桥梁的索塔塔顶、主梁的二分点(或四分点、八分点)作为位移监测的关键点。

根据不同的桥型特点、气候环境以及监测目的,监测点数量、位置有所不同。由于悬索桥相对于斜拉桥刚度小、变形大,通常大跨悬索桥的 GPS 位移监测点比斜拉桥多,斜拉桥一般只是对于索塔、主梁的跨中位移进行监测。

如果大桥桥址的台风、大雾等气候环境比较频繁,应该增加 GPS 测点。

4.4.2.4　系统的数据传输

GPS 测量系统的数据传输要求基准站与监测站之间有可靠的数据链路,因此采用了光纤作为传输介质,用先进的网络方式进行组网,保证系统能全天候工作。系统的数据流由三种组成,即差分信号、控制命令信号和定位结果信号。GPS 基准站发出的 RTK 差分信号由光纤直接传到工作站共享器,再由工控机控制转换开关将 RTK 差分信号分别转送到各个监测点。当需要设置接收机时,由服务器控制工控机将通信链路改为传设置命令,使设置命令和差分信号在桥上共享一条信道。定位结果信号由各个监测点通过桥上工控机扩展口汇总,作简单处理和缓冲后,并传输到监控中心服务器中,供分析工作站分析处理和显示。

4.4.2.5　系统的软件模块

根据系统的总体需要,大桥 GPS 位移监测系统软件部分,主要由数据通信、数据管理和数据分析等部分组成。其中数据通信部分可以采用 Visual C++编写,数据管理和分析部分是采用 Power build +SQL server 编写。

(1)数据采集和传输模块:负责基准站数据的接收,并传输给监测站,收集监测站的原始信号和差分信号。

(2)监测点位移和转角计算模块:负责把 WGS-84 坐标转换为 BJ54 坐标,并按高斯投影到相应的平面坐标系,并实时地转换为大桥坐标系。

(3)数据统计和显示模块:对测量数据进行统计分析,去除奇异点,实时显示各监测点的三维位移及扭角情况,求出平均值、极值,以报表形式保存数据,并能对数据回放,对数据进行频谱分析等,由此可以得到大桥关键点的三维坐标和位移状况以及大桥的振动频率。

(4)后处理软件模块:为在特殊情况下进行测量,可采集某一段时间的原始数据,通过后处理软件对记录的原始数据进行分析、处理,详细分析各时刻的数据接收状况和测量结果。

(5)报警模块:根据设计参数和车辆的状况给出每个测量点的位移量和转角的门限值,当实测数据超过门限值时,发出报警信息,对系统的故障给出报警信息。

这些软件实现了系统的数据采集和传输,系统控制命令发送,坐标转换,数据统计计算,数据分析,形成报表,图形显示,原始数据后处理,超限报警等功能。由此记录悬索桥的实时动态三维坐标,位移变化状况,振动的频率等。图 4-6 为润扬大桥悬索桥 GPS 监测点布置图,图 4-7为润扬大桥悬索桥 GPS 监测三维动态显示图。

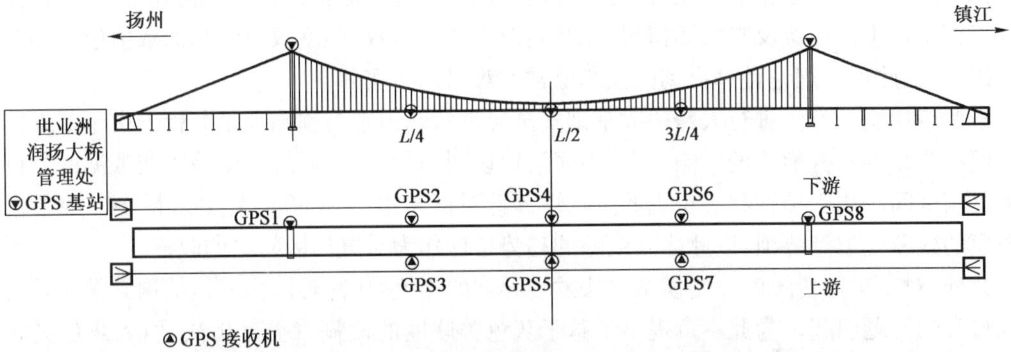

图 4-6　润扬大桥悬索桥 GPS 监测点布置图

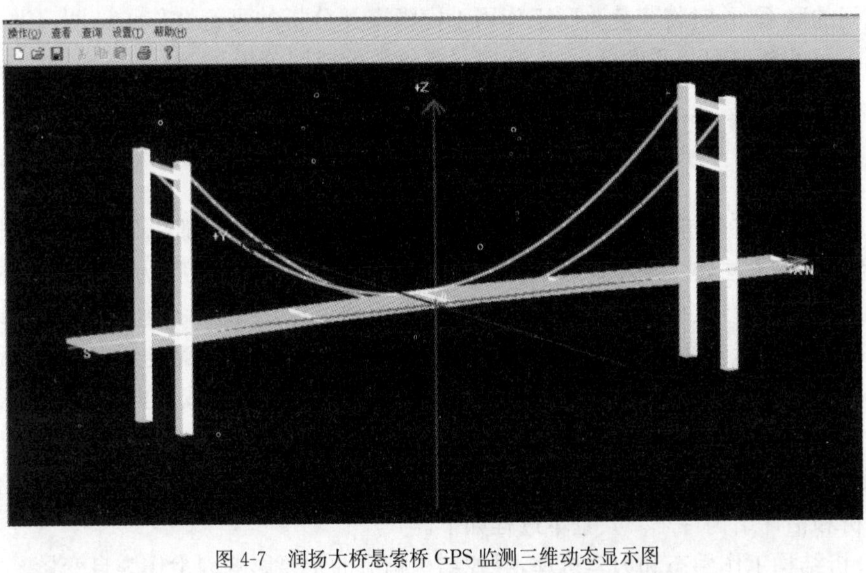

图 4-7　润扬大桥悬索桥 GPS 监测三维动态显示图

第5章　大跨桥梁基础安全监测异常状态识别与预测

5.1　引　言

由于环境因素的随机性、测量误差等原因，桥梁基础结构异常现象的识别是安全监测工作的难点之一。目前对桥塔、悬索桥锚碇地基基础安全监测的思路是：将运营期结构响应实测值与初期实测值进行比较，或将运营期结构响应实测值与理论计算值进行比较，当有较大出入或响应超过控制值时认为结构发生异常。

这种传统思路在实际运用中存在如下问题：随着时间的不同环境荷载集与桥梁下部结构本身都可能发生一些正常的变化，由此产生的响应变化有可能被误报为结构异常；其次目前理论计算模型还不能完全反映实际情况，尤其是对材料的时效、温度效应影响的数值模拟均存在较大误差，因此根据理论计算得到的预测值常常难以用于实际。

本章应用统计方法进行大跨桥梁基础安全异常状态识别与预测理论分析。由于基础监测统计模型受结构本身形式的影响不大，为简洁地说明问题，本章通过对试验监测数据的分析探讨将置信区间法用于结构状态识别的可行性。针对试验中出现的问题，引入最小二乘平稳法对数模的残差提取趋势项，以此建立残差的趋势指标作为对置信区间法的改进。

此外，对于采用传统的监测模型方法发现异常的测值，往往难以区分是结构异常还是监测系统自身的问题引起。为此本章提出了基于灰色关联度的模糊聚类分析法，引入灰色关联度的概念，将测值序列间的关联度作为模糊关系矩阵中的元素，建立了测值间的灰色关联矩阵以比较测值间的联系，并对将灰色关联矩阵用于模糊聚类分析的可行性作了证明。通过对附近同类监测项目的测值间关联度分析，实现对异常测值的成因分析。

5.2　基础安全监测模型的基本原理

对于锚碇地基基础等结构的安全监测，可采用统计回归模型与随机分析进行结构异常识别：首先利用统计方法建立环境荷载集变量（如：索力、压力、温度等，称为自变量或预报因子）与效应集变量（如：变形、应力、应变等，称为因变量或预报量）之间的拟合函数关系，即利用监测系统获取结构在运营初期的自变量与因变量信息，找出各影响因素对某一预报量的影响，建立它们之间的函数关系，即统计监测模型。由此可以推算某一组荷载集出现时的预报量，并与实测值比较，计算实测响应量与计算量的差值，将差值与事先拟订的标准进行比较，当超出标准范围，则认为结构有异常，否则认为结构正常。还可以分离方程中的各个分量，并利用其变化规律分析和估计结构性态。其基本过程如下。

（1）分析结构工作性态和力学机理，寻找结构响应的主要影响因素作为自变量。由于桥梁自身的特性，影响结构响应的环境因素众多，包括荷载、温度、时间等。

(2)建立自变量与因变量的统计模型。建立统计模型就是利用大量的实际测量得到的自变量与因变量的样本对建立从自变量到因变量的函数关系，可以是数学表达式也可以是训练好的神经网络等：

$$\{U\} = \{F(K, T, t)\} \tag{5-1}$$

式中，$\{U\}$为结构响应列阵；F 表示从输入到输出的映射函数；K 表示影响结构自身性能的参数；T 表示外部荷载集，t 表示时间变量。这种函数关系在一定程度上反映了整个结构系统的力学机理、从输入(荷载、时间等)到输出(位移、应变、孔隙水压力等)的内在关系，因而可以在自变量已知的情况下预测结构的响应。

(3)利用预测模型进行结构状态识别。在桥梁运营期将实测环境变量代入预测模型(5-1)，可以得到结构响应理论计算值 $\{U_{理}\}$ 。如果 $\|\{U_{理}\}-\{U_{测}\}\| \leqslant \varepsilon$ ，则结构正常，$\|\{U_{理}\}-\{U_{测}\}\| > \varepsilon$ ，则结构异常。其中 ε 为事先确定的判别标准。

当由于实测资料不足等无法建立统计模型时，可以利用数值计算结果代替实测数据建立监控模型，这种监控模型称为确定性模型。也可以将计算结果与实测数据结合起来建立所谓混合模型。尽管数据来源不同，但三种模型的建模方法大致是相同的，而确定性模型和混合模型更适用于实测资料不足的情况。

该方法可以综合考虑温度、时间等多种因素对响应的影响；而且利用数理统计的概念建立判别标准综合考虑了各种随机因素，因而识别的可信性将大幅度提高。在该方法中有两个关键问题需要解决：一是合理的、可以用于预测的统计预测模型的建立；第二就是综合考虑随机因素与测量误差的判别标准。

5.3　地基基础监测预测模型

5.3.1　时间序列分析预测模型

5.3.1.1　时间序列模型

(1)自回归时间序列模型

如果随机过程 X_t(因变元)的观测值与 m 个自变元(一般是确定性过程) $u_{1t}, u_{2t}, \cdots, u_{mt}$ 的取值的依赖关系，可用线性方程 $X_t = \beta_1 u_{1t} + \beta_2 u_{2t} + \cdots + \beta_m u_{mt}(t = 1, 2, \cdots, N)$ 来描述，则称上式为 m 元线形回归模型。其中实数 $\beta_i(i = 1, 2, \cdots, m)$ 为回归系数。

以 ε_t 是表示 X_t 中无法用 u_{it} 表示的各种随机因素组成的随机干扰，一般称为剩余误差或残差，并假定它是均值为零，方差为 σ^2 ，相互独立：

$$r_\tau = E(\varepsilon_t, \varepsilon_{t+\tau}) = \begin{cases} \sigma^2, \tau = 0 \\ 0, \tau \neq 0 \end{cases}$$

且服从正态分布即 $\varepsilon_t \sim N(0, \sigma^2)$ 的随机过程。

如果随机过程 $X_t(t = 0, \pm 1, \cdots)$ 的观测值，与其自身前一个或前 p 个时刻的观测值 $X_{t-1}, X_{t-2}, \cdots$ 有关或有依赖性。例如水文上的河流流量序列、海洋上的海浪序列、地震波序列等。此时 X_t 与其前一个时刻或前几个时期的观测值之间的回归模型为：

$$X^t = \varphi_1 X_{t-1} + \varphi_2 X_{t-2} + \cdots + \varphi_p X_{t-p} + a_t \tag{5-2}$$

我们称式(5-2)为 p 阶自回归模型，记作 $AR(p)$ 。其中实数 $\varphi_j\ (j=1,2,\cdots,p)$ 为自回归系数。a_t 也表示残差，且满足：

①均值为零：$E(a_t)=0$

②相互独立：$r_k = E(a_t, a_{t+k}) = \begin{cases} \sigma^2, k=0 \\ 0, k\neq 0 \end{cases}$

③服从正态分布：$a_t \sim N(0,\sigma^2)$

④ a_t 与前一时刻的 $X_{t-k}(k>0)$ 互不相关：$E(a_t, X_{t-k})=0,(k>0)$，称 a_t 为白噪声。

(2)滑动平均模型

若 $\{X_t\}$ 为零均值的平稳时间序列，定义：

$$X^t = a_t - \theta_1 a_{t-1} - \theta_2 a_{t-2} - \cdots - \theta_q a_{t-q} \tag{5-3}$$

为 q 阶滑动平均模型，记作 $MA(q)$，其中 $\theta_i\ (i=1,2,\cdots,q)$ 为滑动平均系数。满足 $MA(q)$模型的随机序列称为 $MA(q)$序列。

引进延迟算子，则上式可写为：

$$X^t = \theta(B) a_t \tag{5-4}$$

式中：$\theta(B) = 1 - \theta_1 B - \theta_2 B^2 - \cdots - \theta_q B^q$

(3)混合模型

在实际问题中，更一般的随机序列 $X_t(t=0,\pm 1,\cdots)$ 可用方程来描述：

$$X_t - \varphi_1 X_{t-1} - \varphi_2 X_{t-2} - \cdots - \varphi_p X_{t-p} = a_t - \theta_1 a_{t-1} - \theta_2 a_{t-2} - \cdots - \theta_q a_{t-q} \tag{5-5}$$

其中，$\varphi_j(j=1,2,\cdots,p)$，$\theta_i(i=1,2,\cdots,q)$ 为参数，称上式为 p 阶自回归 q 阶滑动平均混合模型，记作 $ARMA(p,q)$ 。它的解称为 p 阶自回归 q 阶滑动平均序列。显然，当 $q=0$ 时，$ARMA(p,0)$ 就是 $AR(p)$ ；当 $p=0$ 时，$ARMA(0,q)$ 就是 $MA(q)$ 。

5.3.1.2 模型的识别

所谓模型识别就是根据时间序列 $\{X_t\}$ 的一段样本(即观测得到的一串有序数据) 所包含的信息，利用它们的某些特征来寻求与它拟合得最好的模型。其中某些特征主要有自相关函数和偏相关函数。

(1)自相关函数

设 $x_1, x_2, \cdots, x_N$ 为零均值平稳时间序列 $\{X_t\}$ 的一段样本观测值。定义样本自协方差函数 $\hat{\gamma}_k$ 和 自相关函数 $\hat{\rho}_k$ 分别为：

$$\hat{\gamma}_k = \frac{1}{N}\sum_{i=1}^{N-k} x_i x_{i+k} \quad k=0,1,2,\cdots,N-1 \tag{5-6}$$

$$\hat{\rho}_k = \hat{\gamma}_k / \hat{\gamma}_0 \qquad k=0,1,2,\cdots,N-1 \tag{5-7}$$

(2)偏相关函数

根据 Yule-Walker 方程计算偏相关函数：

$$\begin{bmatrix} \varphi_{k1} \\ \varphi_{k2} \\ \cdots \\ \varphi_{kk} \end{bmatrix} = \begin{bmatrix} 1 & \rho_1 & \cdots & \rho_{k-1} \\ \rho_1 & 1 & \cdots & \rho_{k-2} \\ \cdots & \cdots & \cdots & \cdots \\ \rho_{k-1} & \rho_{k-2} & \cdots & 1 \end{bmatrix}^{-1} \begin{bmatrix} \rho_1 \\ \rho_2 \\ \cdots \\ \rho_k \end{bmatrix} \tag{5-8}$$

其中 $\varphi_{kk}(k \geqslant 1)$ 称为 $\{X_t\}$ 的偏相关函数。

①若 X_t 的自相关函数 ρ_k 具有拖尾性，偏相关函数 φ_{kk} 具有截尾性，则可断言 X_t 是 AR 序列。

②若 X_t 的自相关函数 ρ_k 具有截尾性，偏相关函数 φ_{kk} 具有拖尾性，则可断言 X_t 是 MA 序列。

③若 X_t 的自相关函数 ρ_k，偏相关函数 φ_{kk} 都不具有截尾性，而具有拖尾性，则可断言 X_t 是 $ARMA$ 序列。

5.3.1.3　模型阶数确定

对于 $AR(p)$ 序列，可求出 $\hat{\rho}_k$ 和 $\hat{\varphi}_{kk}$，从理论上讲，当 $k > p$ 时 $\hat{\varphi}_{kk}$ 应具有截尾性，即 $\hat{\varphi}_{kk} = 0$，但在实际应用中，样本偏相关函数 $\hat{\varphi}_{kk}$ 只是 $\hat{\varphi}_{kk}$ 的估计值，不可避免地有一定的误差。因此，当 $k > p$ 时，$\hat{\varphi}_{kk}$ 不一定全是零，而是在零附近上下波动。可以证明，$\hat{\varphi}_{kk}$ 在 $k>p$ 时，渐进服从正态分布。因此，当 $\hat{\varphi}_{kk}(k > p)$ 在零附近上下波动，可用正态分布理论来检验。

由 3σ 原则有：

$$P(\mid \hat{\varphi}_{kk} \mid \leqslant \frac{1}{\sqrt{N}}) = 68.3\% \tag{5-9}$$

$$P(\mid \hat{\varphi}_{kk} \mid \leqslant \frac{2}{\sqrt{N}}) = 95.5\% \tag{5-10}$$

当 $p>0$ 时，逐个检查 $\hat{\varphi}_{p+1,p+1}, \hat{\varphi}_{p+2,p+2}, \cdots, \hat{\varphi}_{p+M,p+M}$，观测其中满足 $\mid \hat{\varphi}_{kk} \mid \leqslant 1/\sqrt{N}$ 的个数是否达到全体(M 个)的 68.3%，或满足 $\mid \hat{\varphi}_{kk} \mid \leqslant 2/\sqrt{N}$ 的个数是否达到全体的 95%，其中 M 一般取 $\sqrt{N}$ 或 $N/10$ 的整数。如果在 $p=1,2,\cdots,p_0-1$ 都没有达到，而在 $p=p_0$ 时，$\hat{\varphi}_{p_0+1,p_0+1}$，$\hat{\varphi}_{p_0+2,p_0+2}, \cdots, \hat{\varphi}_{p_0+M,p_0+M}$ 中满足上述不等式的个数达到了上述比例，就认为 $\hat{\varphi}_{kk}$ 在 $k>p_0$ 处截尾，即认为时序 X_t 是 AR(p_0)序列，且 p_0 即为其阶数。

同理对于 $MA(q)$ 序列，当 N 很大时，$\hat{\rho}_k$ 的分布渐进于分布 $N(0,(1+2\sum_{i=1}^{q}\rho_i^2)/N)$。所以可以类似于 $AR(p)$ 序列的讨论判断 $\hat{\varphi}_{kk}$ 的截尾性和阶数。

对于 $ARMA(p,q)$ 序列，由于其自相关函数 ρ_k、偏相关函数 φ_{kk} 均不截尾，所以不能像 $AR(p)$，$MA(q)$ 序列那样有明显的识别法则。但 ρ_k 与 φ_{kk} 都是拖尾的，即其绝对值按负指数规律衰减收敛于零。如果它们收敛于零的速度较快，则很可能是 $ARMA(p,q)$ 序列。不过阶数 (p,q) 难以判定，一般采用由低阶到高阶逐个试探，如取 (p,q) 为(1,1)，(1,2)，(2,1)，…，直到经验认为模型合适为止。

5.3.1.4　模型参数最小二乘估计

令 $t = n, n+1, \cdots, N$ (其中 n 为阶数，N 为样本数)用矩阵形式表示为：

$$Y = X\varphi + a \tag{5-11}$$

$$\begin{aligned} \varphi &= [\varphi_1, \varphi_2, \cdots, \varphi_n]^{\mathrm{T}} \\ Y &= [Y_{n+1}, Y_{n+2}, \cdots, Y_N]^{\mathrm{T}} \\ a &= [a_{n+1}, a_{n+2}, \cdots, a_N]^{\mathrm{T}} \end{aligned} \quad X = \begin{bmatrix} x_n & x_{n-1} & \cdots & x_1 \\ x_{n+1} & x_n & \cdots & x_2 \\ & & \cdots & \\ x_{N-1} & x_{N-2} & \cdots & x_{N-n} \end{bmatrix}$$

根据多元回归理论，参数矩阵 φ 的最小二乘法估计为：

$$\varphi=(X^{T}X)^{-1}X^{T}Y \tag{5-12}$$

5.3.1.5 预测预报

根据时间序列 X_t 所描述的实际问题的观测数据进行时序分析(包括模型识别、参数估计、模型检验)，所获得适用的模型，根据模型对其未来时刻可能出现的情况或状态，作出预测或预报，即为时间序列的预报。它是时间序列模型在时域中最重要的应用之一。

设 $|X_t|$ 是零均值的平稳正态序列，它的拟合模型已判定为 $AR(p)$，$MA(q)$ 或 $ARMA(p,q)$。根据现在时刻 t 和已往各时刻的观测值：$X_t,X_{t-1},\cdots$ 的历史资料，对未来时刻 $t+l(l\geqslant1)$ 的随机变量 $X_{t+l}(l\geqslant1)$ 作出估计，这称为 $L(L\geqslant1)$ 步预报，其估计值就是预报值，记为 $\hat{X}_t(l)$。另外 $\hat{X}_t(l)$ 反映真实值 X_{t+l} 的优劣程度如何，应该有个衡量标准。

在此我们讨论的主要标准是使平稳线形预报误差的方差达到最小，即在最小方差意义下的最佳预报。根据模型及估计的参数，可以得到模型的 L 步最佳预测公式：

$$\hat{X}_t(L)=\sum_{i=1}^{L-1}\varphi_i x_t(L-i)+\sum_{i=L}^{n}\varphi_i x_{t+L-i}(1<L\leqslant n) \tag{5-13}$$

式中：$\hat{X}_t(L)$表示预测值，x_t 表示经处理后的观测数据。

当 $L=1$ 时，即一步预测公式为：$\hat{X}_t(1)=\sum_{i=1}^{n}\varphi_i x_{t+1-i}$

5.3.1.6 时间序列分析法应用

以润扬大桥悬索桥北锚基底第三排 32132 点土压力监测数据为例，从 2002 年 4 月 21 日至 2004 年 7 月 27 日，每 20 天的监测数据分析，共 34 个数据，取前 30 个数据来建立模型。

根据式(5-6)～式(5-8)计算自相关函数和偏相关函数如图 5-1 所示，可判断模型为 AR(1)模型。用最小二乘法得参数 φ，从而建立了模型，用预报公式预报结果如图 5-2 所示。

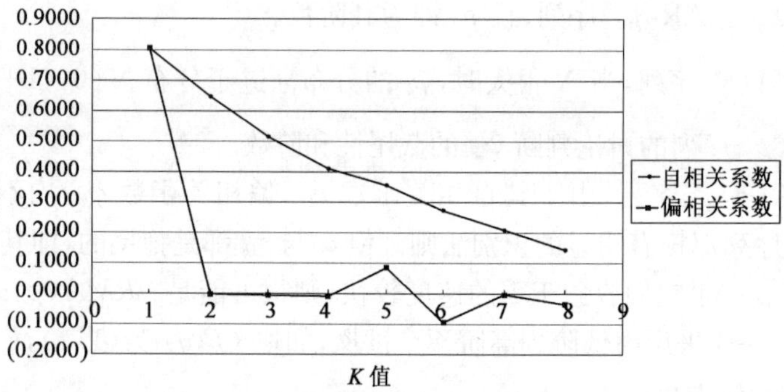

图 5-1 自相关函数和偏相关函数折线图

5.3.2 灰色系统预测模型

5.3.2.1 数据的生成

将原始数列 $x^{(0)}=(x^{(0)}(1),x^{(0)}(2),\cdots,x^{(0)}(n))$ 中的数据按照某种要求进行处理称为生成。该处理的目的是为了弱化数据的随机性，强化规律性的新数列，新数列的数据称为生成数。以下介绍累加生成。

令 $x^{(0)}=(x^{(0)}(1),x^{(0)}(2),\cdots,x^{(0)}(n))$，作一次依次累加得到一个生成数列 $x^{(1)}$

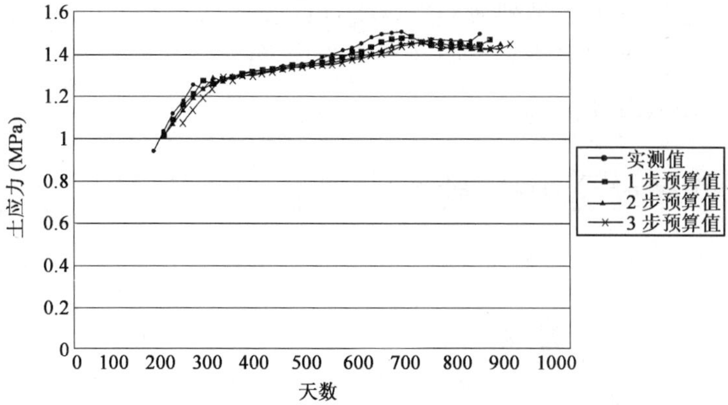

图 5-2　北锚第 32132 点土压力实测与预测结果对比图

$$x^{(1)}(k)=\sum_{m=1}^{k}x^{(0)}(m) \tag{5-14}$$

有 $x^{(1)}=(x^{(1)}(1),x^{(1)}(2),\cdots,x^{(1)}(n))$

$=(x^{(0)}(1),x^{(1)}(1)+x^{(0)}(2),x^{(1)}(2)+x^{(0)}(3),\cdots,x^{(1)}(n-1)+x^{(0)}(n))$

5.3.2.2　灰色预测模型的建立

由上式对 $x^{(1)}$ 可以建立下述 $GM(1,1)$ 预测模型的白化形式的微分方程：

$$\frac{\mathrm{d}x^{(1)}}{\mathrm{d}t}+ax^{(1)}=u \tag{5-15}$$

该方程为一阶微分方程，所以记作 $GM(1,1)$ 模型。

该白化形式微分方程的相应灰微分方程为：

$$x^{(0)}(k)+az^{(1)}(k)=b \tag{5-16}$$

式中 $z^{(1)}(k)=0.5x^{(1)}(k)+0.5x^{(1)}(k-1)$ 。

根据式(5-16)可以计算得到参数 a,b。过程如下：

记参数列为 $\hat{a}$，即 $\hat{a}=[a\quad u]^{\mathrm{T}}$。根据最小二乘法准则，求得 $\hat{a}$ 表达式为：

$$\hat{a}=(B^{\mathrm{T}}B)^{-1}B^{\mathrm{T}}y_N \tag{5-17}$$

式中 B 为 $(n-1)\times 2$ 的矩阵，y_N 为$(n-1)$ 维的列数列：

$$B=\begin{bmatrix}-0.5(x^{(1)}(1)+x^{(1)}(2)) & 1.0\\ -0.5(x^{(1)}(2)+x^{(1)}(3)) & 1.0\\ \cdots & \cdots\\ -0.5(x^{(1)}(n-1)+x^{(1)}(n)) & 1.0\end{bmatrix}\qquad y_N=(x^{(0)}(2),x^{(0)}(3),\cdots,x^{(0)}(n))^T$$

白化微分方程的解为：$x^{(1)}(t)=\left[x^{(0)}(t_0)-\dfrac{u}{a}\right]e^{-a(t-t_0)}+\dfrac{u}{a}$

对等时间间隔的离散值为：$\hat{x}^{(1)}(k+1)=\left[x^{(0)}(1)-\dfrac{u}{a}\right]e^{-ak}+\dfrac{u}{a}$

然后依次作一次累减生成，即得：$\hat{x}^{(0)}(k+1)=\hat{x}^{(1)}(k+1)-\hat{x}^{(1)}(k),k=1,2,\cdots,n$，$\hat{x}^{(0)}(1)=\hat{x}^{(1)}(1)$

5.3.2.3　模型精度检验

建立了 $GM(1,1)$ 模型后，其预测值并不一定满足要求。因此，要进行模型精度的检验。

对 $GM(1,1)$ 模型，有原始数列为 $\{x^{(0)}(i)\}$，预测数据列为 $\{\hat{x}^{(0)}(i)\}$。因此，可得：

其残差为 $\varepsilon(k)=x^{(0)}(k)-\hat{x}^{(0)}(k), k=1,2,\cdots,n$

残差平均值为：$\bar{\varepsilon}=\frac{1}{n}\sum_{k=1}^{n}\varepsilon(k)$

残差方差值为：$s_1^2=\frac{1}{n}\sum_{k=1}^{n}[\varepsilon(k)-\varepsilon]^2$

原始数据平均值为：$\bar{x}=\frac{1}{n}\sum_{k=1}^{n}x^{(0)}(k)$

原始数据方差为：$s_2^2=\frac{1}{n}\sum_{k=1}^{n}[x^{(0)}(k)-\bar{x}]^2$

后验差比率为：$C=\frac{s_1}{s_2}$

小误差概率为：$P=\{|\varepsilon(k)-\bar{\varepsilon})|<0.67S_2\}$

关于精度等级的划分，根据经验，可以按表 5-1 划分等级。

模型精度的经验指标 表 5-1

预测精度等级	小误差概率 P	后验差比率 C
一级：好	>0.95	<0.35
二级：合格	>0.8	<0.5
三级：勉强	>0.7	<0.65
四级：不合格	$\leqslant0.7$	$\geqslant0.65$

5.3.2.4 灰色系统预测方法应用

以润扬大桥北锚碇基底第四排 322341 点的实测土压力为例，见表 5-2，时间为从开始监测的第 420 天为其始数据，到第 800 天为结束数据。以 1～4 时间序列的轴力实测值建立第一个 $GM(1,1)$ 模型，预测第 5 个序列的轴力，然后用 2～4 序列的轴力实测值和第 5 个预测值，（即将第 5 个预测值作为实测值迭代建立 $GM(1,1)$ 模型）依次迭代滚动预测。计算结果见表 5-3。图 5-3 是北锚基底第四排 32142 号点实测值与预测值随时间变化曲线对比图。

润扬大桥悬索桥北锚碇基底第四排 322341 点土压力—实测值 表 5-2

序号	1	2	3	4	5	6
时间(d)	420	460	500	540	580	620
土压力(MPa)	2.8190	2.8441	2.8556	2.9184	2.9791	3.0126
序号	7	8	9	10	11	
时间(d)	660	700	740	780	820	
土压力(MPa)	3.0439	3.0753	3.1046	3.1066	3.1066	

润扬大桥悬索桥北锚碇基底第四排 322341 点土压力—预测值 表 5-3

序号	1	2	3	4	5	6
时间(d)	420	460	500	540	580	620
土压力(MPa)	2.8190	2.8355	2.8725	2.9100	2.9480	3.0433
序号	7	8	9	10	11	
时间(d)	660	700	740	780	820	
土压力(MPa)	3.0653	3.0772	3.1358	3.1269	3.1079	

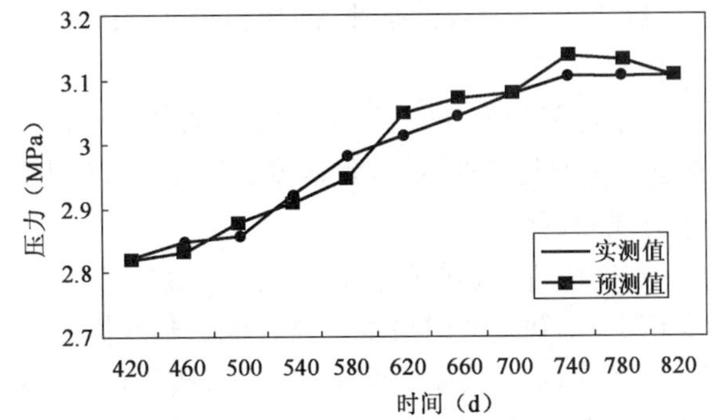

图 5-3　北锚第四排 32142 号点实测值与预测值随时间变化曲线

5.3.3　神经网络预测模型

地下工程预测问题大体上可分为两类：①把各影响因素同物理量的关系用神经网络隐式表达，由已知外界影响因素推断此时的物理量。该法的前提为能找到影响因素，而且这些因素是可测的，应用不多。②利用前一时期数据来预测后一阶段系统的状态。

前者属于函数逼近问题，后者属于时间序列预测问题。这两类问题用神经网络都可以较好地加以解决。这里采用时间序列预测方法。

在时间序列预测中，前馈网络是最常使用的网络。此时，网络成为输入输出的非线性函数。记一个时间序列为 $\{x_n\}$，进行其预测可用下式描述：

$$x_{n+k} = f(x_n, x_{n-1}, \cdots, x_{n-m+1})$$

时间序列预测方法即是用神经网络来拟合函数 $f(x_n, x_{n-1}, \cdots, x_{n-m+1})$，然后预测未来值。

5.3.3.1　ICBP 神经网络

由于 BP 神经网络存在不少缺点，Sandro Ridella 等提出了圆形反向传播网络模型(CBP)，CBP 在多层感知器的输入层添加输入为各分量平方和(即输入向量的模平方的各向同性)的一个额外节点，使 CBP 在保持与多层感知器相同的结构体系下，性能有了很大的提高。陈松灿和他的学生们在保持 CBP 原有典型的三层映射神经网络拓扑结构下，通过在输入层中附加一各向异性的平方和项 $x_{N_I+1}=\sum_{i=1}^{N_I} a_i^2 x_i^2$，同时约束其与隐含层节点的连接权为常量(+1 或 −1)，获得了较 CBP 更一般的改进圆形反向传播网络模型(ICBP)。网络结构图如图 5-4 所示。

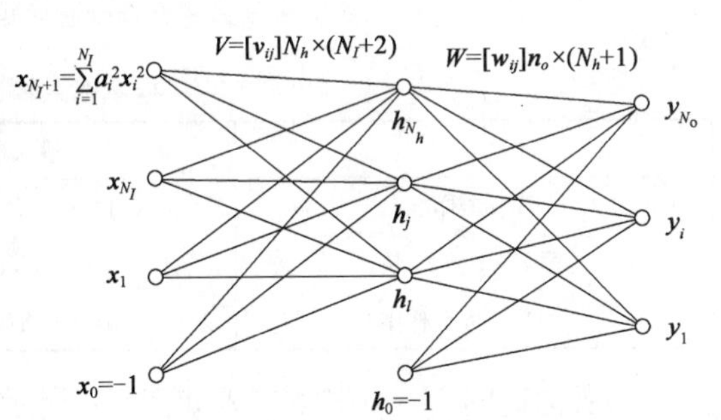

图 5-4　ICBP 三层网络模型

它具有更多的优点：

(1)在模式识别方面，能在基于原型的分类模型与基于判别面的分类模型间自动转换；

(2)以 Gaussian 径向基网络作为特例，且对函数的逼近能力更优；

(3)对所抽取的知识更具有清晰的解释；

(4)具有各向异性特点，突破了CBP仅能描述各向同性的局限，推广性和适应性有很大的提高；

(5)学习算法采用BP，其学习复杂度等同于BP，对BP的各种改进算法均可提升CBP和ICBP。但由于对网络结构进行了改进，网络的收敛速度和精度都有较大的改善。

5.3.3.2 打折最小平方误差函数

时间序列分析的特点是观察值排列顺序的重要性和前后观察值之间的相关性，而CBP和ICBP在时间序列的预测应用中，却并未考虑预测点与其他时刻数据的相关性，忽略了时间序列本身的结构性。考虑到时间序列本身常发生结构性变化，预测点与其相距较近的观察样本相关性较强，而与其相距较远的训练样本相关性较弱，因此训练时时间窗内的样本对网络权值的影响应是不等的。与预测对象时间上较近的样本对于网络权值的影响应较大，与预测对象时间上较远的样本对于网络权值的影响应较小。由此定义打折最小平方误差函数(DLS)为：

$$E_{DLS}=\frac{1}{2N}\sum_{p=1}^{N}\omega(p)(\overrightarrow{o_p}-\overrightarrow{y_p})^2 \tag{5-18}$$

$\omega(p)$ 是第 p 个样本对整体误差的贡献量的一个量度，从而使误差函数偏向于最近的观察。$\omega(p)$ 可以有多种形式，如线性型、指数型等。

这里采用指数型函数，即：

$$\omega(p)=\frac{1}{1+e^{(a-bp)}}\text{，其中 } b=\frac{2a}{N}\text{，}$$

因为 b、p 由 a 和 N 所导出，所以 $\omega(p)$ 的唯一控制参数是打折率 a。

由此可以相应地推导得一组有偏向性的权矩阵修正公式，实现神经网络学习过程。

打折最小平方(DLS)误差函数使得神经网络的学习偏向于较近期的观察样本，同时也兼顾了时间序列中的长期趋势。

5.3.3.3 网络建模及训练

采用提前一步的预测方法，分多步预测未来各时间点的值。设 $X(i)$ 为 i 时刻所测得的孔隙水应力值，则可以根据时间序列 $X(i)$，$i=1,2,\cdots,N$，可以构造出 $N-p$ 个样本，如表5-4所示。

样本输入输出向量示意图 表5-4

样　　本	输入层向量	输出层向量
第一个样本	$X(1),\cdots,X(p-1),X(p)$	$X(p+1)$
第 $i-p$ 个样本	$X(i-p),\cdots,X(i-2),X(i-1)$	$X(i)$
第 $N-p$ 个样本	$X(N-p),\cdots,X(N-2),X(N-1)$	$X(N)$

将所构造的 $N-p$ 样本带入如图5-4所示的网络中进行学习训练，学习训练后即可得稳定的网络结构、连接权和 a_k 值。这就建立了基于神经网络的基础孔隙水应力时间序列等预报模型。将待预测的样本的输入向量代入网络，利用已获得的稳定网络结构、连接权和 a_k 值可对该样本进行预测。

5.3.3.4 神经网络预测方法应用

采用DLS-ICBP神经网络对润扬大桥悬索桥南锚基底孔隙水压力进行预测，资料取用

2003 年 11 月 20 日至 2004 年 7 月 27 日的监测值。用神经网络对时间序列进行预测分析时，要求时间序列为等间距取值，所以事先要对数据进行处理，可采用线性插值选取一列时间序列值，若数据值不在(0,1)之间，则需对数据进行处理，使之处于(0,1)之间。

在预测过程中，采用选用 6 个输入单元，10 个隐含层单元，1 个输出单元的神经网络结构，学习率采用 0.12，以 2003 年 11 月 20 日至 2004 年 3 月 5 日的监测数据对网络进行训练，对 2004 年 3 月 20 日至 2004 年 7 月 17 日的孔隙水压力值进行预测，在预测过程中，每得到一个监测数据，就将其放入训练网络的样本中，也即随着时间的推移，样本数越来越多。最后得到 2004 年 3 月 20 日至 2004 年 7 月 27 日的实测预测对比图，如图 5-5 所示。

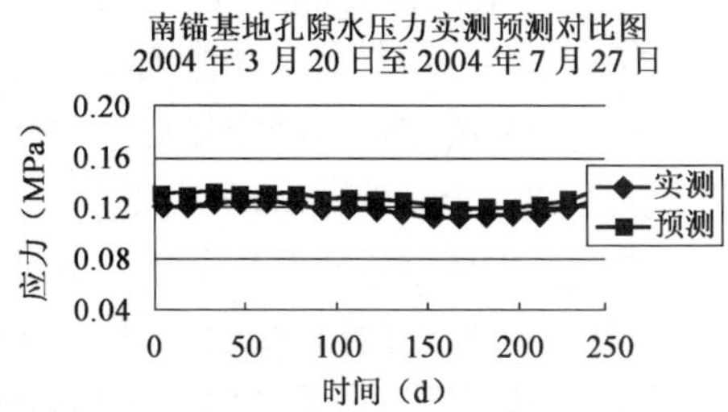

图 5-5　润扬大桥悬索桥南锚基底孔隙水压力实测预测对比图

由图 5-5 可以得出，预测曲线和实测曲线比较吻合，最大误差和最小误差分别为 7.9%和 2.9%，平均误差为 5.4%，这样的结果是可以接受的。

5.4　地基基础安全判别标准拟定方法

5.4.1　不稳定先兆分析方法

不稳定先兆分析的分析思路是先将基础稳定程度分为五级，并建立各种分析判据，然后从各监测点、各监测项目及基础整体等方面进行分析不稳定先兆。

将稳定程度分为五级：

(1)稳定(代码为 A)：监测数据明显小于设计值，安全程度很高。

(2)基本稳定(代码为 B)：监测数据略小于设计值，安全系数能得到保证。

(3)稍不稳定(代码为 C)：监测数据略大于设计值，安全系数小于设计要求。

(4)一般不稳定(代码为 D)：监测数据达到极限值的 80%，并有发展趋势。

(5)严重不稳定(代码为 E)：监测数据接近或达到极限值。

属于 A 和 B，认为稳定情况较好；属于 C 为中间状况，应引起注意；属于 D 已有不稳定先兆，稳定状况较差，应考虑采取措施；属于 E 有明显的不稳定先兆，必须紧急处理。

测点先兆分析就是把每个测点测量的数据进行不稳定先兆分析。确定这些测点的不稳定先兆类型可以选择以下几种方法：

(1)物理量累积值法：每个测点的物理量累积值对应于稳定程度分为五个等级，用这些界限值来判断该点的稳定程度。

(2)物理量阶段变化量法：以各测点在某个时段的物理量阶段变化量作为测点先兆类型的判别标准。

(3)位移速率法：以某点在两次测量间的位移速率作为判别指标。

$$V_m = \frac{S_a - S_b}{T_{ab}} \times 30 \tag{5-19}$$

式中，V_m 为位移月速率，S_a 为本次位移值，S_b 为前次位移值，T_{ab} 为两次测量时间间隔。

(4)位移阶段增幅法：比较两个时间段的位移增加幅度来判断该点的先兆类型。

$$F=\left(\frac{(S_a-S_c)/T_{ac}}{(S_c-S_d)/T_{cd}}-1\right)\times 100\% \tag{5-20}$$

式中，F 为位移阶段增幅，S_c 为本测段起点位移值，S_d 为前阶段起点位移值，T_{ac} 为本测段时间间隔，T_{cd} 为前测段时间间隔。

项目先兆分析是对各个监测项目进行先兆分析，确定该项目监测数据总体上所反映的不稳定程度。基础整体不稳定先兆类型是通过分析各个监测项目的先兆类型，分析其对基础整体稳定性的综合影响，综合分析整个基础的稳定状况。

在润扬大桥悬索桥锚碇基础监测过程中，实时对大桥基础进行不稳定先兆分析。主要结果为：南锚碇基坑在开挖阶段位移、应力均处于 E 级稳定，北锚碇基坑开挖位移处于 D 级稳定，北锚碇基底土压力受基底岩性不均匀影响处于 C 级稳定。

5.4.2 3σ 法分析预测

5.4.2.1 预测方法

在固定观测条件下的一般观测数据，都是大致服从正态分布的变量。即有：

$$\varphi(y_{0i})=\frac{1}{\delta_{\delta i}\sqrt{2\pi}}e^{\frac{-(y_{0i}-\overline{y}_{xi})^2}{2\delta_{\delta i}^2}} \tag{5-21}$$

代表观测的各种各样观测值的概率密度函数。

式中：$\varphi(y_{0i})$——正态分布的概率密度函数；

y_{0i}——正态分布抽出的观测值；

$\overline{y}_{xi}$——曲线最高点的横坐标，叫做正态分布的均值，曲线对 $\overline{y}_{xi}$ 对称；

$\delta_{\delta i}$——正态分布的标准差。

y_{0i} 落在任何区间的概率为：

$$P(a\leqslant y_{0i}\leqslant b)=\frac{1}{\delta_{\delta i}\sqrt{2\pi}}\int_a^b e^{\frac{-(y_{0i}-\overline{y}_{xi})^2}{2\delta_{\delta i}^2}}\mathrm{d}y_{0i}$$

用方差分析中所得的剩余标准差进行正态分布的标准差估计，即：

$$\delta_\delta\approx s=\sqrt{\frac{Q}{n-2}}=\sqrt{\frac{\sum_{t=1}^{n}(y_t-\hat{y})^2}{n-2}} \tag{5-22}$$

对于固定的 $x=x_0$，y 取值是以 $\hat{y}_0=a+bx_0$ 为中心对称分布的，越靠近 $\hat{y}_0$ 的地方出现的机会越大，而离 $\hat{y}_0$ 较远的地方出现的机会就越小，且与标准差 s 之间有如下关系：

$$P(\hat{y}_0-\Delta\leqslant y_0\leqslant\hat{y}_0+\Delta)=\frac{1}{s\sqrt{2\pi}}\int_{\hat{y}_0-\Delta}^{\hat{y}_0+\Delta}e^{\frac{-(y_0-\hat{y}_0)}{2s^2}}\mathrm{d}y_0 \tag{5-23}$$

$\Delta=s$，$P(\hat{y}_0-s\leqslant y_0\leqslant\hat{y}_0+s)=0.683$ 时，这说明当 $x=x_0$ 时，y_0 的值在 $\hat{y}_0\pm s$ 区间的概率为 68.3%，亦即用以估计母体中分布在回归线 $\hat{y}=a+bx$ 两旁 s 范围内的个体数目约占 68.3%，分布在其范围外的个体数目约占 31.7%。

$\Delta=3s$，$p(\hat{y}_0-3s\leqslant y_0\leqslant\hat{y}_0+3s)=0.997$，我们所说的 3σ 标准就是说测值与预测值之间的差值如果大于 3σ，则说明分布在置信区间外的测值数目占到 99.7%，这显然是不可取的。

工程中常规定以 3σ 为初步检验标准，即如果某时刻测值与预测值之差若小于 3σ，则说明在预测线两侧的置信宽度为 $\Delta=3\sigma$ 的置信带内的测值所在概率为 99.7%，也就是说该测值是符合预测趋势的。

5.4.2.2　3σ 法分析应用

以润扬大桥悬索桥南锚基底第四排土压力监测信息分析预测为例：从 2002 年 6 月 18 日开始，测值数据见表 5-5。由所测数据可以得出方差为：209.072 4kPa；标准差为 14.459 3kPa；3σ 为 43.377 9。

南锚基底第四排土压力监测信息　　表 5-5

天数(d)	20	35	45	60	70	80	95
应力(kPa)	105.0	152.0	209.5	261.9	309.5	375.2	419.0
天数(d)	105	115	125	140	155	170	185
应力(kPa)	461.9	500.0	533.3	547.6	566.7	585.7	600.0

根据回归原理得出拟合模型为：$y=-0.015\,6x^2+6.381\,8x-41.956\,9$。

拟合图见图 5-6，对于到 163 天的测值为：600.13kPa，预测值为：609.079kPa，残差为：8.949kPa，可以看出残差小于 3σ，说明南锚基底第四排土压力监测值是符合预测趋势。

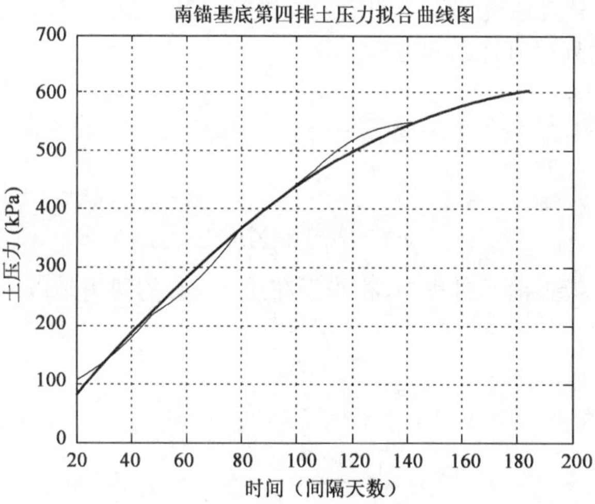

图 5-6　南锚基底第四排土压力拟合曲线图

5.5　基于回归统计分析的基础安全监控模型与预警

统计回归的方法包括逐步回归法、多元回归法、加权回归法、正交多项式回归及差值回归等。逐步回归法可以自动进行变量的筛选，使建立的回归方程只包含显著的因子，得到最佳回归方程，无论是内插还是外推的效果均比较合适，适合力学机理清晰且非线性程度不高的问题。

5.5.1 多元回归统计模型

逐步回归算法的基本思想是在所考虑的全部因子中，按其对预报量 y 作用的显著程度大小，先挑选一个最重要因子 x_i，建立只包含这个因子的回归方程；接着进行显著性检验，若不显著，可认为所有的自变量因子对因变量都不显著，需重新分析该问题；若显著，则继续对其他因子计算偏回归平方和，引入下一个显著性的因子，建立具有两个因子的回归方程。在这之后，逐步回归的每一步(引入一个因子或从回归方程中剔除一个因子都算作一步)前后都要作显著性检验，即反复进行两个步骤：第一，对已在回归方程中的因子作显著性检验，显著者保留，把最不显著的因子从方程中剔除掉；第二，对不在回归方程中的其余因子，挑选最重要的那一个进入回归方程，直至最后回归方程中再也不能剔除任一因子，同时也不能再引入因子为止，保证最后所得回归方程中所有因子都为显著因子。

5.5.1.1 逐步回归的基本原理

对有 k 个自变量，n 组观测资料的系列作回归分析求解回归系数的法方程可写作：

$$[S_{ij}]\{b_j\} = [I_{ij}]\{O_{jy}\} \tag{5-24}$$

式中：$S_{ij}=S_{ji}=\sum_{i=1}^{n}(x_i-\overline{x}_i)(x_j-\overline{x}_j) \quad O_{jy}=\sum_{i=1}^{n}(x_j-\overline{x}_j)(y-\overline{y})$

其中，x_i，x_j 分别为第 i 和第 j 影响因子的观测值，$\overline{x}_i$，$\overline{x}_j$ 分别为 i，j 因子的观测平均值，y、$\overline{y}$ 为响应观测值与其平均值。开始计算时取$[I_{ij}]=[\delta_{ij}]$，$[\delta_{ij}]$为 k 阶单位阵，用逐步回归分析法求解(5-24)的过程，就是通过一步步的消元变换，将$[S_{ij}]$变为$[\delta_{ij}]$以及$[I_{ij}]$变为$[S_{ij}]^{-1}$的过程。从而，建立一系列过渡性回归方程

$$y^{(1)}=b_0^{(1)}+b_1^{(1)}x_{k1}$$

$$y^{(2)}=b_0^{(2)}+b_1^{(2)}x_{k1}+b_2^{(2)}x_{k2}$$

……

$$y^{(m)}=b_0^{(m)}+\sum_{i=1}^{m}b_i^{(m)}x_{ki}$$

在第 m 步($1\leqslant m\leqslant k_1$)消元过程中，相当于在式(5-24)的两边乘以一个变换矩阵 D_k

$$\begin{bmatrix} 1 & & -\frac{S_{1,m}}{S_{mm}} & & \\ & \cdots & \cdots & & \\ & 1 & -\frac{S_{m-1,m}}{S_{mm}} & & \\ & & \frac{1}{S_{mm}} & & \\ & & -\frac{S_{m+1,m}}{S_{mm}} & 1 & \\ & & \cdots & & \cdots \\ & & -\frac{S_{k,m}}{S_{mm}} & & 1 \end{bmatrix}$$

即：

$$D_k[S_{ij}]\{b_j\} = [I_{ij}]\{O_{jy}\} \tag{5-25}$$

由此可见，消去一个未知量 b_m，把预报因子 x_m 引入回归方程，就是用单位矩阵 $[\delta_{ij}]$ 的第 m 个列向量，置换 $[S_{ij}]$ 中的相应列向量，$[S_{ij}]$ 中的其他元素也进行相应变换。这时，$[I_{ij}]$ 中的第 m 个单位列向量用下式的列向量代替，其他元素也作相应变换。

$$\left[-\frac{S_{1m}}{S_{mm}},\cdots,-\frac{S_{m-1,m}}{S_{mm}},\frac{1}{S_{mm}},-\frac{S_{m+1,m}}{S_{mm}},\cdots,-\frac{S_{km}}{S_{mm}}\right]^T \tag{5-26}$$

经过若干步计算以后，回归方程中选入一些预报因子 x_m。这时在 $[S_{ij}]$ 中，对应已选因子 x_m 的各列用相应的单位列向量置换，而 $[I_{ij}]$ 中的相应各列引入新的向量。所以 $[S_{ij}]$ 中的单位列向量对应已选的预报因子，$[I_{ij}]$ 中保留的单位列向量对应待选的预报因子，总数是不变的。因此在每步计算中，$[I_{ij}]$ 在 $[S_{ij}]$ 形成单位列向量的地方存放新形成的列向量(5-26)。

$[S_{ij}]$、$[I_{ij}]$ 中的非单位列向量合并后的矩阵，仍用 $[S_{ij}]$ 表示。用 S'_{ij} 表示消元变换后新形成矩阵的元素。根据式(5-25)和(5-26)有：

$$[S'_{ij}]=\begin{cases}S_{ij}-\dfrac{S_{im}S_{mj}}{S_{mm}} & i\neq m,j\neq m\\ \dfrac{S_{mj}}{S_{mm}} & i=m,j\neq m\\ -\dfrac{S_{im}}{S_{mm}} & i\neq m,j=m\\ \dfrac{1}{S_{mm}} & i=m,j=m\end{cases} \tag{5-27}$$

5.5.1.2　多元回归模型的建模步骤

根据以上逐步回归的基本思想，结合多元统计理论，为便于说明问题，按如下步骤进行多元统计回归分析：

(1)初始的多元回归模型的建立

假设我们已确定出影响因变量 y 的 k 个自变量因子 $x_1,x_2,\cdots,x_k$，由于非线性模型可进行线性化处理：

$$y=a_0+a_1X_1+a_2X_2+\cdots+a_kX_k+e \tag{5-28}$$

$$\hat{y}=a_0+a_1X_1+a_2X_2+\cdots+a_kX_k \tag{5-29}$$

则估计值与观察值的残差为：$e=y-\hat{y}$，按概率论知识，e 服从正态分布。

(2)最优回归模型的建立(逐步回归)

如果最初回归模型是一元线性，则可直接采用最小二乘法求解出拟合系数，不存在逐步回归的问题。对多元统计模型，需根据已测数据，经过逐步回归通过显著性检验后才能最终建立回归统计模型，采用逐步回归法对数据进行拟合的步骤可参阅多元统计方面文献，这里不再赘述。

(3)统计模型的检验(假设检验)

回归统计模型建立后，能否用来预测还需进行模型的检验。因为当前回归系数反映了自变量和因变量的变动结构关系，这种变动关系是否可预测未来须进行检验。模型的检验包括以下几个方面：

①F 检验，又称回归方程的显著性检验，主要检验预测模型的总体线性关系的显著性。

②T 检验，又称回归系数的显著性检验，检验自变量和因变量之间的线性假设是否合理。

③DW 检验，对回归余项 e 服从正态分布的假设的检验，即序列的自相关检验。只有回归余项无序列相关时，DW 检验通过，模型才可用于预测。

(4)模型评价

预测精度的评价：一般建议采用平均绝对百分误差(MAPE)，若 MAPE$<$10，则认为模型预测精度较高。

预测结果的评价主要借助专家的经验常识判断预测结果是否合理、可靠。

5.5.2 预警指标的确定

基于最小二乘法建立的统计模型只要满足高斯假设条件以及残差正态分布条件，那么得到的回归统计模型是最佳无偏估计，该模型就可以用作样本的整体估计与预测。统计模型实质上建立在最小二乘法基础之上，而且逐步回归得到的统计模型对这些假设条件都经过严格的检验，因此可以用于预测。这样建立的统计模型具有如下特点：一是可以利用该模型推断系统的整体情况；二是无论是学习过程还是推断过程，只要系统没有发生变化，样本残差 e 将满足以零为均值的正态分布。

异常值检查的统计学方法都是建立在随机样本服从正态分布且异常值的出现属小概率事件的基础上的，因此在正常情况下观测值残差序列不会出现异常。一旦出现异常值，则表明可能出现失稳破坏的征兆，但尚不能排除因观测差错而导致观测值出现异常。这种判断测值异常的限值称为监控预警指标。用来判别异常值标准的 2 倍或 3 倍标准差，称为统计上允许的合理误差限。通常将偏差大于 2 倍标准差的离群测值称为异常值，其显著性水平 $\alpha=0.028$，而将偏差大于 3 倍标准差的离群值称为高度异常的异常值，这种定义高度异常值的原则称为 3 倍标准差原则，其显著性水平 $\alpha=0.013$。根据测值数量的多少可以采用不同的方法来制定异常判断的标准。

(1)置信区间法：置信区间法由于概念明确，方法简单，目前得到了较多的应用。利用统计模型残差所具有的特点以及统计理论中小概率事件的定义，我们可以方便地定义判别标准 ε。对服从正态分布的计算值与实测值间的误差值，取显著性水平 α，则 $P_{\alpha}=\alpha$ 为小概率，在统计学中认为是不可能发生的，如果发生则认为异常。根据显著性水平 α 及残差分布规律查表定出 k 值(一般取 2 或 3)，则置信区间为：

$$[\hat{Y}-ks,\hat{Y}+ks] \tag{5-30}$$

其中，$\hat{Y}$ 为模型计算值，s 为标准差。如果实际测量值在区间内，视为正常；反之视作异常，应检查测值可靠性。

(2)典型监测效应量的小概率法：典型监测量小概率法较适合于经受过较不利工况考验的结构，其原理也是基于假设小概率事件不可能发生，方法是选择在不利自变量组合情况下的监测响应量在观测资料中取得小样本空间，求其特征值的分布规律并进而求出监测响应量的极值，当监测量大于极值时，认为出现异常或险情。该方法的一般步骤如下：

①结合具体工程的实际特点、寻求影响工程安全的主要因素，从实测资料中选择在不利原因量组合情况下的典型监测响应量 X_m，则 X_m 为随机变量；

②由观测资料系列中取得小样本，对其统计量估计统计特征值 $\overline{X}$ 及 σ；

③采用统计检验方法(如 A-D 法、K-S 法)，对其进行分布检验，确定其概率密度 $f(x)$ 的分布函数 $F(x)$(如正态分布、对数正态分布和极值 I 型分布等)。

④按照求出的实际概率分布求适合于小概率 α 的量值 X_m：令 X_m 为监测响应量的极值，当 $X>X_m$ 时，结构出现异常或险情，其概率为：

$$P(X>X_m)=P_\alpha=\int_{x_m}^{+\infty} f(x)\mathrm{d}x \tag{5-31}$$

求出 X_m 分布后，估计 X_m 的主要问题是确定与失事概率相关的 α，其值根据工程重要性来决定。确定 α 后即可由 X_m 分布函数直接求出 X_m 作为监控预警指标。

5.6　基于加窗最小二乘平稳法的残差趋势预警指标

置信区间法及典型监测效应量的小概率法都是针对残差数值的绝对值建立监控预警指标。但是这些方法难以及时发现逐渐发展的结构破坏过程，这就需要新的方法在残差的时间序列中找到变化趋势，并且确定这种趋势发展速度的限值，这样实现对残差值的数值大小和趋势发展速度的双重控制，可以使得监控工作更加有效。

这里将时间序列分析中的加窗最小二乘平稳法引入到监控模型的残差分析中，分离残差中的趋势项与随机项，解决对结构缓慢变化的识别问题。

加窗最小二乘平稳法是一种将缓慢变化的趋势和平稳随机成分分离的平滑方法，通过移动的数据窗和最小二乘平滑来对等时距的测值残差序列$\{e_i(i=1,2,\cdots)\}$实现对趋势项的提取，其特点是根据时刻 i 之前和 i 之后的一定时段的量测数据求出 i 时刻的平滑值，变化 i 的取值(相当于将窗函数在时间轴上移动)，重复这种做法就能得到残差值序列缓慢变化的趋势分量。窗函数起着低通滤波的作用，它的形状和宽度可以选择，通常取：

$$w(v)^2=0.54+0.46\cos(\pi v/v_{max}) \tag{5-32}$$

加窗最小二乘平稳法主要步骤为：

(1)从残差序列数据 $e(i+v)$ 中取出 $2v_{max}$(称为数据窗宽度)范围内的数据。

(2)用二阶多项式近似量测数据，即：$\hat{e}(i+v)=a_0(i)+a_1(i)v+a_2(i)v^2/2$，由多项式的形式可知当残差序列为完全随机的白噪声时，$a_0(i)$，$a_1(i)$，$a_2(i)$ 应近似为 0，当残差序列存在确定的变化趋势时，$a_1(i)$、$a_2(i)$ 分别表示该趋势项的速度和加速度。

(3)用对称的窗函数 $w(v)$ 对 i 点两侧的差值 $e(i+v)$ 加权，其中：

$$e(i+v)=y(i+v)-\hat{y}(i+v) \tag{5-33}$$

(4)用最小二乘法确定趋势项拟合函数的系数 $a_0(i)$、$a_1(i)$、$a_2(i)$。

将差值加权，取平方并从 $-v_{max}$ 到 v_{max} 求和得：

$$J=\sum_{v=-v_{max}}^{v_{max}} w(v)^2[y(i+v)-\hat{y}(i+v)]^2 \tag{5-34}$$

对各系数求导并令其为零：

$$\frac{\partial J}{\partial a_k}=2\sum_{v=-v_{max}}^{v_{max}} w(v)^2[y(i+v)-\hat{y}(i+v)](v^k/k!)=0(k=0,1,2) \tag{5-35}$$

由此得

$$\sum_{v=-v_{max}}^{v_{max}} w(v)^2[v^k y(i+v)] = \sum_{v=-v_{max}}^{v_{max}} w(v)^2[a_0(i)v^k + a_1(i)v^{k+1} + a_2(i)v^{k+2}/2] \tag{5-36}$$

等式右边部分所含奇次方项的总和为零，于是有：

$$\sum_{v=-v_{max}}^{v_{max}} w(v)^2 \begin{Bmatrix} y(i+v) \\ v \cdot y(i+v) \\ v^2 \cdot y(i+v) \end{Bmatrix} = \sum_{v=-v_{max}}^{v_{max}} w(v)^2 \begin{bmatrix} 1 & 0 & v^2/2 \\ 0 & v^2 & 0 \\ v^2 & 0 & v^4/2 \end{bmatrix} \times \begin{Bmatrix} a_0(i) \\ a_1(i) \\ a_2(i) \end{Bmatrix} \tag{5-37}$$

由于右边的矩阵非奇异，因此可求逆得到 $a_k(x)$ 的估计。而 $a_0(i)=\hat{e}(i)$，当 $v_{max}\to 0$ 时即窗口宽度比较窄时，$a_0(i)\approx e(i)$。与置信区间法类似，通过对 $a_0(i)$ 设定限值可以判别异常。由于剔除了随机平稳项，所以比直接使用残差值更能反映结构的运行状态。

通过趋势项的速度设定限值，就可以对监控模型的残差确定平稳的变化趋势并建立监控预警指标。根据统计学原理，理想状态下残差的时间序列应当是一个平稳随机过程，过程中不含趋势性变化及周期性变化等特征，其统计特性不随时间而变化。对于残差序列，其趋势项速度的数学期望 $E(a_1(i))=0$，定义 a_k 标准差：

$$S_k = \sqrt{\frac{(\sum_i^n a_k(i)^2)}{n}} \quad (k=0,1) \tag{5-38}$$

根据求出的值，就可以按前面提到的 3 倍标准差原则或 2 倍标准差原则来拟定残差变化趋势的预警指标。

5.7 监测异常值的成因分析

在桥梁基础安全监控中，对异常信息的准确识别极为重要。而异常信息的产生，主要有两种原因，其一是真正由结构本身的劣化而引起的测值异常；其二是监测仪器不正常等原因导致。对于异常信息的出现，有必要判别其成因。针对前一种原因，应及时查明情况，会请专家评判，采取应急措施，以避免可能的事故发生；对于后一种则要采取重测、测值修正或更换仪器等措施。

基础监测中的位移类数据的可靠性分析可采用几何条件检核方法进行，如三角形闭合差、闭合水准路线等。而对于力值类数据（如应力、渗流、孔隙水压力等），这种方法就无能为力。实际应用中主要依据一些原则性的定性方法分析异常值是否由监测系统自身问题引起的，这些原则性的定性方法主要依赖于经验而形成的。

(1)累进性原则：即结构和岩土体的变形破坏通常有一个发生、发展的过程，其响应多表现为渐进性和递进性。若单独、偶然的大异常，由差错引起的可能性较大。

(2)一致性原则：即反映基础结构和岩土体变形破坏的响应量变化通常遵循一定的规律，若是矢量，还应保持一定的方向性。对于忽大忽小、方向零乱的异常值，通常不指示失稳征兆。

(3)合理性原则：即在一定的边界条件、一定的组成结构和一定的环境条件下，结构及岩土体的响应形式，尤其是矢量（如位移）的方向具有一定的规律，当异常与这些规律相左时，可能异常是由监测系统自身问题引发。

(4)无因果原则:即响应量与原因量之间通常存在某种因果关系,若原因量发生变化,如荷载在增长、边界条件和环境因素正在变化,则响应量的规律性变化不应视为异常,否则应进一步区分异常的性质。

(5)可视性原则:若测值异常的测点位于刚性结构物上,如整体混凝土的表面、经喷锚或浆砌块石支护的边坡上,则目视巡查时也应该发现相应的异常,如块石砌缝、混凝土开裂等。

(6)非单点原则:在安全监测中,为监测某一工程结构部位的安全状况一般要布置多个测点,以多个测点、多种类型监测仪器分别进行监测。结构和岩土体的变形破坏一般不会仅限于影响某个孤立的测点,而是有一定的影响范围。布置在同一工程部位,位置靠得较近的各测点测值之间存在着某种联系。所以,在异常值分析时有必要结合相邻点观测值进行比较分析。如果监测系统工作状态正常,则联系较紧密的测点测值的变化应当具有相似性。若某一测点的测值发生孤立的异常,尤其是孤立的严重异常值,则有可能是监测系统自身出现问题。

5.7.1　监测数据的关联度模糊聚类分析法

5.7.1.1　关联度分析

异常信息的产生可能是观测值的粗差、监测仪器的不可靠、结构的变异所致,还可能是和其他相关的未知因素共同作用的结果。对于大型桥梁基础监测工程而言,各种因素对于不同测点的影响不一,不仅各影响因素的作用特点具有明显的灰色性,而且各影响因素之间存在高度非线性关系,所以大型结构安全监控系统总体上是一个典型的灰色非线性系统。对这样机理十分复杂的系统,到目前为止人们对其认识是不完全清楚的,要用一定的数学模式解答很难得到令人满意的结果。

灰色系统理论具有处理事物灰色性的能力,对灰色量不是从统计规律的大量样本研究的角度去寻找,而是用数据生成的方法将表象呈杂乱无章的原始数据整理成规律性强的生成数据列,因此不受数据量大小及数据分布的限制。对于资料序列短、数据量少的情况,灰色系统分析有良好的应用效果,在观测值异常数据的判别和分析中,更有实用价值。

灰关联分析的基本思想是根据数据序列曲线几何形状的相似程度来判断其联系是否紧密,曲线越接近,相应序列之间的关联度就越大,反之就小。对于桥梁基础结构工程部位的监测点,通过关联度的计算,可根据非单点原则对测值间的相似关系进行量化。尽管按不同公式求得各因子间关联度的数值会有所差异,但关联序列(按关联度大小排列的次序)通常是不会发生变化的。对于已确定的公式而言,当监测系统本身发生异常时,由于序列间的联系发生了本质变化,其关联度必有较大程度的降低,因此可用关联度的变化程度来反映监测系统的状态。计算关联度可采取以下步骤:当关联度的减少量超过一定阈值时,可判定监测系统自身出现异常,阈值的大小可根据经验和数值计算成果分析来确定,其限度是关联度的降低不能改变关联序列的排列。

目前,序列间灰色关联度的计算方法主要有五种:一般关联度、综合关联度、斜率关联度、绝对关联度、相对关联度等。一般关联度和综合关联度计算中系数取值随意性较大,对分析结果有较大影响。斜率关联度表征序列相对于始点的变化速率的接近程度,满足量纲归一化处理后的保序效应,但又不满足规范性。绝对关联度则表征序列曲线形状的相似程度,计算中贯彻相对的思想，本节采用绝对关联度进行分析。

设原始数据序列中，x_i和x_j分别为参考序列和比较序列，即

$$X_i = \{x_i(k) \mid k = 1,2,\cdots,n\} \tag{5-39}$$

$$X_j = \{x_j(k) \mid k = 1,2,\cdots,n\} \tag{5-40}$$

对长度不同序列间的比较，可以用插值等方法将短序列补齐，当然这样对关联度值有一定影响。对长度相同的两序列可求其初始向量 X_l^0：

$$X_l^0 = (x_l^0(1), x_l^0(2), \cdots, x_l^0(n)) \quad (l = i, j) \tag{5-41}$$

其中 $x_l^0(k) = x_l(k) - x_l(1)$，则可求得两序列的绝对关联度：

$$r_{ij} = \frac{1 + |S_i| + |S_j|}{1 + |S_i| + |S_j| + |S_j - S_i|} \tag{5-42}$$

式中 $S_l = \int_1^n (X_i - x_i(1))\mathrm{d}t = \int_1^n X_l^0 \mathrm{d}t \approx \sum_{k=2}^{n-1} x_l^0(k) + \frac{1}{2} x_l^0(n) \quad (l = i, j)$

灰色绝对关联度 r_{ij} 具有下面的性质：

(1)$0 < r_{ij} \leqslant 1$；

(2)r_{ij} 只与比较序列的几何形状有关，而与其空间相对位置无关，平移不改变绝对关联度的值；

(3)任何两个序列都不是绝对无关的，r_{ij} 恒不为零，序列在几何上相似程度越大，则 r_{ij} 越大；

(4)当 X_i平行X_j，或X_i围绕X_j摆动，且在X_j之上部分的面积与在X_j之下部分的面积相等时，$r_{ij} = 1$；

(5)$r_{ii} = 1, r_{ij} = r_{ji}$。

5.7.1.2 模糊聚类分析

关联度分析主要关注测值之间的相互联系，虽然这是进行异常值判断的有力工具，但是随着时间的变化，测值序列间的关联度也会出现波动。只是用关联度设定固定的阈值有可能为判断带来误差。不仅如此，由于实际工程中的测点较多，在分析之前难以保证哪个测点一定是正常的，这就增加了分析判断的难度。为解决这些问题，对测值进行灰色关联聚类的方法来进行异常测值的成因分析，由于测值之间的关联序通常是不变的，因此通过观察测值的分类分析，对于所处类别发生很大变化的测值，可以初步判定为监测系统故障引发的异常。

如前所述，监控测值带有一定的灰色特征，因此在评价测值序列的相似程度上不可避免地带有模糊性。本节将基于模糊相似关系的闭包聚类法引入测值的聚类分析，将测值序列间的关联度作为模糊关系矩阵中的元素，建立的关联度矩阵直接满足模糊相似的要求。传统的关联分析中通常是比较多种因素与某单一因素联系的紧密程度，而本书将关联度作为模糊关系矩阵的元素，分析这种关联度矩阵就可以比较各测值间的相互关系，建立“互相监督”的机制，通过对多个测点的测值序列间的相互比较，提高分析判断的准确性。

设$Y = \{Y_1, Y_2, \cdots, Y_m\}$是 n 维空间的样本向量集，任意样本向量 Y_i 为 $Y_i = \{y_{i1}, y_{i2}, \cdots, y_{in}\}^{\mathrm{T}}$，其中 $y_{ij}(i = 1,2,\cdots,m; j = 1,2,\cdots,n)$是第 i 个样本的第 j 个值。

为进行模糊聚类分析，要求量化 Y 中两两元素间的一种彼此接近程度 r_{ij}（$0<r_{ij}\leqslant 1$），称为相似系数。r_{ij} 组成的矩阵 R 称为模糊关系矩阵。

为了进行聚类，R 中元素 r_{ij} 必须满足下列等价关系：

(1)自反性 $r_{ii}=1(i=1,2,\cdots,m)$；保证了任何被分类的对象不能同时被分为不同的类，否则得出自己与自己不是同类的荒谬结论；

(2)对称性 $r_{ij}=r_{ji}$；对称性保证甲如和乙同类，则乙和甲也同类，否则也聚不成类；

(3)传递性 $\bigvee\limits_{j=1}^{m}(r_{ij}\wedge r_{jk})\leqslant r_{ik}$；传递性保证若甲与乙同类，乙与丙同类，则甲与丙必同类。否则就会造成聚类混乱。其中 $\vee$ 、$\wedge$ 分别为取大、取小运算。

r_{ij} 的求解有多种方法，这里将式(5-36)定义的绝对关联度作为相似系数，也即将灰色绝对关联度矩阵作为模糊关系矩阵进行聚类分析。设 Y 中两个样本向量为 $\overline{Y}_i$、$\overline{Y}_j$，其绝对关联度为 r_{ij}，可以证明绝对关联度作为相似系数满足了规范性、对称性、接近性的要求：

(1)根据灰色关联度须满足的规范性 $0<r_{ij}\leqslant 1$，满足相似系数的取值条件。规范性还规定 $r_{ij}=1\Leftrightarrow\overline{Y}_i=\overline{Y}_j$，满足 R 的自反性要求。

(2)灰色关联度的偶对称性规定：对于 $\overline{Y}_i,\overline{Y}_j\in Y$，有 $r_{ij}=r_{ji}\Leftrightarrow\overline{Y}=\{\overline{Y}_i,\overline{Y}_j\}$。式(5-36)定义的绝对关联度是对两个序列相似程度的比较，故不论序列的多少。绝对关联度的计算是在仅有两个向量的论域中进行的，因此 $r_{ij}=r_{ji}$，满足 R 的对称要求。

(3)灰色关联度的接近性规定：$\|\overline{Y}_i-\overline{Y}_j\|$ 越小，r_{ij} 越大。可见。r_{ij} 能反映序列间的相似程度。

上述建立的模糊矩阵 R 已满足条件(1)和(2)，但不一定满足条件(3)。用合成运算方法对它们进行改造：

对于 R，有 $R^2=R\cdot R=\bigvee\limits_{j=1}^{m}(r_{ij}\wedge r_{jk})(i,k=1,2,\cdots,m)$，于是有：

$$R^{(2)}=R\cdot R$$
$$R^{(3)}=R^{(2)}\cdot R$$
$$R^{(k+1)}=R^{(k)}\cdot R$$

直至 $R^{(m)}=R^{(m+1)}=R^{(m+2)}=\cdots$。则 $R^{(m)}$ 为模糊等价关系矩阵。为方便起见，仍将模糊等价关系矩阵记为 R。这种通过迭代将模糊关系矩阵改造为模糊等价关系矩阵的方法在模糊数学上称为闭包法。

选择水平截集方法进行分类。对任意 $\lambda\in[0,1]$，令 $R_\lambda=(\lambda r_{ij})$，其中：

$$\lambda r_{ij}=\begin{cases}1 & (r_{ij}\geqslant\lambda)\\ 0 & (r_{ij}\leqslant\lambda)\end{cases}$$

R_λ 称为 R 的截矩阵。将矩阵中列向量各元素相同的列归类，就完成了对测值序列的聚类。

根据测值序列聚类结果随时间变化的情况，可以对基础监测系统运行状态作出判断，当某测量值序列与同类的其他测值序列关联度大幅下降，并导致聚类结果相应发生变化，即若要将该测值原来的类中其他所有测值仍然归为一类，则须将原来其他类中的某些测值也归入该类。这种聚类结果的变化说明测值间的关联序发生了变化，可以初步判定监测系统出现故障。随着监测技术的发展，测点数量大幅增加，监测数据异常庞大。进行聚类分析可以了解监测仪器间测量值的内在联系，有利于掌握结构的运行状态。

此外，有一部分仪器在平时其测值与周围相同检测项目仪器测值差别甚微，但在结构发生异常时能充分发挥作用。通过聚类分析可以选择代表性的仪器测值建立监控模型，一方面可以减小监测资料的存储与处理难度，另一方面避免产生关系不明且数量过多的监控模型分析结果，引起决策上的无所适从。

5.7.2 悬索桥锚碇基底孔隙水压监测数据的关联度模糊聚类分析

润扬大桥悬索桥北锚碇岩基具富水条件，且与覆盖层之间无隔水层，与第四系孔隙水有连通可能。地下孔隙水压力过大会降低锚碇基底的有效压力，破坏基底的整体性，降低锚碇的稳定程度。为此在锚碇基础下埋设孔隙水压力计 9 点，观测锚碇基础下孔隙水压力分布，为锚碇体稳定分析提供依据。图 5-7 所示为北锚碇基底孔隙水压力测点布置，其中 33 131、33 231 测点已经被确认为损坏测点。图 5-8 为这些孔隙水压力测点从 2002 年 4 月后的测值序列，从图中可以看到测值变化主要可分为两个阶段，第一个阶段为 4 月到 9 月约 150 天孔隙水压力随着锚碇施工附加荷载增加而增高的阶段。第二阶段为施工完毕孔隙水压力逐渐消散并趋于定值的固结阶段。由于仪器损坏，33 131、33 231 测点的测值序列一直保持在 0 值附近，未能反映锚碇基底孔隙水压力的变化情况。采用灰色关联分析与模糊聚类分析方法对这些测点的测值序列进行了分析。

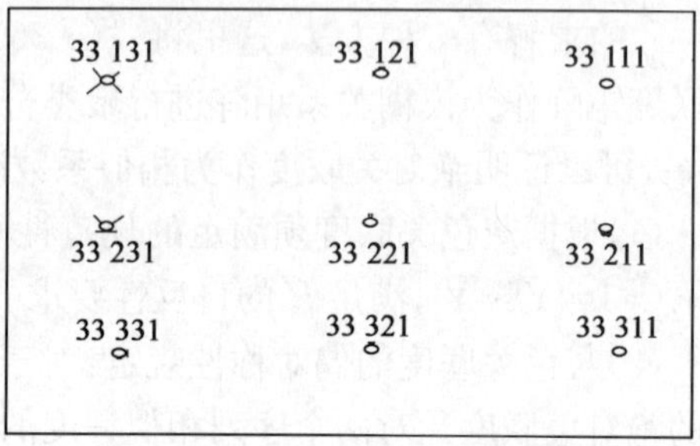

图 5-7　润扬大桥悬索桥北锚碇基底孔隙水压力测点布置图

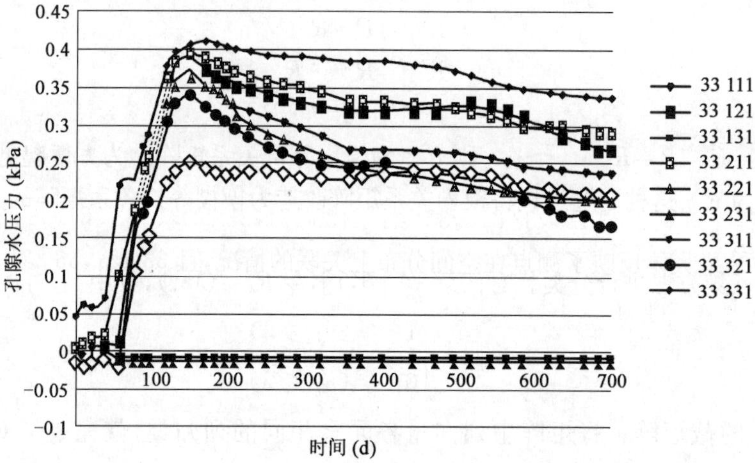

图 5-8　润扬大桥悬索桥北锚碇基底孔隙水压力测值序列图

对 2002 年 4 月至 2004 年 9 月监测值中的 10 次测值分成两段序列进行分析，每段为连续 5 次监测所得测值序列。表 5-6、表 5-7 为计算得到的两个阶段测值间绝对关联度矩阵。这是两个 9×9 的矩阵，矩阵中行列数 i、j 按顺序代表 33 111～33 331 测点，矩阵元素 r_{ij} 代表测值序列间的关联度。

2002.4～2002.7 各测点测值关联度矩阵　　表 5-6

(i,j)	33 111	33 121	33 131	33 211	33 221	33 231	33 311	33 321	33 331
33 111	1	0.973	0.977	0.933	0.985	0.99	0.9	0.975	0.99
33 121	0.973	1	0.953	0.957	0.988	0.964	0.922	0.951	0.964
33 131	0.977	0.953	1	0.915	0.963	0.986	0.884	0.997	0.986
33 211	0.933	0.957	0.915	1	0.946	0.925	0.961	0.913	0.925
33 221	0.985	0.988	0.963	0.946	1	0.975	0.912	0.961	0.975
33 231	0.99	0.964	0.986	0.925	0.975	1	0.892	0.984	0.999
33 311	0.9	0.922	0.884	0.961	0.912	0.892	1	0.882	0.892
33 321	0.975	0.951	0.997	0.913	0.961	0.984	0.882	1	0.984
33 331	0.99	0.964	0.986	0.925	0.975	0.999	0.892	0.984	1

2002.7～2002.9 各测点测值关联度矩阵　　表 5-7

(i,j)	33 111	33 121	33 131	33 211	33 221	33 231	33 311	33 321	33 331
33 111	1	0.976	0.758	0.946	0.987	0.758	0.929	0.99	0.94
33 121	0.976	1	0.746	0.968	0.965	0.746	0.951	0.967	0.919
33 131	0.758	0.746	1	0.731	0.765	1	0.722	0.763	0.793
33 211	0.946	0.968	0.731	1	0.935	0.731	0.981	0.937	0.893
33 221	0.987	0.965	0.765	0.935	1	0.765	0.919	0.997	0.951
33 231	0.758	0.746	1	0.731	0.765	1	0.722	0.763	0.793
33 311	0.929	0.951	0.722	0.981	0.919	0.722	1	0.921	0.878
33 321	0.99	0.967	0.763	0.937	0.997	0.763	0.921	1	0.948
33 331	0.94	0.919	0.793	0.893	0.951	0.793	0.878	0.948	1

观察两个矩阵可以发现，随着时间推移不同测点的测值间关联度发生一定的波动，但是幅度都不大，但破坏的测点与正常测点间的关联度却急剧下降。根据表 5-6 中的关联度矩阵作为模糊关系矩阵，采用闭包法求得模糊等价矩阵进行聚类，取截集水平 $\lambda=0.975$ 可将测点分为四类，分别为：{33 111，33 121，33 211，33 221}、{33 131，33 231}、{33 321，33 331}、{33 311}。可以看出聚类结果大体反映了测点在空间分布上关联的情况，且 33 131，33 231 两破坏测点也被从其他测点中分离出来。

为简化分析，我们假设孔隙水压力是时间的函数，建立了 33 211 测点的统计回归模型：$\hat{y}=0.003\,09t-0.037\,89$，其中 $\hat{y}$ 为孔隙水压力预测值(单位：MPa)，t 为距 2002 年 4 月 21 日的天数。模型复相关系数 0.98，标准差为 0.032，根据二倍标准差原则建立置信区间为 $[\hat{y}-0.064,\hat{y}+0.064]$。观察该测点 10 月 21 日的测值为 0.381，不在由监控模型求得的置信区间[0.464，0.592]内，说明测值出现异常。

将这阶段连续五次监测测值序列的关联度矩阵列于表 5-8，可见测值间关联度都有不同程度的上升特别是测值序列变化都趋于平缓，使得破坏的测点 33 131、33 231 的值与其他测值序列间的关联度有较大的上升。采用闭包法求得模糊等价矩阵进行聚类，取截集水平 $\lambda=$

0.983可将测点分为两类{33 111,33 121,33 211,33 221,33 311,33 321,33 331}、{33 131,33 231}。虽然聚类结果发生了变化,但由于33 211与同类其他测点的关联度都呈上升趋势,所以可以判定测值的异常不是监测系统出现问题造成,而是结构出现变化引起的。而实际工程也表明,由于这段时间锚碇施工已经完毕,大桥开始钢箱梁吊装,锚碇基础结构受力状态发生了变化,是造成基底孔隙水压力测值变化的真正原因。所以采用关联度模糊聚类分析法对测值作出的判断是正确的。

2002.8～2002.1 各测点测值关联度矩阵 表5-8

(i,j)	33 111	33 121	33 131	33 211	33 221	33 231	33 311	33 321	33 331
33 111	1	0.989	0.929	0.993	0.999	0.929	0.996	0.996	0.991
33 121	0.989	1	0.938	0.983	0.989	0.938	0.986	0.985	0.997
33 131	0.929	0.938	1	0.924	0.929	0.999	0.926	0.926	0.936
33 211	0.993	0.983	0.924	1	0.994	0.924	0.997	0.997	0.985
33 221	0.999	0.989	0.929	0.994	1	0.929	0.996	0.996	0.991
33 231	0.929	0.938	0.999	0.924	0.929	1	0.926	0.926	0.936
33 311	0.996	0.986	0.926	0.997	0.996	0.926	1	0.999	0.988
33 321	0.996	0.985	0.926	0.997	0.996	0.926	0.999	1	0.987
33 331	0.991	0.997	0.936	0.985	0.991	0.936	0.988	0.987	1

第6章　大跨桥梁上部结构监测预警与损伤识别

6.1　引　　言

与基础安全监测有所区别的是，大跨桥梁上部结构安全监测系统与大桥结构安全运营、实施经济合理的维修计划等关系更加密切。上部结构安全监测的核心问题是建立一个与监测系统适配的结构状态识别与评估系统，能根据监测系统采集的数据与信号，应用结构识别理论和损伤识别方法反演出大桥的工作状态、识别出可能的结构异常状态或损伤，并在此基础上进行大桥的安全可靠性评估，为大桥运营维护管理提供指引。

大桥桥梁锚碇、桥塔基础等基础结构浇筑完成后，结构安全监测参数的数据动态范围相对较小，在基础监测系统的数据时程分析、数据处理以及预警评估方法上，主要依据的是数理统计分析理论。而上部结构参数的时程数据动态范围较大，仅仅依据数理统计方法无法表征上部结构特征以及运营状态，还需要引入 FFT 变换、振动模态分析、小波分析等其他信号分析与数学分析方法才能较好的表征结构响应。因此需要多尺度、分层次进行大跨桥梁上部结构监测系统数据分析处理、结构特征提取、结构安全性评估。从监测系统的运行过程看，桥梁结构状况评估包括结构状态预警、结构损伤识别、评估三个方面的内容，具体包括 7 个层次的工作。即：

(1)初级预警设置：在传感器采集单元，进行监测系统异常状态诊断；

(2)实时捕捉：捕捉桥梁结构在突发事件(强风、地震和船撞)下的响应并报警；

(3)结构整体异常状态预警设置：主要以位移与结构动力特性参数为基础，判断结构整体异常状态，确定是否需要进行现场检查或交通控制；

(4)结构区域异常状态预警：当预警参数超过额定警戒值，对异常区域进行现场检查；

(5)构件损伤识别与评估分析，进一步确定构件损伤的位置和程度；

(6)关键构件疲劳损伤的长期跟踪与寿命评估；

(7)桥梁构件与结构承载力、安全性、可靠性评估。

从目前的监测技术手段、信号分析手段、结构状态识别理论等方面看，仅仅依靠健康监测系统少量点的数据实现大跨桥梁结构的局部损伤的识别、定位与评估几乎是不可能的。应该依据不同大桥的具体结构形式和受力特点、设计理念，将长期监测、周期性监测、现场检测结合起来，建立适用于不同桥梁结构的整体状态预警、损伤识别、结构状态评估系统。图 6-1 为大跨桥梁结构健康监测与安全评估的流程图。

基于桥梁结构健康监测系统的结构预警和损伤识别就是建立描述损伤症状变化的参数信息，结合周期性监测、现场检测等信息，从中提取信号，发现或预报结构异常状态和结构的损伤。桥梁结构健康监测结构预警与损伤识别包括：信号分析和处理方法的确定、结构特征参数的提取、结构预警参数的确定、异常状态的诊断和损伤识别方法、传感器信息融合处理方法、结构预警与损伤识别的实现等几个方面内容。图 6-2 为桥梁结构预警与损伤识别研究的一般流程图。

本章介绍大跨桥梁健康监测系统中状态预警与结构损伤识别有关理论方法以及应用，包括：信号分析与数据预处理、结构预警与损伤识别的理论、基于振动的识别方法与应用、基于小波分析方法的损伤识别方法、基于神经网络的结构损伤识别方法。

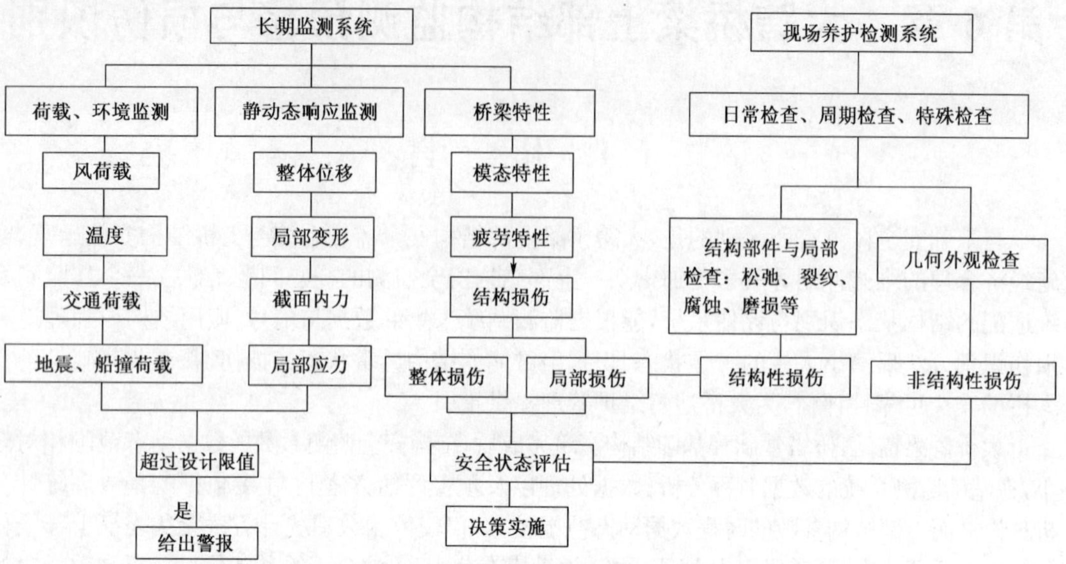

图 6-1 大跨桥梁结构健康监测与结构安全评估系统流程图

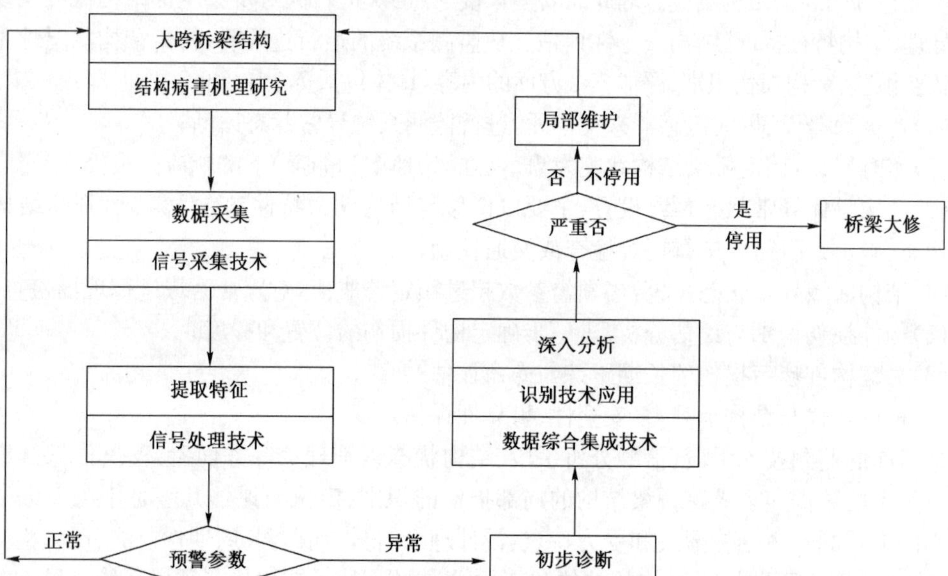

图 6-2 桥梁结构预警与损伤识别研究流程

6.2 大跨桥梁上部结构预警与损伤识别机理概述

所谓“结构预警”是指在广泛采集结构整体状态信息的基础上，通过计算结构异常状态或构件损伤预警指标，对结构异常状态和结构发生损伤的状况进行有效报警。所谓“损伤识别”，是指利用结构状态信息，对于损伤位置、损伤程度等进行判断。

结构安全监测涉及众多技术领域，如数据采集与处理、试验模态分析和可靠性分析等。如果能够发现结构的异常状态、识别结构和构件的损伤位置及其损伤程度，那么就有可能在结构出现致命损伤或进入失效状态之前，采取必要措施，对其进行修复、加固。结构预警旨在区别结构完好和异常状态，并及时发出警报。损伤预警的具体要求如下：

(1)采集的结构整体状态信息能够包含可能的损伤信号，并且易于后期处理。

(2)构造的预警指标既能反映结构整体异常状态，又对局部损伤敏感，它不必是损伤位置的函数，也不一定是损伤程度的函数；它应该对损伤敏感而对噪声有鲁棒性。

(3)根据预警指标有效报警之后，能够结合局部检测、系统分析等后续工作，实现对损伤的定位和损伤程度的评判，以及更高层次的结构状态评估。

关于大跨桥梁上部结构预警与损伤识别理论研究较多，包括基于振动模态参数的损伤识别方法、基于结构模型修正的静态识别方法、神经网络方法以及小波分析方法等。而在实际桥梁结构状态分析与评价中应用较多的是试验模态分析，以及基于模态参数的损伤识别方法。

基于振动参数的识别方法的基本原理是结构模态参数(固有频率、模态振型等)是结构物理特性(质量、阻尼和刚度)的函数，因而物理特性的改变会引起系统动力响应的改变。对于大跨桥梁结构，直接利用模态参数进行结构损伤识别很困难，为了提高模态参数对损伤的灵敏度，人们通过定义损伤识别指标，把它当作结构指纹，比较完好状态的结构指纹和受损状态的结构动力指纹来识别损伤。基于模态参数的损伤识别指标包括：振型曲率、频响函数、模态柔度矩阵、标模态保证准则(COMAC)、曲率模态差、柔度矩阵差、功率谱、模态保证准则(MAC)、应变模态差等。然而由于大跨桥梁结构的复杂性和工作环境的不确定性，这类方法的缺点为敏感性不是很高，与所有潜在损伤情况相对应的数据库较难建立。这些方法在实际桥梁工程结构的损伤识别应用中还没有取得理想的效果。原因主要包括：①结构与环境中的不确定性和非结构因素影响；②测量信息不完备；③测量精度不足和测量信号噪声；④桥梁结构赘余度大并且测量信号对结构局部损伤不敏感。

模型修正法与系统识别法的基本思想是利用动力试验数据(通常为模态参数或加速度时程记录、频响函数等)，通过条件优化约束，来不断修正模型中的刚度分布，通过被检测结构中任意观测到的局部刚度下降判定损伤的位置和程度。这种方法在划分和处理子结构上具有很多优点。由于模型误差、测量噪声以及土木工程结构可测得的动力特征对局部刚度变化不敏感等因素的存在，使得此方法在实际应用中受到限制。模型修正法属于数学上的反演问题，由于测量模态较少，方程数少于未知数，是不定问题，只能通过添加约束方程来求解。或用统计推断的方法，解决数据和模型的不确定性。

近年来，小波变换作为信号处理的一种手段，被认为是傅立叶分析方法的突破性进展，逐渐引起了各个领域研究人员的关注和重视。小波分析优于传统傅立叶分析之处在于，它在时域和频域都具有表征信号局部特征的能力。利用小波变换分析结构损伤前后的时域和频域响应，可以确定诸如高次谐波、亚谐波以及混沌现象等非线性系统响应的动力学特性。时域响应信号经小波分析后其缺损特征会更加明显。因此，小波分析非常适合于识别正常信号和反常信号间的细微差别，国内外有很多利用小波分析进行损伤诊断的研究。小波方法是损伤检测和桥梁结构健康监测的一个很有潜力的方法。

人工神经网络的方法是一种模拟人体神经机理来研究客观事物的方法，其高效并行的信息处理的方式(学习、训练、计算、识别)将反问题正问题化,故特别适于对大型反问题(如结构的损伤诊断)的求解。应用ANN的结构损伤诊断方法不需要结构动力特性的先验知识,具有损伤诊断非参数的优点。神经网络具有很强的非线性映射能力,特别适合于非线性模式识别和分类,能够滤出噪声或在有噪声情况下正确识别。根据结构在不同状态的反应,通过特征提取,选择对结构损伤敏感的参数作为网络的输入向量,结构的损伤状态作为输出,建立损伤分类训练样本集。将样本集送入神经网络进行训练,建立输入参数与损伤状态之间的映射关系,训练后的网络具有模式分类功能。将待测结构进行测试的动力参数输入网络,得出损伤状态信息。

6.3 监测系统数据分析预处理

信号分析和数据处理方法的研究就是诊断技术中的特征因子(敏感因子)提取技术,是桥梁结构状态识别与诊断的关键。

相对于基础监测系统,桥梁上部结构健康监测系统传感器的种类更多,包括位移、应变、振动、温度等多种类型传感器,传感器数据处理方法更加丰富。传感器采集的信号,一部分经过简单预处理可以直接利用,如温度、位移等。有些很难直接利用,如振动信号,虽然经过放大,由于含有噪声,一般从时域波形上很难反映问题。必须利用信号分析与处理技术去除噪声并把信号转化在不同的域内进行分析,才能得到对结构状态更敏感的特征因子。滤波技术、频谱分析技术是传统的信号处理方法。以频谱分析的系列技术为例,如FFT分析、倒谱分析、短时Fourier分析、Wigner分布等,在传统的工程应用中占有非常重要的地位。近年来出现的数字滤波技术,自适应滤波技术,小波分析技术等,大大丰富了信号分析和数据处理技术的内容。

6.3.1 信号的预处理

传感器的输出信号经采样和A/D转换为数字信号送入计算机,这些信号往往要经过预处理才能交付给后面的应用程序使用。预处理的主要任务是去除来自传感器的有用信号中混杂的干扰信号。为了减少和去除干扰和噪声,提高系统的可靠性,常采用数字滤波法的方法来实现。

数字滤波是指通过一定的计算机程序对采样信号进行平滑加工,提高其有用信号的比重,消除和减少干扰和噪声。滤波类型有低通、高通、带通、带阻四种类型。低通滤波器的下限频率应等于零,上限设置应小于分析频率。高通滤波的上限频率应等于分析频率,下限频率应大于零。带通及带阻的上、下限频率应设定在零及分析频率范围之内。

根据润扬大桥健康监测系统的数据特征,关于信号的预处理主要进行简单的统计运算,如设定时段内的最大、最小值、均值、方差、标准差等。其中对GPS线形监测信号、风荷载、振弦应变传感器输出的位移信号采用数字滤波(递推平均滤波法)对采样信号进行平滑加工,然后对结构进行数学统计,其部分计算结果作为初级预警的输入。

6.3.2 信号处理中基于FFT的谱分析

信号可以从幅值域(简称幅域)、频率域(简称频域)、时间域(简称时域)来描述。它们三者之间可以通过一定的数学运算进行转换。图 6-3 形象地表示出 3 个域之间的关系。图中 $p(x)$为值 x 的信号概率密度。信号处理中常用的数学变换有：傅里叶变换、拉普拉斯变换、Z 变换等。傅里叶变换是把信号从时域变到频域分析的数学手段；拉普拉斯变换将微分方程变换为代数方程，从而使分析线性连续时间系统得以简化；利用 Z 变换把差分方程变换为代数方程，使离散系统分析较为简便。

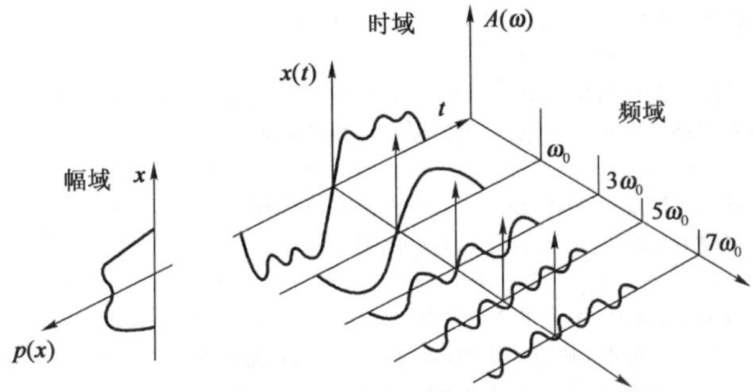

图 6-3　信号的幅域、时域、频域的关系描述

在一般大跨桥梁结构健康监测系统中，信号处理及数据分析系统都具有 FFT 变换和频谱分析功能。用户可根据需要在参数设置对话框选择频谱类型：幅值谱、功率谱、功率谱密度、能量谱密度等。用户可根据需要在参数设置对话框选择加窗函数：直角窗、哈宁窗、平顶窗、Kassia-Bessal 窗。频谱软件有自动最大频率识别功能和刻度线移动查询功能。

FFT 由计算机软件实现，但是，对数字信号处理时必须根据信号的特征以及数据处理的要求进行必要的参数选择。数字信号处理的参数选择主要包括采样参数的选择和平均计算方法的选择。

(1)采样参数的选择

采样频率：时域分析时采样频率越高，信号的复原性越好，可取采样频率 f_s 为信号最高频率 f_c 的 10 倍。进行频域分析时，为了避免混叠，采样频率 f_s 最小必须大于或等于信号中最高频率 f_c 的 2 倍，即 $f_s \geqslant 2f_c$。采用抗频混滤波器可以降低采样频率。

采样点数：时域分析时，采样点数越多，越接近原始信号。进行频域分析时，为了 FFT 算法的方便，采样点数一般取 2 的幂数，如：256，512，1 024 等。许多数字信号处理设备取采样点数为 1 024 点。

(2)平均计算

线性平均：对于平稳信号可采用线性平均。

指数加权平均：对于非平稳的、缓慢地随时间变化的信号，为了提高信噪比，采用多次取样，再采用指数加权平均的方法。

6.3.3　数据的初步分析与处理

监测系统在信号预处理和谱分析的基础上，根据运营管理的要求和后期评估的要求，对监测数据进行初步的分析和处理。表 6-1 给出了润扬大桥健康监测系统信号分析与数据处理的主要原始数据及导出参数。

润扬大桥结构健康监测系统测量原始数据及主要导出参数　　表 6-1

传感器类型	监测结果及参数分析
风速风向仪	绘制平均风和阵风的风玫瑰图，绘制风向—风速图，求出并绘制梯度风和阵风的剖面；计算 3s 阵风风速、1min 平均风速、10min 平均风速及 1h 平均风速；计算风紊流强度、风谱、幅谱及相关性
温度传感器	所测钢构件的温度时间历程；每小时、每天、每月、每年的温度统计值及温差；根据 GPS 测量的位移值，得到温度与主梁跨中、塔顶位移的关系
GPS 系统	各测点的绝对位移量；每小时、每天、每月、每年位移统计值；桥横向和竖向的位移变化；桥、塔位移与环境因素的关系；给出桥梁动态线形动画图
加速度传感器	各测点的加速度响应时程；加速度均方值；加速度幅值谱；功率谱；不同位置处加速度计的幅值及相位差；结构的动态特性，如频率、阻尼比、模态
电阻应变计	每小时、每天、每月和每年的应变幅值，每天的变化幅度和累计的循环次数，按照每天中特定的时间段进行分组，并绘柱状图；可计算主应力及进行基于雨流计数的疲劳因子分析
振弦应变计	每小时、每天、每月和每年的应变幅值，每天的变化幅度和累计的循环次数，并按照每天中特定的时间段进行分组；应变、应力、内力和弯矩等与温度、风和交通荷载等的相关关系；可包括恒载应力及根据统计分布预测极值
光纤应变传感器	温度与应力的分布时间历程；应力和温度的幅值；每小时、每天、每月和每年应力和温度的统计值；在应力水平上比较应力与温度的相关关系

(1)统计信息

统计数据是所有监测项目公有的应保存的信息。用这些数据量反映被测量点的统计特性，可以监测出监测参数的变化范围，幅值变化的大小。对每一种类型的传感器，记录其在某个时间段内的最值统计，包括最大值、最小值、最值产生时间、平均值、均方根值、均方根差值、协方差值、协方差系数。

(2)趋势信息

趋势数据反映是监测测量数据的长期变化结果，可以直观反映出信号变化趋势，来预测信号将来的变化，提前采取应对措施。趋势数据信息是所有监测项目公有的应保存的信息量。对每一种类型的传感器进行监测时，记录其在一日内的每一分钟的值，对加速度传感器记录其每一分钟的峰值，对速度传感器记录其有效值，对位移传感器记录其峰峰值，对应变传感器记录其有效值。

(3)应力谱

构件疲劳分析是结构安全评估的一个重要部分。由于产生疲劳损伤的主要因素是“循环次数”和“应力幅值”，而在利用统计方法得到的一天应变时程的样本是一个复杂的变幅—时间历程。所以在对桥梁的疲劳寿命进行评估前，需要对得到的一天应变时程标准样本计算得到应力—时程样本，再对其应力幅作统计计数，得到应力—时程标准样本的应力幅谱，即不同的应力幅值发生的次数。

目前使用得最多的是雨流计数法。从技术原则上看，雨流法与材料的应变迟滞回线相一致；从疲劳观点上看，它能够比较全面地反映随机谱载的全过程。应用雨流计数法来确定材料疲劳损伤的程度，计算疲劳寿命，进行疲劳设计、安全评价等。

(4)报表

报表显示直观、形式多样，对系统计算保存在硬盘中的统计数据采用报表形式显示。根据不同的监测参数，提供多种类型的统计报表，如"日最大值报表"，"日平均值报表"，"日最小值报表"，"月最大值报表"，"月平均值报表"，"月最小值报表"，"年最大值报表"，"年平均值报表"，"年最小值报表"等。

6.3.4　信号分析与数据处理系统功能要求

信号分析和数据处理是建立大桥结构健康监测与评估系统的基础，为了最终实现结构健康状态识别和评估，并为运营养护系统提供的决策支持的目标，信号分析与数据处理系统必须满足以下技术功能：

(1)数据处理与分析软件应能与其他系统输入的数据无缝连接及处理；

(2)信号分析和数据处理软件应能和结构健康评估软件无缝连接；

(3)软件能支持多平台，具有字符界面和图形界面，易于开发；

(4)数据的在线备份，无需中断系统的正常运行；

(5)数据维护功能应可对数据库中已有的数据进行增、删、改等操作；

(6)数据库管理具备系统自身的备份与恢复功能；

(7)提供数据保护功能，监控数据库的运行状态，调整数据缓冲区大小；

(8)提供快速提交、成组提交、多块读出与写入的技术，减少 I/O 量；

(9)能够对用户自己定义的数据类型进行处理、存储，定义数据的有效区间；

(10)允许用户将自己定义的函数嵌入到数据库管理系统中；

(11)具有报警系统，当数据在规定的数据量极限时，自动做出相应的操作。

6.3.5　结构预警与评估对信号分析与数据处理系统的技术要求

数据的后处理由结构健康评估软件完成，主要进行监测数据的高级分析，例如实时模态分析、桥梁特征量与环境因素之间的相关性分析、非线性回归分析等。分析数据来自动态数据库和已备份的原始数据库。从与评估系统对接分析，信号分析与数据处理系统还必须满足以下记录与显示的要求：

(1)有关测点监测数据时间历程的记录与显示；

(2)有关测点监测值与环境因素习惯性记录与显示；

(3)系统设备状态的检测记录与报警；

(4)桥梁结构状态的监测记录与报警；

(5)设备参数、监测数据处理参数的设定与显示；

(6)静态显示各监测点的检测值与波动强度；

(7)动态显示各被监测振动点的响应频率、振幅、阻尼与相应结构的固有频率、振型；

(8)背景监测运行期内的温度、风向风速、交通状况及其波动状况；

(9)整体显示同类监测值沿桥体的分布；

(10)部分监测参数与特殊交通的相关性。

6.4 基于实时监测数据的预警设置

大跨桥梁结构健康监测系统通常都要对于结构的主要位移、振动响应、内力进行监测，同时大桥的车流量、车辆荷载状况(车载、车速及车流量)、桥址处的气候环境(风速、风向)、地动脉、索塔沉降等进行监测。采用这些实时监测数据，并根据预设的预警阈值，可以达到实时超限报警的目的。

大跨桥梁在设计与建造时，对于结构外在运营状态下的结构响应都具有一些安全阈值。结合大跨桥梁健康监测系统的实时监测数据，可以建立基于运营状态的异常状态预警系统。

建立基于实时监测数据的预警，包括监测项目的确定以及预警阈值的设置。通常以主梁线形、主梁和主缆振动加速度和主缆索股内力为预警监测项目。主梁线形的阈值根据挠度的设计极限值确定；主梁和主缆振动加速度阈值则依据有限元分析和现场实测数据确定；对主缆索股内力同样依据计算和实测结果设定。

6.4.1 大跨桥梁位移实时监测及预警设置

在大跨桥梁的诸多参数中，位移和形变是极为重要的参数，它是结构受力状态的宏观反映。桥梁的线形在不同因素的激励和影响下会发生变化，通过测量悬索桥的动态三维位移，可以实时了解桥梁的线形状况和变形规律。对主梁线形的监测主要是考察主梁在各种载荷(包括：车载、撞击、地震、台风、环境载荷、温度变化等)作用下，主梁线形与设计假设的偏离程度，为桥梁的日常安全运营提供决策依据。同时通过记录、分析主梁线形的长期变化，为结构损伤评估、安全评估提供依据。

如润扬大桥悬索桥跨度大，绝对位移比较大。而且所处的江面较宽，大风大雾天气时常出现，从测量精度的保证方面、经济性、技术应用的兼容性、技术发展等方面综合考虑，应用 GPS 进行线形监测。分别在主跨中间和四分点处的两侧共设 6 个测点，GPS 接收机用特制的密封盒固定在箱梁外侧底板边缘处，索塔各一个测点。

(1)GPS 数据处理

采样频率：10Hz

数据动态显示频率：1Hz

记录格式：连续记录、建立时程曲线

统计处理：①每分钟进行一次统计平均并记录(存储 1 440 个数字/天)；

②每天进行一次统计处理(最大值、平均值)。

数据显示：①实时动态显示桥面 GPS 测点的高程和水平位移变化；

②实时、三维动态图形显示桥面 GPS 测点的高程和水平位移变化。

(2)预警设置

大跨桥梁位移预警的设置，主要依据设计线形、静动载试验理论与测试结果，具体考虑以下几个主要因素：

①恒载作用下，环境温度变化对 GPS 测点高程的影响；

②高程预警的设置主要对超过设计的交通荷载作用和各种载荷作用结构的极限挠度进行

报警；

③同时建立 GPS 监测位移与温度、车载、风速等外在载荷因素的相关曲线。记录分析主梁索塔位移的长期变化。

表 6-2 为润扬大桥悬索桥 GPS 预警设置值。

润扬大桥悬索桥 GPS 预警设置值(单位：m)　　表 6-2

位　　置	$L/4$	$L/2$	$3L/4$
主梁挠度最大限值(红线)	2.95	2.5	2.95
主梁挠度交通限载(黄线)	2.36	2	2.36
主梁横向位移(红线)		2	

6.4.2　大跨桥梁缆索内力实时监测及预警设置

大桥缆索索力状态(悬索桥主缆、吊索、斜拉桥拉索等)是衡量大桥是否处于正常运行状态的一个重要标志。通过对索力的监测，不仅能为从总体上评估大桥的安全性和耐久性提供依据，同时也能检测钢索的锚固系统和防护系统是否完好、钢索是否锈蚀等。

如润扬大桥悬索桥的主缆索股内力监测采用振动方法进行检测，监测点设在 4 个锚室内，在每个锚室的上层、中层、下层共取 8 个索股进行内力监测。对于部分吊索内力、斜拉索索力的监测采用振动方法测量索的自振频率和振型，利用有关的索力公式推算索的拉力。监测索的选取根据结构静动力分析和结构设计要素确定。

主缆索股内力预警设置：上层：1 950kN；中层：1 900kN；下层：1 850kN。

6.4.3　大跨桥梁结构振动监测及预警设置

桥梁结构的受损和安全性降低主要是由于桥梁主要构件和结构疲劳损伤的累积结果，而桥梁结构疲劳损伤主要是由于动荷载作用下的交变应力作用的结果。对于悬吊支承结构的桥梁，其悬吊体系(悬索桥的主缆和吊索、斜拉桥的斜拉索)不仅影响主梁结构的动力特性和受力特性，而且其本身在交变应力与环境腐蚀的相互作用下是导致疲劳和锈蚀损伤扩展的重要原因之一。

通过对悬索桥主缆和吊索、斜拉桥斜拉索的振动特性的连续监测，可以考察悬索桥缆索系统以及斜拉桥的疲劳响应，进而考察结构的安全可靠性。主梁结构的动态响应往往与引起整体振动的强振源相联系，因此，通过对索塔和主梁振动的监测，不仅可以识别主梁结构的动态特性参数，还可以实现对主梁结构承受波动载荷历程的记录。

如润扬大桥悬索桥加速度预警设置考虑了结构有限元模拟分析、荷载试验结果以及通车运营后的现场测试结果。预警设置如下：

(1)黄线报警：主缆：0.5m/s²，主梁：0.4m/s²。

(2)红线报警：主缆：0.8m/s²、主梁：0.7m/s²。

6.5　基于结构动力特性的损伤识别理论与方法

基于动力参数对结构进行损伤诊断时，主要包括：固有频率、阻尼比、振型、应变模态、应变能、频响函数、时域响应等。

6.5.1 基于固有频率的结构损伤识别

频率是最易测得的,是目前技术水平测得最准的结构动力特征。但由于频率是全局物理量,对局部损伤并不敏感,仅仅由频率来进行损伤识别,在工程实际中是十分困难。在基于频率的结构损伤识别方法当中,利用"频率变化平方比"对结构破损的定位的方法应用得最为广泛。其依据公式:

$$\frac{\Delta\omega_i^2}{\Delta\omega_j^2}=\frac{\dfrac{\{\Phi_i\}^{\mathrm{T}}[K_n]\{\Phi_i\}}{\{\Phi_i\}^{\mathrm{T}}[M]\{\Phi_i\}}}{\dfrac{\{\Phi_j\}^{\mathrm{T}}[K_n]\{\Phi_j\}}{\{\Phi_j\}^{\mathrm{T}}[M]\{\Phi_j\}}} \tag{6-1}$$

式中,$\Delta\omega_i$和$\Delta\omega_j$分别是i阶、j阶固有频率变化量;$\{\Phi_i\}$和$\{\Phi_j\}$分别是i阶、j阶正则化振型列阵;$[M]$是整体质量矩阵;$[K_n]$是单元n的单元刚度矩阵。

式(6-1)表明,结构的任意两阶模态频率变化平方比只是结构损伤位置的函数,不同位置单元的损伤对应一组特定的频率变化平方比集合,根据结构损伤前后各阶模态对应的频率变化平方比,就可以识别结构的损伤位置。利用频率变化平方比,可以进行损伤定位,但是必须作出一组包括真实损伤状态在内的损伤样本,这在实际工程中是很难做到的。

6.5.2 基于模态保证标准的结构损伤识别

振型包含较多的损伤信息,利用振型变化识别结构损伤的方法较多,常用的有:模态置信度判据法位移模态法;曲率模态法;应变模态法。

(1)MAC(模态保证标准)

模态相关系数(MAC,或称为模态保证标准)的定义如下:

$$MAC(i,j)=\frac{(\{\Phi_i^u\}^{\mathrm{T}}\{\Phi_j^d\})^2}{(\{\Phi_i^u\}^{\mathrm{T}}\{\Phi_i^u\})(\{\Phi_j^d\}^{\mathrm{T}}\{\Phi_j^d\})} \tag{6-2}$$

式中,$\{\Phi_i^u\}$是结构损伤前的第i阶模态向量;$\{\Phi_j^d\}$是结构损伤后的第j阶模态向量。MAC是一个无量纲的量,范围从0到1,代表了两组模态向量之间的关联程度,1指完全关联,0指完全不相关。实际应用中用$MAC(j,j)(j=1,2,\cdots,m)$值来衡量损伤前后同阶模态的关联程度,当$MAC(j,j)$值等于1或接近1,认为两模态相关,损伤未发生;当$MAC(j,j)$值很小,或接近零,认为两模态不相关,破损已发生。

(2)COMAC(坐标模态保证标准)

COMAC反应了每一个自由度对MAC的贡献,从而能够确定损伤位置。它可以表示为:

$$COMAC(j)=\frac{\left[\sum\limits_{i=1}^{m}\Phi_{ij}^u\Phi_{ij}^d\right]^2}{\left\{\sum\limits_{i=1}^{m}[\Phi_{ij}^u]^2\right\}\left\{\sum\limits_{i=1}^{m}[\Phi_{ij}^d]^2\right\}} \tag{6-3}$$

其中,Φ_{ij}^u和Φ_{ij}^d分别代表损伤前后第i阶模态在j点的模态值,m为所考虑的模态数目。$COMAC$的变化范围也是从0到1,数值越小,表示损伤前后的模态向量关联性越差,从而发生损伤的可能性也就越高。通过计算得到每一个节点上的$COMAC$值,然后根据数值的变化情况来确定损伤情况及损伤位置。

(3)曲率模态法

以损伤前后曲率模态差值为损伤定位参数，如果结构出现破损，损伤处的刚度会降低，则曲率模态差便会增大。振型曲率的变化随着损伤的增大而增大，因此，可以根据振型曲率的变化确定损伤发生的位置。曲率 $1/\rho$ 由梁弯曲变形近似方程可得：

$$1/\rho = \mathrm{d}^2 y/\mathrm{d}x^2 \tag{6-4}$$

式中：ρ 为梁的曲率半径；x 为梁长度方向坐标；y 为梁弯曲挠度。对式(6-4)差分计算可得到曲率模态：

$$c_{i,j} = 1/\rho_j = \frac{y_{(i-1),j} - 2y_{i,j} + y_{(i+1),j}}{l_{i-1} l_i} \tag{6-5}$$

式中：$c_{i,j}$ 为梁的曲率模态；i 为梁节点号；j 为模态阶次；l_{i-1}、l_i 为第 $i-1$ 和第 i 个梁单元长度。

损伤前后曲率模态差矩阵 H 为：

$$H = C_0 - C$$

式中：C_0、C 分别为由差分计算求得的无损伤和有损伤结构的曲率模态矩阵。

(4)应变模态法

位移模态反映结构的固有振型，应变与位移呈一阶导数关系，由于应变模态振型在局部损伤位置有显著变化，将损伤前后应变模态振型差的绝对值作为结构损伤的识别指标，记为：

$$D_{SM} = |\psi_0 - \psi| \tag{6-6}$$

式中：D_{SM} 为应变模态振型差；ψ_0 为完好结构的应变模态振型；ψ 为有损伤结构的应变模态振型。

6.5.3 基于柔度矩阵识别结构损伤

(1)柔度差法

由模态分析理论可知，结构刚度阵及结构柔度阵用模态参数表达为：

$$[K] = [M]\left(\sum_{i=1}^{N} w_i^2 \{\Phi_i\}\{\Phi_i\}^{\mathrm{T}}\right)[M] \tag{6-7}$$

$$[F] = \sum_{i=1}^{N} \frac{1}{w_i^2} \{\Phi_i\}\{\Phi_i\}^{\mathrm{T}} \tag{6-8}$$

式中：$[K]$ 为结构刚度矩阵；$[F]$ 为结构柔度矩阵；$[M]$ 为结构质量矩阵；$\{\Phi_i\}$ 为对质量归一的振型向量。

损伤结构柔度矩阵为：

$$[F^d] = \sum_{i=1}^{N} \frac{1}{w_i^{d^2}} \{\Phi_i^d\}\{\Phi_i^d\}^{\mathrm{T}} \tag{6-9}$$

用结构损伤前后模态计算结构柔度差矩阵为：

$$[\Delta F] = [F^d] - [F] \tag{6-10}$$

由结构矩阵构成可知，柔度矩阵 $[F]$ 的第 j 列对应第 j 个自由度，故可以用柔度差矩阵 $[\Delta F]$ 的第 j 列的最大元素 f_j 作为衡量第 j 个自由度损伤的指标(也可使用对角元的变化作为指标)，即：

$$f_j = \max_i f_{ij} \tag{6-11}$$

(2)柔度曲率法

在结构损伤点附近，柔度值相对来说将有较大的改变，即 f_j 会出现尖峰。这个改变通过一阶导数和二阶导数的作用，将会变得更明显，可由差分得到损伤结构柔度的斜率 f'_j 和曲率 f''_j。柔度曲率的局部极值可用于识别损伤位置。

$$f''_i = \frac{f_{i-1} - 2f_i + f_{i+1}}{l^2} \qquad (i = 2,3,\cdots,n-1) \tag{6-12}$$

式中：f_i 为柔度矩阵在第 i 点的元素值；l 为梁单元长度；n 为节点数目。

模态参数对柔度矩阵的贡献与自振频率的平方成反比，模态试验中只需获得较低阶模态参数，就可较好地估计结构柔度矩阵。实践中，由于测试误差的影响，往往只能准确地获得前几阶模态参数。因此，利用柔度法进行结构损伤识别，在获得相同的试验模态参数条件下比采用刚度阵法更为精确。

6.5.4 基于模态应变能的结构损伤识别

结构的破损一般是结构局部刚度的损失，质量无关。针对这个特点，把单元模态应变能作为结构破损的定位因子。定义结构破损前后，第 j 个单元关于第 i 阶模态的单元模态应变能(MSE)如下：

$$MSE_{ij} = \{\Phi_i\}^{\mathrm{T}}[K_j]\{\Phi_i\} \quad 和 \quad MSE_{ij}^d = \{\Phi_{i_i}^d\}^{\mathrm{T}}[K_j]\{\Phi_i^d\} \tag{6-13}$$

上标“d”表示结构破损，$[K_j]$是第 j 个单元的刚度矩阵，$\{\Phi_i\}$是结构第 i 阶模态振型。若第个 j 单元无破损时，则在破损前后其单元刚度不变；若第 j 个单元有破损时，破损后的单元刚度矩阵未知，这里用破损前的单元刚度来代替，其单元模态应变能的变化对破损更敏感。结构破损前后的单元模态应变能变化($MSEC$)为(略去高阶项)

$$MSEC_{ij} = MSE_{ij}^d - MSE_{ij} = \{\Phi_i\}^{\mathrm{T}}[K_j]\{\Delta\Phi_i\} \tag{6-14}$$

单元的模态应变能变化是结构破损的一个定位指示因子，可用来诊断结构的破损位置。定义结构破损的定位指示因子为单元的模态应变能变化率($MSECR$)

$$MSECR_{ij} = \frac{|MSE_{ij}^d - MSE_{ij}|}{MSE_{ij}} \tag{6-15}$$

其中，$MSECR_{ij}$ 是第 j 个单元关于第 i 阶模态的模态应变能变化率。为降低试验模态振型随机噪声的影响，可同时用多阶模态振型来诊断结构的破损位置

$$MSECR_j = \frac{1}{m}\sum_{i=1}^{m} MSECR_{ij} \tag{6-16}$$

6.6 基于结构静力特性的损伤识别方法

施加静力荷载进行结构状态识别比较直观，易为工程师接受。结构的静态特性参数主要有结构的刚度、结构静态位移、应变、材料的特性参数(如材料的弹性模量、截面的面积等)。结构发生损伤时会引起结构单元刚度的变化，从而使结构的位移、应变等参数发生相应的变化，

通过对结构的位移应变等的测量，利用上述参数在发生损伤时计算值与测量值的残差分析来实现对结构的损伤识别。

理论上讲，在进行结构刚度矩阵的参数化时存在许多可能性。然而，由于参数间的相关性，在选择待识别参数时必须根据相关的程度分别处理，以减小识别的工作量。包括：①彼此耦合的，仅可取其一作为识别参数。如梁的弹性模量 E 与截面惯性矩 I，因为对应于某一单元的 EI，若分别作为识别参数进行运算，识别的结果是无穷的；②彼此存在一定关系的，可取其一作为主识别参数，另一个则作为从识别参数。如单元的截面面积 A 与惯性矩 I，若截面几何尺寸没有明显改变时，二者通过某一系数联系来减小识别的工作量；若结构的截面开裂、破损严重，则二者作为独立的刚度系数进行处理。

从结构的损伤识别的角度上讲，对于每一个单元，只要能够判别出单元是否损伤及损伤的程度如何。因此只需一个参数就可以达到上述目的。于是，可以进一步认为，在单元发生损伤时，其单元刚度矩阵的元素都按同一参数递减，即：

$$K_d(x_d) = \theta_d K_o \tag{6-17}$$

基于静态测量数据的损伤识别方法只需使用结构的刚度特性即可对结构进行评估，而结构的静态测量数据与结构刚度有关，因此如果有足够的测量数据不难推算结构刚度，从而实现对结构的损伤进行识别，识别的结果易于对结构损伤进行精确的定位，且具有较高的精度和稳定性；同时静态数据测试所需的设备相对较为便宜、测试精度较高，结构的精确变形或应变可以经济、准确地测得。

静态测量数据进行损伤识别对测试条件、仪器的测量精度等要求高，在基于静力参数识别的结构损伤诊断方面，已有一定的研究成果位移和转角值最早用于有限元模型参数修正。近年来，随着科学技术的发展，测量仪器的精度不断提高，同时优化加载方式、采用优化算法和模型缩减法等手段，基于静态测量数据的结构损伤识别方法的不足均可得到改善，其优点得到了充分体现。

目前基于静态测量数据的结构损伤识别方法主要存在以下两个方面的问题：①相对于基于动态测量数据的损伤识别技术而言，基于静态测试数据的损伤识别方法由于可利用的测量信息量少而难于得到理想的识别结果。②对于一个确定的结构而言，由于加载工况有限而导致在某个载荷工况作用下，对结构变形影响很小的那些损伤构件难于被识别出来。

对于运营中的大型桥梁，进行静态测量是比较困难的。所以相对于动态测量数据，大型桥梁静态测量信息量较少，基于静态测量数据的损伤识别方法的研究目前还处于发展阶段。总的看来，基于静态测量数据的损伤识别方法是一种虽未成熟但却具有广阔的应用前景的损伤识别技术。

6.7　基于小波包能量谱的结构损伤预警方法

小波分析本身具有放大、缩小和平移等功能，可通过检查不同放大倍数下的变化来研究信号的特征，具有优良的时—频域特性，但它也有高频段分辨率差的缺点。小波分析在土木工程领域中的应用，包括在抗震分析、地震波反演、非平稳随机过程仿真以及损伤诊断中的应用。针对小波分析的缺点，后来发展的小波包分析能够将小波分析没有细分的高频部分作进一步分解,并能根据被分析信号的特征选择相应频带,使之与信号频谱相匹配。这点和"桥梁结构的局部损伤一般只对高阶模态比较灵敏"正好相吻合,因此基于小波包分解的桥梁结构损伤预警方法也是大跨桥梁健康监测的研究方向之一。

6.7.1 小波包分析及结构动态系统的分解

6.7.1.1 小波包分析与多分辨率分析

小波分析是一种新的时—频分析方法,具有多分辨率的特点,而且在时、频两域都具有表征信号局部特征的能力。小波分析具有良好的时—频局域化性质,为信号检测、特征参数提取、故障诊断与定位等方面提供了一条有效的途径。

小波分解的各层具有不同的分辨率,但每一层所取的子带是固定的,因而只适用于一定特性的信号。小波包则不一样,它是将每一层的所有子带均一分为二,并传至下一层。各层子带的数目分别为:第1层两个,第2层四个,第3层八个,……。可以看出,每一层的子带都覆盖原信号所占有的频率,只是各层的分辨率不同。小波包分析能够为信号提供一种更加精确的分析方法,它能对多分辨率分析中没有细分的高频部分进一步分解,并能够根据被分析信号的特征,自适应地选择相应频带使之与信号频谱相匹配,从而提高了时频分辨率。

1988年Mallat和Meyer提出了多分辨率分析的框架,其主要思想是将$L^2(\boldsymbol{R})$分解为具有不同分辨率的子空间序列。该子空间序列的极限就是$L^2(\boldsymbol{R})$,然后将$L^2(\boldsymbol{R})$中的$\boldsymbol{x}(t)$描述为具有一系列近似函数的逼近极限,其中每一个近似函数都是$\boldsymbol{x}(t)$在不同分辨率子空间上的投影,通过这些投影可以分析和研究$\boldsymbol{x}(t)$在不同分辨率子空间上的性态和特征。

6.7.1.2 结构动态系统的多尺度分解

将结构离散为n自由度的动态系统,其运动微分方程为:

$$\boldsymbol{M}\ddot{\boldsymbol{x}}(t)+\boldsymbol{C}\dot{\boldsymbol{x}}(t)+\boldsymbol{K}\boldsymbol{x}(t)=\boldsymbol{F}(t) \tag{6-18}$$

式中,$\boldsymbol{M}\in\boldsymbol{R}^{n\times n}$、$\boldsymbol{C}\in\boldsymbol{R}^{n\times n}$、$\boldsymbol{K}\in\boldsymbol{R}^{n\times n}$分别为系统的质量矩阵、阻尼矩阵及刚度矩阵。$\boldsymbol{x}\in\boldsymbol{R}^{n\times 1}$与$\boldsymbol{F}\in\boldsymbol{R}^{n\times 1}$分别为系统的位移响应向量及激励力向量。

令状态向量$\bar{\boldsymbol{x}}(t)=\begin{Bmatrix}\boldsymbol{x}(t)\\ \dot{\boldsymbol{x}}(t)\end{Bmatrix}$,则运动方程式(6-17)可改写为状态方程如下:

$$\dot{\bar{\boldsymbol{x}}}(t)=\boldsymbol{A}\bar{\boldsymbol{x}}(t)+\boldsymbol{B}\bar{\boldsymbol{F}}(t) \tag{6-19}$$

式中,$\boldsymbol{A}=\begin{bmatrix}\boldsymbol{0} & \boldsymbol{I}\\ -\boldsymbol{M}^{-1}\boldsymbol{K} & -\boldsymbol{M}^{-1}\boldsymbol{C}\end{bmatrix}$,$\boldsymbol{B}=\begin{bmatrix}\boldsymbol{0} & \boldsymbol{0}\\ -\boldsymbol{M}^{-1} & \boldsymbol{0}\end{bmatrix}$,$\bar{\boldsymbol{F}}(t)=\begin{Bmatrix}\boldsymbol{F}(t)\\ \boldsymbol{0}\end{Bmatrix}$。

假定有一个加速度传感器对结构动力响应进行观测,其值为一个p维连续信号$\boldsymbol{f}(t)\in\boldsymbol{R}^{p\times 1}$:

$$\boldsymbol{f}(t)=\boldsymbol{T}\ddot{\boldsymbol{x}}(t)+\boldsymbol{v}(t) \tag{6-20}$$

式中,$\boldsymbol{T}\in\boldsymbol{R}^{p\times n}$是观测矩阵,$\boldsymbol{v}(t)\in\boldsymbol{R}^{p\times 1}$为观测噪声。采用状态向量$\bar{\boldsymbol{x}}(t)$表示$\boldsymbol{f}(t)$,则式(6-18)改写为:

$$\boldsymbol{f}(t)=\bar{\boldsymbol{C}}\bar{\boldsymbol{x}}(t)+\bar{\boldsymbol{D}}\bar{\boldsymbol{F}}(t)+\boldsymbol{v}(t) \tag{6-21}$$

式中,$\bar{\boldsymbol{C}}=[-\boldsymbol{T}\boldsymbol{M}^{-1}\boldsymbol{K}\quad -\boldsymbol{T}\boldsymbol{M}^{-1}\boldsymbol{C}]$,$\bar{\boldsymbol{D}}=[\boldsymbol{T}\boldsymbol{M}^{-1}\quad 0]$。

将状态方程式(6-19)和输出方程式(6-21)在时间域进行离散,假定系统采样的时间间隔为Δt。状态方程式(6-19)和输出方程式(6-21)可离散为:

$$\bar{x}(N,k+1)=\bar{A}(N)\bar{x}(N,k)+\bar{B}(N)\bar{F}(N,k),k\in Z^{+} \tag{6-22}$$

$$f(N,k)=\bar{C}(N)\bar{x}(N,k)+\bar{D}(N)\bar{F}(N,k)+v(N,k),k\in Z^{+} \tag{6-23}$$

式中，$\bar{A}=e^{A\Delta t},\bar{B}=\int_{t-\Delta t}^{t}e^{A(t-\tau)}B\mathrm{d}\tau=\int_{0}^{\Delta t}e^{A\tau}B\mathrm{d}\tau$。

假定某小波包分解尺度 $i(1\leqslant i\leqslant N)$ 上的结构系统的状态方程和观测方程分别为：

$$\bar{x}(i,k+1)=\bar{A}(i)\bar{x}(i,k)+\bar{B}(i)\bar{F}(i,k),k\in Z^{+} \tag{6-24}$$

$$f(i,k)=\bar{C}(i)\bar{x}(i,k)+\bar{D}(i)\bar{F}(i,k)+v(i,k),k\in Z^{+} \tag{6-25}$$

采用小波变换将动态系统的状态方程(6-24)从尺度 i 分解到尺度 $i-1$，得到粗尺度(平滑)信号空间 V_{i-1} 上的状态方程为：

$$\begin{aligned}\bar{x}_V^i(i-1,k+1)&=\sum_l h(l)\bar{x}(i,2k-l+2)\\&=\bar{A}_V^i(i-1)\bar{x}_V^i(i-1,k)+\bar{B}_V^i(i-1)\bar{F}_V^i(i-1,k)\end{aligned} \tag{6-26}$$

式中，下标 V 表示尺度 i 上的信号序列 $\bar{x}(i,k)\in V_i\subset L^2(Z)$ 在粗尺度信号空间 V_{i-1} 上的投影；上标 i 表示是从尺度 i 分解到的。其中

$$\bar{A}_V^i(i-1)=\bar{A}(i)\bar{A}(i)\quad \bar{B}_V^i(i-1)=\bar{B}(i) \tag{6-27}$$

$$\bar{F}_V^i(i-1,k)=\bar{A}(i)\sum_l h(l)\bar{F}(i,2k-l)+\sum_l h(l)\bar{F}(i,2k-l+1) \tag{6-28}$$

采用小波变换将动态系统的观测方程(6-25)从尺度 i 分解到尺度 $i-1$，得到粗尺度信号空间 V_{i-1} 上的观测方程为：

$$\begin{aligned}f_V^i(i-1,k)&=\sum_l h(l)f(i,2k-l)\\&=\bar{C}_V^i(i-1)\bar{x}_V^i(i-1,k)+\bar{D}_V^i(i-1)\bar{F}_V^i(i-1,k)+v_V^i(i-1,k)\end{aligned} \tag{6-29}$$

其中：

$$\bar{C}_V^i(i-1)=\bar{C}(i)\quad \bar{D}_V^i(i-1)=\bar{D}(i) \tag{6-30}$$

$$\bar{F}_V^i(i-1,k)=\sum_l h(l)\bar{F}(i,2k-l) \tag{6-31}$$

$$v_V^i(i-1,k)=\sum_l h(l)v(i,2k-l) \tag{6-32}$$

类似地，动态系统的状态方程(6-24)从尺度 i 分解到尺度 $i-1$，在细尺度(细节)信号空间 W_{i-1} 上的状态方程为：

$$\bar{x}_W^i(i-1,k+1)=\bar{A}_W^i(i-1)\bar{x}_W^i(i-1,k)+\bar{B}_W^i(i-1)\bar{F}_W^i(i-1,k) \tag{6-33}$$

式中，下标 W 表示尺度 i 上的信号序列 $\bar{x}(i,k)$ 在细尺度信号空间 W_{i-1} 上的投影。其中

$$\bar{A}_W^i(i-1)=\bar{A}(i)\bar{A}(i)\quad \bar{B}_W^i(i-1)=\bar{B}(i) \tag{6-34}$$

$$\bar{F}_W^i(i-1,k)=\bar{A}(i)\sum_l g(l)\bar{F}(i,2k-l)+\sum_l g(l)\bar{F}(i,2k-l+1) \tag{6-35}$$

动态系统的观测方程(6-25)从尺度 i 分解到尺度 $i-1$，在细尺度信号空间 W_{i-1} 上的观测方程为：

$$f_W^i(i-1,k)=\bar{C}_W^i(i-1)\bar{x}_W^i(i-1,k)+\bar{D}_W^i(i-1)\bar{F}_W^i(i-1,k)+v_W^i(i-1,k) \tag{6-36}$$

其中

$$\bar{C}_W^i(i-1)=\bar{C}(i)\quad \bar{D}_W^i(i-1)=\bar{D}(i) \tag{6-37}$$

$$\bar{F}_W^i(i-1,k)=\sum_l g(l)\bar{F}(i,2k-l) \tag{6-38}$$

$$v_W^i(i-1,k)=\sum_l g(l)v(i,2k-l) \tag{6-39}$$

6.7.2 结构动力响应的小波包能量谱

由结构动力系统的小波包分解可以看出，当系统在尺度 i 上的激励力向量 $\bar{\boldsymbol{F}}(i,k)$ 一定时（假定忽略观测噪声），系统在尺度 $i-1$ 上的观测向量 $\boldsymbol{f}_V(i-1,k)$ 和 $\boldsymbol{f}_W(i-1,k)$ 仅由结构在尺度 i 上的系统矩阵 $\bar{\boldsymbol{A}}(i)$、控制矩阵 $\bar{\boldsymbol{B}}(i)$、$\bar{\boldsymbol{D}}(i)$ 和输出矩阵 $\bar{\boldsymbol{C}}(i)$ 所决定。因此，系统在尺度 $i-1$ 上的观测向量 $\boldsymbol{f}_V(i-1,k)$ 和 $\boldsymbol{f}_W(i-1,k)$ 表征了系统在尺度 i 上的动力特性，从而最终表征了系统在原始尺度 N 上的动力特性。另一方面，随着小波包分解尺度的增加，结构的激励力向量将产生越来越精细的频率划分，从而就可以通过系统在不同尺度上的状态方程和观测方程得到结构在不同频带上的动力响应。根据上述分析，当结构的激励力向量 $\bar{\boldsymbol{F}}(N,k)$ 一定时，由结构损伤所引起的结构动力特性的变化，必然会引起不同分析尺度（频带）上结构响应 $\boldsymbol{f}(i,k)$ 的变化，从而引起结构动力响应 $\boldsymbol{f}(N,k)$ 的能量在各个频带内的重新分布。假设对结构动力响应 $\boldsymbol{f}(N,k)$ 进行第 i 层小波包分解，并令 $\boldsymbol{f}_{i,j}$ 表示第 i 层分解节点 (i,j) 上的结构响应，每个频带内结构响应 $\boldsymbol{f}_{i,j}$ 的能量可由下式计算：

$$E_{i,j}=\sum|\boldsymbol{f}_{i,j}|^2(j=0,1,2,\cdots,2^i-1) \tag{6-40}$$

则结构动力响应 $\boldsymbol{f}(N,k)$ 在第 i 分解层的小波包能量谱向量 $\boldsymbol{E}_i$ 可以表征结构的动力特性：

$$\boldsymbol{E}_i=\{E_{i,j}\}(j=0,1,2,\cdots,2^i-1) \tag{6-41}$$

然而，结构动力响应的小波包能量谱不是结构固有的动力特性参数，它与结构的激励直接相关。理论上通过输入输出数据求取结构的脉冲响应函数并在此基础上计算小波包能量谱可以消除小波包能量谱的激励依赖性。然而，对于环境荷载激励，一般仅能量测到结构动力系统的响应信息。此时可以采用环境荷载激励技术（Natural Excitation Technique，简称 NExT）来获取类似于结构脉冲响应函数的互相关函数，从而消除环境激励对小波包能量谱的不利影响。NExT 技术理论上要求环境激励满足白噪声的假定，而实际工程中很多环境激励是非白噪声平稳激励甚至是非平稳激励。因此，环境激励下互相关函数的小波包能量谱仍具有一定的波动性与随机性。为了使小波包能量谱对于环境激励具有更好的鲁棒性，本节在互相关函数的基础上进一步采用虚拟脉冲响应函数，其基本思想是以参考点的动力响应作为虚拟激励，计算参考点的虚拟激励与其他测点响应之间的虚拟脉冲响应函数，用以表征环境激励下结构动力系统的动力特性。

虚拟脉冲响应函数的理论分析简述如下。为了便于表述，以下分析在频域中进行。激励和响应进行傅里叶变换后在频域内有如下关系：

$$\boldsymbol{Y}(\omega)=\boldsymbol{H}(\omega)\boldsymbol{U}(\omega) \tag{6-42}$$

式中，$\boldsymbol{Y}(\omega)$ 为响应的傅里叶变换，$\boldsymbol{U}(\omega)$ 为激励的傅里叶变换，$\boldsymbol{H}(\omega)$ 为频率响应函数。

令参考点 j 的响应（虚拟激励）$x_j(t)$ 和测点 i 的响应 $x_i(t)$ 的互谱密度以及虚拟激励 $x_j(t)$ 的自谱密度分别为 $\boldsymbol{G}_{yu}(\omega,i,j)$ 和 $\boldsymbol{G}_{uu}(\omega,j)$，如下式所示

$$\boldsymbol{G}_{yu}(\omega,i,j)=\boldsymbol{Y}^*(\omega,j)\cdot\boldsymbol{Y}(\omega,i);\boldsymbol{G}_{uu}(\omega,j)=\boldsymbol{Y}^*(\omega,j)\cdot\boldsymbol{Y}(\omega,j) \tag{6-43}$$

式中，$\boldsymbol{Y}(\omega,i)$ 和 $\boldsymbol{Y}(\omega,j)$ 分别是响应 $x_i(t)$ 和虚拟激励 $x_j(t)$ 的傅里叶变换；$\boldsymbol{Y}^*(\omega,i)$ 和 $\boldsymbol{Y}^*(\omega,j)$

分别是它们的复共轭。由式(6-41)可知,$\boldsymbol{Y}(\omega,i)$和$\boldsymbol{Y}(\omega,j)$可以表示为:

$$\boldsymbol{Y}(\omega,i)=\boldsymbol{H}(\omega,i)\boldsymbol{U}(\omega);\boldsymbol{Y}(\omega,j)=\boldsymbol{H}(\omega,j)\boldsymbol{U}(\omega) \tag{6-44}$$

将式(6-44)代入式(6-43)并按下式计算频率响应函数 $\boldsymbol{H}_{yu}(\omega,i,j)$:

$$\boldsymbol{H}_{yu}(\omega,i,j)=\frac{\boldsymbol{G}_{yu}(\omega,i,j)}{\boldsymbol{G}_{uu}(\omega,j)}=\frac{\boldsymbol{Y}^{*}(\omega,j)\cdot\boldsymbol{Y}(\omega,i)}{\boldsymbol{Y}^{*}(\omega,j)\cdot\boldsymbol{Y}(\omega,j)}=\frac{\boldsymbol{H}^{*}(\omega,j)\cdot\boldsymbol{H}(\omega,i)}{\boldsymbol{H}^{*}(\omega,j)\cdot\boldsymbol{H}(\omega,j)} \tag{6-45}$$

从上述推导可以看出,两点响应的互谱密度仍然与激励频谱相关,即对互谱密度的逆傅里叶变换求得的互相关函数仍然具有一定的激励依赖性。然而,两点响应的频率响应函数 $\boldsymbol{H}_{yu}(\omega,i,j)$可以有效地消除激励频谱的影响,也就是说,对频率响应函数 $\boldsymbol{H}_{yu}(\omega,i,j)$进行逆傅里叶变换求得的虚拟脉冲响应函数可以有效地克服环境激励的随机性和不确定性,从而具有更好的环境激励鲁棒性。根据上述理论分析,将环境激励下提取的虚拟脉冲响应函数与基于小波包能量谱的结构损伤预警方相结合,可以适用于环境振动测试下工程结构的实时损伤预警。

6.7.3　结构损伤预警方法

在上述理论研究基础上简述基于虚拟脉冲响应函数的结构损伤预警方法。假设对虚拟脉冲响应函数 $\boldsymbol{f}$ 进行第 i 层小波包分解,则虚拟脉冲响应函数 $\boldsymbol{f}$ 在第 i 分解层的小波包能量谱向量 $\boldsymbol{E}_i$ 可以表征结构的动力特性。采用 Daubechies 小波作为结构损伤预警的小波函数,并采用 l^p 范数熵标准作为代价函数,对虚拟脉冲响应函数做有限次小波包分解,计算不同小波函数和小波包分解层次上小波包能量谱 $\boldsymbol{E}_i$ 的代价函数,然后根据代价函数和计算时间综合确定适宜的小波函数阶次和小波包分解层次。

在此基础上选择小波包能量谱向量 $\boldsymbol{E}_i$ 中前 m 个较大能量系数的特征频带,将其组成结构损伤预警的小波包能量谱。各特征频带的能量比 I_p:

$$I_p=\frac{E_{i,p}}{\left(\sum_{j=1}^{2^i-1}E_{i,j}\right)/2^i}\qquad(p=1,2,\cdots,m) \tag{6-46}$$

可见,能量比 I_p 表征了结构的动力特性,可以作为结构损伤预警参数并通过这些能量比 I_p 的变化(Energy Ratio Variation,简称 ERV)来判断结构的损伤情况:

$$ERV_p=|I_{up}-I_{dp}|\qquad(p=1,2,\cdots,m) \tag{6-47}$$

式中,ERV_p为第 p 个特征频带的能量比变化;I_{up} 和 I_{dp} 分别为结构在健康和损伤状态下第 p 个特征频带的能量比。

为了表征结构的损伤状态,在 ERV_p 的基础上,可以给出另外两种结构损伤预警指标:

(1)能量比偏差 $ERVD$

$$ERVD=\sqrt{\sum_{p=1}^{m}(ERV_p-\overline{ERV})^2} \tag{6-48}$$

式中,$\overline{ERV}$为各特征频带能量比变化 ERV_p的平均值。

(2)能量比方差 $ERVV$

$$ERVV=\frac{\sum_{p=1}^{m}(ERV_p-\overline{ERV})^2}{m-1} \tag{6-49}$$

图 6-4 为基于结构动力响应的结构损伤预警的小波包能量谱算法流程图。

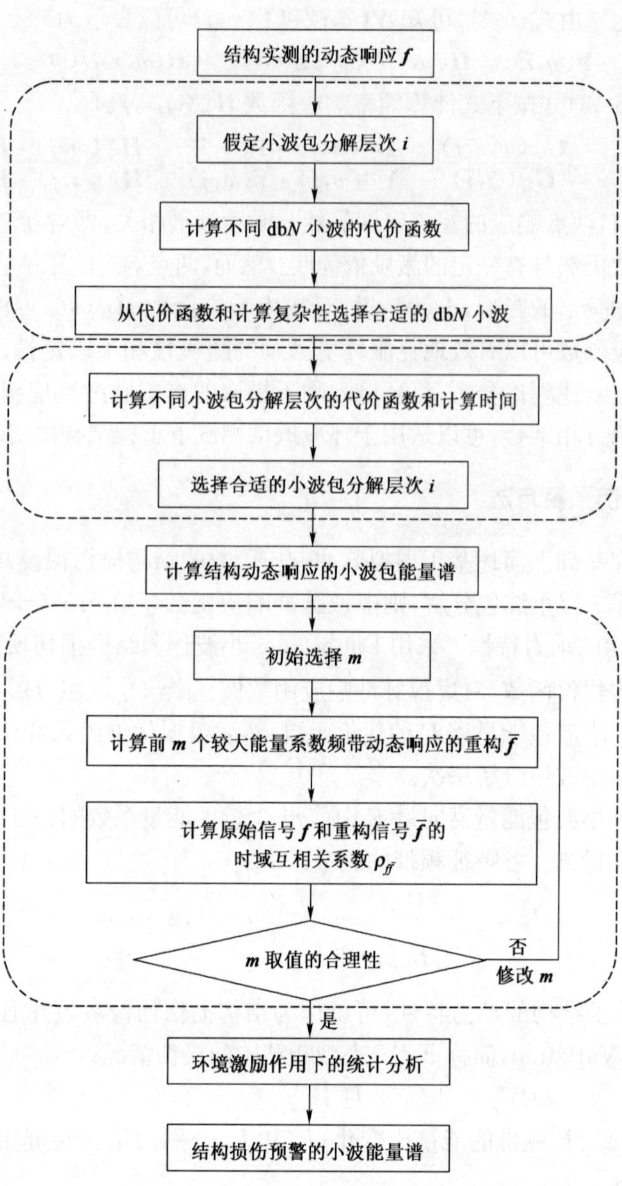

图 6-4 结构损伤预警的小波包能量谱的算法流程图

6.8 结构损伤识别的神经网络方法

本节基于神经网络的结构损伤识别方法，给出了该方法的实现流程和关键步骤，并利用于润扬大桥斜拉桥和悬索桥的有限元模型进行了仿真研究。

对斜拉桥通过改变拉索的弹性模量模拟拉索的损伤，以损伤工况的拉索损伤模式作为训练集，通过 BP 神经网络对损伤映射模式的学习，建立起可用于拉索损伤识别定位的神经网络。结果表明利用该网络可以准确识别出发生损伤的拉索位置。

对悬索桥通过改变吊杆的弹性模量模拟吊杆的损伤，以损伤工况的吊杆损伤模式作为训练集，送入RBF网络进行学习，建立起可用于吊杆损伤识别定位的神经网络。仿真结果表明利用该网络可以准确识别出发生损伤的吊杆位置。

6.8.1　神经网络基本原理

大跨度桥梁结构局部的损伤和破坏对结构整体性能的影响不易确定，且对性能影响的传递途径更难把握，在不同的具体结构中差异很大。此外，结构包含诸多非线性因素，如几何非线性和材料非线性，各种变量之间的关系非常复杂，且相互干扰制约。对此类结构进行损伤识别具有相当的难度。

人工神经网络(Artificial Neural Network，ANN)是由大量仅具有简单行为的神经元广泛互连组成的，可表现出大量复杂行为的巨系统。神经网络用于土工结构损伤识别具有以下优点：可处理带噪声的或不完备的测试数据；结构的损伤机理非常复杂，损伤方式不可预期，而神经网络并不要求事先知道损伤机理和控制方程，只借助样本数据的训练即可表达输入到输出空间的映射，适合于任意非线性问题；实际工程往往会遇到“意外”，而神经网络的自学习、自适应能力可以满足这一要求。

6.8.2　BP神经网络与RBF神经网络算法

6.8.2.1　BP神经网络改进算法

BP网络是基于误差反向传播算法的多层前向神经网络，其误差反向传播是采用梯度下降算法。限于梯度下降算法的固有缺陷，标准BP网络通常具有收敛速度慢、易陷于局部最小值等缺点。通过改进学习率动态调整和加动量项可以进行算法的改进。

(1)学习率动态调整

在梯度下降算法中，学习率η是由一维搜索求得，其求解步骤如下：

①给定初始权重$\omega(0)$和允许误差$\varepsilon>0$；

②计算误差函数E的负梯度方向；

③若$\|d^{(n)}\|<\varepsilon$则停止计算；否则从$\omega(n_0)$出发，作一维搜索，求出最优步长$\eta(n_0)$；

④进行权值的调整：$\omega(n_0+1)=\omega(n_0)+\eta(n_0)d^{(n_0)}$

在标准BP网络中，学习率是不改变的，其原因$E(\omega)$是一个十分复杂的非线性函数，很难通过最优求极小的方法得到最优的学习率η。但从BP网络的误差曲面可以看出，有平坦区存在，如果在平坦区上学习率η太小，会使迭代次数增加，而当ω落到误差剧烈变化的地方，学习率η太大又使误差增加，反而使迭代次数增加影响学习收敛的速度。学习率动态改变可以使其合理调整。先设一初始学习率，若一次迭代后误差函数E增大，则将学习率乘以一个小于1的常数α，沿原方向重新计算下一个迭代点，若下一次迭代后误差函数E减小，则将学习率乘以一个大于1的常数β。

$$\begin{cases}\lambda=\eta\alpha & \alpha<1 \quad 当\Delta E>0\\ \lambda=\eta\beta & \beta<1 \quad 当\Delta E<0\end{cases} \tag{6-50}$$

权值调整公式可以改写为：

$$\omega(n_0+1)=\omega(n_0)+\eta(n_0)d^{(n_0)} \tag{6-51}$$

(2)加动量项

为了加速收敛和防止振荡，权值调整公式中再引入一个动量因子 θ：

$$\omega(n_0+1)=\omega(n_0)+\lambda(n_0)d^{(n_0)}+\theta\Delta\omega(n_0) \tag{6-52}$$

其中第三项是记忆上一时刻权的修改方向，而在时刻 n_0 的修改方向为 (n_0-1) 时刻的方向与 n_0 时刻方向的组合，将上式改写为：

$$\begin{aligned}\omega(n_0+1)&=\omega(n_0)+\lambda(n_0)\left[d^{(n_0)}+\frac{\theta}{\lambda(n_0)}\Delta\omega(n_0)\right]\\&=\omega(n_0)+\lambda(n_0)\left[d^{(n_0)}+\frac{\theta\lambda(n_0-1)}{\lambda(n_0)}d^{(n_0-1)}\right]\end{aligned} \tag{6-53}$$

上式中动量因子 $0<\theta<1$。在进行 $\lambda(n_0)$ 调整时，如果 $\Delta E>0$、λ 要减小时，让 $\theta=0$，然后调节到 λ 增加时，使 θ 恢复。

6.8.2.2 RBF 神经网络算法

RBF 网络的学习过程包括隐含层单元学习和输出层单元学习两个阶段。第一阶段学习一般采用无教师学习的聚类算法，其实质就是对输入的局部区域进行分析，并决定隐含层神经元的参数—径向基函数的中心和宽度。当输入信息与某隐含层单元中心接近时，该隐含层单元的输出最大。随着信息与中心的远离，隐含层单元的输出也将单调下降。第二阶段学习就是在确定好隐含层单元的参数后，根据输出神经元是一个线性求和器的特点，利用样本和最小二乘原则，求出输出层的权值。具体的学习算法如下：

(1)初始化各个聚类中心 $c_j, j=1,2,\cdots,N$，N 为聚类个数。

(2)输入信息归于 q 类，其条件是：

$$\|x_i-c_q\|=\min_j\|x_j-c_j\| \tag{6-54}$$

(3)聚类完毕后，求出每个归类的新中心和宽度，即：

$$c_j=\frac{1}{m_j}\sum_j x_j,\ \sigma_j^2=\frac{1}{m_j}\sum_j\|x_j-c_j\|^2 \tag{6-55}$$

式中：m_j 为 j 类的输入信息样本数。

(4)分类器的输出规定为：

$$y_p=\begin{cases}1 & (x\in p\text{类})\\0 & (\text{其他})\end{cases} \tag{6-56}$$

定义网络输出的误差函数为：

$$E=\sum_{k=1}^{M}(d_k-y_k)^2 \tag{6-57}$$

式中：d_k 为输出单元 k 的期望输出值；y_k 为其实际输出值。所以：

$$E=\sum_{k=1}^{M}\left(d_k-\sum_{i=1}^{N}W_{ik}R\left(\|x-c_j\|\right)\right)^2 \tag{6-58}$$

训练输出层神经元即找出一组权值 W_{ik}，它使误差函数为最小。由 $\frac{\partial E}{\partial W_{ik}}=0$ 得：

$$\sum_{k=1}^{M}W_{ik}\sum_{i=1}^{N}\left(R\|x-c_i\|\cdot R\|x-c_i\|\right)=\sum_{i=1}^{M}d_kR\|x-c_i\| \tag{6-59}$$

上式就是一组以 W_{ik} 为变量的线性方程组，可以将合适的 W_{ik} 求出来。

6.8.3　基于神经网络的桥梁损伤识别方法与流程

基于神经网络的桥梁结构损伤识别可以分为三个环节：训练样本准备环节；神经网络模型构造环节；损伤识别环节。

(1)在训练样本准备环节，首先根据工程经验，分析桥梁结构典型的损伤模式，并根据典型损伤模式，利用修正后的桥梁有限元模型进行有限元模拟以获取仿真损伤数据集，然后结合历史实测损伤数据构成完整的训练样本集。

(2)在神经网络模型构造环节，首先确定模型的拓扑结构，然后利用训练样本集进行训练，并对训练后的神经网络进行检验。在精度检验合格后输出模型。

(3)在损伤识别环节，将当前实测的数据输入神经网络模型，判断当前损伤状况。

图 6-5 为基于神经网络的结构损伤识别的总体流程。

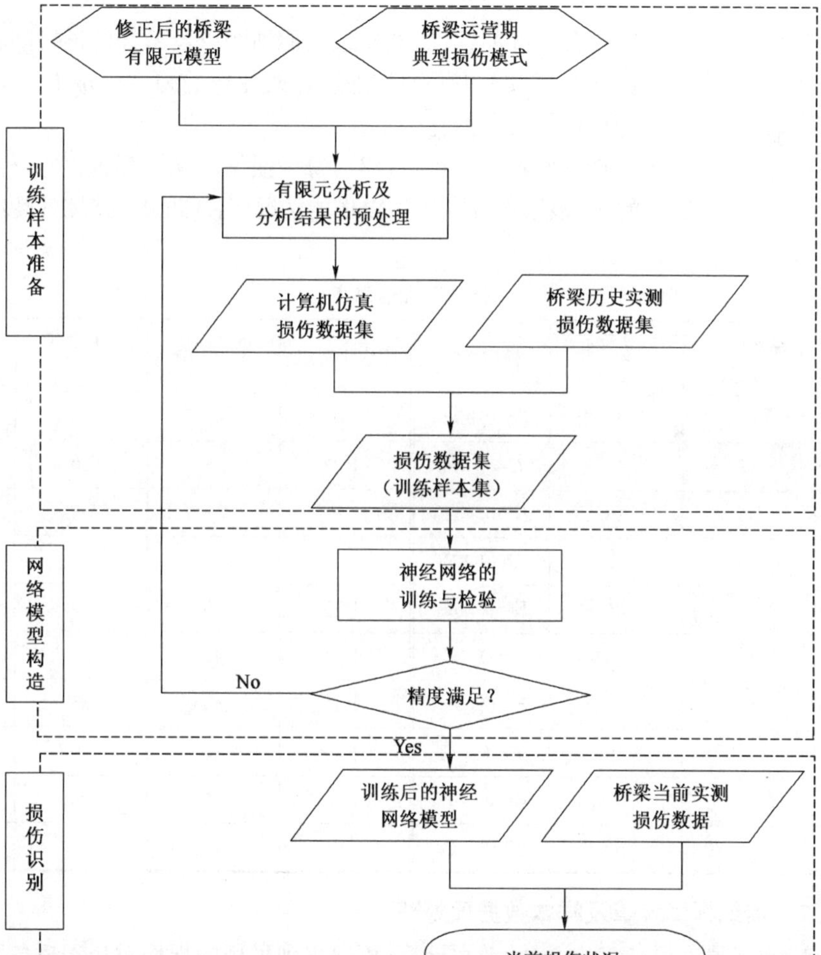

图 6-5　基于神经网络的损伤识别流程

6.8.4 基于神经网络的润扬大桥悬索桥吊索损伤识别

6.8.4.1 损伤工况分析及损伤模拟

润扬大桥南汊悬索桥跨径大、结构复杂。随着时间的推移，悬索桥吊杆在运营过程中，腐蚀、疲劳等影响，吊索的损伤经常发生。

根据润扬大桥南汊悬索桥的几何对称性，选取半跨单扇的 45 根吊杆作为损伤位置进行损伤分析。在(X，+Z)象限内自右向左依次为 1～45 号拉索，其吊杆编号在桥面的位置见图 6-6。

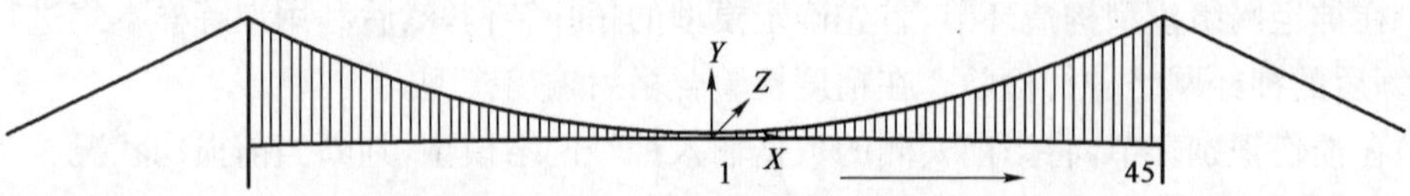

图 6-6 润扬大桥悬索桥吊杆编号

吊杆损伤主要为：吊杆中部分钢丝的锈蚀、断丝或截面削弱以及吊杆的连接削弱。为反映吊杆损伤对桥梁整体性能的影响，可以不失一般性地通过改变杆的弹性模量 E 来模拟实际的吊杆损伤现象，这样也可使分析计算大大简化。

针对 20 个损伤工况组共计 900 种工况进行计算，每一损伤工况组都包含 45 种损伤工况，分别对应编号为 D1～D45 的 45 根吊杆分别发生损伤的情况，各工况组的损伤程度是递增的。如表 6-3 所示。

损伤工况信息表　　表 6-3

损伤工况组	包含损伤工况数	损伤程度(%)	模拟方法	损伤工况组	包含损伤工况数	损伤程度(%)	模拟方法
一	45	5	$E=0.95E_0$	十一	45	55	$E=0.45E_0$
二	45	10	$E=0.9E_0$	十二	45	60	$E=0.4E_0$
三	45	15	$E=0.85E_0$	十三	45	65	$E=0.35E_0$
四	45	20	$E=0.8E_0$	十四	45	70	$E=0.3E_0$
五	45	25	$E=0.75E_0$	十五	45	75	$E=0.25E_0$
六	45	30	$E=0.7E_0$	十六	45	80	$E=0.2E_0$
七	45	35	$E=0.65E_0$	十七	45	85	$E=0.15E_0$
八	45	40	$E=0.6E_0$	十八	45	90	$E=0.1E_0$
九	45	45	$E=0.55E_0$	十九	45	95	$E=0.05E_0$
十	45	50	$E=0.5E_0$	二十	45	100	$E\to 0$

6.8.4.2 训练样本计算及样本数据预处理

根据上述 900 种工况，经过大量的动力计算，可以得到吊杆的损伤对悬索桥各阶固有频率的影响。因为固有频率随阶数不同而在数值上有较大差异，所以吊杆损伤对各阶固有频率的影响程度不宜简单地用频率的变异来衡量。与斜拉桥类似，对各损伤工况组的固有频率相应于正常工况数据作了归一化处理。

$$\bar{f}_{ij} = \frac{f_{ij}}{f_{i0}} \quad i = 1,2,\cdots,30 \quad j = 0,1,\cdots,20 \tag{6-60}$$

式中，$\bar{f}_{ij}$是归一化后的第 j 工况组第 i 阶固有频率，无量纲数；f_{ij}是归一化前的第 j 工况组第 i 阶固有频率值(Hz)；f_{i0}是正常工况(无损伤时)第 i 阶固有频率值(Hz)。以下分析皆针对归一化频率 $\bar{f}_{ij}$ 进行。建立各阶固有频率与吊杆损伤位置的映射关系。通过神经网络的学习，建立起可用于吊杆损伤识别定位与预警的神经网络系统。

6.8.4.3　神经网络训练

针对悬索桥结构复杂，损伤识别较斜拉桥难度大的特点，在对润扬大桥悬索桥的损伤定位分析中，选用了 30 阶固有频率与吊杆损伤的对应模式，以损伤工况组一(吊杆损伤程度 5%)、损伤工况组五(吊杆损伤程度 25%)、损伤工况组十(吊杆损伤程度 50%)、损伤工况组十五(吊杆损伤程度 75%)的吊杆损伤模式作为训练集，送入 RBF 网络进行学习。使其学习到损伤位置与各阶固有频率的映射模式，当实际的吊杆发生损伤时，RBF 网络可以根据各阶固有频率在多维空间的分布性态辨识出实际吊杆的损伤位置。RBF 网络采用 30 个输入端，45 个输出层单元。

6.8.4.4　损伤定位及结果分析

通过训练，RBF 神经网络已经记忆了各吊杆的损伤模式，可以对各损伤工况组的损伤数据进行损伤定位识别。为说明问题，仅以工况组二(共 45 种损伤工况)为例。

45 根不同位置的吊杆在分别发生 10%损伤后，利用训练好的 RBF 神经网络进行损伤识别，网络可以输出识别信息柱状图。图 6-7～图 6-9 为部分吊杆发生 10%损伤的损伤识别信息图。

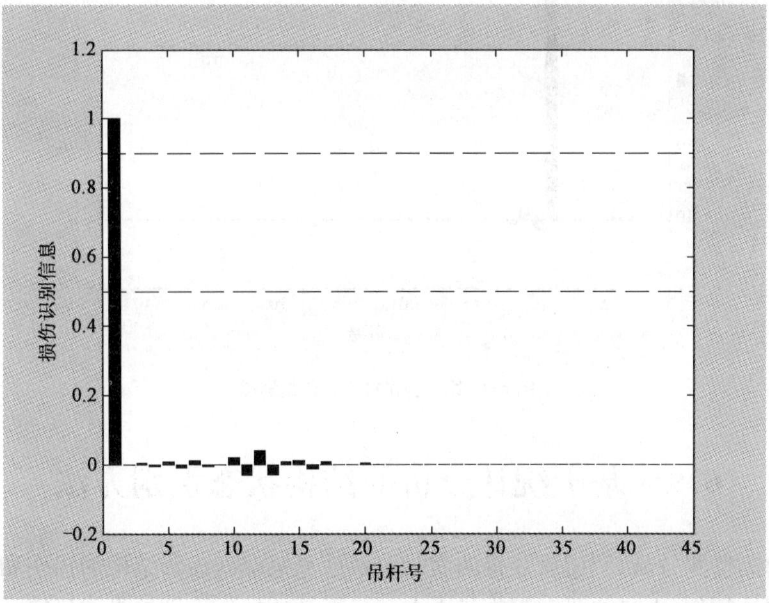

图 6-7　第 1 根吊杆损伤的识别图

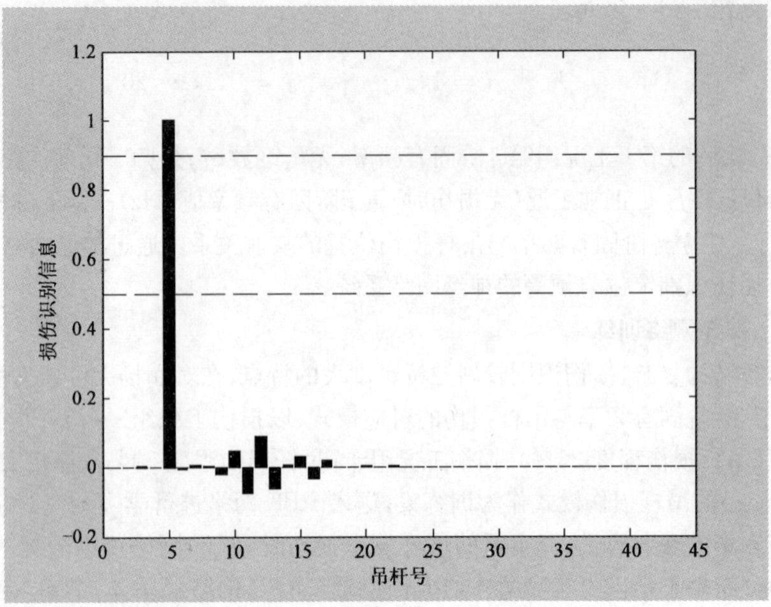

图 6-8　第 5 根吊杆损伤的识别图

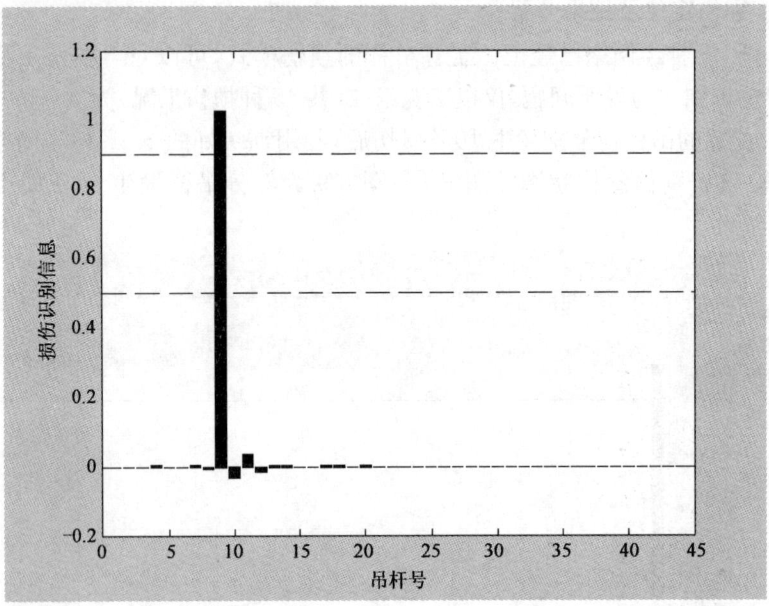

图 6-9　第 9 根吊杆损伤的识别图

6.9　基于统计分析的结构状态识别方法

在桥梁健康监测领域,利用所获得的实时测量信息来准确诊断结构的损伤和健康状况,并进行大桥的整体评估,大量的研究工作集中在基于振动的损伤识别技术的研究。

基于动力测量数据的结构识别问题大致可以分为两大类:①无模型识别方法,该法不使用与结构模型有关的特征量，直接从振动响应的时程、频谱或时频分析得到特征量，从而进行损伤识别；②有模型识别方法，该法通过结构有限元模型，使用有关的特征量，包括固有频率、模态振型、动柔度等信息进行损伤探测。两类方法各有其特点，共同的地方是把结构的损伤定义为结构中重要材料参数（如弹性模量）的减小，它们的基本前提是损伤会改变结构的固有特性，根据测量数据的变化进行结构损伤识别，依此标定损伤的程度和方位。基于有模型识别方法建立起来的结构状态评估技术，在实际工程中由于结构的复杂性和工作环境的不确定性，进入实际应用还面临许多挑战。

下面主要介绍基于测量数据，采用无模型识别方法，即采用统计分析方法，以对桥梁进行损伤发生、损伤位置、损伤类型和损伤程度的预警和评估分析为目标，围绕结构健康状况局部与整体损伤评估工作开展研究。

6.9.1　基于 Rayleigh 法统计分析的结构识别方法

6.9.1.1　基于主梁线形的监测

大跨桥梁主梁位移（竖向、横向、纵向的位移）监测是健康监测系统的关键内容之一。设大跨桥梁沿主梁纵向有 n 个 GPS 位移测点，根据健康监测系统数据，可以得到大桥的三向位移测量数据样本$\{u_{ij}, i=1,2,\cdots,n \quad j=1,2,3\}$。在时域内等步长对主梁线形进行回归分析，可以分别得到大桥主梁线形 $Y(x,t_k), k=1,2,\cdots$。

通过 Rayleigh 法，计算大桥的第一频率：

$$\omega_1(t_k)^2 = \frac{\int EI[Y''(x,t_k)]^2\,\mathrm{d}x}{\int m[Y(x,t_k)]^2\,\mathrm{d}x + \sum M_k y_k^2} \tag{6-61}$$

式中：EI——主梁的抗弯刚度；

m——主梁的密度；

M_k——主梁上集中质量。

通过结构基频的近似计算，可以得到大桥的基频样本。

6.9.1.2　基频样本的统计指标

基于以上的分析计算，我们可以得到大桥的基频样本$\{\omega_{1k},\ k=1,2,\ \cdots,\ N\}$，这里 ω_{1k} 表示在大桥第 k 次试验模态分析时第一阶频率，N 表示试验模态分析的次数。在桥梁运营的稳定状态，我们假设其为正态分布，将用均值和方差分析计算结果。

$$\mu_1 = \frac{1}{N}\sum_{k=1}^{N}\omega_{1k} \tag{6-62}$$

$$\sigma_1 = \sqrt{\frac{1}{N}\sum_{k=1}^{N}(\omega_{1k} - \mu_1)^2} \tag{6-63}$$

基于以上的统计分析，大桥的正态概率分布函数为：$S(\mu_1, \sigma_1^2)$。

6.9.1.3　用假设检验进行损伤评估

通过大桥基频的正态分布 $S(\mu_1, \sigma_1^2)$的性质，采用假设试验队进行桥梁结构整体状态评估。我们用随机变量 $X=\omega_1(t_k)$，假设试验定义如下状态：

$$H_0: \mu = \mu_1;\ H_1: \mu < \mu_1 \tag{6-64}$$

规则：如果 $X \geqslant C$，接受 H_0；$X < C$，接受 H_1。

假设置信度为 α，则：

接受区间：

$$P(-k_\alpha \leqslant \frac{X-\mu_1}{\sigma}) = 1-\alpha \tag{6-65}$$

临界值：

$$C = \mu_1 - k_\alpha \cdot \sigma \tag{6-66}$$

这里 C 是区分整体状态正常与否的界限值，一个接受 H_0 的单元有 $100\times(1-\alpha)\%$ 的可信度可以认为是没有损伤，服役结构中单元的损伤状态评价情况如图 6-10 所示。

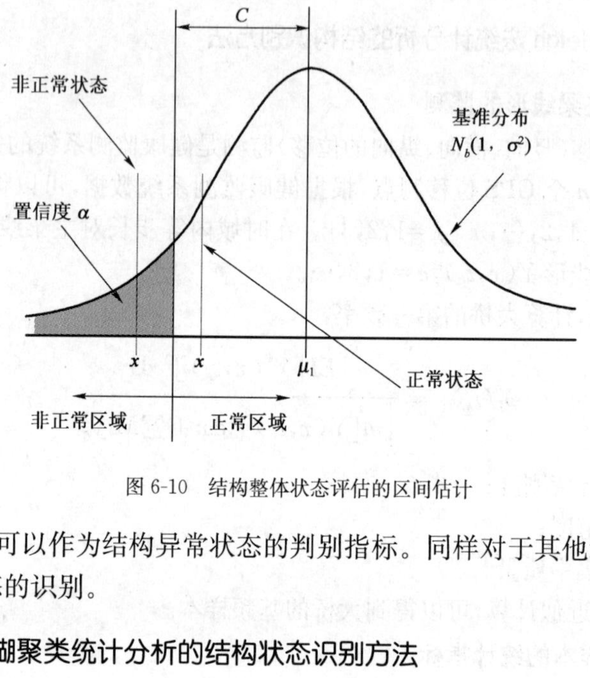

图 6-10　结构整体状态评估的区间估计

显然，临界值 C 可以作为结构异常状态的判别指标。同样对于其他结构频率可以采用类似方法进行结构状态的识别。

6.9.2　基于模糊聚类统计分析的结构状态识别方法

通常情况下，大跨桥梁健康监测系统包括：风载传感器、应变片和加速度传感器等传感器，这些传感器收集了大量的信息。由于测试中的随机误差干扰，随机测试噪声易淹没由一般损伤导致的结构动力特性的变化。为减少对损伤单元的误判，利用统计的方法来解决这个问题是合理的。根据不同的结构损伤识别理论，在大跨桥梁状态识别中可以利用如下几种统计方法和理论。

6.9.2.1　大跨桥梁上部结构状态数据的模糊聚类分析

以大跨桥梁固有动（静）力参数（如前几阶自振频率）作为状态变量，可以认为初始建成的大跨桥梁处于健康状态，这个状态可以由动（静）力参数组成的多维空间描述。随着时间的推移，结构构件老化或由突发事件导致某些构件刚度降低，由桥梁动（静）力参数组成的状态点发生迁移，此时可以认为桥梁处于另一种状态，如果这种状态对大跨桥梁安全使用造成威胁，就称其为异常状态或损伤状态。

由于测量误差的影响,同一结构状态在不同时间测得的状态是一系列点集,这一系列点集将分散于该状态的理论状态点附近。因此,大桥异常状态的识别可以归为结构模式识别问题。如前所述,作为一种无监督分类方法,聚类分析被广泛应用于模式识别,它把一个没有类别标识的样本集按照某种准则划分成若干子集(类),使相似的样本尽可能归为一类,而不相似的样本尽量划到不同的类中。

作为一种无监督的模式识别方法,对于无标识的大跨桥梁状态数据集 X,模糊聚类分析应进行如图 6-11 的综合分析。首先对不同时期大量的桥梁状态数据进行聚类趋势检验,该检验意在判断润扬大桥状态数据集的离散性是否是系统性的,即排除可能由测量误差造成的随机性,数据集无聚类趋势表明大桥处于同一状态,无进一步损伤的发生;如果数据集有聚类趋势,则对数据进行聚类分析,判断聚类的有效性。由于大桥各动(静)力参数对不同结构部位的损伤敏感性不同,不同损伤状态相对健康状态的各动(静)力参数的迁移也就有所不同,不同损伤状态对应不同的状态中心,聚类分析有效性判断确定状态数据集聚类中心数目的合理性,即已有数据集含有结构状态的数目;之后,进入聚类后处理阶段,计算各聚类间的距离,对各聚类间进行合并,由于损伤是逐步发生的,不同状态间的距离应和收集状态的时间点密切相关,即相邻时间点的数据将首先合并,然后再和其他时间点的数据合并,该步骤可以进一步判断聚类分析的正确性与否。

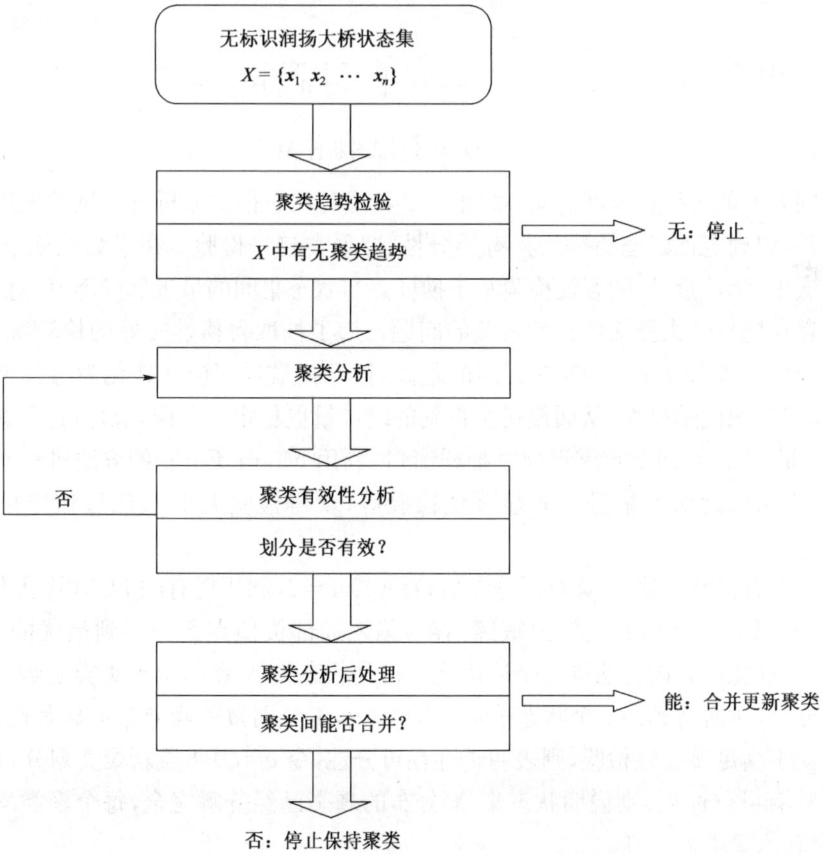

图 6-11　大跨桥梁状态集综合分析流图

6.9.2.2 基于 Monte Carlo 和统计检验的模糊聚类方法

聚类分析是监督的分类技术，在无数据集的先验知识的前提下，是一种自动学习方法。通过对大跨桥梁状态数据分布特性的分析，自动给出状态集是否具有类分性，如果可分，自动确定如何分类以及分为几类合适等问题。把多峰分布模式的状态数据全部分解成单峰分布的模式集，最后根据类间的相近信息进行模式类的合并，获得状态集的多分辨表示，为用户提供多层次的信息，以帮助进一步的决策。

已有的研究表明，结合半数框架的 T 平方抽样的统计量 T_B，可有效地进行单峰模式的假设检验。因此，大跨桥梁状态辨识可用该统计检验方法进行聚类趋势和聚类有效性的判定，即分别对模式集 X 和聚类分析得到的各个模式子集 $S_i(i=1,2,\cdots,c)$ 进行单峰检验，以此来指导聚类分析，构造一种可同时进行聚类趋势检验、聚类分析和聚类有效性判定的大跨桥梁状态模式综合分析自动机(图 6-12)，以补偿现有聚类算法的功能单一所导致的无效操作。下面介绍各模块的工作原理和相关算法。

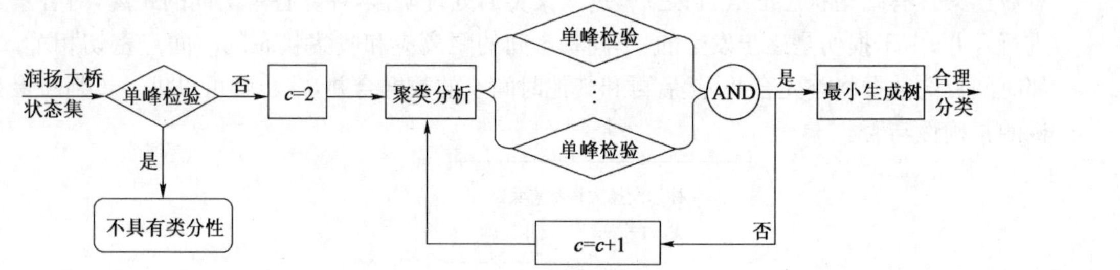

图 6-12 大桥状态模式分析自动机

对于不同时期的大跨桥梁状态集，如图 6-12 给出的状态模式分析自动机首先进行单峰分布的统计检验，以确定该状态集是否具有类分性，即聚类趋势检验。在半数框架下的 T 平方统计检验方法中，统计量 T_B 的假设检验基于抽样点与状态集间的最近邻(NN)信息，不过，NN 模式的选取存在随机性太强而统计性较差的问题。为了抽取鲁棒性较好的检验统计量，可以把 NN 模式间的距离替换为 k-NN 模式间的距离，把寻找最近邻模式转化为寻找 k 个近邻模式集，降低模式出现代随机性，从而使得所得到的统计量更稳定。这样，统计量 T_B 就被推广为 k-NN 的统计量 T_k。借助半数靠近建立抽样窗口，利用 Monte Carlo 的方法进行 α 显著性检验，对给定的大跨桥梁状态集进行 α 显著性检验后，获得检验大小 s，然后作出单峰与否的判定。

在获知大跨桥梁状态集 X 具有可分性后，首先令 $c=2$，利用现有的 FCM 算法获得 X 的 c 划分。由于 FCM 算法对初始化较为敏感，容易陷入局部极值点而得不到最优的分类结果。为此，可以借助进化计算的方法进行全局优化。得到状态集 X 在给定聚类类别数 c 条件下的最佳模式划分后，对所得到的 c 个状态子集 $S_1, S_2, \cdots, S_c$ 分别做单峰分布 α 显著性检验，只要还有一个子集不满足显著性检验，则表明仍存在可分性，令 $c=c+1$ 重新聚类划分，直到所有 c 个子集均不具有可分性后，则说明状态集 X 分布的蜂态已经分解完全，每个聚类均为单峰分布模式了，则转入聚类后处理。

后处理主要考虑到聚类的无监督性，为了满足大跨桥梁不同损伤识别分辨率的要求，为后

续决策提供更多的信息。如前所述，考虑到损伤在时间上的连续性，该部分还为检验聚类正确与否提供了校验。后处理可分如下三个步骤进行。步骤一，在聚类分析中获得 c 个聚类中心 $p=\{p_1,p_2,\cdots,p_c\}$ 上构造最小生成树，其边的权值即为节点间的欧氏距离 $w_{ij}=\|p_i-p_j\|$；步骤二，分析最小生成树的权值 $\{w_{ij}\}$，逐步走不同水平上 γ 删除满足条件的边集 $w\in\{w_{ij}\mid w_{ij}<\gamma\}$，合并每条边连接的两个类；步骤三，构造新的最小生成树，重复布置二的操作，直至所有样本均合成一个类，最后输出大桥状态类分谱系图。

整个大桥状态分析自动机就包括上述三大模块，即状态集的单峰模式检验、状态子集单峰模式检验指导的聚类分析和聚类后处理，可同时考察 给定状态集的聚类趋势和聚类分析的有效性，并由此指导聚类算法把状态集完全分解为单峰分布的子集，最后通过后处理获得状态集的类分谱系图。

第7章 大跨桥梁地基及基础安全监控的评估分析

7.1 引 言

为了保证大跨桥梁的安全运营和尽可能延长其安全使用年限，必须对施工与运营中的桥梁进行安全评估，即对其异常情况、损伤程度、异常及损伤原因、实际承载能力、功能以及能否正常运营等作出评定，给出明确结论。大跨桥梁安全监测系统提供了基础、上部结构从施工期到桥梁在线运营状态下的结构真实响应，给桥梁的异常状态识别、损伤预警、状态安全评估提供了可靠的实测根据。

在进行桥梁地基基础的监控反馈设计与安全性判断中，一个重要的方面就是在获取地基基础的监测信息后，利用力学参数反演理论来得到岩土体的较为准确的力学参数，从而修正理论计算模型，再利用修正后的理论计算模型进行地基基础的安全性分析。这是因为岩土体的形成是一个极其复杂的过程，其存在大量节理、裂隙、孔隙、地下水等，而使岩土体成为一种由多介质构成的各向异性非连续体，是具有不同晶格结构的矿物晶体或矿物颗粒在不同胶结状态下粘结而成的结合体，其材料物理特性如力学特性非常复杂，要想用解析手段预测桥梁基础等地下结构物的力学动态，就必须建立精度很高的本构关系式。本构关系越复杂，要输入的参数就越多，且不论这些参数在室内或现场测试多么困难；相应于诸多的力学参数，其中的人为因素也必然很大，从而造成理论计算模型与实际有相当大的差距。为此，20 世纪 70 年代初人们开始注意由现场量测信息确定各类计算参数的研究，经过国内外学者 30 年来的不懈努力，以现场测量信息为基础的反分析法，为解决岩土由于材料的非均质性、非线性、不连续性造成的本构模型、力学参数等难以确定的问题，提供了一条切实可行、行之有效的方法。在这个发展的过程中，人们提出了许多种反分析方法和用于直接法求解的多种优化方法，对解的唯一性、稳定性和参数敏感性等理论问题进行了深入研究，同时反分析法也在许多复杂的岩土工程中得到了应用。基于现场量测信息为数值分析提供实用“计算参数”的反分析方法已不仅单纯用来确定“计算参数”，将现场监测与反分析有机地结合起来，利用监测信息分析地基基础的安全稳定性。根据安全监测系统的测试数据，对于结构发生异常状态进行预警，寻找结构出现异常的原因和出现的部位是基础安全监测的重要任务。通过反演求得岩土体力学参数变化率来对结构的异常进行定位与评估，是大跨桥梁基础安全监测工程分析评估的一部分。

目前反分析的研究多集中于地下工程的应用上，而在大跨桥梁塔基础、悬索桥锚碇基础运营期安全监测中的研究应用较少。究其原因主要是由于大跨桥梁基础工程涉及的范围大，地层条件及工程环境复杂，使得反分析中需要考虑的待分析参数急剧增加，给反分析的实际应用带来许多困难。

反分析法是以现场量测到的反映系统力学行为的某些物理信息量（如位移、应变、应力或荷载等）为基础，通过反演模型（系统的物理性质模型及其数学描述，如应力与应变关系式），反演推算得到该系统的各项或一些初始参数(如初始应力、本构模型参数和几何参数等)的方法。其最终目的是建立一个更接近现场实测结果的理论预测模型,以便能较正确地反映或预测岩土结构的某些力学行为。根据现场量测信息的不同,岩土工程反分析可以分为应力反分析法、位移反分析法及应力(荷载)与位移的混合反分析法。由于基础结构的位移信息较易获取,且精度可靠,因此在基础监测分析中位移反分析法应用最为广泛。如果按计算方法划分,位移反分析法又可分为解析法和数值法。解析法的优势在于概念明确、计算速度快,但只适宜求解简单几何形状和边界条件下的线粘弹性和无支护洞室问题。数值法则主要用于解决复杂工程性态和非线性问题。因此,数值法对于复杂的岩土工程问题更具有普遍的适应性。数值法就其求解过程不同划分为逆解法、直接法、正反耦合法、图谱法、神经网络法、非确定性反分析等。

(1)逆方法就是逆解法,是采用与"正分析"相反的解析过程,反推得到逆方程,从而解得待求反演参数(如初始地应力参数或其他力学特性参数等)。显然,上述且当量测得到的位移个数大于未知量个数时需采用优化方法以期求得最佳值该法的优点是计算速度快,可一次求解出所有待定参数,但仅适用于线粘弹性等比较简单的问题。

(2)直接法(也称直接逼近法)是直接采用"正分析"的过程和格式,利用最小误差函数通过迭代优化,逐次修正待定参数的试算值,直至逼近最优值。这种应用迭代逼近和最优化的方法,可利用现有的正算程序,适应性强。但是该方法计算时间长,计算前需给出各待定参数的取值区间和试算值,且当未知量较多时,收敛速度慢,解的稳定性差。

(3)正反耦合法是基于区域分裂法的原理将直接法和逆解法相结合的算法。即将岩体弹性区域和塑性区域分开计算,弹性区域上用反算法,塑性区域上用正算法,再利用区域分裂法通过弹性区域与塑性区域之间的重叠部分将二者结合起来,从而使整个计算区域的问题得以求解。就岩土工程而言,大部分发生的是弹性变形,将弹性与塑性区域划分开来,则反算的非线性有限元数目可以大大减少,这对减少计算工作量,提高分析效率有着积极的意义。但由于其计算收敛的前提条件是每步计算的结果必须唯一,而目前尚不能很好解决反分析解的唯一性问题,因此该法在实际计算中常常难以收敛。

(4)图谱法是将岩体视为弹性介质,通过有限元计算得到相应于不同弹性模量下的位移与初始应力水平分量的关系图(直线),根据实测位移值利用上述关系图建立的一系列图谱和图表,由相似原理反推初始地应力水平分量和弹性模量。这种方法结合计算机检索,可以方便地解决线弹性反分析问题,且具有较好的精度。但其结果对输入较为敏感,且仅适用于弹性介质。

(5)神经网络在反分析中的应用可以分为两类,一是采用神经网络的系统辨识理论,根据岩土工程力学正分析的理论和方法,先建立系统输入和输出的正分析求解样本,再用神经网络对这些样本进行系统的逆辨识学习,从而得到反分析的解。另外一种是利用正分析得到的学习样本,建立结构正分析的近似分析器,在优化求解过程中实现结构的实时分析。

(6)非确定性方法是指在考虑已知信息中存在的模糊性和随机性等特点,将常规的反分析方法与模糊有限元法、随机有限元等结合起来的一种反分析形式。一般应用概率论、数理统计、随机过程或模糊数学等不确定数学工具来分析量测信息的不确定性、本构模型的不确定性,并考虑参数的先验信息及量测位移建立不同的目标函数,由此进行非确定性反分析。

7.2 基础分析有限元模拟

对于桥梁地基及基础安全性评估分析，需要考虑锚碇—基础和地基土、基岩的相互作用，应用有限元计算方法可以分析不同混凝土材料、不同施工方案情况下的地基、基础和锚碇体之间的相互作用，得到地基以及锚碇结构的应力场、位移场以及基础沉降和变位。

7.2.1 本构模型

(1)土体的 Duncan-Chang 非线性弹性模型

邓肯和张(Duncan-Chang)非线性弹性模型由于模型使用方便，结果较为合理，是土工数值计算中运用得最广泛的模型之一。

常规三轴试验中，在 σ_3 不变条件下施加 $\sigma_1-\sigma_3$，并测出轴向应变 ε_a 和体积应变 ε_v，点绘 $\sigma_1-\sigma_3\sim\varepsilon_a$ 曲线，如图 7-1 所示。康纳等用双曲线来拟合这些曲线，对于某一 σ_3，$\sigma_1-\sigma_3\sim\varepsilon_a$ 关系可表示成 $\sigma_1-\sigma_3=\varepsilon_a/a+b\varepsilon_a$，式中，$a$ 和 b 为试验常数。上式可写为 $\varepsilon_a/\sigma_1-\sigma_3=a+b\varepsilon_a$。以 $\varepsilon_a/\sigma_1-\sigma_3$ 为纵坐标，ε_a 为横坐标，则双曲线可转换成直线，见图 7-2，其斜率为 b，截距为 a。

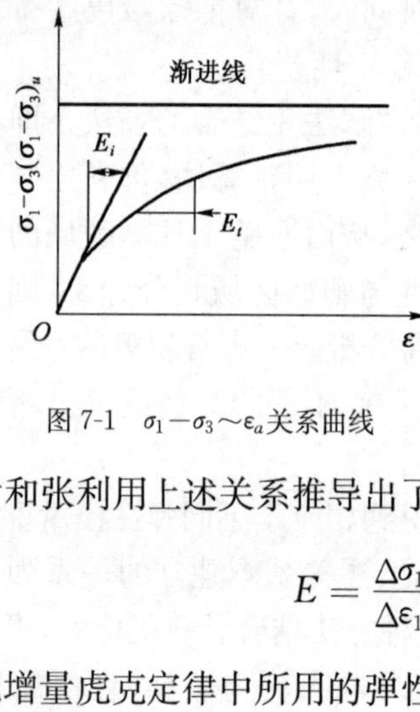

图 7-1　$\sigma_1-\sigma_3\sim\varepsilon_a$ 关系曲线

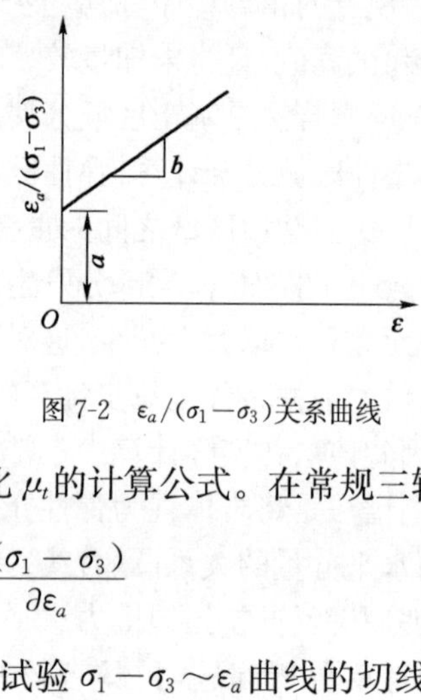

图 7-2　$\varepsilon_a/(\sigma_1-\sigma_3)$ 关系曲线

邓肯和张利用上述关系推导出了切线弹模 E_t、泊松比 μ_t 的计算公式。在常规三轴试验中

$$E=\frac{\Delta\sigma_1}{\Delta\varepsilon_1}=\frac{\Delta(\sigma_1-\sigma_3)}{\Delta\varepsilon_a}=\frac{\partial(\sigma_1-\sigma_3)}{\partial\varepsilon_a} \tag{7-1}$$

可见增量虎克定律中所用的弹性模量即为常规三轴试验 $\sigma_1-\sigma_3\sim\varepsilon_a$ 曲线的切线斜率，称为切线弹模，用 E_t 表示。将 $\sigma_1-\sigma_3=\varepsilon_a/a+b\varepsilon_a$ 代入式(7-1)，可得：

$$E_t=\frac{a}{(a+b\varepsilon_a)^2} \tag{7-2}$$

由式 $\varepsilon_a/\sigma_1-\sigma_3=a+b\varepsilon_a$，代入式(7-2)得：

$$E_t=\frac{1}{a}[1-b(\sigma_1-\sigma_3)]^2 \tag{7-3}$$

由式 $\varepsilon_a/\sigma_1-\sigma_3=a+b\varepsilon_a$ 可知，当 $\varepsilon_a\to 0$ 时：

$$a=\left(\frac{\varepsilon_a}{\sigma_1-\sigma_3}\right)_{\varepsilon_a\to 0} \tag{7-4}$$

而$(\sigma_1-\sigma_3/\varepsilon_a)_{\varepsilon_a\to 0}$是曲线$\sigma_1-\sigma_3\sim\varepsilon_a$的初始切线斜率，称为初始切线模量，用$E_i$表示，见图7-1。故有$a=1/E_i$，$b=1/(\sigma_1-\sigma_3)_u$。试验表明，$E_i$随$\sigma_3$变化。如果在双对数纸上点绘$\lg(E_i/Pa)\sim\lg(\sigma_3/Pa)$的关系，则近似地为一直线，直线的截距为$k$，斜率为$n$。于是有：

$$E_i=kPa\left(\frac{\sigma_3}{Pa}\right)^n \tag{7-5}$$

设破坏比$R_f=(\sigma_1-\sigma_3)_f/(\sigma_1-\sigma_3)_u$，其中$(\sigma_1-\sigma_3)_f$表示土体破坏时的偏应力，$(\sigma_1-\sigma_3)_u$表示$\varepsilon_a\to\infty$时的偏应力。应力水平$S=(\sigma_1-\sigma_3)/(\sigma_1-\sigma_3)_f$，由摩尔—库仑强度准则可得破坏偏应力$(\sigma_1-\sigma_3)_f=2c+2\sigma_3\sin\varphi/1-\sin\varphi$。将初始切线模量$E_i$、破坏比$R_f$、应力水平$S$、破坏偏应力$(\sigma_1-\sigma_3)_f$及参数$b$代入式(7-3)，可得：

$$E_t=\left[1-R_f\frac{(1-\sin\varphi)(\sigma_1-\sigma_3)}{2c\cos\varphi+2\sigma_3\sin\varphi}\right]^2kPa\left(\frac{\sigma_3}{Pa}\right)^n \tag{7-6}$$

库哈威和邓肯认为常规三轴试验测得的$-\varepsilon_r\sim\varepsilon_a$关系也可用双曲线来拟合，点绘$-\varepsilon_r/\varepsilon_a\sim-\varepsilon_r$的关系为直线，其截距为$f$，斜率为$D$。于是有：

$$\frac{-\varepsilon_r}{\varepsilon_a}=f+D(-\varepsilon_r) \tag{7-7}$$

由于侧压力增量为零，故泊松比：

$$\mu=\frac{-\Delta\varepsilon_r}{\Delta\varepsilon_a}=\frac{\partial(-\varepsilon_r)}{\partial\varepsilon_a} \tag{7-8}$$

$-\varepsilon_r\sim\varepsilon_a$的切线斜率具有增量泊松比的物理意义，称为切线泊松比μ_t。将式(7-7)代入式(7-8)，并利用式$\varepsilon_a/\sigma_1-\sigma_3=a+b\varepsilon_a$把所含$\varepsilon_a$用应力来代替，可得：

$$\mu=\frac{f}{(1-A)^2} \tag{7-9}$$

其中$A=D(\sigma_1-\sigma_3)/kPa\left(\frac{\sigma_3}{Pa}\right)^n\left[1-\frac{R_f(1-\sin\varphi)(\sigma_1-\sigma_3)}{2c\cos\varphi+2\sigma_3\sin\varphi}\right]$

当$-\varepsilon_r\to 0$时，

$$f=\left(\frac{-\varepsilon_r}{\varepsilon_a}\right)_{\varepsilon_r\to 0}=\mu_i \tag{7-10}$$

式中，μ_i为初始切线泊松比。对于不同的σ_3，有不同的μ_i，在半对数纸上点绘$\mu_i\sim\lg(\sigma_3/Pa)$关系曲线，近似为一直线，其截距为$G$，斜率为$F$，于是有：

$$\mu_i=G-F\lg\frac{\sigma_3}{Pa} \tag{7-11}$$

切线泊松比为：

$$\mu_t=\frac{G-F\lg\left(\frac{\sigma_3}{Pa}\right)}{(1-A)^2} \tag{7-12}$$

由式(7-12)算得的μ_t有时可能大于0.5，在试验中测得的μ值也确有可能超过0.5，这是由于土体存在剪胀性。在有限元计算中，μ若大于或等于0.5，劲度矩阵就出现异常。因此，实际计算中，当μ大于0.49，取μ等于0.49。

(2)岩体的Drucker-Prager弹塑模型

对于岩体，采用Drucker-Prager弹塑模型。其屈服函数为：

$$f = \alpha I_1 + \sqrt{J_2} - k = 0 \tag{7-13}$$

式中

$$\alpha = \frac{2\sin\varphi}{\sqrt{3}(3+\sin\varphi)} \quad k = \frac{6c\cos\varphi}{\sqrt{3}(3+\sin\varphi)} \tag{7-14}$$

式中，c、φ 分别为岩体的凝聚力和内摩擦角，I_1、J_2 应力张量的第一不变量和应力偏量的第二不变量。

(3)混凝土四参数屈服模型

根据混凝土在复杂加载条件下的渐近破坏实验结果，S. S. Hsieh 等人提出初始屈服面和破坏面在应力空间中具有相同形状的假设，并认为应力状态在屈服前为弹性，位于屈服面和破坏面之间为塑性。超出破坏面后为开裂的各向异性或毫无刚度的碎体。他们提出了具有如下四个参数的屈服准则和破坏准则：

$$F_i = \overline{A}(J_2/f_i) + \overline{B}\sqrt{J_2} + \overline{C}\sigma_1 + \overline{D}I_1 - f_i = 0 \tag{7-15}$$

式中，四个常数 $\overline{A}$、$\overline{B}$、$\overline{C}$、$\overline{D}$ 可通过简单拉伸、简单压缩、双向等荷压缩和假三轴压缩四种破坏实验结果求得。当 $F_i = F_0$ 表示屈服函数时，$f_i = f_c$，f_c 为材料单向受压的屈服点应力；当 $F_i = F_1$ 表示破坏函数时，$f_i = f_c'$，f_c' 为材料单向受压强度。

当由式(7-15)计算的 $F_0 < 0$ 时，表示应力处于弹性状态；$F_0 > 0$ 和 $F_L < 0$ 时，表示应力进入塑性状态；$F_L > 0$ 表示材料破坏，其破坏类型由下列判断确定：

$$\alpha = -I_1/(2\sqrt{3}J_2\cos\theta) \quad \theta = \frac{1}{3}\cos^{-1}(3\sqrt{3}J_2/2\sqrt{J_2{}^3}) \tag{7-16}$$

当 $\alpha < 1$ 时，表示 $\sigma_1 > 0$，材料拉裂，变为各向异性；

当 $\alpha > (1+\mu)/(1-2\mu)$ 时，表示 $\varepsilon_1 < 0$(近似)，材料压碎，丧失刚度。

当 $1 < \alpha < (1+\mu)/(1-2\mu)$ 时，表示材料部分拉裂，部分压碎。

四参数准则具有 $\overline{A}$、$\overline{B}$、$\overline{C}$、$\overline{D}$ 四个可变的参数，如能选择其适当的值，实验结果都能得到很好地反映。该准则不仅反映了静水压力项 I_1、偏应力项 J_2 对强度的影响，还反映了第一主应力对强度的影响。可以认为，四参数准则把塑性破坏和脆性破坏统一地表达出来。

(4)接触面单元材料本构关系

假定接触面无拉应力，剪切破坏服从 Mohr-Coulomb 屈服准则，可建立屈服函数关系式。接触面可发生以下三种变形状态：

①$F_1 > 0$，接触面分离。材料本构矩阵置零。

②$F_1 \leqslant 0$ 且 $F_2 \leqslant 0$，接触面粘结无滑移。材料本构矩阵采用弹性本构矩阵。

③$F_1 \leqslant 0$ 且 $F_2 > 0$，接触面粘结滑移。材料本构矩阵采用弹塑性本构矩阵；塑性流动采用相关联的流动法则。

7.2.2 初始应力的形成

在土体的 Dunean-Chang 模型中，切线模量和泊松比均与单元应力有关。在荷载施加前，切线模量和泊松比一般通过初始应力确定。在岩体的 Drucker-Prager 弹塑模型中，在初始计算中也需用到初始应力。实际岩体和土体的初始应力状态是无法精确计算的。作为近似的估计，可以采用自重应力，即：

$$\left.\begin{aligned}\sigma_z&=\sum_{i=1}^{n}\gamma_i z_i\\ \sigma_x&=\sigma_y=(1-\sin\varphi)\sigma_z\end{aligned}\right\}\tag{7-17}$$

式中，γ_i、z_i 分别为单元上方岩土体的容重和厚度，φ 为岩土体内摩擦角。

7.2.3　非线性有限元的支配方程

非线性问题分析常用增量理论描述，一是可以较好地模拟其加载历史，二是便于把非线性问题逐步线性化。增量形式线弹性问题的微分方程组可归纳为三大类，表示如下：

平衡律：

$$\boldsymbol{L}_{\boldsymbol{\sigma}}(\boldsymbol{\sigma}^0+\Delta\boldsymbol{\sigma})+\overline{\boldsymbol{F}}^0+\Delta\overline{\boldsymbol{F}}=0\qquad(V)\tag{7-18}$$

$$\boldsymbol{T}^0+\Delta\boldsymbol{T}=\overline{\boldsymbol{T}}^0+\Delta\overline{\boldsymbol{T}}\qquad(S_\sigma)\tag{7-19}$$

协调律：

$$\Delta\boldsymbol{\varepsilon}=\boldsymbol{L}_u(\boldsymbol{u}^0+\Delta\boldsymbol{u})-\boldsymbol{\varepsilon}^0\qquad(V)\tag{7-20}$$

$$\boldsymbol{u}^0+\Delta\boldsymbol{u}=\overline{\boldsymbol{u}}^0+\Delta\overline{\boldsymbol{u}}\qquad(S_u)\tag{7-21}$$

本构律：

$$\Delta\boldsymbol{\sigma}=\boldsymbol{D}\Delta\boldsymbol{\varepsilon}\qquad(V+S)\tag{7-22}$$

$$\Delta\boldsymbol{\varepsilon}=\boldsymbol{S}\Delta\boldsymbol{\sigma}\qquad(V+S)\tag{7-23}$$

式(7-18)～(7-23)中，$(\ )^0$表示初始量，$\Delta(\ )$表示增量，$(^-)$表示给定的量，$\boldsymbol{L}_{\boldsymbol{\sigma}}$和$\boldsymbol{L}_{\boldsymbol{u}}$分别是定义微分平衡式和几何关系的算子，它们存在关系 $\boldsymbol{L}_{\boldsymbol{u}}=\boldsymbol{L}_{\boldsymbol{\sigma}}^{\mathrm{T}}$。

按有限元劲度法建立离散模型，由于构造的单元位移模式满足协调律，与上述微分方程组等价的泛函极小值解的条件是最小势能原理，即：

$$\delta\Pi_p(\Delta\boldsymbol{u})=0\tag{7-24}$$

其中

$$\begin{aligned}\Pi_p(\Delta\boldsymbol{u})=&\sum_{i=1}^{N_e}\int_{V_i}\left\{\frac{1}{2}\Delta\boldsymbol{\varepsilon}^{\mathrm{T}}\boldsymbol{D}\Delta\boldsymbol{\varepsilon}+\Delta\boldsymbol{\varepsilon}^{\mathrm{T}}\sigma^0-\Delta\boldsymbol{u}^{\mathrm{T}}(\overline{\boldsymbol{F}}^0+\Delta\overline{\boldsymbol{F}})\right\}\mathrm{d}v\\&-\sum_{i=1}^{N_e}\int_{S_i^\sigma}\Delta\boldsymbol{u}^{\mathrm{T}}(\overline{\boldsymbol{T}}^0+\Delta\overline{\boldsymbol{T}})\mathrm{d}s\end{aligned}\tag{7-25}$$

略去常数项，上式简化为：

$$\Pi_p(\Delta\boldsymbol{u})=\sum_{i=1}^{Ne}\left[\int_{V_i}\left(\frac{1}{2}\Delta\boldsymbol{\varepsilon}^{\mathrm{T}}\boldsymbol{D}\Delta\boldsymbol{\varepsilon}-\Delta\boldsymbol{u}^{\mathrm{T}}\Delta\overline{\boldsymbol{F}}\right)\mathrm{d}v-\int_{S_i^\sigma}\Delta\boldsymbol{u}^{\mathrm{T}}\Delta\overline{\boldsymbol{T}}ds-R_i\right]\tag{7-26}$$

$$R_i=-\int_{V_i}\{(\boldsymbol{L}_u\Delta\boldsymbol{u})^{\mathrm{T}}\boldsymbol{\sigma}^0-\Delta\boldsymbol{u}^{\mathrm{T}}\overline{\boldsymbol{F}}^0\}dv+\int_{S_i^\sigma}\Delta\boldsymbol{u}^{\mathrm{T}}\overline{\boldsymbol{T}}^0\mathrm{d}s\tag{7-27}$$

式中，R_i 为初始不平衡引起的能量。

构造单元位移模式如下：

$$\Delta\boldsymbol{u}=\boldsymbol{N}\Delta\delta^e\tag{7-28}$$

则有

$$\Delta\boldsymbol{\varepsilon}=\boldsymbol{L}_u\Delta\boldsymbol{u}=\boldsymbol{B}\Delta\delta^e\tag{7-29}$$

将式(7-28)和式(7-29)代入式(7-26)，整理后便可得到：

$$\Pi_p(\Delta\delta)=\frac{1}{2}\Delta\delta^{\mathrm{T}}\boldsymbol{K}\Delta\delta-\Delta\delta^{\mathrm{T}}\Delta\boldsymbol{R}_d-\Delta\delta^{\mathrm{T}}\boldsymbol{Q}_d^0\tag{7-30}$$

由 $\dfrac{\partial \boldsymbol{\Pi}_p}{\partial \Delta \boldsymbol{\delta}}=0$，得：

$$\boldsymbol{K}\Delta\delta=\Delta\boldsymbol{R} \tag{7-31}$$

其中：$\boldsymbol{K}=\sum\limits_{Ne}\boldsymbol{C}^{e\mathrm{T}}\boldsymbol{k}^e\boldsymbol{C}^e,\Delta\boldsymbol{R}=\Delta\boldsymbol{R}_d+\boldsymbol{Q}_d^0$

若考虑材料的非线性效应，其本构方程可表示：

$$\Delta\boldsymbol{\sigma}=(\boldsymbol{D}-(1-r)\boldsymbol{D}_p)\Delta\boldsymbol{\varepsilon}=\Delta\boldsymbol{\sigma}^e-\Delta\boldsymbol{\sigma}^p \tag{7-32}$$

式中，$\boldsymbol{D}_p$ 为塑性（或非线性）矩阵，与当时的应力状态有关；r 为过渡区（加载前呈弹性，加载后呈塑性状态）单元的塑性指标，$0\leqslant r\leqslant 1$。

为了迭代的方便，可把 $\Delta\boldsymbol{\sigma}^p$ 视作一种初应力，则原先含义下的初应力 $\boldsymbol{\sigma}^0$ 将变广义初应力 $\boldsymbol{\sigma}^0-\Delta\boldsymbol{\sigma}^p$，这样，就可利用线弹性问题的变分原理迭代求解非线性问题，修改最小势能表达式(7-26)，并参照上述推导过程，可以得到非线性问题求解增量位移的支配方程：

$$\boldsymbol{K}_e\Delta\boldsymbol{\delta}=\Delta\boldsymbol{R}=\Delta\boldsymbol{R}_d+\boldsymbol{Q}_d^0+\Delta\boldsymbol{R}^p \tag{7-33}$$

式中，$\boldsymbol{K}_e$ 为结构弹性劲度矩阵，$\Delta\boldsymbol{R}_d$ 为增量形式的外荷载列阵，$\boldsymbol{Q}_d^0$ 为初始不平衡力列阵，$\Delta\boldsymbol{R}^p=\sum\limits_{Ne}\int_{V_i}\boldsymbol{B}^{\mathrm{T}}\Delta\boldsymbol{\sigma}^p\mathrm{d}v$，是增量荷载作用下反映弹塑性效应的荷载列阵。

由于式(7-32)中的 $\Delta\boldsymbol{\sigma}^p$ 依赖于当前的应力状态，亦即与 $\Delta\boldsymbol{\delta}$ 和 $\boldsymbol{D}_p$ 等有关联，故在求解式(7-33)之前需假定 $\Delta\boldsymbol{\delta}$ 和 $\boldsymbol{D}_p$ 值，而 $\Delta\boldsymbol{\delta}$ 又是待求的未知量，故式(7-33)的求解是一个迭代过程。

7.3 岩土体力学参数对桥梁基础基底反力的敏感性分析

岩土体力学参数的敏感性分析一般可采用三种方法，第一是参数调整法，该法通过调整改变所考虑的计算参数，由有限元正分析获得新的计算结果后，通过分析比较与原计算结果之间的差别，定性地得出参数敏感性大小的次序，该法计算工作量较大，且只能定性地获得参数的敏感性；第二种是差分法，该法将经过参数微调前后两次计算结果的差分解获得参数的敏感性，该法的优点直接简便，概念清楚，但差分步长不易控制，差分步长的大小有时对结果有较大影响；第三种梯度分析法，该法采用直接对非线性有限元支配方程的偏微分技术，获得结构响应对考察参数的敏感性，该法效率精度皆佳，但需进行有限元方程的偏导数计算，计算机编程的工作量大。

在基坑分级开挖过程中，其增量有限元计算分析的支配方程为：

$$\boldsymbol{K}\Delta\boldsymbol{U}=\Delta\boldsymbol{F} \tag{7-34}$$

在邓肯—张模型中，材料参数有 C、φ、D、K、n、G、F、R_f，为提高计算效率，不可能将所有的参数都作为随机变量，实际上由于有些参数的变异性对排桩基础水平位移影响不大，因而也没有必要作为随机变量。对于参数 C、φ、D、K、n、G、F、R_f，排桩水平位移对其敏感性可以通过排桩水平位移对各个参数的偏导数来表示。排桩水平位移 $\Delta\boldsymbol{U}$ 对各个变量 X_i 的偏导数为：

$$\frac{\partial\Delta\boldsymbol{U}}{\partial X_i}=\boldsymbol{K}^{-1}\left(\frac{\partial\boldsymbol{F}}{\partial X_i}-\frac{\partial\boldsymbol{K}}{\partial X_i}\Delta\boldsymbol{U}\right) \tag{7-35}$$

由于荷载与参数无关，则 $\partial F/\partial X_i=0$，故上式变为：

$$\frac{\partial\Delta\boldsymbol{U}}{\partial X_i}=-\boldsymbol{K}^{-1}\frac{\partial\boldsymbol{K}}{\partial X_i}\Delta\boldsymbol{U} \tag{7-36}$$

位移全量对随机变量的偏导数为：

$$\frac{\partial \boldsymbol{U}}{\partial X_i} = \sum \frac{\partial \Delta \boldsymbol{U}}{\partial X_i} \tag{7-37}$$

应力增量对随机变量的偏导数为：

$$\frac{\partial \Delta \boldsymbol{\sigma}}{\partial X_i} = \frac{\partial \boldsymbol{D}}{\partial X_i}\boldsymbol{B}\Delta \boldsymbol{U} + \boldsymbol{DB}\frac{\partial \Delta \boldsymbol{U}}{\partial X_i} \tag{7-38}$$

应力全量对随机变量的偏导数为：

$$\frac{\partial \boldsymbol{\sigma}}{\partial X_i} = \sum \frac{\partial \Delta \boldsymbol{\sigma}}{\partial X_i} \tag{7-39}$$

劲度矩阵对随机变量的偏导数为：

$$\frac{\partial \boldsymbol{K}}{\partial X_i} = \sum_{n=1}^{NE}\int_V \boldsymbol{B}^{\mathrm{T}}\partial \boldsymbol{D}/\partial X_i \boldsymbol{B}\,\mathrm{d}V \tag{7-40}$$

弹性矩阵 D 对随机变量的偏导数 $\partial \boldsymbol{D}/\partial X_i$，就等于 $\boldsymbol{D}$ 矩阵的各个元素对随机变量的偏导数：

$$\frac{\partial \boldsymbol{D}}{\partial X_i} = \frac{\partial \boldsymbol{D}}{\partial E}\frac{\partial E}{\partial X_i} + \frac{\partial \boldsymbol{D}}{\partial \mu}\frac{\partial \mu}{\partial X_i} \tag{7-41}$$

在邓肯—张本构模型中，令 $S = 1 - \sin\varphi, P = \sigma_1 - \sigma_3, T = (\sigma_3/Pa)^n$

$A = 1 - R_f SP/R, R = 2c\cos\varphi + 2\sigma_3\sin\varphi, M = G - F\lg(\sigma_3/Pa)$，$Pa$ 为大气压，则有：

$$\frac{\partial T}{\partial \sigma_3} = \frac{nT}{\sigma_3} \tag{7-42}$$

$$\frac{\partial A}{\partial \varphi} = R_f\frac{PR\cos\varphi + SP(2\sigma_3\cos\varphi - 2c\sin\varphi)}{R^2} \tag{7-43}$$

$$\frac{\partial A}{\partial c} = \frac{4AR_f SP\cos\varphi}{R^2} \tag{7-44}$$

$$\frac{\partial A}{\partial R_f} = \frac{-SP}{R} \tag{7-45}$$

$$\frac{\partial A}{\partial \sigma_1} = \frac{-R_f S}{R} \tag{7-46}$$

$$\frac{\partial A}{\partial \sigma_3} = \frac{R_f(SR + 2SP\sin\varphi)}{R^2} \tag{7-47}$$

E 对各个随机变量的偏导数为：

$$\frac{\partial E}{\partial \sigma_1} = \frac{-2AR_f SYT}{R} \tag{7-48}$$

$$\frac{\partial E}{\partial \sigma_3} = \frac{2AR_f S(R + 2P\sin\varphi)YT}{R^2} + A^2\frac{\partial T}{\partial \sigma_3} \tag{7-49}$$

$$\frac{\partial E}{\partial \varphi} = 2YTA\frac{\partial A}{\partial \varphi} + \frac{\partial E}{\partial \sigma_1}\frac{\partial \sigma_1}{\partial \varphi} + \frac{\partial E}{\partial \sigma_3}\frac{\partial \sigma_3}{\partial \varphi} \tag{7-50}$$

$$\frac{\partial E}{\partial c} = 2YTA\frac{\partial A}{\partial c} + \frac{\partial E}{\partial \sigma_1}\frac{\partial \sigma_1}{\partial c} + \frac{\partial E}{\partial \sigma_3}\frac{\partial \sigma_3}{\partial c} \tag{7-51}$$

$$\frac{\partial E}{\partial R_f} = 2YTA\frac{\partial A}{\partial R_f} + \frac{\partial E}{\partial \sigma_1}\frac{\partial \sigma_1}{\partial R_f} + \frac{\partial E}{\partial \sigma_3}\frac{\partial \sigma_3}{\partial R_f} \tag{7-52}$$

$$\frac{\partial E}{\partial k} = A^2YT + \frac{\partial E}{\partial \sigma_1}\frac{\partial \sigma_1}{\partial k} + \frac{\partial E}{\partial \sigma_3}\frac{\partial \sigma_3}{\partial k} \tag{7-53}$$

$$\frac{\partial E}{\partial n} = A^2YT\ln\left(\frac{\sigma_3}{Pa}\right) + \frac{\partial E}{\partial \sigma_1}\frac{\partial \sigma_1}{\partial n} + \frac{\partial E}{\partial \sigma_3}\frac{\partial \sigma_3}{\partial n} \tag{7-54}$$

$$\frac{\partial E}{\partial X_i} = \frac{\partial E}{\partial \sigma_1}\frac{\partial \sigma_1}{\partial X_i} + \frac{\partial E}{\partial \sigma_3}\frac{\partial \sigma_3}{\partial X_i} \quad (X_i = G, D, F, k_{ur}, k_z, k_x) \tag{7-55}$$

在采用土体的邓肯—张本构模型有限元计算时，有时会用到回弹模量来代替切线模量，因此必须计算回弹模量 E_{ur} 对随机变量的偏导数。

实际对岩土体力学参数进行敏感性分析时，考虑到具体问题的计算量，可将敏感性较大的几个参数作为随机变量处理，而将敏感性较小的参数作为确定性量考虑。

7.4 基坑岩土体力学参数的确定性反分析及随机反分析

7.4.1 确定性优化反分析方法

优化反分析的原理就是假定一系列的待反演参数的值，将其代入正分析中计算出结构在该假定参数下的结构响应 $\boldsymbol{U}$，再将此计算结构响应 $\boldsymbol{U}$ 与实测结构响应 $\boldsymbol{U}^*$ 进行比较，当两者的差值到达最小值时，则认为该假定的参数值即为待求的参数值。所以，从本质上来说，优化反演就是求解一个非线性规划的过程，最终都要归结到将一个非线性误差函数最小化的问题。

对于非线性误差函数最小化问题，可采用直接搜索类方法和梯度类方法。在直接搜索类方法中，较典型的有：单纯形法、复合形法、Powell 法、Rosenbrock 法等；在梯度优化类方法中，又有最速下降法、共轭梯度法、变尺度 (DFP) 法等等。在以上各类方法中，从优化方法的角度来说，梯度优化方法具有更高的计算效率和计算精度。并且大多数情况下，在两类较好的梯度优化方法中，变尺度法与共轭梯度法相比，一方面具有更快的收敛特性，另一方面也更稳定，即使对函数等值线高度畸变或严重偏心的误差函数进行优化，也有较好的收敛性。这种稳定性是由于该法在迭代过程中，矩阵 $\boldsymbol{H}_i$ 始终为正定矩阵这一特性所决定的。而且，随着迭代的进行，矩阵 $\boldsymbol{H}_i$ 将收敛于误差函数 J 的 Hessian 矩阵的逆矩阵。但该法在迭代过程中，需要保存一个 $n\times n$(n 为待反演参数的数目)阶矩阵，所以对于多自变量优化问题，如果考虑到存储量问题，可采用共轭梯度法，否则建议采用收敛效率和稳定性都较好的变尺度法。本报告拟采用变尺度(DFP)法进行优化反分析。

变尺度(DFP)法是一种在优化的过程中不断地改变空间尺度(矩阵)从而产生新的搜索方向，进而使得初始点向最优点收敛的优化方法。同时，变尺度法也是一种拟牛顿法，这是因为可将其视为针对牛顿法需要计算 Hessian 矩阵的逆矩阵这一点进行改进而产生的一种方法。另一方面，变尺度法也是一种共轭方向法，这是由于变尺度法产生的搜索方向实际上也是一种共轭方向。其迭代过程如下：

(1)从一个初始点 $\boldsymbol{X}_1$ 和一个 $n\times n$ 阶的正定对称矩阵 $\boldsymbol{H}_1$ 开始(通常 $\boldsymbol{H}_1$ 取为单位矩阵 $\boldsymbol{I}$)，置迭代次数 $i=1$。

(2)计算误差函数 J 在点 $\boldsymbol{X}_i$ 处的梯度 $\nabla \boldsymbol{J}_i$，并令搜索方向 $\boldsymbol{S}_i$ 为：$\boldsymbol{S}_i = -\boldsymbol{H}_i \nabla \boldsymbol{J}_i$

(3)求 $\boldsymbol{S}_i$ 方向上的最优步长 λ_i^*，并使：$\boldsymbol{X}_{i+1} = \boldsymbol{X}_i + \lambda_i^* \boldsymbol{S}_i$

(4)检验点 $\boldsymbol{X}_{i+1}$ 的最优性，如果 $\boldsymbol{X}_{i+1}$ 是最优点，终止迭代过程。否则进行下一步。

(5)修正矩阵 $\boldsymbol{H}$ 为：$\boldsymbol{H}_{i+1} = \boldsymbol{H}_i + \boldsymbol{M}_i + \boldsymbol{N}_i$，其中

$$\boldsymbol{M}_i = \lambda_i^* \frac{\boldsymbol{S}_i \boldsymbol{S}_i^{\mathrm{T}}}{\boldsymbol{S}_i^{\mathrm{T}} \boldsymbol{Q}_i}, \boldsymbol{N}_i = -\frac{(\boldsymbol{H}_i \boldsymbol{Q}_i)(\boldsymbol{H}_i \boldsymbol{Q}_i)^{\mathrm{T}}}{\boldsymbol{Q}_i^{\mathrm{T}} \boldsymbol{H}_i \boldsymbol{Q}_i},$$

$$\boldsymbol{Q}_i = \nabla \boldsymbol{J}(\boldsymbol{X}_{i+1}) - \nabla \boldsymbol{J}(\boldsymbol{X}_i) = \nabla \boldsymbol{J}_{i+1} - \nabla \boldsymbol{J}_i$$

(6)令 $i=i+1$，转步骤(2)。

7.4.2 Bayes 随机反分析的误差函数及相应公式

由于材料参数、结构响应以及外荷载存在随机性，因此反分析也分为确定性优化反分析和随机优化反分析。与确定性优化反分析相比，随机优化反分析不但能够反演出材料参数或荷载的确定值(均值)，还能够反演出材料参数或荷载的方差或标准差。事实上，随机优化反分析方法与确定性优化反演方法的不同之处仅在于目标函数不同，而一旦目标函数建立之后，即可采用与确定性优化反演方法相同的优化方法如前述的共轭梯度法、DFP 法、遗传算法等方法进行参数的反分析。

随机反分析一般可分为 Gauss-Markov 参数估计法、极大似然参数估计法和 Bayes 参数估计法。在这三种参数估计理论中，只有 Bayes 参数估计理论事先将待求系统参数视为随机变量，将系统参数 $\boldsymbol{p}$ 描述为一种不确定性的量，在充分考虑参数 $\boldsymbol{p}$ 的先验分布信息这一前提之下，根据系统输出量的实测资料 $\boldsymbol{Y}^*$ 这一后验信息，对系统参数 $\boldsymbol{p}$ 进行估计。Bayes 参数估计可以反映工程经验，如对于岩体弹模，根据工程经验可大致定出其均值和方差(这实际上就是所谓的先验信息)，同时也避免了参数估计的盲目性，提高参数估计的精度和效率。所以，Bayes 参数估计的目的也可以说是根据系统输出量的实测资料 $\boldsymbol{Y}^*$ 这一后验信息对待估参数 $\boldsymbol{p}$ 的先验信息进行修正，具有很大的优越性，而极大似然参数估计法和 Gauss-Markov 参数估计法则无法胜任。当对参数的先验统计信息一无所知($\boldsymbol{C}_p$ 无穷大)时，由 Bayes 参数估计理论导出的目标函数将退化为极大似然法目标函数，即 Bayes 估计退化为极大似然估计。在假定系统输出实测值为高斯分布的前提下，极大似然估计与 Gauss-Markov 估计相同。

由于岩土体参数存在着随机性，因此采用 Bayes 参数估计法对岩土体参数进行随机反分析。

假设已知系统参数 $\boldsymbol{p}$ 的分布为正态分布，且其均值和方差已知，即已知系统参数 $\boldsymbol{p}$ 的概率密度函数 $f(\boldsymbol{p})$，在此又称为验前分布。Bayes 参数估计的思想是：在已知系统输出量实测值条件分布 $f(\boldsymbol{Y}^* \mid \boldsymbol{p})$ 和验前分布 $f(\boldsymbol{p})$ 的前提下，使得验后分布 $f(\boldsymbol{p} \mid \boldsymbol{Y}^*)$ 取值最大时的系统参数的统计特性即为待求的系统参数统计特性。所以 Bayes 参数估计又称为最大验后估计。根据 Bayes 定理，有：

$$f(\boldsymbol{p} \mid \boldsymbol{Y}^*) = \frac{f(\boldsymbol{Y}^* \mid \boldsymbol{p}) f(\boldsymbol{p})}{f(\boldsymbol{Y}^*)} \tag{7-56}$$

$f(\boldsymbol{p})$ 为验前分布，假设其服从高斯分布，根据概率论知识：

$$f(\boldsymbol{p}) = (2\pi)^{-\frac{n}{2}} \mid \boldsymbol{C}_p \mid^{-1} \exp[-(\boldsymbol{p} - \boldsymbol{p}_\beta)^{\mathrm{T}} \boldsymbol{C}_p^{-1} (\boldsymbol{p} - \boldsymbol{p}_\beta)] \tag{7-57}$$

式中，$\boldsymbol{C}_p$、$\boldsymbol{p}_\beta$ 分别为 $\boldsymbol{p}$ 的协方差矩阵和均值列矩阵。n 为待估参数的数目。

根据概率知识，将式(7-57)代入式(7-56)中，可推导出如下的表达式：

$$f(\boldsymbol{p} \mid \boldsymbol{Y}) = A \cdot \exp\left\{-\frac{1}{2}\left[(\boldsymbol{Y}^{*} - \boldsymbol{Y})^{\mathrm{T}}\boldsymbol{C}_{Y^{*}}^{-1} + (\boldsymbol{p} - \boldsymbol{p}_{\beta})^{\mathrm{T}}\boldsymbol{C}_{p}^{-1}(\boldsymbol{p} - \boldsymbol{p}_{\beta})\right]\right\} \tag{7-58}$$

式中，A 为与参数 $\boldsymbol{p}$ 无关的常量。将上式中的常量 A 舍去，并对其两边求对数可得 Bayes 参数估计的目标函数为：

$$J = (\boldsymbol{Y}^{*} - \boldsymbol{Y})^{\mathrm{T}}\boldsymbol{C}_{Y^{*}}^{-1}(\boldsymbol{Y}^{*} - \boldsymbol{Y}) + (\boldsymbol{p} - \boldsymbol{p}_{\beta})^{\mathrm{T}}\boldsymbol{C}_{p}^{-1}(\boldsymbol{p} - \boldsymbol{p}_{\beta}) \tag{7-59}$$

由上式可推导得目标函数 J 对参数 $\boldsymbol{p}$ 的偏导函数为：

$$\frac{\partial J}{\partial \boldsymbol{p}} = 2\left(\frac{\partial \boldsymbol{U}}{\partial \boldsymbol{p}}\right)^{\mathrm{T}}\boldsymbol{C}_{U^{*}}^{-1}(\boldsymbol{U} - \boldsymbol{U}^{*}) + 2(\boldsymbol{C}_{p}^{0})^{-1}(\boldsymbol{p} - \boldsymbol{p}_{0}) \tag{7-60}$$

由上式的目标函数可见，在 Bayes 参数估计中，不但考虑了系统输出实测值的随机性，也考虑了系统参数 $\boldsymbol{p}$ 先验信息对反演结果的影响。

用式(7-59)和(7-60)，采用前述参数反演的变尺度法，可以得到待反演材料参数 $\boldsymbol{X}$ 的均值，但尚无法得出材料参数 $\boldsymbol{X}$ 的方差。根据直接迭代求材料参数 $\boldsymbol{X}$ 方差的迭代公式，现结合梯度优化反演方法对其进行讨论。系统输出(结构位移)$\boldsymbol{U}$ 与待求参数 $\boldsymbol{X}$ 之间的关系总可视为一种函数关系，即它们之间的关系可表示为：

$$\boldsymbol{U} = \boldsymbol{U}(\boldsymbol{X}) \tag{7-61}$$

将上式对 X 在其均值点 $\overline{\boldsymbol{X}}$ 处进行 Taylor 展开，并忽略二次以上的项，可得：

$$\boldsymbol{U}(\boldsymbol{X}) = \boldsymbol{U}(\overline{\boldsymbol{X}}) + \boldsymbol{S}(\overline{\boldsymbol{X}})(\boldsymbol{X} - \overline{\boldsymbol{X}}) \tag{7-62}$$

其中

$$\boldsymbol{S}(\overline{\boldsymbol{X}}) = \left.\frac{\partial \boldsymbol{U}}{\partial \boldsymbol{X}}\right|_{X=\overline{X}} \tag{7-63}$$

即 $\boldsymbol{S}$ 为敏感性矩阵。将式(7-62)和式(7-63)代入式(7-60)可得：

$$\frac{\partial J}{\partial \boldsymbol{X}} = \boldsymbol{S}^{\mathrm{T}}\boldsymbol{C}_{U^{*}}^{-1}(\overline{\boldsymbol{U}} + \boldsymbol{S}\overline{\boldsymbol{X}} - \boldsymbol{L}\boldsymbol{X} - \boldsymbol{U}^{*}) + 2(\boldsymbol{C}_{X}^{0})^{-1}(\boldsymbol{X} - \boldsymbol{X}_{0}) \tag{7-64}$$

式中，$\overline{\boldsymbol{U}} = \boldsymbol{U}(\overline{\boldsymbol{X}})$，当目标函数 J 达到极小值时，上式取值为零，则可得：

$$[\boldsymbol{S}^{\mathrm{T}}\boldsymbol{C}_{U^{*}}^{-1}\boldsymbol{S} + (\boldsymbol{C}_{X}^{0})^{-1}]\boldsymbol{X} = \boldsymbol{S}^{\mathrm{T}}(\boldsymbol{C}_{U}^{*})^{-1}(\boldsymbol{U}^{*} - \overline{\boldsymbol{U}} + \boldsymbol{S}\overline{\boldsymbol{X}}) + (\boldsymbol{C}_{X}^{0})^{-1}\boldsymbol{X}_{0} \tag{7-65}$$

令：

$$\boldsymbol{H} = [\boldsymbol{S}^{\mathrm{T}}\boldsymbol{C}_{U^{*}}^{-1}\boldsymbol{S} + (\boldsymbol{C}_{X}^{0})^{-1}] \tag{7-66}$$

$$\boldsymbol{M} = [\boldsymbol{S}^{T}\boldsymbol{C}_{U^{*}}^{-1}\boldsymbol{S} + (\boldsymbol{C}_{X}^{0})^{-1}]^{-1}\boldsymbol{S}^{T}\boldsymbol{C}_{U^{*}}^{-1} \tag{7-67}$$

即可得 $\boldsymbol{X}$ 的估计值 $\hat{\boldsymbol{X}}$ 为：

$$\hat{\boldsymbol{X}} = \boldsymbol{H}^{-1}(\boldsymbol{C}_{X}^{0})^{-1}\boldsymbol{X}_{0} + \boldsymbol{M}\boldsymbol{U}^{*} - \boldsymbol{M}(\overline{\boldsymbol{U}} - \boldsymbol{S}\overline{\boldsymbol{X}}) \tag{7-68}$$

注意到$(\boldsymbol{C}_{X}^{0})^{-1} = \boldsymbol{H} - \boldsymbol{S}^{T}\boldsymbol{C}_{U^{*}}^{-1}\boldsymbol{S}$，上式可写为：

$$\hat{\boldsymbol{X}} = (\boldsymbol{I} - \boldsymbol{M}\boldsymbol{S})\boldsymbol{X}_{0} + \boldsymbol{M}\boldsymbol{U}^{*} - \boldsymbol{M}(\overline{\boldsymbol{U}} - \boldsymbol{S}\overline{\boldsymbol{X}}) \tag{7-69}$$

式中，$\boldsymbol{I}$ 为单位矩阵。上式中的最后一项为确定性量，假定参数先验信息 $\boldsymbol{X}_{0}$ 与系统响应实测资料 $\boldsymbol{U}^{*}$ 不相关，可得 $\hat{\boldsymbol{X}}$ 的方差为：

$$\boldsymbol{C}_{X} = [\boldsymbol{I} - \boldsymbol{M}\boldsymbol{S}]\boldsymbol{C}_{X}^{0}[\boldsymbol{I} - \boldsymbol{M}\boldsymbol{S}]^{\mathrm{T}} + \boldsymbol{M}\boldsymbol{C}_{U^{*}}^{-1}\boldsymbol{M}^{T} \tag{7-70}$$

根据 $\boldsymbol{C}_{X}^{0}$、$\boldsymbol{C}_{U^{*}}$ 的对称非奇异性，可以证明，上式可被进一步写为：

$$\boldsymbol{C_X} = \boldsymbol{C_X^0} - \boldsymbol{A}_0\boldsymbol{S}\boldsymbol{C_X^0} = [(\boldsymbol{C_X^0})^{-1} + \mathrm{S}^{\mathrm{T}}\boldsymbol{C}_{U^*}^{-1}\,\mathrm{S}]^{-1} \tag{7-71}$$

式中：$\boldsymbol{A}_0 = \boldsymbol{C}_X^0\boldsymbol{S}^{\mathrm{T}}(S\boldsymbol{C}_X^0\boldsymbol{S}^T + \boldsymbol{C}_{U^*})^{-1}$。

式(7-71)表明，参数反演的结果方差 $\boldsymbol{C_X}$ 由两部分产生：一部分与结构响应实测资料随机性相对应，即 $\boldsymbol{S}^{\mathrm{T}}\boldsymbol{C}_{U^*}^{-1}\boldsymbol{S}$ 部分；另一部分与待估参数先验信息相对应，即$(\boldsymbol{C_X^0})^{-1}$部分。实际上，当不考虑待估参数的先验信息时，$(\boldsymbol{C_X^0})^{-1}$将为零。于是，式(7-71)成为：

$$\boldsymbol{C_X} = (\boldsymbol{S}^{\mathrm{T}}\boldsymbol{C}_{U^*}^{-1}\boldsymbol{S})^{-1} \tag{7-72}$$

而根据式(7-72)表示的系统响应 $\boldsymbol{U}$ 对待估参数 $\boldsymbol{X}$ 的一阶 Taylor 展开，又可以得出以下的计算公式：

$$\boldsymbol{C_U} = \boldsymbol{S}\boldsymbol{C_X}\boldsymbol{S}^{\mathrm{T}} \tag{7-73}$$

比较式(7-72)和式(7-73)，并注意到 $\boldsymbol{C_X}$、$\boldsymbol{C_U}$ 的对称非奇异性，可以发现，这两式实际上是等价的。由此可见，式(7-71)中的$(\boldsymbol{C_X^0})^{-1}$部分实际上表示参数先验信息对参数反演方差的纠正。

7.4.3 Bayes 参数优化反演的计算步骤

根据式(7-64)、式(7-65)以及式(7-72)，当用 Bayes 法对未知系统参数 $\boldsymbol{X}$ 进行求解时，可按以下的迭代过程进行求解：

令 $i=0$，取参数 $\boldsymbol{X}$ 的第 i 次取值 $\boldsymbol{X}_i$ 为初始值 $\boldsymbol{X}_0$；

根据式(7-64)计算出当 $\boldsymbol{X} = \boldsymbol{X}_i$ 时，目标函数 J 对待求参数 $\boldsymbol{X}$ 的梯度 $\nabla \boldsymbol{J}_i$；根据所选梯度优化方法计算出 $\boldsymbol{X}$ 的下一迭代值 $\boldsymbol{X}_{i+1}$；检验待求参数 $\boldsymbol{X}$ 在 $\boldsymbol{X}_{i+1}$ 点是否满足收敛准则，如果满足则终止迭代过程。否则，继续执行迭代。

根据式(7-68)、式(7-71)或式(7-72)计算出参数 $\boldsymbol{X}$ 的协方差 $\boldsymbol{C_X}$。

7.5 基础位移反分析

模型与参数的可辨识问题、参数灵敏度问题、求解的稳定性问题与局部极小值问题是反分析中涉及的基本理论问题。模型与参数的可辨识问题是指利用已有信息能否唯一确定力学模型与模型参数，其中力学参数可辨识性是与参数的灵敏度系数、目标函数是否有唯一的全局极小点相关联。如果参数的灵敏度系数线性相关，则不能唯一辨识出所有参数；而目标函数有唯一的全局极小点时，则可以唯一辨识出所有参数。求解的稳定性问题是指求解结果对于初值的敏感程度，它往往又与局部极小值问题、优化求解方法相关联，如果目标函数存在局部极小点，并且使用的不是全局寻优的优化方法，往往不同初值会得到不同的收敛解。由于目标函数是待求变量的隐含数，而且往往又是非线性函数，对于此类理论问题进行讨论较为困难。即使有些情况下，目标函数有唯一的全局极小点、参数也是可唯一辨识的。但是利用有些优化方法，仍然不能反演到参数的真解，往往对于不同的初值会出现不同的收敛值。

7.5.1 基于模型识别的位移反分析

模型识别与参数识别是既有区别，又相联系的过程。传统的模型辨识是指从具有某种属性的模型集合中识别出相对最佳的，能最准确地描述系统响应性态的模型。而一个模型要为人们所认识、接受和应用，一般将其以参数的形式具体表述，因而参数估计又是模型辨识的基础。其基本原理是:对于包含有 L 个模型的模型集合 M,如将这些模型记为 $M_1, M_2, \cdots, M_i, \cdots, M_L (1 < i < L)$,于是:

$$M = [M_1, M_2, \cdots, M_i, \cdots, M_L] \tag{7-74}$$

选择一个最能反映“真实”系统性态的模型 M_{opt}:

$$\text{如果 } M_K = \min\{O_{dc}\}(1 \leqslant K \leqslant L), M_{opt} = M_K \tag{7-75}$$

其中 O_{dc} 称为决策量。它包含有模型特征参数向量 R 和模型与真实系统之间的差异等信息。

传统的材料本构模型是一种基于参数确定的显式本构模型,这些参数一般有明确的物理含义,并且可通过一些简单受力状态的实验加以确定,它一般适用于材料力学机理清晰的问题。但在岩土工程中存在大量力学机理并不清晰的工程材料,存在初始模型选择任意,寻优过程计算量大等问题。因此人们基于神经网络提出隐式本构模型的概念,在该模型中应力应变函数关系式中不包含任何材料参数,它的关系是通过对大量输入—输出数据的学习。

7.5.2 基于神经网络的基础位移反分析方法

由于反问题一般都是不适定的、非线性的,虽然目前提出了一些解析技术方法以及直接反演方法等,但是,这些方法仅仅对于一些简单的、少自由度系统适用,而对于大量多自由度系统存在数值求解不唯一和不稳定等问题。

BP 神经网络是在工程中应用最为广泛的一种人工神经网络,他的最大特点是具有很强的非线性映射能力,只需要借助样本数据就可以建立数学模型,实现由空间 R^n(n 为输入节点数)到空间 R^m(m 是输出节点数)的高度非线性映射,从而避免了建立、验证和求解复杂数学模型的诸多不便。因此,利用神经网络可以进行力学参数的辨识。目前,利用神经网络进行力学参数辨识主要有两种方法:一种就是将“正问题”求解过程中形成的输入与输出参数反转,为相应地输入与输出学习样本,来训练一神经网络至收敛,则完成了系统输出参数空间到输入参数空间的逆映射过程,利用这一逆映射可以方便地得到材料本构模型的力学参数;另外一种方法就是利用有限元正分析得到的学习样本,直接训练一神经网络至收敛,作为结构正分析的近似分析器,在对目标函数优化求解过程中用这一近似分析器代替有限元的正分析,从而可以实现结构的实时近似分析,大大减少优化时间。但是这两种方法在关于解的存在性与稳定性等方面还缺乏严谨的理论证明,如第一种方法在利用神经网络建立测点位移到力学参数的映射时要求系统是可逆的,即测点位移与力学参数是一一对应的,但是在实际应用时都没有验证这一前提条件。

为了对基础结构发生的异常进行定位与评估,有必要在地基基础中划分若干反演区域,利用反演分析求出这些区域内材料力学参数的变化作为定位与评估的依据。这样有可能造成待求参数数目增加,此时若采用传统优化算法为核心进行反演计算,则寻优过程极易陷入局部最优点,优化过程的数值稳定性差,特别是计算效率会大大降低甚至导致搜索不收敛。

7.5.2.1 学习样本的获取

基础结构力学参数的辨识是一个反问题,只要系统是可逆的,就可以建立一个逆系统神经网络,在一定误差范围内得到反问题的解。但是 BP 神经网络是通过对已知样本的学习,获取其中的函数关系来表达系统的,因此在利用神经网络进行力学参数的辨识时,首先要获取网络的学习样本。如果我们能够获取系统正问题的输入样本与输出样本,并将这些样本进行反转就可得到逆系统的学习样本。在结构分析系统正问题中，力学参数是输入变量，测点响应是输出变量，它们可以通过有限元的理论分析获得。如果给定不同的力学参数 X_i，用有限元法可以求出相应的响应 $\{u\}_i$，从而获得系统正问题的学习样本集 P：

$$P=\{(X_1,\{u\}_1),(X_2,\{u\}_2),\cdots,(X_i,\{u\}_i),\cdots\}$$

上面样本集中的输入样本与输出样本反转则得到了逆问题的学习样本集 P'，即为逆系统的学习样本：

$$P'=\{(\{u\}_1,X_1),(\{u\}_2,X_2),\cdots,(\{u\}_i,X_i),\cdots\}$$

7.5.2.2　神经网络结构的确定

一个前馈神经网络由输入层、输出层和隐含层三部分组成，于是存在输入层单元数、输出层单元数、隐含层层数和隐含层单元数确定的问题。参数反演问题是利用已经知道的节点位移信息求解材料本构模型的参数，因此已经知道的或者已经利用的节点位移总数目就确定了输入层的单元数，而输出层的单元数就由待求参数的数目确定。对于隐含层层数和单元数的确定，到目前为止还没有成熟的理论与方法，一般采用试验的方法确定，即首先采用一层隐含层和较少的隐含层单元，利用 BP 计算方法和已有的学习样本进行训练到收敛，如果收敛值达到目标误差，网络结构确定；如果没有达到事先确定的目标误差，原则上先增加隐含层的单元数，而后增加隐含层，直到经过训练好的网络可以满足事先规定的误差。

力学参数反演问题是利用已经知道的结构响应信息求解材料本构模型的参数，因此根据已经知道的或者已经利用的测值数目就确定了输入层的单元数，而输出层的单元数就由待求参数的数目确定。对于隐含层单元数的确定，通常首先依据经验公式采用较少的隐含层单元：

$$n_{hide}=\sqrt{n_{input}\cdot n_{output}}+(2\sim 10)$$

式中：n_{hide} 为隐含层单元数；n_{input} 为输入层单元数；n_{output} 为输出层单元数。利用初步确定的网络结构和已有的学习样本进行训练到收敛，若收敛值达到目标误差，则网络结构确定，若没有达到事先确定的目标误差，可先增加隐含层的单元数，而后还可增加隐含层，直到经过训练的网络可满足事先规定的误差限值。

7.5.3　基于遗传算法反演

提高神经网络反演结果的精度并对其作出验证，对于高维数参数反演，采用遗传算法进行优化反演。

遗传算法(Genetic algorithm，简称 GA)最早是由美国学者 Holland 于 1975 年提出，它是模拟达尔文遗传选择和自然淘汰生物进化论的计算模型，在优化问题求解、自适应控制、机器学习和人工生命等领域的应用中初步展示了其特色和魅力，成为目前热门的研究课题。GA 把适者生存原则和结构化及随机化的信息交换结合在一起，形成了具有某些人类智能的特征，这恰恰能比较好地克服传统优化算法的不足之处，因为：①遗传算法基本上不受函数约束条件诸如连续性，导数存在，极值等限制；②遗传算法具有隐含的并行性，同时从多个候选解出发搜索最优解，有效地克服了传统优化算法从单一候选解出发而易限于局部极小值的缺陷，可平行地“爬”出许多“山峰”，使搜索过程陷入局部最优解的可能性大大减小；③遗传算法不是盲目的随机搜索，而是使用选择、交叉、变异等随机化的遗传操作，进行具有导向性的随机化搜索，不仅使搜索的潜在解的范围扩大，同时还能有效利用历史信息，推测出有希望改进特征的解；

④遗传算法优化参数矢量的二进制等编码方法使其优化过程与优化参数个数无关。虽然对于简单的优化问题,如有导数的单极值优化问题,遗传算法的计算效率不如梯度类算法,但是对于非连续问题,含噪声问题,高维问题和多极值问题,其优化能力是其他优化算法难以比拟的。事实证明:GA不仅新颖别致,与其他常规优化算法相比较也具有明显优势,因此非常适用于本章反演问题中的参数优化。本文采用遗传算法作为参数反演的优化算法,就是利用遗传算法强大的搜索能力,解决可能出现的局部极小问题以及高维问题。

遗传算法是从代表问题可能潜在解集的一个初代种群开始的,一个种群(population)则由经过基因编码形成的多个个体(individual)组成。每个个体实际上是带有特征的染色体(chromosome)。染色体作为遗传物质的主要载体,是多个基因(gene)的集合,其内部表现(即基因型)为某种基因组合,它决定了个体形状的外部表现,如同人类肤色的特征是由染色体中控制这一特征的某种基因组合决定。因此,在一开始需要实现从表现型到基因型的映射即编码工作,如二进制编码。初代种群产生之后,按照适者生存和优胜劣汰的原理,逐代演化产生出越来越好的近似解。在每一代,根据问题域中个体的适应度大小选择(selection)个体,并借助于自然遗传学的遗传算子进行组合交叉(crossover)和变异(mutation),产生出代表新解集的种群。这个过程将导致种群像自然进化一样的后生代种群比前代更加适应于环境,末代种群中的最优个体经过解码(decoding),可以作为问题近似最优解。GA是一种随机全局多点搜索算法。GA处理过程中包括4个基本要素:编码、遗传操作、适应度函数和GA控制参数。这4个处理要素十分重要,它们支配着GA的收敛速度和解的品质。

(1)编码

在GA中,首先要将搜索空间解的表示转换为遗传空间解的表示,这一操作称为编码,其反操作称为解码。对编码的基本要求是:两个空间的解必须一一对应,而且编码应尽量简明。遗传空间的解称为个体或染色体,个体通常由字符串表示,字符串的每一位称为遗传基因。多个个体组成一个种群供GA使用。编码的形式是多种多样的,像二进制码、灰度码或其他形式的编码都很容易实现个体的字符化。二进制编码的目的就是实现模型参数的字符化,即将参数空间的一点映射到一条染色体上,二进制染色体上每一位即为一个基因。染色体长度取决于参数取值范围和模型分辨率,即取:

$$2^N = (\max(m) - \min(m))/\Delta m$$

其中N为染色体长度,Δm为模型参数分辨率。模型参数的二进制编码是一种数学上的抽象,通过编码把具体的非线性优化问题和生物演化过程联系起来,这时形成的编码字符串就相当于一组遗传基因的密码。根据生物传代的规律,这些基因信息将在繁殖中传到下一代,在下一代中按"适者生存"的原则决定群体的发展和消亡。传代准则(适应函数)就起到了决定"适者生存"的作用,即保留适应较好的个体,放弃适应较差的个体。在传代过程中,用编码表示的基因部分地交叉和变异,即字符串中的一些子串被保留,有的被改变,以使传代的过程按优化的目标演化。

值得一提的是,根据遗传算法的模式理论,具有低阶、短定义距以及平均适应度高于群体平均适应度的模式在进化迭代过程中将按指数级数增长率被采样。因而本文根据神经网络反演的结果初步判别可能破坏区域,并将这些区域较重要的参数置于编码的码链前段,可以更好保证算法的搜索效率和稳定性,更加充分地利用了神经网络反演的结果。

(2)遗传操作

进化过程中的优胜劣汰称为遗传操作。GA 主要包括 3 种基本操作过程。即选择、交叉和变异。

选择也叫做再生,其主要作用是从种群中选出作为父代的优秀(适应度高)个体。这些个体将通过交叉和变异生成下一代(新种群)的子代个体。选择操作使用的是概率准则,而不是确定性准则,相应的选择算法有多种:轮盘赌选择、随机遍历抽样、局部选择与锦标赛选择等,在本文中采用轮盘赌选择实现按比例的适应度分配。

交叉操作在 GA 中起着至关重要的全局搜索作用,是核心的遗传操作。有效的交叉策略可保证 GA 搜索的速度和质量,二进制编码交叉过程见图 7-3,图中双箭头表示两染色体间交叉,即基因间相互赋值。

在按适应度大小将个体由小到大两两配对后,由一定的交叉概率随机选取要进行交叉的父代个体对,再对选定的个体对随机选取某一位并将这一位到本参数基因段的最后一位进行交叉。

变异操作在 GA 中起局部搜索作用。由于搜索空间的性质和初始模型群体设置的优劣,GA 搜索中往往会出现所谓的初始收敛(早熟)现象,即在进化过程的早期即陷入局部解而中止进化。特别是本文在进行遗传之初将由神经网络反演得到的优良解作为优化反演初值之一,有可能导致这种情况的出现。采用合适的变异策略可提高群体中个体的多样性,从而防止早熟现象的发生。变异是生物演化中产生新种群的重要步骤,即遗传基因不完全来源于父母,而随偶然因素或环境发生少量的改变。就本文讨论的问题而言,随机地选择二进制字符串中的一位或几位并令其极性发生变化称为变异。设变异概率为 P_m,例如选 $P_m \leqslant 1/l$,l 为字符串长度或二进制总位数,它控制着极性改变的似然度。经过变异后,由 N 个二进制字符串组成的下一代就产生了,它又作为新的群体再产生后代。GA 变异过程见图 7-4。图中的单箭头代表染色体中基因极性的改变。

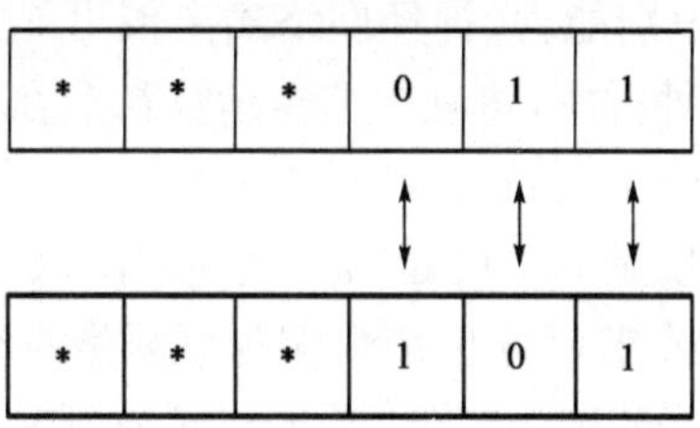

图 7-3　二进制编码交叉过程示意图

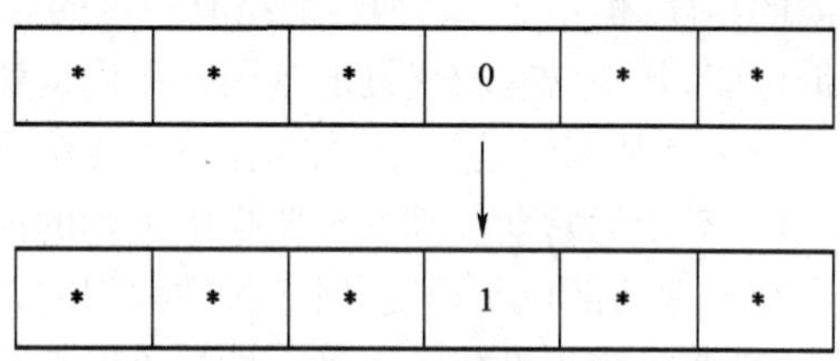

图 7-4　染色体基因变异过程示意图

变异是一种低概率随机过程,它可以使传代的轨迹散开,便于模型空间搜索的展开。实际上,$P_m = 0$(无变异)的遗传是没有活力的,对参数优化问题会造成迭代过程陷于局部极值而跳不出来;P_m 很大的遗传就类似于蒙特卡罗完全随机搜索。

(3)适应度函数

一般的 GA 仅用适应度函数来评估个体并在此基础上进行遗传操作,对适应度函数的唯一要求是对于输入可以计算出能加以比较地输出。通常,适应度函数是由目标函数变换而成,在进行力学参数反演时,引起反演目标函数(也就是误差函数)较大的个体,其适应度较差,而引起误差函数较小的个体则具有较好的适应度,因此一般取适应度函数为误差函数的倒数或者用一个大数减去误差函数而得。

适应度函数是判断解的优劣的标准,选择好的适应度函数是要使其在真实解附近具有大的峰值,而且在峰值附近较为光滑,又能使其他极值相对较小。这样就能避免解的不稳定性和尽快地收敛,同时也保证不会陷入局部极大值中。

(4)控制参数

遗传算法控制参数的不同选取,对问题的最终结果和收敛速度有很大影响,应根据具体问题加以确定。控制参数主要包括种群规模 N、杂交率 P_C 和变异率 P_m。P_C 与 P_m 对计算的影响已在前面介绍遗传操作时讨论过,而种群规模 N 主要影响收敛速度与精度,N 过大则增大计算量影响收敛速度,过小将影响搜索范围而得不到最优解。控制参数一般根据具体问题按经验确定。采用算子执行重叠的算法,即遗传操作产生的新的个体替代上一代中部分较差的个体而生成新的种群。针对大跨桥梁基础结构特点,主要控制参数取值范围一般为:$N=20\sim100$,$P_C=0.60\sim0.95$,$P_m=0.001\sim0.01$(或取 $1/l$,此处 l 为字符串长度或二进制总位数)。

7.5.4 基于神经网络与遗传算法结合的位移反演研究

7.5.4.1 神经网络结构的确定

针对传统优化算法寻优过程极易陷入局部最优点、优化过程的数值稳定性差等问题,将神经网络反演得到的优良解置入初始种群中,并适当增大种群规模,以避免陷于局部极小的问题。主要思路为:

(1)采用遗传算法作为优化反演计算的核心优化算法,提高反演结果的可靠性。

(2)采用神经网络反演方法对各分区材料的参数进行初步反演以确定进行遗传算法反演的初值及编码次序,提高遗传算法收敛效率与稳定性。由于地层条件一般比较复杂,在反演区域较多的情况下采用神经网络进行反演难以保证神经网络训练样本的完备性,这可能会影响反演的精度,但由于 BP 神经网络有一定的泛化和模式识别能力,神经网络输出值可能比较接近最优值,其中含有较优良的基因。将优良解置于初始种群中,可减少遗传运算初期在非优解中寻找优良基因的过程,大大降低遗传算法反演分析的收敛次数,提高计算效率。

(3)对于运营期基础安全监控中进行的反演分析不仅是为了确定"计算参数",而是分析结构出现异常的部位与程度,属于参数辨识问题。其不仅要求反分析结果能与观测数据较好地吻合,更要求辨识参数的不确定性尽可能地小。在具体操作时,可剔除那些对测值变量影响较小的量,即灵敏度小的参数,而保留灵敏度大的参数作为反演对象,从而减少待反演的参数数目,这样也在一定程度上改善了反问题的适定性。

采用以上思路此方法求各区域材料本构模型的力学参数,由于所有反演参数都是通过参数敏感性分析从各区域选择出来的,因此可保证在利用神经网络建立测点测值到力学参数的映射时系统是可逆的,即测点位移与力学参数是对应的。对于监测的子区域比较多的情况,训练样本的完备性难以得到保证,就会影响神经网络反演输出结果的精度。为解决精度问题,需将神经网络的反演结果提供给遗传反演进一步反演计算。

对于地基基础安全监控的位移监测,一般以外部变形监测和采用测斜仪等仪器的内部变形监测为主。由于现场监测的位移所含信息丰富且测值可靠等原因,因此反分析一般也以位移反分析为主。在位移反分析中上述两种监测手段就成为分析数据的主要来源。

外部变形观测通常精度较高，即使观测精度随仪器及条件的不同有所差别，一般也都能达到毫米级。但外部变形观测成果是地基基础位移总体的反映，根据它只能大致判断异常区的范围而难以反映地基内异常区的分布深度及沿潜在滑动面位移等信息。而内部位移观测手段虽然可以弥补这个缺陷，但由监测条件所限往往测量精度不高，存在较大的误差。以测斜监测为代表，测斜系统一般测量精度在每 15m 测管±4mm 左右，对于润扬大桥北锚基础这样深的基础则测量误差可以达到厘米级，不仅如此，一般测斜方法都假定测斜管底部始终是不动的，实际上要做到这点也比较困难，因此这种假定也会带来一定误差，因此直接以此测值作为反演的依据就难以得到理想的结果。

鉴于地表变位和地基内部变形监测有各自的优缺点，将它们的测值结合起来在反演分析中考虑是必需的。如果采用地基内部变形监测中同一测孔的不同深度测点间的位移差来构造目标函数，则目标函数可表达为：

$$\min(f)=\sum_{i=1}^{l}(u_i-\bar{u}_i)^2+\sum_{j=1}^{m}\sum_{k=1}^{n}[(u_{j,k}-u_{j,k-1})-(\bar{u}_{j,k}-\bar{u}_{j,k-1})]^2 \tag{7-76}$$

其中：u 为有限元正分析得到的测点位移；$\bar{u}$ 是测点实际测值；l 为地表变形测点数；m 为测孔数；n 为每一测孔内的测点数。采用这一目标函数可以部分解决内部变形监测误差的问题，但这样处理削弱了内部变形测值的变化对优化目标函数的影响，甚至在误差允许的范围内很难发现优化目标函数有什么变化。

考虑测斜监测的原理，其观测地基基础的深层水平位移通常采用活动式测斜仪通过量测测斜管轴线和铅垂线之间的夹角变化量，利用夹角变化量测值计算出测斜管所在位置地层各点的水平位移可见测斜最主要最直接的监测信息在于测斜管的空间形状而非各测点绝对位移大小，测量误差和计算假定带来的误差可能会影响某些测点的具体测值，却对测斜管整体上的形状影响不大。第五章提到的灰色绝对关联度正是数据序列曲线几何形状相似程度的度量，曲线越接近则序列间的关联度就越大，反之就小。基于这个原理，构造了一个新的目标函数以解决误差对内部变形测值影响的问题：

$$\min(f)=\sum_{i=1}^{l}(u_i/\bar{u}_i-1)^2+\sum_{j=1}^{m}(r_j-1)^2 \tag{7-77}$$

式中：r_j 为 j 号测斜管实际测值序列与计算值序列间的绝对关联度，其他意义同前。目标函数经过处理已消除了测值绝对值大小对目标函数的影响，其中第一项表示计算值反映在地表变形中在量上的误差，而第二项是计算值在内部变形中在"形"上的误差。

对于测量误差，可以采用关联度作为内部变形监测信息的反映可以消除这些误差对反演结果的影响。当然当实测信息的数量较少时，也可根据实际情况直接利用某些精度相对较好的内部变形测值，防止因量测资料过少而使反演结果严重失真。

7.5.4.2　算例

为了说明方法的有效性，举例说明。图 7-5 表示一个简化的地基基础平面应变问题，基础埋深为 2m，取平面内 10×10m 的地基范围进行计算，计算范围内地基由两层厚度为 5m 的地层组成，基础混凝土材料 I 与地层材料 II、III 均采用弹性本构模型(计算参数见表 7-1)，荷载简化为集中力 $F_Y=200\text{kN}$，$F_X=400\text{kN}$。

算例中材料计算参数 表 7-1

材 料	弹性模量(MPa)	泊 松 比	材 料	弹性模量(MPa)	泊 松 比
I	30 000	0.167	III	3	0.3
II	2	0.3			

对计算模型中的地基划分了 10 个子区域(图 7-6),以便对地基的异常部位进行更准确的反演定位。将图 7-7 中所示节点的计算值加上噪声作为对应测点的测值以反演地基弹模 E,设此时区域 3 和区域 4 的地基弹模已改变为1.3MPa,即对应各区的地基弹模为{2.0,2.0,1.3,1.3,2.0,3.0,3.0,3.0,3.0,3.0}。地表变位监测点的噪声生成公式为 $\pm 0.001r$ (mm),地基内部变形监测噪声的公式为 $\pm 0.027(9-h)r$ (mm)。其中 h 为测点深度,单位:m,r 为区间[0,1]之间的随机数。根据前面几节的内容,分别编制了遗传算法反演分析、复合形法反演分析程序。

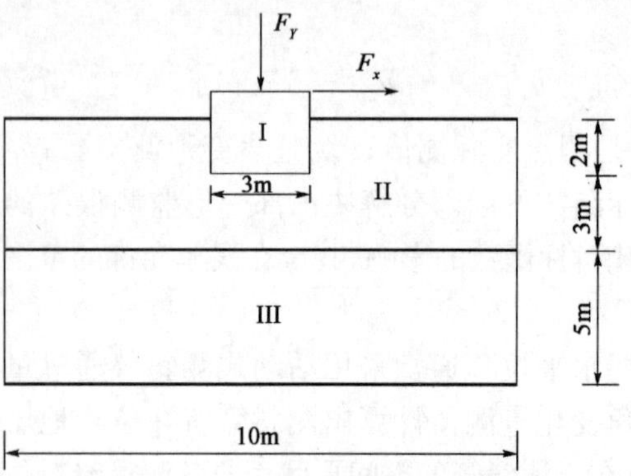

图 7-5 地基基础平面应变示意图

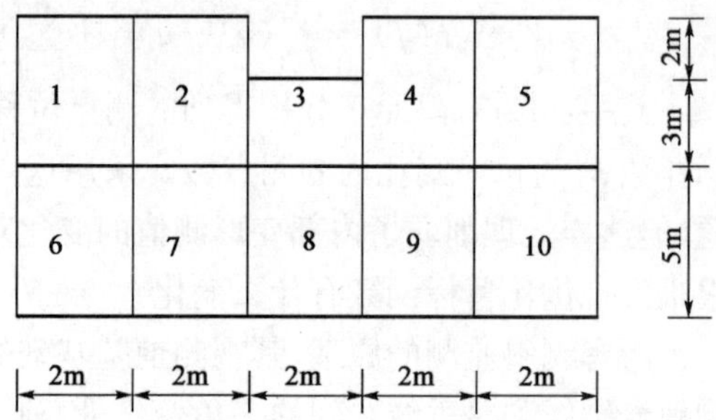

图 7-6 反演区域划分图

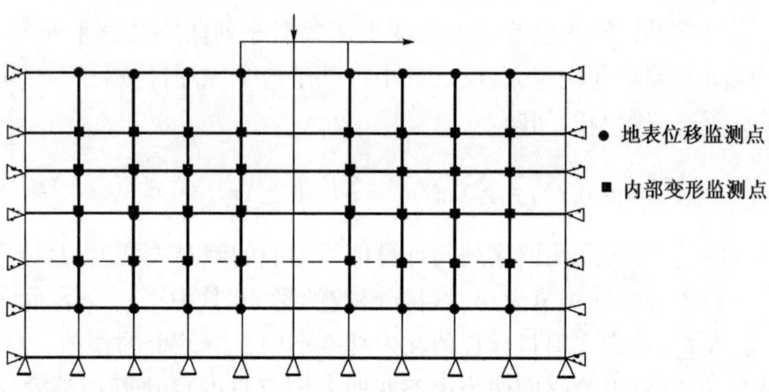

图 7-7 测点布置图

为了利用神经网络求取初值,采用一个 56×77×10 的 BP 神经网络进行训练,其中输入层训练数据为监测点响应计算值,输出层训练数据为相对应的地基弹模参数。训练完毕后,将对应地基弹模为{2.0,2.0,1.3,1.3,2.0,3.0,3.0,3.0,3.0,3.0}的测点响应计算值加上噪声作为模拟测值输入网络进行回忆,得到的初值为:{1.69,1.79,1.43,1.79,1.99,2.89,2.83,2.74,2.97,2.92, 2.99}。

采用式(7-77)作为优化目标函数,由复合形法进行了 240 步迭代,收敛得到的反演结果

为：{1.85，1.98，1.04，1.86，1.68，2.99，2.81，2.81，2.98，2.91}

使用神经网络反演得到的初值，采用复合形法及构造的反演目标函数进行了 217 步迭代，收敛后得到的反演结果为：{1.81，1.81，1.32，1.49，1.88，2.94，2.91，2.93，2.95，2.94}

可见，在反演中采用合理的初值可明显地提高反演速度与分析质量，因此本文在后面的对比分析中也采用了神经网络确定的初值。采用遗传算法进行反演优化，利用神经网络初值作为第一代种群中的个体，并根据初值调整编码次序，将 3、4 号区域的弹模放到编码链的前端，根据式(7-77)构造反演目标函数进行反演运算，运算的收敛速度明显慢于采用复合形法的过程，计算经约 3 000 多步迭代后收敛，计算结果为：

{1.86，1.82，1.31，1.38，1.89，2.99，2.91，2.97，2.94，3.00}

由分析过程可见，采用遗传算法存在计算量较大、运算速度较慢的问题，但由于采用遗传算法进行反演可以同时反演多个物性参数，其全局收敛性质和很强的鲁棒性可以保证反分析结果的可靠性，是一种高效、可信的反分析方法。

7.6　大跨悬索桥锚碇基础抗滑稳定及抗倾覆稳定安全评估

7.6.1　整体抗滑动稳定性验算

锚碇基础抗滑动稳定性验算时，首先应保证锚碇基础底面的抗滑动安全系数。锚碇基础底面的滑动抵抗力通常由以下几部分组成：

(1)基础底面和地基的黏结力，其为基础底面和地基间的黏结强度与有效承载面积的乘积。黏结力应根据混凝土块的剪切试验、其他试验和施工条件而定。对于混凝土的基础与土或岩石的地基之间，通常可不考虑该部分力。

(2)基础底面和地基间的滑动摩擦力，其为有效垂直荷载(扣除主缆拉力的垂直分量和基底地下水浮托力)与摩阻系数的乘积。摩阻系数按常规规范取值或根据试验、施工条件和已建桥经验而定。

(3)基础前部岩体或土体抗力，通常只在良好的嵌固和周边环境情况下才予以考虑。

以润扬大桥悬索桥南、北锚碇基础为例，在计算锚碇基础抗滑稳定安全系数中，滑动面取为锚碇基础底板与基岩交界面，抗滑力包括基础与底面岩土体交界面上的摩阻力、基础与侧面土体交界面上的摩阻力、基础与滑动方向前方土体交界面上的支承力，滑动力包括基础与底面岩土体交界面上的剪切力、基础与侧面土体交界面上的剪切力、基础后墙土体产生的土压力。抗滑稳定安全系数 F_s 的表达式如下：

$$F_s=\frac{抗滑力}{滑动力}=\frac{\sum_{i=1}^{n_{e1}}(f\sigma_{ni}+c_i)A_i+\sum_{i=1}^{n_{e2}}(f\sigma_{ni}+c_i)A_i+\sum_{i=1}^{n_{e3}}\sigma_{ni}A_i}{\sum_{i=1}^{n_{e1}}\tau_{ni}A_i+\sum_{i=1}^{n_{e2}}\tau_{ni}A_i+\sum_{i=1}^{n_{e4}}\sigma_{ni}A_i} \tag{7-78}$$

式中：F_s 为抗滑稳定安全系数；f，c 分别为岩土体参数；σ_{ni}，τ_{ni} 分别为基础与周围土体交界面上土体的正应力和剪应力；A_i 为每个单元交界面面积；n_{e1}，n_{e2}，n_{e3}，n_{e4} 分别表示锚碇基础底面、侧面以及基础前、后墙土体单元数。在本书中，为了安全起见，分别按两种情况进行计算，第一是考虑基础与滑动方向前方土体交界面上的土压力，第二是不考虑基础与滑动方向前方土体交界面上的土压力。

7.6.2 整体抗倾覆稳定性验算

锚碇基础抗倾覆稳定性验算时，对于基坑地基为土体或风化岩的情况，应保证在最不利的荷载作用下，基础基底截面偏心距落在截面核心内；当地基为强度较高的新鲜岩石的情况，应保证相对于基础前趾点抗倾覆力矩大于最不利的荷载作用下的倾覆力矩；在地基难以区分时，可用两种方法相互校核。

以润扬大桥悬索桥南、北锚碇基础为例，在计算锚碇基础抗倾覆稳定安全系数中，以锚碇基础底面根部为转动轴，抗倾覆力矩包括锚碇基础自重及基础与滑动方向前方土体交界面上的支承力产生的力矩，倾覆力矩是外力(索股拉力，散索鞍墩顶部所承受的均布压力)产生的力矩和和基础后墙与土体交界面上的被动土压力产生的力矩。抗倾覆稳定安全系数 F_m 的表达式如下：

$$F_m=\frac{\text{抗倾覆力矩}}{\text{倾覆力矩}}=\frac{\sum_{i=1}^{n_e}G_i d_i+\sum_{i=1}^{n_{e5}}\sigma_{ni}A_i d_i}{\sum_{i=1}^{n_f}P_i d_i+\sum_{i=1}^{n_{e6}}\sigma_{ni}A_i d_i} \tag{7-79}$$

式中：F_m 为抗倾覆稳定安全系数；G_i 为基础及锚体单元的重力；σ_{ni} 为基础与周围土体交界面上土体的正应力；A_i 为每个单元交界面面积；P_i 为大缆拉力；d_i 为各外力与转动轴的距离；n_e 为基础及锚体单元数；n_{e5}，n_{e6} 分别为与前墙、后墙相接触的土体单元数；n_f 为后锚块所受索股拉力和散索鞍顶部所受分布压力的单元总数。

第 8 章　大跨桥梁上部结构安全评估

目前大跨桥梁上部结构的安全评估和灾害预测方面的理论还很不完善。主要原因在于大跨桥梁结构在运营和使用过程中，组成结构的材料性质、构件间的联结状态等均随着时间的推移而变化，进而导致桥梁结构整体的物理和力学性能也表现为时变性，如结构响应由初始的线性渐变为非线性等。

8.1　结构有限元模型修正

相对大跨桥梁复杂结构受力特点和响应来说，结构健康监测系统的测点还是比较少的。因此，在进行结构状态评估时仅仅依赖于十分有限的测试信息显然是不够的，基于有限元模型的结构状态分析评估是一个重要手段。

在大跨桥梁结构设计分析中，主要采用简单"鱼骨"形有限元模型，这样的建模必然使得有限元结构分析的结果与实测结果相差甚远。随着结构健康监测系统在大型重要桥梁的应用，桥梁结构的有限元建模与分析越来越引起重视。

结构的安全性与结构整体的强度和动态稳定性有关；结构的适用性和持久性与结构在静、动载荷下的位移和应力水平有关。进行桥梁结构状态评估必须对在役桥梁结构的适用性、持久性和安全性做出判断，而做出这些判断是建立在对结构整体、局部和细节处力学特性的深入分析。建立的有限元模型要高精度体现大跨桥梁结构的空间几何拓扑构形、质量的空间分布规律以及组成桥体材料的物理力学性质。

大跨桥梁结构的破坏模式主要有三种类型：

- 构件破坏：结构中的构件发生断裂、失稳；
- 局部破坏：结构中构件间连接的节点处发生破坏失效；
- 整体破坏：结构的整体发生动态失稳和坍塌。

这三种破坏形式往往是相关的，但对各个破坏模式的研究侧重点有所不同。研究结构整体破坏主要依赖于对结构整体的动力特性及其外部载荷下的动力响应的认识；结构局部破坏分析主要建立在构件节点处的热点应力分析；而构件破坏的研究取决于对构件中应力水平的计算。

因此，理想的面向结构状态评估的有限元模型应该具备分析这三种破坏模式的能力，从具体的分析过程来看，该模型必须具备精确分析结构的模态特性、静力响应以及动载荷激励下的动力响应（包括动应力和动位移）的能力。

建模准确与否直接影响到分析结果的准确性，然而，有限元模型是建立在一定的假设和抽象的基础上的，而有限元模型的精度受到许多因素的影响。通常大跨桥梁有限元模型的误差来自三个方面：

（1）模型结构误差：由描述结构运动的控制方程的误差引起，如质量矩阵、刚度矩阵的误差。该误差的引起在于对结构质量系统和刚度系统的等效失真造成。

(2)模型阶次误差:由无限自由度连续体简化为有限自由度离散模型的误差引起。

(3)模型参数误差:由不精确的物理参数估计以及不真实的边界条件引起。

因此,任何一个分析模型都不能完全反映结构的真实情况,只能使分析模型尽可能地接近真实结构,未经验证和修正的模型和桥梁原型之间必然有较大的误差。有限元模型修正技术就是要充分利用结构试验和有限元分析两者的优点,通过系统修正结构模型的建模误差、几何误差和物理特性误差,来改进分析结果与试验测量结果之间的拟合程度。使得修正后模态参数与实测值趋于一致,获得比较准确的有限元模型。

根据修正对象的不同,有限元模型修正方法可分为矩阵型和参数型修正方法两大类。其实质大多是利用残差达到极小的优化方算法。

矩阵型修正法直接修改结构的总刚度矩阵或总质量矩阵,或者修改其中某些子矩阵。矩阵型模型修正法依据借助质量矩阵和刚度矩阵,不适用于大型桥梁结构,而且由于修正后的总刚度矩阵(或总质量矩阵)和原来的有限元模型中的元素参数失去了联系,有时会出现虚元和负刚度值,没有明确的物理意义而难以应用于实际结构。

参数型修正方法通过修正结构的设计参数,以减少结构模型计算值与实测值的偏差,实现模型修正。参数型修正方法是将实测数据看作是未知修正参数的隐函数,通过对结构参数的敏感性分析,建立测试/理论值残差的最小化目标函数来修正结构参数的。由于修正参数选择的不确定性以及测试数据的不完备性,修正算法常常需要进行优化迭代。

参数型修正方法修正后的模型物理意义明确。修正后的模型可以代表一定的真实结构(不会出现虚元和负刚度),同时修正前后模型的关联性好,是目前最适合工程应用的一种模型修正法。因为基于动力测试容易获得数据,所以大多研究都是将动力模态参数作为目标函数。

8.2 结构整体安全综合评价

由于桥梁的大小不同、结构本身的差异,加上交通荷载、环境状态、桥梁的重要性等方面影响,使桥梁的安全评价变得复杂。模糊分级法是各国标准或建议中应用较多的方法。各国都根据具体情况制定了分级排序的国家标准,基本方法大同小异。首先对感兴趣的指标由专家作模糊分级,并由专家给出指标的权置,作为行业、地区或某桥的标准;实用时,对实桥的规定指标用模糊分级进行评分,并加权总和,得到评价结论。

交通部须发的《公路养护技术规范》(JTG H10—2009)中规定了桥梁养护需要进行检查。

(1)经常检查:每季度至少一次,主要对桥面设施和桥台附属构造的技术状况进行日常巡视检查,及时发现缺损,进行小修保养工作;

(2)定期检查:按规定周期(一般是三年),对桥梁主体结构及其附属构造物的技术状况进行定期跟踪的全面检查。主要检查各部件的功能是否完善有效,构造是否合理耐用,发现需要大、中修、改善或限制交通的桥梁缺损状况;同时检查小修保养状况。

(3)特殊检查:包含以下两种方式:①应急检查:当桥梁遭受外来灾害或超载后,应立即对结构进行详细检查。查明破损状况,采取应急措施,尽快恢复交通。②专门检查:对需要判明损坏原因、缺损程度或使用能力的桥梁。进行试验检测、检算与分析等鉴定工作，以便采取有效的养护措施。

8.2.1 《公路养护技术规范》(JTG H10—2009)综合评定法

(1)综合评定法算式

$$D_r = 100 - \frac{1}{5}\sum_{i-1}^{n} R_i W_i \tag{8-1}$$

式中：D_r ——全桥技术状况评分(0～100)，高分表示桥梁技术状况好；

R_i ——按表 8-1 方法对各部件评定的标度(0～5)；对于标度的定量描述为桥梁技术状况，分为四类五种，其评定标准见表 8-3；

W_i ——各部件权重，见表 8-2。

桥梁部件缺损评定方法　　表 8-1

缺损状况及标度			组合评定标度					
缺损程度及标度		程度	小→大 少→多 轻度→严重					
		标度		0	1	2		
缺损对结构使用功能的影响程度	无、不重要	0				0	1	2
	小、次要	1				1	2	3
	大、重要	2				2	3	4
以上两项评定组合标度				0	1	2	3	4
缺损发展变化状况的修正	趋向稳定	−1			0	1	2	3
	发展缓慢	0		0	1	2	3	4
	发展较快	+1		1	2	3	4	5
最终评定的标度			0	1	2	3	4	5
桥梁技术状况及分类			完好	良好 一类	较好 二类	较差 三类	坏的 四类	危险

注："0"表示完好状态，或表示没有设置的构造部件；"5"表示危险状态，或表示原无设置，而调查表明需要补设的部件。

推荐的桥梁各部件权重　　表 8-2

部　件	部件名称	权　重	部　件	部件名称	权　重
1	翼墙、耳墙	1	10	桥头跳车	3
2	锥坡、护坡	1	11	伸缩缝	3
3	桥台及基础	23	12	人行道	1
4	桥墩及基础	24	13	照明、标志	1
5	地基冲刷	8	14	栏杆、护栏	1
6	支座	3	15	排水设施	1
7	上部主要承重构件	20	16	调治构造物	3
8	上部一般承重构件	5	17	其他	1
9	桥面铺装	1			

(2)综合评定分类界限

$D_r \geqslant 88$　一类桥梁 — 好

$88 > D_r \geqslant 60$　二类桥梁 — 较好

$60 > D_r \geqslant 40$　三类桥梁 — 差

$40 > D_r$　四类桥梁 — 危　险

当桥梁的 $D_r > 60$ 时,不排除其中有评定标度 $R_i \geqslant 3d$ 的部件,仍有维修的要求。

桥梁技术状况总体评定标准　表 8-3

	一类	二类	三类	四类	
	完好、良好状态	较好状态	较差状态	坏的状态	危险状态
总体评定	1. 重要部件功能与材料均良好; 2. 次要部件功能良好,材料有少量(3%以内)轻度缺损或污染; 3. 承载能力和桥面行车条件符合设计指标; 4. 只需日常清洁保养	1. 重要部件功能良好,材料有局部(3%以内)轻度缺损或污染,裂缝宽小于限值; 2. 次要部件有较多(10%以内)中等缺损或污染; 3. 承载能力和桥面行车条件达到设计指标; 4. 进行小修、保养	1. 重要部件材料有较多(10%以内)中等缺损,裂缝宽超限值;或出现轻度功能性病害,但一发展缓慢,尚能维持正常使用功能; 2. 次要部件有大量(10%～20%)严重缺损,功能降低、进一步恶化将不利于重要部件和影响正常交通; 3. 承载能力比设计降低 10%以内,桥面行车不舒适; 4. 需要进行中修	1. 重要部件材料有大量(10%～20%)严重缺损,裂缝宽超限值,裂缝间距小于计算值,风化、剥落、露筋、锈蚀严重;或出现中等功能性病害,且发展较快,结构变形小于或等于规范值,功能明显降低; 2. 次要部件有20%以上的严重缺损,失去应有功能,严重影响正常交通; 3. 承载能力比设计降低 10%～25%,必要时限速或限载通过; 4. 要通过特殊检查,确定大修、加固或更换构件的措施	1. 重要部件出现严重的功能性病害,且有继续扩展现象;关键部位的部分材料强度达到极限,出现部分钢筋断裂、混凝土压碎或压杆失稳变形的破损现象,变形大于规范值,结构的强度、刚度、稳定性和动力响应不能达到平时交通安全通行的要求; 2. 承载能力比设计降低 25%以上,必须降低通行荷载与车速,或封闭交通; 3. 要通过特殊检查确定处治对策
构件评定	(略)				

8.2.2　公路桥梁管理系统

交通部科学研究院于 20 世纪 90 年代研制的公路桥梁管理系统是我国公路行业管理部门统一采用的管理系统,包含省、市、县三级的评价、决策功能。其评价与对策子系统有桥梁评价模块和加固对策模块,桥梁使用功能评价体系分为四层。各量、值的取用比《公路养护技术规范》(JTG H10—2009)更细化。除了考虑结构的功能评价、权重外,还考虑了公路的行政等级、交通量、无该桥时绕行距离影响系数等,桥梁使用功能评定值 D_q (0～100)依据式(8-2),高分表示状态较好的桥梁。

$$D_q = 100 - (\alpha\beta\gamma \sum_{j=1}^{9} W_{1j} R_{1j} + \alpha\beta\gamma W_2 R_2 + \alpha\beta W_3 R_3) \tag{8-2}$$

(1)权值的确定采用特尔斐专家评估法(The Telfe Expert Evaluation)。包括:填写专家调查表、构造判断矩阵、计算分层权值等步骤。

(2)评定值类似于《公路养护技术规范》(JTG H10—2009)的方法。

(3)影响系数:

• 所在道路行政等级影响系数 α 按照国道、省道、重要县道、一般县道分成四个等级。

• 所在道路交通量影响系数 β 按照计算公式 $\beta = 0.95 + 0.05ADDT/ADDT_{max}$ 给出。

• 所在道路绕行距离影响系数 γ 按照计算公式 $\gamma = 0.95 + 0.05L/L_{max}$ 给出。L 是该桥封闭时车辆绕行距离,L_{max} 根据桥梁所在地的路网密度决定。

以上方法与思路对于大跨桥梁结构综合安全评定具有重要的参考意义。当然,通常情况下,每个大型桥梁根据环境、交通状况等,都采取了一些特殊结构设计,以上的评价方法并不完全适合于大跨桥梁结构,尤其是关于构件的评价。

8.3　构件损伤对结构监测参数以及承载力影响

承载能力是结构状态的一个重要状态指标,结构承载能力反映了在给定的荷载标准下构件的承载力。现有桥梁承载能力的评定是桥梁综合评判的主要内容。

8.3.1　承载能力评估方法概述

目前桥梁结构承载能力评估的方法主要有:基于外观调查的方法、基于设计规范的方法、荷载试验、基于专家经验的方法和基于结构可靠性理论的方法。

典型的桥梁承载力评估方法是以设计过程的结构分析、工程经验判断和现行的设计规范相结合为基础,结合实桥监测或检测结果进行评估。

我国规范中定义了旧桥验算系数,该值取决于桥梁的实际状况(混凝土质量、裂缝宽度、结构损伤及营运情况等),这就使得承载力的评估与桥梁的状态建立起一定的联系。然而由于试验资料有限以及桥梁型式较多,这种旧桥验算系数的取法也是相当粗糙的。我国规范尽管采用了极限状态设计的形式,但其分项安全系数是按定值标准选择的,因此桥梁承载能力难以用统一的安全指标加以评估。

美国桥梁评估规范发展现有结构评估分项系数 LRFS 或 LRFR。对使用者而言,它的主要优点是它与已经熟悉的设计规范中的分项系数类似。对于结构评估,这种基于分项系数的方法可以定义为荷载抗力系数评估(LRFA)。其中关于材料极限强度的折减系数、恒载及活载的荷载系数是根据统计数据、概率分析得出的,所以评估算式相对还是合理的。然而,该评估过程首先需要确定每一种失效模式,对于简单的结构这种处理问题不大,而对于斜拉桥一类的复杂结构要做到这一点却不容易,尤其是在桥梁结构发生局部损伤、传力路径不明确或发生改变、结构非线性加剧以及弯、剪、扭、拉、压等某几种综合作用的情况下。

因此,对于实际运营中的桥梁结构,其力学性能指标往往受到各种主、客观因素错综复杂的影响,随着时间的推移,结构受力状况发生了变异,内力发生了重分布,导致结构承载能力逐渐变化。同时桥梁又由于设计水平、施工质量、使用年限、桥梁所处的地理位置、地质水文条件、养护维修情况、交通量大小等不同，每座桥梁的实际状况各异，其承载能力检算系数的取值也各不相同。

总而言之，以上这些结构承载能力评估标准是以设计过程的结构分析和现行的设计规范为基础，结合实桥检测的结果进行评估，易为评估者接受和理解。但评估过程所用到的恒载效应、活载效应是建立在设计过程的结构分析上，难以反映结构退化后的受力行为。

8.3.2 基于现行桥梁规范的桥梁承载能力评定方法

8.3.2.1 桥梁承载能力的检算

在我国"公路旧桥承载能力鉴定方法"(试行)的规定中，检算旧桥承载能力的计算式为：

$$S_d(\gamma_g G;\gamma_q \sum Q) \leqslant \gamma_b R_d(R_c/\gamma_c;R_s/\gamma_s)Z \tag{8-3}$$

式中：Z——旧桥检算系数；

S_d——荷载效应函数；

G——永久荷载(结构重力)；

γ_g——永久荷载(结构重力)安全系数；

Q——可变荷载及永久荷载中混凝土收缩和徐变影响力、基础变位影响力；

γ_q——荷载 Q 的安全系数；

R_d——结构抗力函数；

R_c——混凝土强度设计采用值；

γ_c——在混凝土强度设计采用值基础上的混凝土安全系数；

R_s——钢筋强度设计采用值；

γ_s——在钢筋强度设计采用值基础上的钢筋安全系数；

γ_b——构件的工作条件系数。

在实际工程中，影响因素是众多，包括：材料因素、结构及构件的合理形式、桥梁目前状况、人为影响因素、环境因素等。这些因素类及单因素之间是相互联系、相互影响、错综复杂的，有的只含有模糊性，有的只含有随机性，有的两者皆有或者两者皆无，给检算系数的取值带来了很大的困难。

8.3.2.2 桥梁承载能力的试验分析

对于大型桥梁结构，结构隐藏部分和不可到达的地方很难检查，而且直观检查很大程度上依赖于检查人员的业务水平和经验，难以保证检查结果的可靠性。因此，根据直观检查难以保证桥梁承载能力的方法评定结果的准确性。

为了深入掌握桥梁的结构性能，准确地评定现有桥梁的承载能力，一般通过静、动载试验，分析现有桥梁的实际工作状态，测定桥梁的刚度、强度及抗裂性。在应用试验结果分析桥梁的承载能力时，按结构校验系数 η 的大小对桥梁的承载能力加以修正，即式(8-3)右端的 Z 替换为 Z_0。Z_0 为结构工作状态的影响系数(表 8-4)。

结构工作状态的影响系数表 表 8-4

校验系数 η	0.4	0.5	0.6	0.7	0.716	0.8
影响系数 Z_0	1.25～1.40	1.15～1.25	1.10～1.15	1.05～1.10	1.00～1.05	1.00

8.3.2.3　桥梁承载能力的评定

对于正常使用极限状态的评定，可以将实测得到的挠度、应变、裂缝宽度换算成标准荷载作用下的相应值，若该值小于规范限定值，即满足正常使用极限状态的要求；反之，则不满足正常使用极限状态的要求。对于承载能力极限状态的评定，根据现行公路桥规，可按承载能力鉴定系数来评定，即：

$$K=[\gamma_b R_d(R_c/\gamma_c;R_s/\gamma_s)Z_0-S_{dg}(\gamma_g G)]/S_{dq}(\gamma_q \sum Q_{检测}) \tag{8-4}$$

式中：S_{dg} ——永久荷载效应函数；

S_{dq} ——可变荷载效应函数。

当 $K \geqslant 1$ 时，表明该桥梁结构的承载能力符合鉴定荷载作用下的使用要求；当 $K<1$ 时，表明该桥梁结构的承载能力不符合鉴定荷载作用下的使用要求。

8.4　结构整体安全评定——变权层次评估

前面的章节已经说明，大型桥梁结构是一个复杂系统，影响其质量和使用功能的因素众多，这些因素与桥梁质量和使用功能之间的关系错综复杂，绝大多数不能定量地用一函数关系表达。按照现有规范的一些方法难以对于结构进行准确的安全评估。为了分析众多的因素与桥梁使用功能间的关系，需要把桥梁工作状态评估这样的复杂问题分解为相对简单的多个子问题。本节介绍大跨桥梁结构整体安全评定的变权层次分析法。

层次分析法(Analytic Hierarch Process，AHP)最早是由美国运筹学家 A. L. Saty 在 20 世纪 70 年代末提出的。它是一种实用的多准则决策方法，可以统一处理决策中的定性与定量因素，具有实用性、系统性、简洁性等优点。

桥梁表观检测信息中就包含了许多定性的因素(破损程度、锈蚀程度等等)，难以用一种确定的物理模型来分析。即便是结构健康监测中的一些定量的监测参数(应力、索力等)也因为当前损伤识别评估理论的不成熟而在综合评估中也只能用来作定性地分析。用层次分析法则能通过建立所谓的判断矩阵的过程，逐步分层将众多的复杂因素综合和决策者的专业知识结合起来，进行逻辑思维，然后用定量的形式表示出来，从而使决策者能对复杂问题作出正确的决策。因此，层次分析法在桥梁结构评估中得到了广泛的应用。

8.4.1　层次分析法的基本原理与步骤

层次分析法的基本思想，是把复杂问题分解为各个组成因素，将这些因素按支配关系分组形成有序的递阶层次结构，通过两两比较方式确定层次中诸因素的相对重要性，然后综合人的判断以决定决策诸因素相对重要性总的顺序，是将若干因素对同一目标的影响，归结为确定它们在目标中占的比重。

层次分析法的层次结构的形状与树形结构相似。但有所不同，其差异可从图 8-1 中看出。从图中不难看出，树形结构是层次结构的特例。

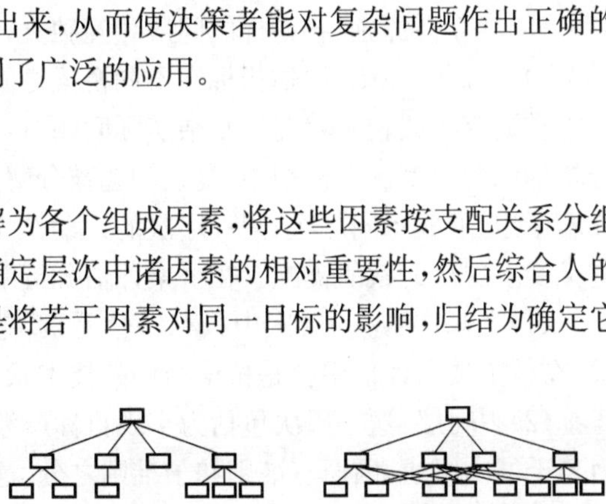

图 8-1　树形结构与层次结构对比

运用AH P解决问题，一般分为四个步骤：

(1)明确对象并划分和选定有关因素问题；

(2)建立问题的递阶层次结构；

(3)构造各层的比较判断矩阵；

(4)由判断矩阵计算被比较元素相对权重；

(5)通过排序结果分析、判断矩阵的一致性、解决问题。

8.4.1.1 明确对象并选定有关因素

桥梁综合评估要求评估系统能够对桥梁目前的实际情况、使用状况等作出客观评价。而评估系统要求管理者提供桥梁有关的详细数据。在应用AHP法评估，首先要弄清所要研究问题的范围、目的、要求和所能掌握的原始信息。在明确研究对象和所要解决问题的基础上，就要搞清所要决策的问题将要涉及到的主要因素。这里需要注意的是，主要因素固然不应疏漏，同时也不宜把次要因素考虑过多而造成主次混淆，反而把主要因素湮灭而造成决策的偏颇失实。影响桥梁安全性能的因素有很多，必须把主要和次要信息分清楚。

就大跨桥梁结构来说，应该解决三个方面的问题：

(1)掌握桥梁主要特点：一般性结构特点、结构特殊设计、桥梁的特殊环境等。

(2)确定主要评估的内容与目标：明确是进行上部结构评估、下部结构评估还是全桥综合评估；是结构整体评估还是构件评估；是行车安全评估还是结构安全评估；或其他目的性评估。

(3)确定评估信息的来源分析：结构健康监测系统的数据量与特征分析、周期检测数据分析、目视检测数据、专家评估意见等。

8.4.1.2 递阶层次结构的建立

递阶层次结构中的各因素称为指标。层次数与问题的复杂程度和所需要分析的详尽程度有关，可不受限制。每一层次中的元素一般不超过9个，因为支配的元素过多会给两两比较判断带来困难。

评估指标体系必须科学地、客观地、尽可能全面地考虑各种因素。应遵循以下原则：

(1)完全性原则：指标应整体反映桥梁安全性与耐久性；

(2)简捷性原则：应尽可能减少指标数量、指标应能够量化、简单易行、便于操作；

(3)独立性原则：各指标之间应相互独立，避免包容性；

(4)客观性原则：评估指标在不同桥梁之间具有可比性及通用性。

在研究桥梁技术状况等复杂实际问题时，首先要把问题条理化、层次化，构造出一个层次分析的结构模型。在模型中，复杂问题被分解为元素，同时元素按其互相关系分类。按属性分成若干组，形成不同层次，同一层次的元素作为准则对下一层次的某些元素起支配作用，同时它又受上层次元素的支配。在桥梁评估分析中，层次可分为三类：

(1)最高层：这一层次中只有一个元素，它是问题的预定目标或理想结果，因此也叫目标层，在桥梁技术评估中就是桥梁结构的技术状况评估。

(2)中间层：这一层次包括为实现目标所涉及的中间环节，所需要考虑的准则。该层次可由若干层次组成，因而有准则和子准则之分，这一层也称为准则层。在桥梁技术评估中如可包括上部结构、下部结构和桥面系等，其中对上部结构还可再细分为主梁线形、混凝土质量等。

(3)最底层：这一层次包括为实现目标可供选择的各种措施、决策方案等。

8.4.1.3　构造各层的判断矩阵

对于大多数复杂问题，指标的权重不易直接获得，这时需通过适当方法导出它们的权重。采用特斐尔专家评估法来确定权值，并构造判断矩阵。

首先，在同一层次上的各因素，按其优良程度或重要程度划分成若干等级，赋以定量值。一般可以采用 5 级定量法，相应的赋值是 1,3,5,7,9，表示一个因素对另一个因素的重要程度，数字越大表明越重要(1 表示两个因素同等重要)。相反，如果要表示一个因素比另一个因素次要，则定量赋值可取为上述 1,3,5,7,9 的倒数。如果有些问题的分级可有较高的精确度，认为上述 5 级定量法不足以描述清楚，则可用 2,4,6,8 四个数值进行内插，成为 9 级定量法。在有的场合，甚至可以采用 1～9 之间的任意实数进行内插。

其次，建立判断矩阵。矩阵中的赋值 b_{ij} 表示因素 B_i 对于因素 B_j 的重要程度的赋值。这些赋值可以由决策者直接提供，或由决策者同分析者对话来确定，或者由分析者通过各种技术咨询而获得，或者通过其他合适的途径来确定。假定某一层指标 B，它所支配的下一层次的指标为 $B_1,B_2,\cdots,B_n$。定义 b_{ij} 为子指标因素 B_i 对于因素 B_j 的重要性，按照 1～9 标度对于 b_{ij} 赋值。这样可定义指标 B 的判断矩阵：

$$V=\begin{bmatrix} b_{11} & b_{12} & \cdots & b_{1n} \\ b_{21} & b_{22} & \cdots & b_{2n} \\ \cdots & \cdots & \cdots & \cdots \\ b_{n1} & b_{n2} & \cdots & b_{nn} \end{bmatrix} \tag{8-5}$$

最后，矩阵要符合完全一致性条件。按照各因素重要程度对比的内在规律，判断矩阵应该满足以下三个条件，可称为“完全一致性条件”，即：

(1)对角线元素为 1，即：

$$b_{ij}=1, i=j=1,2,\cdots,n \tag{8-6}$$

(2)右上三角和左下三角对应元素互为倒数，即：

$$b_{ij}=\frac{1}{b_{ji}}, i,j=1,2,\cdots,n, i\neq j \tag{8-7}$$

(3)元素的优先次序具有传递关系，即：

$$b_{ij}=\frac{b_{ik}}{b_{jk}}, i,j=1,2,\cdots,n, i\neq j \tag{8-8}$$

由于桥梁技术状况判断的复杂性和人们认识上的多样性以及主观上的片面性和不稳定性，要达到完全一致性是非常困难的，一般不要求满足传递性。通常的做法是，事先只遵守式(8-6)和式(8-7)的一致性条件，然后对判断矩阵右上三角 $n(n-1)/2$ 项的 b_{ij} 进行赋值。

8.4.1.4　分层与底层权值的计算

根据 n 个指标 $B_1,B_2,\cdots,B_n$ 对于指标 B 的判断矩阵 V，求出它们对于指标 B 的权重 w_1，$w_2,\cdots,w_n$。

对于 $V_1,V_2,\cdots,V_n$ 通过两两比较得到判断矩阵 A 解特征根问题 $Vw=\lambda_{\max}w$，所得到的 w 经归一化后就可作为指标 $B_1,B_2,\cdots,B_n$ 对于指标 B 的权重向量，写成向量形式为 $W=(w_1,w_2,\cdots,w_n)^{\mathrm{T}}$。这种方法称为排序权向量计算的特征根方法。

λ_{max} 和 w 的计算方法一般采用幂法，其步骤为：

(1)任取初始向量 $X^{(k)} = (w_1^{(k)}, w_2^{(k)}, \cdots, w_n^{(k)})^T$，先取 $k=0$，计算：

$$m^{(k)} = \max_{i=1}^{n}\{x_i^{(k)}\}, Y^{(k)} = \left(\frac{1}{m^{(k)}}\right)X^{(k)}$$

(2)迭代计算：

$$X^{(k+1)} = VY^{(k)}, m^{(k+1)} = \max_{i=1}^{n}\{x_i^{(k+1)}\}, Y^{(k+1)} = \left(\frac{1}{m^{(k+1)}}\right)X^{(k+1)}$$

(3)当 $|m^{(k+1)} - m^{(k)}| < \varepsilon$ 或者 $|Y^{(k+1)} - Y^{(k)}| < \varepsilon$ 时，进行下面的步骤，否则令 $k = k+1$，转入步骤(2)。

(4)将 $Y^{(k+1)}$ 归一化，即：

$$w = \frac{Y^{(k+1)}}{\sum_{i=1}^{n} y_i^{(k+1)}}, \lambda_{max} = m^{(k+1)}$$

在精度要求不高的情况下，也可以用近似的方法计算，如和法、方根法等。

8.4.1.5 判断矩阵的一致性检验

在判断矩阵的构造中并不要求判断一致性，这是由客观事物的复杂性和人们认识的多样性所决定的。但是，当判断矩阵的一致性偏离过大时，如出现“甲比乙极端重要，乙比丙极端重要，丙比甲极端重要”的判断是违反一般常识的，这种近似估计的可靠程度就值得怀疑。即在不完全遵守式(8-6)～式(8-8)的条件的情况下，判断矩阵的赋值 b_{ij}，就不一定能满足完全一致性条件。这时，就需要对它进行一致性检验。一致性检验办法是：

(1)计算一致性检验指标 CI (Consistency index)

$$CI = \frac{\lambda_{max} - n}{n-1} \tag{8-9}$$

式中，n 为判断矩阵的阶数；λ_{max} 为判断矩阵的最大特征值。

(2)求出平均随机一致性指标 RI (Random index)

单层次判断矩阵的平均随机一致性指标 RI 随矩阵的维数而变动。平均随机一致性指标是多次(500 次以上)重复进行随机判断矩阵特征值的计算之后取算术平均得到的。表 8-5 为 1～15 阶随机判断矩阵重复计算 1 000 次的平均随机一致性指标。

平均随机一致性指标　表 8-5

矩阵阶数	1	2	3	4	5	6	7	8	9	10	11	12	13	14	15
RI	0	0	0.52	0.89	1.12	1.26	1.36	1.41	1.46	1.49	1.52	1.54	1.56	1.58	1.59

(3)求出相对性一致指标 CR

$$CR = \frac{CI}{RI} \tag{8-10}$$

当 CR 愈小时，判断矩阵的一致性愈好，其极限值为 0。一般认为 $CR \leqslant 0.1$ 时，就可认为判断矩阵基本符合完全一致性条件，属于可接受的程度。如果 $CR > 0.1$，一般认为初步建立的判断矩阵不能令人满意。需要重新分析赋值并修正，直到检验通过为止。

8.4.2　变权的层次分析

上述对桥梁结构工作状态(或使用功能)的评估方法，属常权综合方法，同一层次指标的权重在评估过程中不作改变。常权综合法由于其原理简单，思路清晰而受到广泛的运用。

然而，在某些情况下，常权综合方法存在很大的局限性。如果评价指标众多，其中一个指标的评语发生重大变化时往往不能在常权综合评估结果中明显地表现出来，从而可能引起对实际问题的忽视或是造成评估结果的不准确。而且，在实际结构中，各评估因素的权重既可以改变也可以不改变。因此，需要引入一种适用性更广泛、更为客观的变权综合方法。

对于桥梁的整体使用功能而言，由于影响因素众多，当个别构件出现严重缺陷时，最终的评估结果 V_0 不会出现太大的变化，不能反映出结构的真实状况。例如，在对某桥的评估中，上部结构、下部结构和桥面系的权重分别为 0.7，0.2，0.1，为该桥评分分别为 90，90，0，总体评定结果为 81 分。但事实上桥面系已经无法使用了，可这一点并没有在总体评定中体现出来，常权综合评估的缺陷就显现出来了。为了能够较全面地反映结构各部分的状况，采用变权综合的方法对各指标权值进行适当的调整，使之能综合反映决策中各状态的均衡性。

8.4.2.1　均衡函数调整法

常规状态下的常权综合模式为：

$$V_0 = \sum_{j=1}^{m} w_j^{(0)} x_j \tag{8-11}$$

其中，m 为评估指标的个数；$\omega_j^{(0)}$ 为第 j 个指标的权重；x_j 为第 j 个指标的评估值。变权综合模式为：

$$V = \sum_{j=1}^{m} w_j(x_1, x_2, \cdots, x_m; w_1^{(0)}, w_2^{(0)}, \cdots, w_m^{(0)}) x_j$$

其中，w_j 为变权权重，当采用均衡函数 $X(x_1, x_2, \cdots, x_m; \alpha) = \sum_{j=1}^{m} x_j^{\alpha} (0 < \alpha \leqslant 1)$ 时，得到变权公式：

$$w_j(x_1, \cdots, x_m) = w_j^{(0)} x_j^{\alpha-1} / \sum_{k=1}^{m} w_k^{(0)} x_k^{\alpha-1}, j = 1, 2, \cdots, m \tag{8-12}$$

对应的变权综合模式为：

$$V(x_1, x_2, \cdots, x_m) = \sum_{j=1}^{m} w_j^{(0)} x_j^{\alpha} / \sum_{k=1}^{m} w_k^{(0)} x_k^{\alpha-1}, 0 < \alpha \leqslant 1 \tag{8-13}$$

当对各指标的均衡问题考虑较多时，取 $\alpha < 1/2$，当比较能容忍某方面缺陷时，取 $\alpha > 1/2$，当 $\alpha = 1$，即等同于常权综合模式。

显然，变权综合法比常权综合法更能反映出对于个别构件状态变化对总体评估结果的影响。α 取值反映对均衡性的要求，对于桥梁中的局部缺陷容忍程度越小，取值越小。对于实际桥梁状态，各构件之间既非严格并联也非严格串联，在实际应用中应该 α 的取值有待作进一步研究以更恰当地反映个别构件缺陷对于桥梁整体状态的影响。

8.4.2.2　评估项目缺失时的权重分配调整

在按专家评定法打分、划分权重后，如所评定桥梁具有规定项目中的所有分部结构则跳过本步；如不具备某项或某几项分部结构则进行变权。

将不具备的某项或某几项分部结构的权重按比例重新分配给其他各项，仍然保持总权重为100,则各项分部结构的权重在总权重中所占比例并未发生变化,保证了各分部结构相对于整个结构的重要性,使得个别桥梁构件出现重大缺陷状况时能在总体评估结果中较为明显的反映出来,评估结果更符合客观实际状态。

对于日常性检查,由于测试手段和规模都是有限的,不可能对所有细部因素的作出评估,对缺失项目的权重调整就显得尤为重要。

8.5 变权的层次分析法在润扬大桥悬索桥评估中的应用

对于建立了桥梁健康监测系统的大跨桥梁,在应用变权层次分析法进行结构评估时,应该注意:

(1)在进行权重划分时,除了考虑桥型结构受力特点之外,必须认真考虑结构的特殊设计。在中间层的权重划分时应该将特殊设计单列出来,同时结合设计、有限元计算分析、荷载试验的结果进行权重分配。

(2)由于桥梁健康监测系统具有监测点相对少而数据量大的特点,因此,在应用健康监测系统数据进行权重分配时,尤其应该注意对缺失项目的权重调整。

(3)在应用健康监测系统数据进行指标评分时,应该注意与日常检测数据的融合。

图8-2为基于安全监测系统的大跨桥梁上部结构综合评估流程。

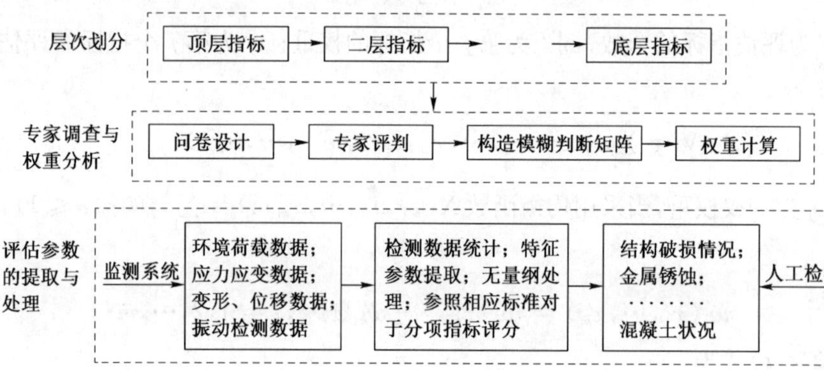

图8-2 基于安全监测系统的大跨桥梁综合评估流程

8.5.1 评估层次的划分

根据润扬大桥悬索桥结构特点和受力特性分析、健康监测系统采集的数据类型与特征,以及日常检测数据的来源,进行了大桥综合评估层次的划分,见图8-3～图8-8。

评估对象按悬索桥的主要构件划分,分为下部结构、桥塔、钢箱梁、主缆系统、吊杆系统以及附属设施等。每个主要系统又可划分为若干项子构件(或子项目),每个子构件(或子项目)拥有各自的多项属性,即评估指标。

润扬大桥悬索桥的中央扣设计主要目的是:为了避免代替跨中短吊杆疲劳,采用刚性中央扣代替短吊索。在进行层次划分时将中央扣纳入第二层次吊杆系统,但是在第三层次划分时,将中央扣单独列出,区别于其他吊索结构,如图8-7所示。

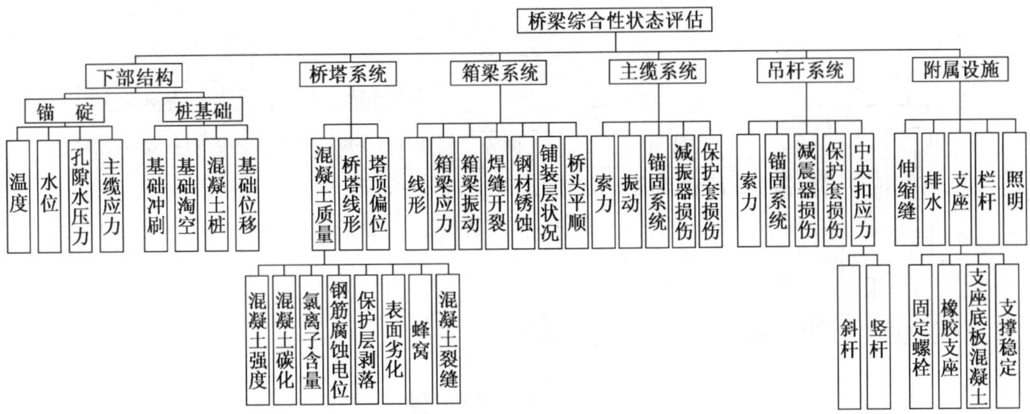

图 8-3　润扬大桥悬索桥综合评估模型(顶层、中间层和部分底层指标)

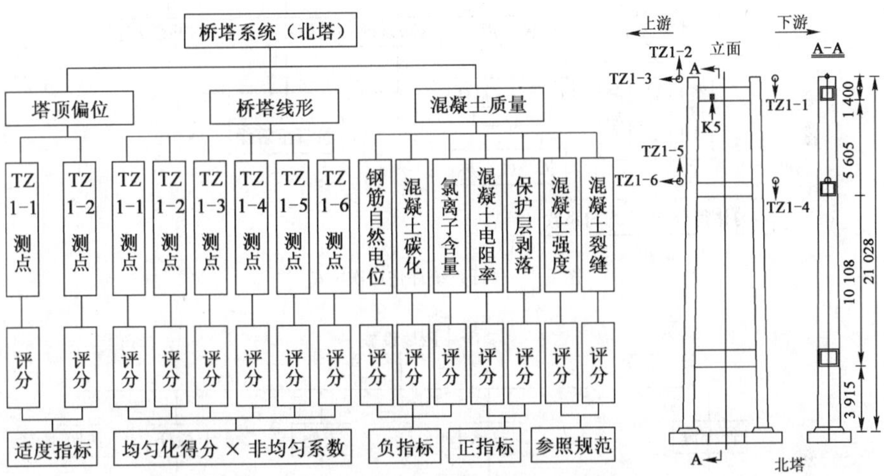

图 8-4　桥塔评估层次划分及实现(以北塔为例)

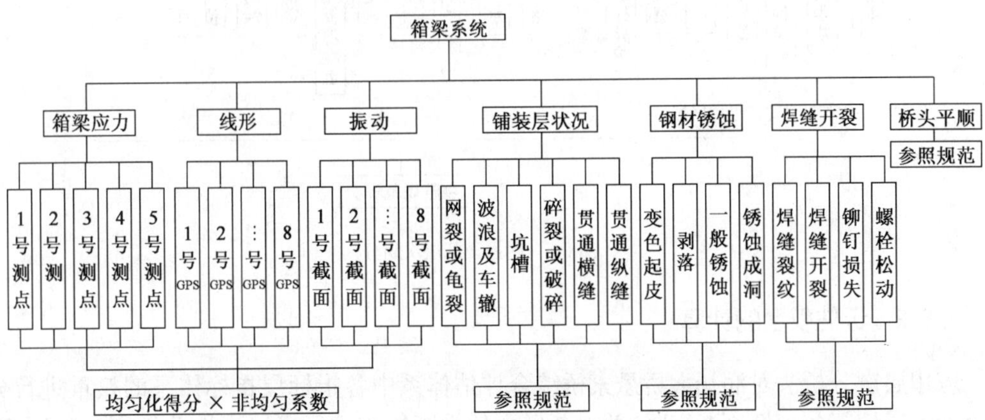

图 8-5　钢箱梁评估层次划分及实现

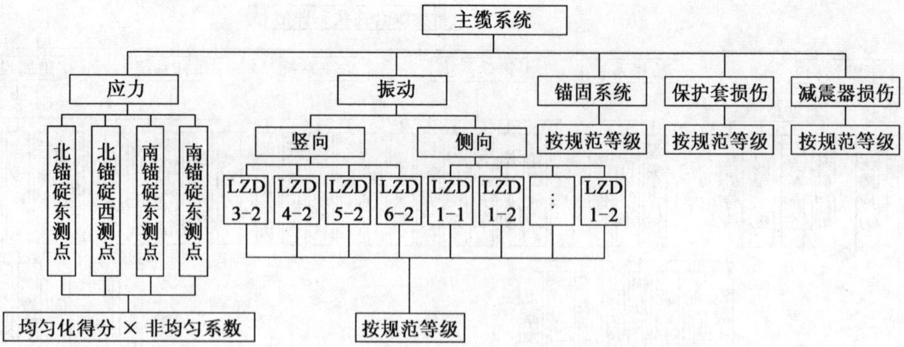

图 8-6　主缆评估层次模型

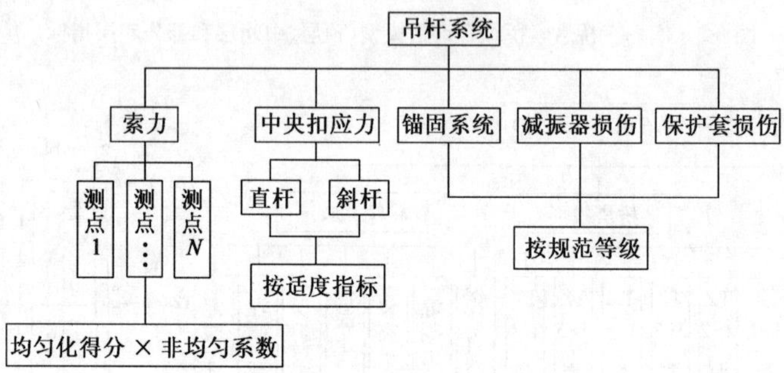

图 8-7　吊杆系统评估层次模型

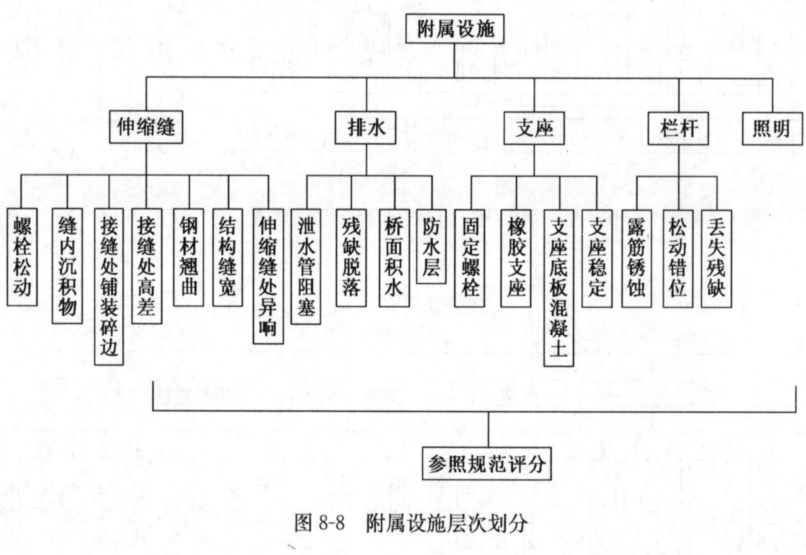

图 8-8　附属设施层次划分

8.5.2　评估权重的计算

应用层次分析法对润扬大桥悬索桥综合评估体系中各指标层指标体系的权重进行分析。综合专家所填写各指标判断矩阵,并对各层次的判断矩阵进行了一致性分析,若满足一致性,则求出的指标权重有效,否则应返回对判断矩阵元素进行调整。

8.5.2.1　顶层权重(表 8-6～表 8-8)

顶 层 权 重 指 标　　表 8-6

评估因素	下部结构	箱梁	桥塔	主缆	吊杆	附属构件
下部结构	1	4	3	5	6	7
箱梁	0.25	1	0.333 33	0.5	1	7
桥塔	0.333 333	3	1	3	5	6
主缆	0.2	2	0.333 333	1	4	6
吊杆	0.166 667	1	0.2	0.25	1	6
附属构件	0.142 857	0.142 857	0.166 667	0.166 667	0.166 667	1

顶层评估列向量标准化　　表 8-7

0.478 469	0.359 066	0.596 421	0.504 032	0.349 447	0.170 732
0.119 617	0.089 767	0.066 268	0.050 403	0.058 241	0.170 732
0.159 49	0.269 3	0.198 807	0.302 419	0.291 206	0.146 341
0.095 694	0.179 533	0.066 269	0.100 806	0.232 964	0.146 341
0.079 745	0.089 767	0.039 761	0.025 202	0.058 241	0.146 341
0.068 353	0.012 824	0.033 135	0.016 801	0.009 707	0.024 39

权 重 归 一 化　　表 8-8

下部结构	箱梁	桥塔	主缆	吊杆	附属构件
0.42	0.1	0.23	0.14	0.08	0.03

进行判断矩阵的一致性检验，由表 8-6 可知：

$$\lambda_m = \frac{1}{n}\sum_{1}^{n}\frac{(cw)_i}{w_i} = 6.000\,01 \tag{8-14}$$

$$CI = \frac{\lambda_m - N}{N-1} = \frac{6.000\,001-6}{6-1} = 2.0\times10^{-7} \tag{8-15}$$

查表 8-5 知：$N=6$ 时，$RI=1.26$，$\frac{CI}{RI}\leqslant 0.1$，判断矩阵符合完全一致性条件。因此，表8-8可以作为顶层指标权重。

8.5.2.2　下部结构权重(表 8-9～表 8-10)

桩基础权重指标　　表 8-9

评估因素	基础冲刷	基础淘空	混凝土桩	基础位移
基础冲刷	1	0.25	0.333 3	0.333 3
基础淘空	4	1	2	2
混凝土桩	3	0.5	1	1
基础位移	3	0.5	1	1

归一化权重　表 8-10

评估因素	基础冲刷	基础淘空	混凝土桩	基础位移
权重	0.09	0.43	0.24	0.24

8.5.2.3 桥塔系统权重(表 8-11～表 8-13)

混凝土质量(底层指标)　表 8-11

评估因素	混凝土强度	碳化深度	氯离子	腐蚀电位	保护层	表面劣化	蜂窝	裂缝
混凝土强度	1	4	3	3	2	4	4	4
碳化深度	0.25	1	2	2	1	2	2	0.5
氯离子	0.333 3	0.5	1	0.5	1	2	2	0.5
腐蚀电位	0.333 3	0.5	2	1	2	2	2	0.5
保护层	0.5	1	1	0.5	1	2	1	0.5
表面劣化	0.25	0.5	0.5	0.5	0.5	1	0.5	0.333 333
蜂窝	0.25	0.5	0.5	0.5	1	2	1	0.5
裂缝	0.25	2	2	2	2	3	2	1

经过对于判断矩阵的一致性检验，可得表 8-12 桥塔混凝土的归一化权重。

桥塔混凝土权重　表 8-12

评估因素	混凝土强度	碳化深度	氯离子	腐蚀电位	保护层	表面劣化	蜂窝	裂缝
权重	0.31	0.12	0.09	0.11	0.09	0.05	0.07	0.16

而对于润扬大桥混凝土桥塔系统，主要评估因素包括：混凝土质量、塔顶偏位、塔身线形。权重分配见表 8-13。

桥塔归一化权重　表 8-13

评估因素	混凝土质量	塔顶偏位	塔身线形
权重	0.49	0.19	0.32

混凝土质量、塔身线形的评定主要依赖于周期检测的数据。而塔顶的变位可以根据健康监测系统采集的塔顶 GPS 位移数据进行评价。在未进行周期检测的情况下，对于大桥运营状态进行评定时，可以只依据塔顶变位进行索塔状态评估。

8.5.2.4 钢箱梁系权重(表 8-14～表 8-18)

润扬大桥悬索桥主梁是钢箱梁，主要评估因素包括：焊缝、钢材锈蚀、铺装层损伤、主梁线形、关键部位应力、动力特性伸缩缝等。

铺装层损伤归一化权重　表 8-14

评估因素	网状裂纹	波浪车辙	坑槽	碎裂	贯通横缝	贯通纵缝
权重	0.1	0.09	0.24	0.22	0.2	0.15

钢材锈蚀归一化权重　表 8-15

评估因素	变色起皮	剥落	一般锈蚀	严重锈蚀
权重	0.09	0.14	0.23	0.54

焊缝归一化权重　表 8-16

评估因素	焊缝裂纹	焊缝开裂	铆钉损失	螺栓松动
权重	0.12	0.42	0.27	0.19

钢箱梁系统权重分配　表 8-17

评估因素	焊缝	钢材锈蚀	铺装损伤	线　形	应　力	动力特性	桥头平顺
焊缝	1	2	1	0.25	0.2	0.333 333	1
钢材锈蚀	0.5	1	0.5	0.25	0.166 667	0.333 333	1.5
铺装损伤	1	2	1	0.5	0.166 667	0.5	1
线形	4	4	2	1	0.333 333	1	2
应力	5	6	6	3	1	4	5
动力特性	3	3	2	1	0.25	1	2
桥头平顺	1	0.666 667	1	0.5	0.2	0.5	1

钢箱梁系统归一化权重　表 8-18

评估因素	焊缝开裂	钢材锈蚀	铺装损伤	线形	应力	振动	桥头平顺
权重	0.07	0.05	0.08	0.17	0.41	0.15	0.07

8.5.2.5　缆索构件权重

悬索桥缆索构件主要包括主缆、吊杆。表 8-19～表 8-22 给出了主缆、吊杆构件权重。

主 缆 权 重　表 8-19

评估因素	应　力	振　动	锚　固	减　振	保 护 层
应力	1	5	1	5	4
振动	0.2	1	0.1666 67	1	0.5
锚固	1	6	1	5	4
减振	0.2	6	0.2	1	0.5
保护层	0.25	1	0.25	2	1

主缆归一化权重　表 8-20

评估因素	应　力	振　动	锚　固	减　振	保 护 层
应力	0.35	0.06	0.37	0.12	0.10

吊 杆 权 重　表 8-21

评估因素	应　力	锚　固	减　振	保 护 层	中央扣竖杆	中央扣斜杆
应力	1	2	5	4	7	6
锚固	2	1	4	4	7	6
减振	0.2	0.25	1	0.5	3	2
保护层	0.25	0.25	2	1	3	3
中央扣竖杆	0.142 857	0.142 857	0.333 33	0.333 333	1	0.5
中央扣斜杆	0.166 667	0.166 667	0.5	0.333 333	2	1

吊杆归一化权重　　表 8-22

评估因素	应力	锚固	减振	保护层	中央扣竖杆	中央扣斜杆
权重	0.37	0.36	0.08	0.11	0.03	0.05

8.5.2.6 附属结构权重

润扬大桥悬索桥附属构件主要包括伸缩缝、支座、栏杆等。表 8-23 给出了附属构件权重。

附属结构归一化权重　　表 8-23

评估因素	伸缩缝	排水	支座	栏杆	照明
权重	0.32	0.17	0.32	0.11	0.08

8.6 结构可靠性评估

8.6.1 结构可靠性分析基本概念

可靠度分析技术用来评估模型中的不确定因素对有限元分析结果的影响程度。在进行结构计算分析时必然要引用若干参数，如外荷载、材料强度、构件尺寸等，这些称为结构分析的基本变量。进行可靠性分析的根本原因在于结构分析基本变量的不确定性：物理性的不确定性、统计方法的不确定性、分析模型的不确定性等。

在结构可靠性分析中，结构的极限状态是由功能函数表达的，其形式为：

$$Z = g(x) \tag{8-16}$$

其中随机变量 $x = (x_1, x_2, \cdots, x_n)$ 表征了工程中存在着的不确定信息，如材料参数与结构、几何尺寸的随机性、荷载的随机性等。判断结构状态可靠性的表达式如下：

当 $g(x) > 0$ 时，结构处于安全状态；

当 $g(x) = 0$ 时，结构处于极限状态；

当 $g(x) < 0$ 时，结构处于失效状态；

影响桥梁结构可靠度的因素很多，通常分为荷载效应和结构抗力两大类，称之为综合变量，并且常假定它们相互独立。每个综合变量又由许多基本变量组成，例如，综合荷载效应是永久荷载以及多种可变荷载产生的效应之和；构件抗力是材料性能（强度）与几何尺寸（截面特性）的乘积等等。采用近似概率法进行结构可靠度分析时，对于在桥梁结构使用期内构件的失效模式，通常用构件的“抗力—荷载”的随机过程模型作为可靠度模型：

$$Z(t) = R(t) - S(t) \tag{8-17}$$

式中：$R(t)$ ——构件静态或动态的结构抗力；

$S(t)$ ——静态或动态的荷载效应。

8.6.1.1 荷载效应

荷载效应是指由于施加在桥梁结构上的各种荷载作用结构所产生的内力（如轴向力、弯矩、剪力、扭矩等）和变形、裂缝等。

在静定结构中，荷载 Q 和荷载效应 S 一般按近似线性关系处理。然而在实际桥梁结构中，荷载效应 S 与荷载 Q 的关系非常复杂，荷载效应不仅与荷载有关，还与材料性能及构件变形有关。材料的塑性变形、大跨结构中的悬索和斜拉索等非线性变形构件都会影响荷载效应与荷载的非线性关系。必须通过结构分析，确定函数关系式 $S=S(Q)$ ，才能得到正确的分析结果。

8.6.1.2　结构抗力

桥梁结构是一个复杂的体系，在结构安全度或可靠度的分析中，结构体系抗力的统计分析研究还不完善。目前在设计中普遍应用的是结构构件或构件截面（正截面、斜截面或局部承压）及简单连接件（焊缝、螺栓）的可靠度分析。因此，在表达截面承载能力极限状态方程中，抗力只是指某个截面的承载能力。

与作用效应一样，结构构件抗力 R 是结构构件可靠度分析的主要方面。采用概率设计法以及进行结构可靠度分析时，必须考虑结构构件抗力的不定性。影响结构构件抗力不定性的因素主要有三个方面：一是结构构件材料性能的不定性，二是结构构件几何参数的不定性，三是结构构件计算模式的不定性。

要直接获得各种类则构件抗力的统计资料，并确定其统计参数和分布类型是比较困难的。目前采用的是间接方法，即先对影响抗力的各种主要因素分别进行统计分析，确定其统计参数，然后通过抗力与各有关因素间的函数关系，来推求（或经验判断）抗力的统计参数和概率分布类型。在确定抗力分布类型时，应使所选择的概率模型尽可能符合实际变量的客观规律，同时尽量选用比较简单、利于计算的分布类型，以方便实际应用。

结构抗力的一般表达式为：

$$R=R(X_1,X_2,\cdots,X_n)=R(f_d,\alpha_d,K_d) \tag{8-18}$$

式中：$X_1,X_2,\cdots,X_n$ ——影响抗力 R 的 n 个因素；

f_d ——材料强度设计值；

α_d ——几何参数设计值；

K_d ——计算模式 。

以上变量均可视为随机变量。

8.6.1.3　结构可靠度

结构可靠度为：在规定的时间内和规定的条件下，结构完成预定功能的概率。对于任一时刻，构件的达到极限状态概率 P_l 、可靠概率 P_r 、失效概率 P_f 分别为：

$$P_l=P[Z=R-S=0] \tag{8-19}$$

$$P_r=P[Z=R-S>0] \tag{8-20}$$

$$P_f=P[Z=R-S<0] \tag{8-21}$$

且 $P_r+P_f=1$

如果 R 和 S 是连续型随机变量，它们的概率密度函数分别为 $f_R(r)$ 和 $f_S(s)$，μ_R、μ_S 分别为 R 和 S 的均值，σ_R、σ_S 为 R 和 S 的标准差。如图 8-9 所示，根据应力—强度干涉理论，可得 P_r 和 P_f 的一般表达式。

$$P_r=\int_{-\infty}^{\infty}f_S(s)\left[\int_S^{\infty}f_R(r)\mathrm{d}r\right]\mathrm{d}s \tag{8-22}$$

$$P_r=\int_{-\infty}^{\infty}f_R(r)\left[\int_{-\infty}^{r}f_S(s)\mathrm{d}s\right]\mathrm{d}r \tag{8-23}$$

$$P_f=1-P_r=1-\int_{-\infty}^{\infty}f_S(s)\left[\int_S^{\infty}f_R(r)\mathrm{d}r\right]\mathrm{d}s=\int_{-\infty}^{\infty}F_R(s)f_S(s)\mathrm{d}s \tag{8-24}$$

$$P_f=1-P_r=1-\int_{-\infty}^{\infty}f_R(r)\left[\int_{-\infty}^{r}f_S(s)\mathrm{d}s\right]\mathrm{d}r=\int_{-\infty}^{\infty}[1-F_S(r)]f_R(r)\mathrm{d}r \tag{8-25}$$

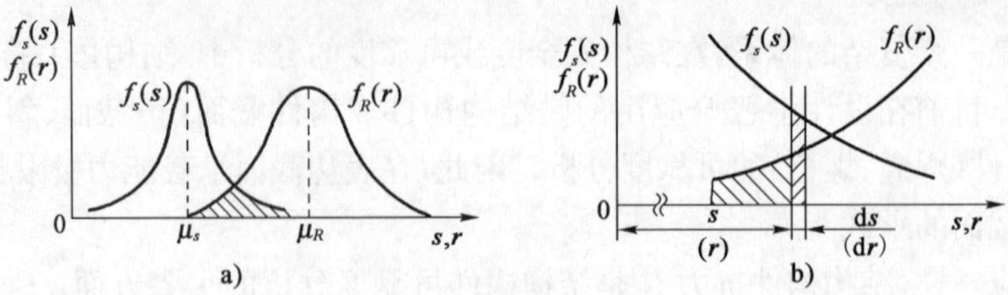

图 8-9　干涉理论示意图

对于随时间变化的动态可靠度模型，需要复杂的数学计算进行精确的求解，故通常采用较为容易计算的可靠指标 β 来代替失效概率 P_f。

8.6.1.4 可靠度指标

当 R、S 为正态分布时，其功能函数 $Z(t)=R(t)-S(t)$ 也服从正态分布。设其概率密度函数 $f_Z(Z)$，图 8-11 表示随机变量 Z 的概率分布密度曲线，则结构的可靠概率和失效概率为：

$$P_r=P(Z>0)=\int_0^{\infty}f_Z(Z)\mathrm{d}Z \tag{8-26}$$

$$P_f=P(Z<0)=\int_{-\infty}^{0}f_Z(Z)\mathrm{d}Z \tag{8-27}$$

Z 的平均值、标准差和变异系数分别为：

$$\mu_Z=\mu_R-\mu_S,\sigma_Z=\sqrt{{\sigma_R}^2-{\sigma_S}^2},\delta_Z=\frac{\sigma_Z}{\mu_Z}=\frac{\sqrt{{\sigma_R}^2-{\sigma_S}^2}}{\mu_R-\mu_S}$$

令变异系数 δ_Z 的倒数为可靠指标，作为度量结构可靠性的尺度，则：

$$\beta=\frac{1}{\delta_Z}=\frac{\mu_Z}{\sigma_Z}=\frac{\mu_R-\mu_S}{\sqrt{{\sigma_R}^2-{\sigma_S}^2}} \tag{8-28}$$

$$\mu_Z=\beta\sigma_Z \tag{8-29}$$

由图 8-10 可见，失效概率 P_f 是概率密度函数 $f_Z(Z)$ 的尾部与 OZ 轴所围成的面积。由 $\mu_Z=\beta\sigma_Z$ 可知，可靠度指标 β 与失效概率 P_f 之间存在一一对应关系。即 β 大，则 P_f 小；β 小，则 P_f 大。因此，β 和 P_f 一样，可以作为度量结构可靠性的一个指标。

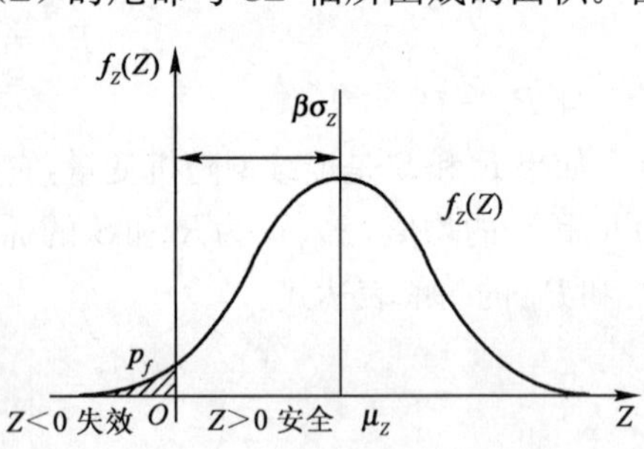

图 8-10　正态功能函数概率密度曲线

β 的物理意义是：β 是功能函数均值 μ_Z 到原点（即失效状态 $Z=0$）的以标准差 σ_Z 为测量单位的距离（即 $\mu_Z=\beta\sigma_Z$）。

对结构进行可靠性分析时，一般需先找出极限状态。然后按所定义的极限状态确定极限荷载和临界强度，并求得相应的失效概率、可靠度及可靠性指标等。

8.6.2　基于安全监测系统的荷载概率模型与荷载组合效应

桥梁的荷载作用十分复杂，种类很多，分布各异。各种自然荷载（如风压力、水流压力等），随时间、空间的变异性很大。关于运营交通荷载、施工荷载，虽有规定的额定值加以限制，但随着经济的发展以及各地条件的不同，变化和差异往往会也很大，常常突破规定的限制。各种荷载还会以不同的方式共同作用，使得它们的相互组合出现复杂状况。对荷载进行研究的基本目标，就是弄清各类荷载的概率分布和统计参数，并研究它们的作用效应及其组合。

过去人们往往只注重于荷载的某个定值（如标准值或最大值），关于荷载变异性的资料就相对缺乏，进行可靠性分析需要用数理统计的方法去确定它们的概率分布，就需要获得荷载的各种统计数据。而大跨桥梁结构安全监测系统为荷载模型的概率分布的确定提供了大量的实测数据。

在确定各种荷载的概率模型时，既要使其尽可能符合荷载自身的变化规律，又要便于分析计算。因此在很多情况下，出于计算简便的考虑，不得不加以适当简化，选择那些在数学上研究得比较充分而又便于计算的概率模型。

在应用桥梁安全监测系统进行数据整理和统计分析中，主要过程如下：

(1)对监测系统输出的车辆、温度、风环境监测数据进行抽样，以获得具有一定容量、典型性、代表性的荷载样本或样本函数。

(2)根据样本统计量对荷载随机变量母体的统计参数作出估计。其方法有矩法、极大似然法、最小方差无偏估计法以及贝叶斯法等。

(3)对统计参数进行检验，以判别各样本是否存在显著差异。检验方法有 U 检验法、t 检验法、F 检验法等，分别用于对均值和方差的检验。

(4)进行概率分布的优度拟合检验，确定荷载变量是否服从某种理论性的分布函数。其方法有 χ^2 检验、K-S 检验以及 U^2、W^2、A^2 等检验法。其中工程界用得最多的是 χ^2 检验、K-S 检验法。χ^2 检验法是建立在分组频数的比较上，计算较简单，适用于样本容量大和参数未知的情况，对变量连续或离散的情况均可使用。K-S 检验是建立在样本分布和理论分布的比较上，方法比较精细，适用于小样本和连续分布的情况。

8.6.2.1　交通荷载概率模型与参数

运营交通荷载是桥梁结构的基本可变荷载，在各种荷载组合中占有重要地位。交通荷载因其随时间的变异性，宜用随机过程描述。

通常为了确定运营交通荷载随机过程的类型和统计参数，必须先获得车辆活荷载的样本函数，就是通过调查和实测得到实际通过大桥桥梁的车辆类型、车重、车长、行驶速度、间距等随时间变化的关系，然后对荷载幅值（总重或轴重）、时点变化过程进行统计分析，得到任意时点荷载幅值的分布、随机过程类型并推求设计基准期最大值分布。

由于桥梁所处地理位置（如大城市郊区、一段地区、偏远地区）、承受的荷载等级或交通运量不同，以及车行道宽度、跨径不同等原因，通过桥梁的车辆类型、行车密度会有很大差别。为了计算不同跨径或不同构件的荷载效应，需对总重、轴重加以区分，研究多车道桥梁上各车道上车辆荷载的分布及其相关性等等。

在进行桥梁设计时，荷载是规范中按一定间距排列的车队荷载。现行的《公路工程技术标准》(JTG B01—2003)中车辆荷载由车道荷载和车辆荷载组成。

桥梁设计时车辆荷载形式上为四个等级。我国对公路桥梁制定车辆荷载效应标准过程是:首先对车辆荷载数据的采集与整理，然后对车辆荷载概率分布类型及其分布参数和车辆荷载效应概率分布及其统计参数进行分析，从而得到公路桥梁车辆荷载效应。汽车荷载标准值应以弯矩效应的概率分布为基础取值。荷载标准值保证率为95%。

随着交通量的逐渐加大，汽车工业的迅速发展，车型不断变化、集装箱运输日益增多，规范中所测的交通状况来确定的标准车辆荷载进行车辆荷载设计与现代桥梁的发展和实际交通荷载发展情况是有差别的。为了取得尽可能多的样本，并做大量的数据处理，用人工记录方式已经不能满足需要。许多现代大型桥梁，在健康监测系统中都安装了车载车轴仪，对于每个车道的交通车辆荷载进行监测。应用车载车轴仪的监测数据，结合监测系统的应变监测数据可以直接得到桥梁荷载反应谱。不仅为结构静力效应分析提供了依据，也为疲劳可靠度计算奠定了基础。

从经济性考虑，有些健康监测系统没有安装车载车轴仪等车辆荷载监测设备，但是一般都有大桥交通监控系统，对于大桥的车辆流量、车型进行监测。利用数理统计推断的方法进行参数估计、确定概率模型。如果样本容量太大或在较长时段内由于车流密度的变化，所包含的信息过于复杂，以致各种模型都不能通过，这时可采取分区间时段分别检验，或用缩小样本(再抽样)的方法进行判别。

研究表明构件的荷载效应服从正态分布、对数正态分布、指数分布等不同分布。概率模型的确定应该通过拟合检验和检验临界值的比较，从中选取合适的模型。

车辆总重的任意时点分布是一个随机变量。国内外大量统计结果表明，车辆荷载(按照总重量)幅值的概率分布可用极值Ⅰ型描述。其概率密度函数及分布函数为:

$$\left.\begin{aligned} f(x) &= \alpha\exp\{-\exp[-\alpha(x-u)]\}\exp[-\alpha(x-u)] \\ F(x) &= \exp\{-\exp[-\alpha(x-u)]\} \end{aligned}\right\} \tag{8-30}$$

由式(8-30)车辆总重的统计参数为:

$$\left.\begin{aligned} &\text{平均值}\ \mu = u + \frac{0.5772}{\alpha} \\ &\text{标准值}\ \sigma = \frac{\pi}{\sqrt{6}\alpha} = \frac{1.2826}{\alpha} \end{aligned}\right\} \tag{8-31}$$

8.6.2.2 风荷载概率模型与参数

风荷载也是桥梁结构的可变荷载之一，在进行大跨桥梁结构的强度及稳定评估时，桥梁上的风力作用是考虑的重要因素。大跨桥梁除了要考虑风压产生的静力效应外，还必须考虑抗风稳定性计算中的空气动力效应。

作用在桥梁上的风荷载主要与风压、风向、结构体型系数及结构所处高度等因素有关。大跨桥梁结构健康监测系统一般在主梁跨中、索塔塔顶等典型部位安装风速风向仪。显然，仅仅依靠风速风向仪输出的数据对于全桥结构的风场的确定以及风荷载的计算是不够的，但是结合我国的桥梁规范对于确定大桥结构风荷载的统计参数具有重要的作用。

风荷载的概率特点主要由在作用于结构的基本风压及风向的变异性和统计特征决定。根据流体力学理论可知风压与风速的关系是

$$W_0 = \frac{1}{2}\rho V^2 \tag{8-32}$$

式中：W_0 ——基本风压值；

ρ——空气密度，与当地海拔高度及温度湿度有关；

V——标准风速，按平坦空旷地面，离地面 20m 高、频率为 1/100 的 10min 平均最大风速。

显然，风压变异性的统计分析是基于风速的记录资料。

根据我国资料的统计分析，最大的风压不拒绝服从正态分布、极值 I 型分布等函数。对于大跨桥梁，应该将结构健康监测系统数据结合大桥建设期间、运营期间的气象资料等，确定符合实际的概率模型。

由于风的作用具有方向性的。历年的最大风压并不作用在同一个方向上，年风压分布并没有考虑风向问题。对大跨桥梁来说，只需要考虑某一个方向承受的最大风压。可以根据一年或分时段的监测数据，确定一个主导风向，通过将不同风向的风压换算为同一方向的风压值进行风荷载的计算。

根据我国桥梁规范规定的风压计算公式为：

$$W = K_1 K_2 K_3 K_4 W_0 \tag{8-33}$$

式中：K_1 ——设计风速频率换算系数；

K_2 ——风载体形系数；

K_3 ——风压高度变化系数；

K_4 ——地形、地理条件变化系数。

数据分析样本可以根据的评估需求，选择年度数据、某个季节的数据进行统计分析。

8.6.2.3　温度作用概率模型与参数

桥梁的温度作用与环境温度是分不开的，因为桥梁结构外表面与外界环境无时不进行着热交换，这种热交换将通过桥梁结构外表传递到内部，使桥梁结构的温度随时发生变化。对工程设计人员来说，气温所引起的结构温度，关键是控制温度，即最高有效温度和最低有效温度。

温度的作用对于大跨桥梁结构受力具有重要的影响。温度的监测是桥梁大跨桥梁结构健康监测系统的重要内容，尤其是大跨桥梁钢箱梁温度的监测。通过监测数据的统计分析，可以给出准确的桥梁年最高和最低的平均气温的概率分布及其统计参数，以及钢箱梁的温度梯度的分布。

根据统计分析，环境温度一般服从极值 I 型分布，因此根据监测系统输出的数据，用极值 I 型分布进行拟合检验并确定分布参数，如果被拒绝，再选择其他分布进行检验。

8.6.2.4　荷载组合效应

桥梁结构在使用期间，经常同时受到两种或两种以上荷载的作用，例如除受到恒载外，还会受到车辆荷载、风荷载等的作用，在概率极限状态设计分析中，必须研究多种荷载同时作用而产生的荷载效应组合(或简称荷载组合)问题。

荷载效应组合问题，从统计数学的观点看，就是将荷载效应随机量(随机变量或随机过程)

叠加,并求其和的统计规律问题。

$$S(t)=\sum_{i=1}^{n}C_iS_i(t) \tag{8-34}$$

式中:$S(t)$ ——综合荷载效应;

C_i ——荷载 $S_i(t)$ 的效应系数。

比较简单的做法是将每个荷载产生的效应按照简单的线性关系给出,这样可以通过载荷随机量的研究去寻找荷载效应的统计规律。然而,由于荷载作用的随机性以及荷载幅值变化的随机性,需要对于不同的荷载组合方式进行分析研究。

综合荷载效应 $S(t)$ 实际是一个新的随机过程。工程中最关心的是各种可能的组合情况中最不利的情况,也就是内组合值的最大(小)值的概率分布。关于组合方法和规则,有直接寻求综合荷载效应最大值概率分心的方法,如:哈索费尔(Hasofer)、凯利希恩(Kiureghian)等人提出的组合方法;有近似组合方法,如:特克斯持拉(Turkstra)组合规则、博吉斯一卡斯希塔(Ferry Borges-Castanhata)的组合规则以及国际安全度联合委员会(JCSS)的组合规则等。

其中即国际安全度联合委员会提出的近似组合规则,适用于平稳二项过程,在我国的《建筑结构设计统一标准》就是采用这种规则。其对于荷载效应做出了一些假定,如:假定荷载是等时段的平稳过程、荷载与荷载效应之间满足线性关系,在各种组合效应中选一个起控制作用的概率分布函数作为综合荷载效应的概率分布,等等。但是这种假设并不完全适应于大跨桥梁结构,当有多个可变荷载同时作用于桥梁结构时,各个荷载不可能同时出现最大值(标准值可视为概率意义下的最大值),因此其组合值必然小于各荷载标准值之和,即需对标准值进行适当的折减,折减系数就是荷载效应组合系数。

作用于桥梁结构的荷载比较复杂,在日常运营期间,影响结构荷载效应的主要荷载为恒载 G、交通荷载 Q、风荷载 W、温度荷载 T。恒载可以根据设计和实际施工的数据得到,而交通荷载(包括车辆冲击荷载)、风荷载及分布、温度变化的实时数据及实际荷载分布,可以根据健康监测系统的长期监测数据的统计分析得到。

考虑不同的荷载组合,通过多尺度有限元模拟计算分析,可以得到构件 j 的应力均值和平均安全系数。

$$s_j=F_j(\gamma_G,S_G,\psi_{Qi},\gamma_{Qi},S_{Qi},\psi_{Wi},\gamma_{Wi},S_{Wi},\psi_{Ti},\gamma_{Ti},S_{Ti}) \tag{8-35}$$

$$S_{Fj}=\frac{\mu_{Rj}}{\mu_{Sj}} \tag{8-36}$$

式中:$\gamma_G,\gamma_{Qi},\gamma_{Wi},\gamma_{Ti}$ ——恒载、交通荷载、风荷载、温度荷载的分项系数。

$\psi_{Qi},\psi_{Wi},\psi_{Ti}$ ——交通荷载、风荷载、温度荷载作用组合系数。

S_G,S_{Qi},S_{Wi},S_{Ti} ——作用于全桥结构的恒载、交通荷载、风荷载、温度作用的统计标准值。

8.6.3 桥梁结构抗力的统计分析

8.6.3.1 桥梁结构构件抗力不定性因素的分析

结构抗力是桥梁结构可靠度分析的另一个重要内容。抗力是指结构构件承受外加作用的能力。在结构构件承载能力极限状态设计中,为防止结构的破坏,必须保证荷载作用产生的效应不超过结构构件的截面强度，这一强度就是一种抗力；在正常使用极限状态设计中，结构构件的允许变形限定值也是一种抗力的表现形式。

影响结构构件抗力不定性的因素主要有三个方面，一是构件材料性能的不定性，二是构件几何参数的不定性，三是构件计算模式的不定性。

要直接获得各种类则构件抗力的统计资料，并确定义统计参数和分布类型是比较困难的。所以，还是先对影响结构构件抗力的各种主要因素分别进行统计分析，确定其参数的分布类型，然后运用数学方法，即通过抗力与各种相关因素的函数关系，推求结构抗力的统计参数的分布类型。同荷载问题一样，在确定抗力分布类型时，一方面应使所选择的概率模型尽可能符合实际变量的客观规律，另一方面尽量选用比较简单、利于计算的分布类型，以方便实际应用。

(1)材料性能的不定性

通常研究的材料性能都是就标准试验条件而言的，真实构件与试件是有差异的，因此目前的统计参数是根据有限的试验资料和工程技术人员的实践经验，作出适当的估计而来的。结构构件材料性能不定性可用随机变量 K_M 表达：

$$K_M = \frac{f_j}{k_0 f_k} \tag{8-37}$$

式中：f_j ——结构构件中实际的材料性能值；

$k_0 f_k$ ——规范中规定的结构材料性能值，一般取规范中的材料设计强度值；

(2)几何参数的不定性

结构构件几何参数的不定性，主要是因制作尺寸偏差和安装误差而引起的几何参数的变异，从而导致实际结构构件尺寸与所设计的标准尺寸的差异。

结构构件几何参数的不定性可用随机变量 K_A 表达：

$$K_A = \frac{a}{a_K} \tag{8-38}$$

式中：a——构件几何参数的实际值；

a_K ——构件几何尺寸的标准值。

(3)计算模式的影响

抗力计算中采取某些基本假定的近似性和计算公式的不精确性会引起抗力值的不定性，或者称为“计算模型误差”。这种不定性可以用随机变量 K_P 来表达：

$$K_P = \frac{R_s}{R_j} \tag{8-39}$$

式中：R_s ——结构构件的实际抗力值；

R_j ——按规范公式计算所得的抗力值。

8.6.3.2　结构构件抗力的分布类型和统计参数

应用误差传递公式只能给出构件抗力的统计参数，而不能给出抗力的分布类型，因为结构构件抗力是多个随机变量的函数。一般认为它服从对数正态分布，因为结构构件抗力的计按照统一标准进行结构设计时，采用随机变量作为抗力的概率模型，并认为抗力服从对数正态分布。

结构抗力的一般表达式为式(8-37),对于正截面受弯构件,抗力基本变量的概率分布为对数正态分布,基本统计参数为:K_R =平均值/标准值=1.226 2;变异系数 $V_R = 0.1153$。

考虑到抗力的时变效应,对任一时刻其表达式为:

$$R(t) = K_P R(f_d(t), \alpha_d(t))$$

式中:$f_d(t)$ ——任一时刻材料强度设计值;

$\alpha_d(t)$ ——任一时刻几何参数设计值;

K_P ——计算模式不定性随机变量。

已有分析表明:抗力变异系数随时间变化只有小的波动,早期略有降低,后期略有增大。因此对抗力进行分析时,可以认为抗力变异系数不随时间变化。

8.6.4 可靠度评估算法

在对大型桥梁结构进行可靠性分析时,由于其结构功能函数一般均为复杂的非线性函数,求解时往往会存在数学实现上的困难,而引入各种简化假设又均会带来一定的系统误差。数值模拟技术提供了较为精确的输入与输出之间的隐式关系,因此该方法成为目前进行大跨桥梁结构可靠性分析的有效手段。

8.6.4.1 蒙特卡罗方法

蒙特卡罗方法是一种采用统计抽样理论近似地求解数学问题或物理问题的方法,其基本思想是:首先建立与所描述问题有相似性的概率模型,并利用这种相似性把这个概率模型的某些特征(如随机变量的均值、方差等)与数学计算问题的解答联系起来,然后对模型进行随机模拟或统计抽样,最终利用所得结果求出这些特征的统计估计值作为原来的数学计算问题的近似解。

如果设结构功能函数为 $Z = g(x_1, \cdots, x_n)$,式中 x_i 为具有任意分布的随机变量,对 $x_i(i = 1, \cdots, N)$ 进行 N 次随机抽样,即可得到 N 组 $x_j(j = 1, \cdots, N)$ 值。将第 j 组 $(j = 1, \cdots, N)$ 值代入功能函数,得到 N 个 Z_j 值$(j = 1, \cdots, N)$。设在 N 个 Z_j 值中存在 N_f 个 $Z_j < 0$,则结构的失效概率可以表示为 $P_f \approx \dfrac{N_f}{N}$。

具体进行蒙特卡罗模拟时,通常是利用计算机按人们所关心和讨论的随机变量的某种分布方式产生足够多的随机变数,即进行足够多的试验,然后对这些随机变数进行统计推断,将所得的统计估计值作为随机变量统计特征值的近似解。

采用蒙特卡罗法进行结构可靠性分析通常存在两个基本问题:第一应确定随机抽样数量 N,根据概率理论,采用频率来估算概率的基本前提是随机抽样数量足够大,否则达不到精度要求,现代计算机性能的迅速提高,为蒙特卡罗法的实现提供了硬件基础,第二为对任意分布随机变量的随机抽样方法。

目前,蒙特卡罗法的抽样方法可以分为直接法、拉丁超立方法、自定义方法三种,如图 9-3 所示。其中拉丁超立方法的效率较直接法高(与直接法相比,拉丁超立方法避免了重复抽样)。

(1)直接抽样(Direct Monte Carlo Simulation)

直接抽样是在随机变量的定义域中随机地抽取变量值,并且此抽取过程不计入内存中,因此可能会出现抽样值非常接近的情况(图 8-11a)。

(2)拉丁超立方法抽样(Latin Hypercube Sampling)

等间隔抽样是先将定义域进行均分,然后再在每个小定义域中分别进行抽样,由于每次抽样都计入内存,因此避免了抽样点在局部过于集中的情况(图 8-11b)。

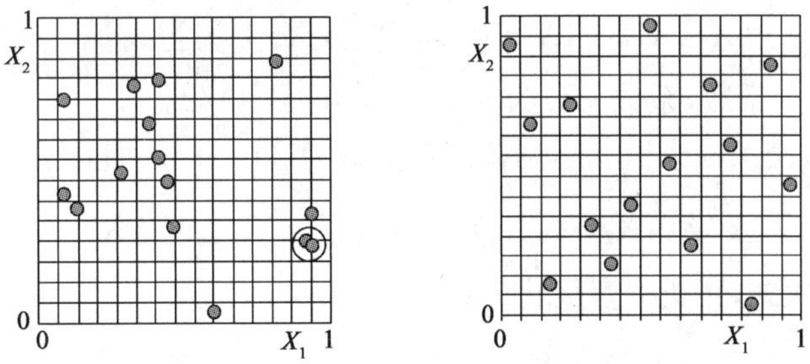

a) 直接蒙特卡罗抽样　　b) 等间隔蒙特卡罗抽样

图 8-11　蒙特卡罗数值模拟中的抽样方法

(3)重要抽样(Important Sampling)

为了提高抽样效率的途径,需增加失效的机会,即令抽取的样本点有更多的机会落入失效域内,改变随机变量的抽样"重心"。抽样方法采用蒙特卡罗法的重要抽样法,此时失效概率为:

$$P_f = \int_{-\infty}^{+\infty} \frac{I\left[g(v)\right] f_x(v)}{P_v(v)} P_v(v) \mathrm{d}v \tag{8-40}$$

式中:$f_x(v)$ ——随机变量 v 的概率密度函数;

$P_v(v)$ ——重要抽样的密度函数;

$I[g(v)]$ ——示性函数:

$$I[g(v)] = \begin{cases} 1 & g(v) \leqslant 0 \\ 0 & g(v) > 0 \end{cases} \tag{8-41}$$

重要抽样的精度取决于重要区域的选取,若重要区域选取不当,估计的精度就难以保证。

蒙特卡罗法适用面广,并且只要建模准确,模拟次数足够多,所得结果就可认为是可信的。然而对于失效概率很小的结构体系,例如大跨度桥梁,直接进行蒙特卡罗分析需要的模拟次数可能达到上万次。因此,在有限模拟次数下,采用蒙特卡罗法进行桥梁可靠度计算是有困难的。

8.6.4.2　响应面法

响应面法是近年来发展起来的进行可靠度分析的另一种有效方法,其思想是通过一系列确定性试验拟合一个响应面来模拟真实的极限状态曲面。从本质上讲,响应面法是一项统计学的综合实验技术,用于处理几个变量对同一体系或结构的作用问题,也就是体系或结构的输入(变量值)与输出(响应)的转换关系问题。如果结构在变量 X_1、X_2 的作用下具有未知的、不能明确表达的响应函数关系 $y = g(X_1, X_2)$,为了得到这个真实函数通常需要大量模拟。响应面法就是用有限的实验来回归拟合一个关系 $y' = g'(X_1, X_2)$ 代替真实曲面 $y = g(X_1, X_2)$,应用于结构可靠性分析中。

选择响应面表达形式时,一方面要尽可能简单,另一方面要考虑到能足够灵活地反映各种不同的真实曲面形状(因为真实曲面的形状并不知道)。

设结构的失效函数为 $Z = g(X_1, X_2, \cdots, X_n)$，结构的失效概率为 $P_f = P(Z \leqslant 0)$。将 $g(X_1, X_2, \cdots, X_n)$ 视为系统在一定输入下的响应，可将其近似表达为多项式的形式。若取完全二次多项式，则有：

$$g(X_1, X_2, \cdots, X_n) = a_0 + \sum_{i=1}^{n} a_i X_i + \sum_{i=1}^{n}\sum_{j=1}^{n} a_{ij} X_i X_j \tag{8-42}$$

式中，a_0、a_i、a_{ij} 为待定系数，系数总数为 $n+1+[n(n+1)/2]$。

如果不考虑二次交叉项系数 a_{ij}，则待定系数减为 $2n+1$ 个，此时：

$$g(X_1, X_2, \cdots, X_n) = a_0 + \sum_{i=1}^{n} a_i X_i + \sum_{i=1}^{n} a_{ii} X_i{}^2 \tag{8-43}$$

更简单地，只考虑一次式，可进一步简化为：

$$g(X_1, X_2, \cdots, X_n) = a_0 + \sum_{i=1}^{n} a_i X_i \tag{8-44}$$

在随机变量很多的情况下，含有交叉项的响应面法计算量较大，故可根据实际情况忽略展开式中的交叉项，使计算简化。分析和实践表明，一般复杂程度的问题采用二次多项式即可满足工程需要和精度要求，此时可取不含交叉项的二次多项式形式。

假定得到 k 组数据（$g(X_1, X_2, \cdots, X_n)_i$，$(X_1, X_2, \cdots, X_n)_i$），其中 $i = 1, 2, \cdots, k$（k 必须大约等于相应的未知参数个数）。由以下两式可解得待定系数：

$$(X^{\mathrm{T}}X)a = X^{\mathrm{T}}g \tag{8-45}$$

$$a = (X^{\mathrm{T}}X)^{-1}X^{\mathrm{T}}g \tag{8-46}$$

式中：$X = \begin{bmatrix} 1 & X_{11} & \cdots & X_{1n} & X_{11}^2 & \cdots & X_{1n}^2 & X_{11}X_{12} & \cdots & X_{1,n-1}X_{1n} \\ \vdots & \vdots & & \vdots & \vdots & & \vdots & \vdots & & \vdots \\ 1 & X_{k1} & \cdots & X_{kn} & X_{k1}^2 & \cdots & X_{kn}^2 & X_{k1}X_{kn} & \cdots & X_{k,n-1}X_{kn} \end{bmatrix}$

其中，X_{ij} 为第 i 组数据的第 j 个随机变量数值，g_i 为第 i 组数据的失效函数值，$i = 1, 2, \cdots, k, j = 1, 2, \cdots, n$。

得到上面所说的 k 组数据的过程称为响应面试验设计。确定响应面方程的组成项及其系数的过程称为回归分析。试验设计用来确定抽样点在输入变量抽样空间的位置，要求抽样点数量较少但又能有效包含抽样空间的信息以保证的响应面的精度。目前的试验设计方法有 Box-Behnken 矩阵设计法（BBM 方法：Box-Behnken Matrix）、二次序列法、中心复合设计法等。

依据数理统计技术，设 SSE 为响应面法引入的误差平方和，则有：

$$SSE = \sum_{i=1}^{n} (y - \hat{y}_i)^2 = (\{y_i\} - \{\hat{y}_i\})^{\mathrm{T}}(\{y_i\} - \{\hat{y}_i\}) \tag{8-47}$$

式中：y_i ——第 i 个抽样点处输出变量值；

$\hat{y}_i$ ——第 i 个抽样点处由回归模型得到的响应。

设 SSR 为回归效应平方和，则有：

$$SSR = \sum_{i=1}^{n} (\hat{y}_i - \bar{y}_i)^{\mathrm{T}} \tag{8-48}$$

其中，$\bar{y}_i = \frac{1}{n}\sum_{i=1}^{n} y_i$。设 SST 为总平方和，则有：

$$SST = \sum_{i=1}^{n} (y_i - \bar{y}_i)^{\mathrm{T}} \tag{8-49}$$

显然，SST 反映了全部实验数据之间的差异。总平方和、误差平方和、效应平方和之间的关系为：$SST = SSR + SSE$（平方和分解式）。

定义：$R^2 = \dfrac{SSR}{SST} = \sum_{i=1}^{n}(\hat{y}_i - \bar{y})^2 / \sum_{i=1}^{n}(y_i - p\bar{y})^2$ 。响应面与抽样点的匹配程度可由 SSE 或 R^2 判别。则匹配程度越好，$SSE \to 0$，或 $R^2 \to 1$。

8.6.4.3　联合算法

对蒙特卡罗法而言，分析精度由模拟次数决定，模拟次数越多精度愈高；响应面法的精度由回归模型拟合匹配程度确定，采用响应面法时，当不能确定抽样点个数时，抽样点个数至少为响应面方程系数的 2 倍。

蒙特卡罗法中所需循环模拟次数与输入变量个数无关，只取决于所求输出结果的类型及其分散程度。采用蒙特卡罗法求解时可先把所有的不确定因素作为输入变量进行求解，再根据结果将对输出变量由较大意义的不定因素确定为输入变量，采用蒙特卡罗法或响应面法重新求解获得所需答案。

响应面法中模拟循环的次数取决于输入变量的个数，因此须选择最重要的、对输出结果有重要影响的变量作为输入变量。如不能确定哪些变量是重要的，可先对所有的随机变量进行一次蒙特卡罗模拟，再选重要的，去掉不重要的。

蒙特卡罗与响应面法的联合使用过程就是先对所有的随机变量进行一次蒙特卡罗模拟，然后根据概率灵敏度分析结果可以判断那些输出变量对于特定的输出指标意义较大，选择重要的变量，并根据蒙特卡罗分析的结果计算变量间的相关系数，然后再针对不同的输出变量进行蒙特卡罗模拟以获得拟合响应面需要的样本点，根据这些样本点拟合响应面，得到失效方程式，最后再进行一次蒙特卡罗模拟，得到各个失效模式的可靠度。分析的流程如图 8-12 所示。

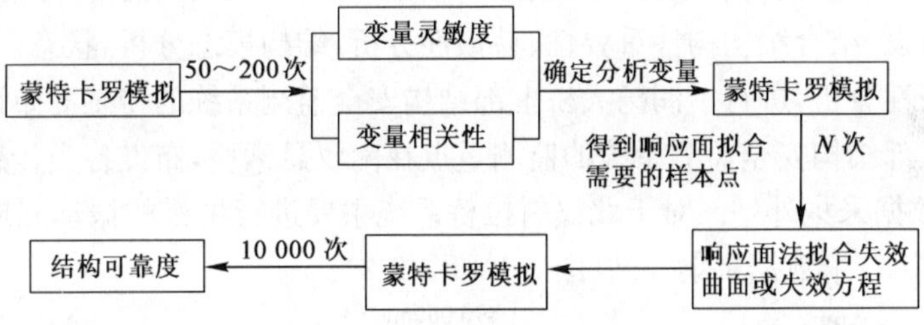

图 8-12　联合算法分析流程

第 9 章　大跨桥梁安全监测与评估软件

结构健康系统包括硬件部分和软件部分，大跨桥梁结构安全监测系统的信息显示、数据传输、状态识别与安全性评估等都必须通过软件实现。软件系统不仅要根据日常管理、结构状态识别、结构安全评估的要求对于系统硬件的数据采集进行远程控制，而且要实现对数据信号的远程访问、智能存储、结构预警识别和安全性评估。本章以润扬大桥结构安全监测系统为例，说明大跨桥梁安全监测策略、测点布置与软件系统的构成功能。最后介绍了苏通大桥结构安全监测系统的设计与测点布置。

9.1　润扬大桥监测系统设计与传感器布设

润扬大桥是由悬索桥和斜拉桥组合而成的特大型缆索支承型桥梁。其中，北汊斜拉桥为 3 跨(176m+406m+176m)双塔双索面型钢箱梁桥；南汊悬索桥为主跨 1 490m 的单跨双铰简支钢箱梁桥，为中国第一，世界第三。

润扬大桥结构健康监测与评估软件(BCASv1.0)是根据大桥日常维护的需要编制的，是大桥结构健康监测系统的一个重要组成部分。该软件主要包含监测数据管理、结构状态预警、可靠度评估、疲劳评估、结构状态综合评估等功能。

在第二章关于润扬大桥有限元分析结果的基础上，应用遗传算法进行振动与应变传感器的传感器优化布设，结合结构构件重要性、易损性分析，结构模态分析、状态识别等对监测数据的需求以及经济性分析，进行了润扬大桥上部结构安全监测系统的传感器布设。

润扬大桥上部结构安全监测系统的监测重点在南汊悬索桥，布设各类传感器共 173 个，风速仪 2 个，9 个数据采集外站。对于北汊斜拉桥系统主要进行主梁的振动和应变监测，布设各类传感器共 84 个，3 个数据采集外站(图 9-1 和图 9-2)。

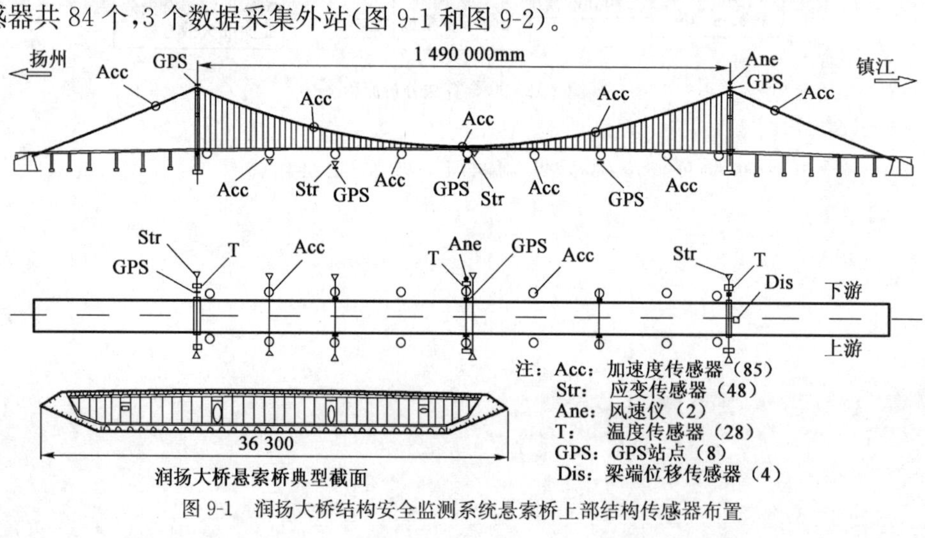

图 9-1　润扬大桥结构安全监测系统悬索桥上部结构传感器布置

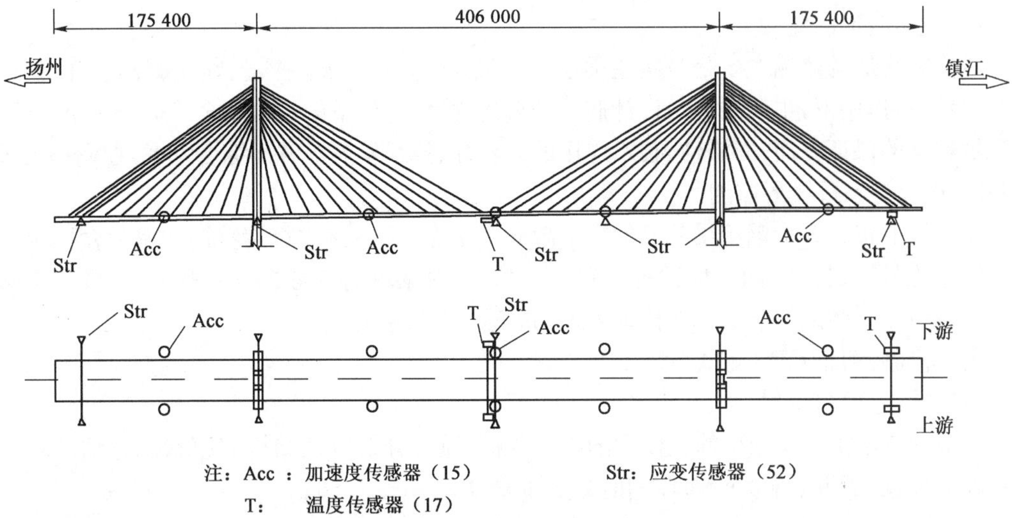

图 9-2　润扬大桥结构安全监测系统斜拉桥上部结构传感器布置(尺寸单位:mm)

9.1.1　悬索桥测点布置

(1)主缆内力及吊索内力的监测

主缆对悬索桥的结构安全至关重要,而且不可更换。采用直接监测主缆索力的方法,可以确保监测结果的可靠性。同时记录环境温度、风况、交通状况和主梁振动、索塔振动等测量值,以评估主缆工作的状况。

润扬大桥悬索桥锚室内的前锚面与后锚面的距离为 21m,索股的长细比很大。因此采用振动法通过监测主缆索股内力进而监测主缆的内力,在测量精度上有比较好的保证。另外锚室内振动传感器的安装与标定也比较简单。监测采用的加速度传感器分别在 4 个锚室内各安装 8 个间接测量上、下、左、右和中间典型索股的振动频率,进而得到内力。计 32 个加速度传感器。

另外在对于 $L/4$、$3L/4$ 处上下游的 8 根吊索通过振动法测量索力。其余吊索内力的通过定期的检测并将数据纳入整个评估系统。

监测方法:环境随机振动法。

主要仪器设备:超低频加速度传感器、测振放大器、信号分析仪。

(2)主缆的振动监测

由于交变应力与环境腐蚀的相互作用是导致缆索疲劳以及锈蚀损伤扩展的重要原因之一。通过对主缆的振动特性的连续监测以及主缆和吊索索力的实时连续监测,考察悬索桥缆索系统的疲劳响应。结合内力的监测以及日常对腐蚀的探伤检测可以对主缆的损伤、内力的变化做一个评估。

根据有限元模型静力计算分析和模态计算分析,采用 12 个低频单向加速度传感器对主缆垂向和横向振动进行监测。

监测方法:环境随机振动法。

主要仪器设备:超低频加速度传感器、测振放大器、信号分析仪。

(3)主梁线形的监测

对主梁线形的监测主要是考察主梁在各种载荷(包括:车载、撞击、地震、台风、环境载荷、温度变化等)作用下,主梁线形与设计假设的偏离程度,为桥梁的日常安全营运提供决策依据。从测量精度的保证方面、经济性、技术应用的兼容性、技术发展等方面综合考虑,在润扬大桥应用GPS进行悬索桥线形监测。

在主梁上布置3个钢箱梁截面的上下游6个站点,GPS接收机用特制的密封盒固定在箱梁外侧边缘处。另外在两个塔顶各布置一个站点,对索塔的变形进行监测,共布置9个站点(含一个基站)。测试基准站设在桥址附近的国家GPS网点上。

主要仪器:动态GPS测试系统。

(4)主梁应力的监测

在南汉悬索桥整体结构简化模型的静力分析、模态分析以及结构健康状态评估需求分析的基础上,确定了主梁应力分布监测的测点布置方案。

应变监测共选择5个截面。其中一个跨中附近截面是重点监测截面,要求进行动应变测量。在此截面上,由于两边共4个钢板焊缝连接处的受力比较复杂,采用电阻丝式应变花进行实时监测。中间12个点(其中上面板8个点、下面板4个点)安装光纤应变传感器,要求信号同步采集,以便根据数据建立实时时程曲线。

监测方法:关于静应变监测,可以在钢箱梁截面上布置光纤应变传感器,通过测量测点处的应变变化获得钢箱梁上各测点处的应力变化。关于动应变监测,可以在钢箱梁截面布置光纤传感器和电阻应变传感器,连续地测量测点处的动应变时程。

主要仪器设备:光纤光栅传感器、光电解码器、电阻应变计、应变读数仪等。

(5)主梁振动的监测

通过实时监测主梁的振动响应得到运营中的主梁的振动模态,可以作为桥梁结构状态识别的依据。悬索桥主梁振动特性的主要因素是主梁结构本身的刚度、质量分布、阻尼,还与其他结构对主梁的支承与约束状态、环境因素等等有关。因此分析主梁振动状态与特性时,还需要考虑同时的环境温度、斜拉索索力、交通状况、索塔振动、风况等方面。

根据有限元模型静力计算分析、理论模态计算分析和动力响应分析,主梁振动监测布置在7个截面上,每个截面上在主梁两侧布置垂向加速度传感器,中间布置横向加速度传感器,共21个。

监测方法:运用环境随机振动法对钢箱梁进行振动监测,主要测试箱梁竖向、横桥向的振动。并与主缆振动、索塔振动结合考察塔—缆—梁系统的振动特性。

主要仪器设备:超低频压电式加速度传感器、滤波放大器、数字信号处理器等。

(6)主梁温度监测

主梁温度监测截面与内力监测相同,选2截面,每个截面上有8个测点,全桥共有温度测点28个。

监测方法:由于振弦式应变传感器有温度测量与读数,利用布置在钢箱梁截面上振弦式应变仪监测钢箱梁内的温度。

(7)主梁梁端位移监测

主梁梁端位移监测：选在梁底的 4 个滑动支座处进行监测。

监测方法：采用线位移传感器。

(8)索塔的监测

索塔是悬索桥主要的承重构件。通过实时监测索塔的振动响应可以作为评估索塔结构状态与损伤识别的依据。考虑到索塔的截面刚度比主梁和主缆大得多，以及控制费用等因素，在每个塔顶布置 3 个单向加速度传感器。同时在每个索塔上方设立一个位移观测点，定期检测索塔的偏移。

监测方法：运用环境随机振动法对索塔进行振动监测，主要测试结构横向与纵向的振动状态。并与主缆索、主梁振动结合考察塔—缆索—梁系统的振动特性。

主要仪器设备：超低频加速度传感器、滤波放大器、数字信号处理器等。

(9)风荷载的监测

润扬大桥桥址处风力大。虽然采用扁平流线型钢箱梁可以抑制涡激共振现象的发生，但是对于风荷载的作用应该重视。对桥址处风监测，主要是用安装在桥身和桥塔顶上的风速仪去执行。风速仪安装在两索塔顶部和主桥中跨跨中。

监测方法：利用三分量风速风向仪测试主梁的风速和风向；利用单向风速风向仪测试索塔顶部位置的风速和风向。

主要仪器设备：杯式风速仪。

(10)地面运动的监测

在大桥设计计算时，地震对大桥的作用是用多振型分解反应谱法和输入适当的地震系数推算出来的。通过监测大桥桥址的反应谱和对地震动的论证，可以推算大桥抗震设计参数的有效性。同时地震加速度谱以及桥梁对地震的动力响应分析，将作为桥梁结构安全可靠性评估的重要依据。地震动监测采用一个三向的加速度计，安装在南汊悬索桥南塔底部。

监测方法：地面运动监测采用三向加速度计、滤波放大器、数字信号处理器等。

主要使用仪器：地震测试用 ICP 型加速度计或伺服式振动传感器。

9.1.2　斜拉桥测点布置

从经济性等方面的综合考虑，对于北汊斜拉桥系统主要进行主梁的振动和应变监测。

(1)斜拉索力检测

斜拉桥的使用性能主要取决于斜拉索，准确掌握斜拉索索力分布和索力变化有助于分析斜拉索的工作状态、索力对全桥结构的影响和正确指导索力校正。考虑到索的数量比较多，斜拉索的监测主要通过定期的检测并将数据纳入整个评估系统的方法实现。

(2)主梁的振动监测

斜拉桥主梁结构的动态响应往往与引起斜拉桥整体振动的强振源相联系。通过对主梁振动的监测，不但可以识别主梁结构的动态特性参数，还可以实现对主梁结构承受波动载荷历程的记录。

润扬大桥北汊斜拉桥主梁振动在主跨四分点、边跨二分点共 5 个截面上，共布置 15 个单向加速度传感器。

监测方法：选择低频频端小于 0.05Hz 的加速度传感器。

(3)主梁应力的监测

根据有限元模型计算分析的结果及设计人员的意见,参照其他同类重要桥梁结构内力监测的方案,润扬大桥北汊斜拉桥内力的测点布置如下:选择在主跨1/2处、1/4处、与索塔连接处、边跨1/2处以及靠近岸边边跨箱梁截面上布置应变传感器。其中主跨1/2处是重点监测截面采用应变花和光纤传感器进行动应变测量(用应变花主要是对于焊接处的复杂应力进行监测)。

监测方法:采用振弦式应变计、光纤应变传感器进行应变监测。

9.2 监测评估软件总体构成

润扬大桥结构健康监测评估软件系统包括四个子系统和一个与其他的数据库接口(图9-3和图9-4)。具体包括:

图9-3 润扬大桥健康监测评估系统启动时的欢迎画面

图9-4 润扬大桥健康监测评估系统主目录

(1)监测系统;

(2)预警系统;

(3)评估系统;

(4)结构原始指纹数据库;

(5)基础监测系统的数据接口。

从大跨桥梁的建设周期以及寿命历程看,桥塔基础、锚碇等基础结构的安全监测工作自地基开挖起就开始进行,比上部结构早多年。因此,基础结构安全监测系统的建立也比上部结构早很多,在整个桥梁安全监测系统中是一个相对独立的分系统。润扬大桥安全监测系统中通过基础监测系统数据接口,实现系统数据与软件链接,以便进行地基及锚碇基础安全性分析以及全桥桩土共同作用分析。

润扬大桥结构监测评估系统软件采用基于因特网的B/S(浏览器/服务器)结构和C/S(客户机/服务器)结构相结合的软件模式,既可在监测中心进行控制管理,又可使得用户可以在因特网上进行部分远程控制管理。各系统采集站和各系统计算机工作站的操作系统采用Windows XP Professional,数据管理与控制服务器的操作系统采用Windows Server 2003,中央数据库采用ORACLE Standard Edition,各数据采集站内传感器参数信息数据库采用Windows Access 2003,监测系统应用程序的编程工具采用VC/C++7.0。在接下来的章节根据系统的软件结构介绍子系统软件构成与功能。

9.3　上部结构监测子系统软件

9.3.1　监测项目分类

根据系统监测系统传感器类型以及结构预警与安全评估的需求，软件对于监测内容进行分类建立数据模块。

(1)南汉悬索桥主桥线形监测(GPS系统)。

(2)南汉悬索桥主梁内力监测(光纤光栅、振弦式、电阻丝式(应变花)应变传感器组成内力监测系统)。

(3)南汉悬索桥主梁温度监测(光纤光栅、振弦式温度传感器组成温度监测系统)。

(4)南汉悬索桥主梁振动监测(加速度传感器组成的监测系统)。

(5)南汉悬索桥主缆索股索力监测(加速度传感器组成的监测系统)。

(6)南汉悬索桥主缆振动监测(加速度传感器组成的监测系统)。

(7)南汉悬索桥索塔振动监测(加速度传感器组成的监测系统)。

(8)南汉悬索桥风况监测(风速、风向组成的监测系统)。

(9)南汉悬索桥梁端伸缩缝位移监测(直线位移传感器组成的监测系统)；

(10)北汉斜拉桥主梁内力监测(光纤光栅、振弦式、电阻丝式(应变花)应变传感器组成内力监测系统)。

(11)北汉斜拉桥主梁振动监测(加速度传感器组成的监测系统)。

9.3.2　软件主要功能

(1)能够测量结构各种响应的传感装置对大桥在各种环境条件下与运营条件下的工作状况进行自动监测。

(2)对于外站、网络系统、传感器工作状态等进行判别，控制外站的数据采集模式和外站采集数据的同步性。

(3)传感器实时采集数据波形分析功能：能够根据结构分析与健康评估的要求对各监测项目进行数据采集、存储、显示和查询。对于像振动、动应变数据，监测软件绘制出当前该传感器采集数据的时域波形图，并计算波形的有效值、平均值、峰值、峰峰值。对波形进行滤波、微分、积分等变换分析处理。绘制出采集数据的频谱图。用户可根据需要在参数设置对话框选择频谱类型、线性谱、功率谱、功率谱密度、能量谱密度以及倒频谱。

(4)传感器实时状态告警功能：监测软件按传感器类型循环读取所有测点的最新测量值，以及各测点预设定的告警限比较，超出告警限的测点所属的类型告警指示灯闪烁。

(5)具有反映大桥结构监测状况关键值的多级报警功能，并设定日常信道报警系统，用于桥梁的日常运营管理。

(6)具有快速大容量的信息采集、通信与处理能力，并实现数据的网络共享。

(7)实时网络检测功能：检测系统网络，当网络部分不通时告警提示。

9.3.3 软件接口与可扩展性

本应用软件完全是自主开发的，软件系统具有良好的开放性和可扩展性：

(1)运行环境的开放性，支持目前流行的多种操作系统和硬件环境。

(2)可根据业主的后续要求和系统应用软件的升级，为用户提供二次开发工具，如通用报表生成工具。提供标准 API 函数库/C++类库，以实现后继开发的需要。

(3)数据的开放性和可扩展性，实现海量数据的管理和高效实时处理，采用专用的数据格式，并对用户和后继开发商开放。

(4)接口的开放性和可扩展性，开发遵循国际标准和行业标准，提供开放式接口，可采用共享数据库、数据文件交换、进程通信等方式，实现与其他系统的结合，保证信息系统之间数据的共享。

9.3.4 图形界面

系统提供丰富多彩的显示方式把处理结果显示给用户。包括：

(1)实时动画，直观显示当时桥梁线形动态变化。

(2)系统组态网络图，直观显示系统各接点之间的连接。

(3)测量值的水银柱图，直观显示当前值的大小和当前值在其范围内的位置。

(4)统计趋势图，直观显示各类统计在不同时段内的发展趋势。

(5)桥梁线形图，直观显示桥梁在外力作用下的偏移方向和偏移量。

(6)模态振型图，直观显示桥梁的各阶振动。

(7)波形图和频谱图，直观显示相关传感器的时程曲线和频谱曲线。

9.3.5 数据预处理与查询

外站采用连续采集方式不间断采集监测数据，采集数据按块组织。从 A/D 取得的数据是双字节二进制码，需要转换成用户可识别的形式，也就是转换成以该通道工程单位为单位的值，因此外站把采集到的数据块根据传感器参数计算出结果来。连接读数仪的外站采集监测数据时得到的是计算后的工程单位，无需计算。中央服务器把这些工程单位标识的采样值抓取到本地硬盘保存在日趋势文件中。

数据查询可以查询过去的某个时刻或某个时间段的测量数据(有效值，时域波形，频域波形，趋势波形，等等)，显示内容不会自动刷新。主要有以下几种查询方式：

(1)历史采集数据波形查询：监测分析软件可以根据需要查询出振动或动应变等快变数据类型的历史采集数据波形图和频谱图。

(2)趋势图分析统计查询：绘制各传感器历史日测量值的趋势图。统计出本日最大值、最小值、平均值。

(3)报表查询：各传感器测点计量值的最大值柱状图。

(4)告警记录查询：按日查询各测点的告警记录。

9.3.6 监测数据的数据处理

初级预警：对于数据进行简单的统计运算，如设定时段内的最大、最小值、均值、方差、标准差等，计算结果作为初级预警的输入。

数据的二次预处理：这一过程由数据处理和分析软件完成，其功能包括(图 9-5 和图 9-6)：

(1)统计信息：统计数据是所有监测项目共有的应保存的信息量。在对每一种类型的传感器进行监测时，都应记录其在某个时间段内的最值统计，包括最大值、最小值、最值产生时间、平均值、均方根值、均方根差值、协方差值、协方差系数。用这些数据量反映被测量点的统计特性，可以监测出信号变化范围，振荡幅度的大小。

(2)趋势信息：趋势数据信息是所有监测项目公有的应保存的信息量。对每一种类型的传感器进行监测时，记录其在一日内的每一分钟的值。趋势数据反映的是被测量点的长期监测结果，可以直观反映出信号变化趋势，反映出桥梁结构参数一天内变化的情况。

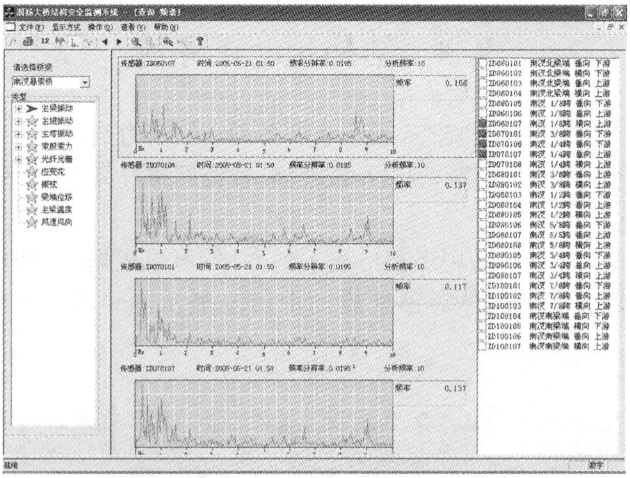

图 9-5　主梁振动监测的频谱

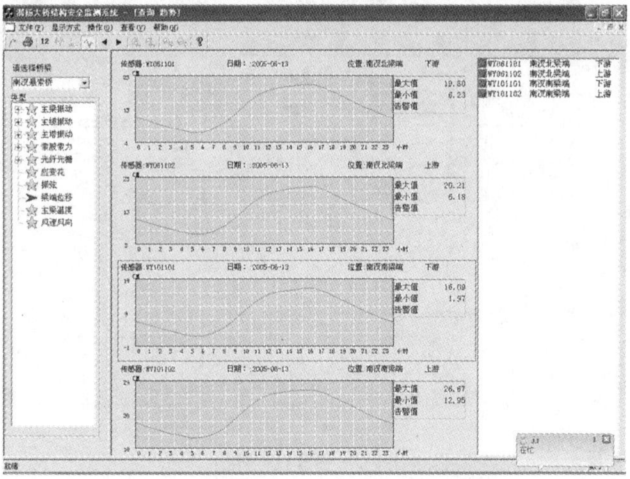

图 9-6　梁端位移监测中的桥梁位纵向移趋势

(3)谱分析信息：数据处理及分析系统提供 FFT 变换和频谱分析功能。用户可根据需要在参数设置对话框选择频谱类型：幅值谱，功率谱，功率谱密度，能量谱密度等。用户可根据需要在参数设置对话框选择加窗函数：直角窗、哈宁窗、平顶窗、Kassia-Bessal 窗。频谱软件有自动最大频率识别功能和刻度线移动查询功能。

(4)应力谱:通过雨流计数法得到实测应力谱,用于计算疲劳寿命,进行疲劳设计、安全评价等。

(5)实时模态分析:基于环境激励的模态试验方法,给出悬索桥的实时模态。

(6)预警信息:对每个通道的采集数据块计算比较,若计算结果大于设定的告警限,并超过了相应告警限的告警确认时间,则确认告警,数据处理及控制系统记录本次告警事件。

(7)人工输入信息:将动静载试验的数据作为对后续监测系统测量数据的参照。桥梁使用中的日常检测、大修信息也是重要信息。软件提供动静载试验数据、大修信息人工录入的接口。

9.4 结构预警子系统

结构预警子系统在结构健康监测系统采集的各种结构动力响应信息基础上,根据不同的结构损伤预警标准进行分析和判断,通过小波变换、神经网络等方法,实现对桥梁结构的异常状态、结构损伤预警功能。

软件界面如图 9-7 所示。采用多窗口显示的方法,可以根据用户的需要开启或者关闭某些窗口,最大限度地满足用户对预警界面的信息显示的要求。各窗口的设置与安排如下:

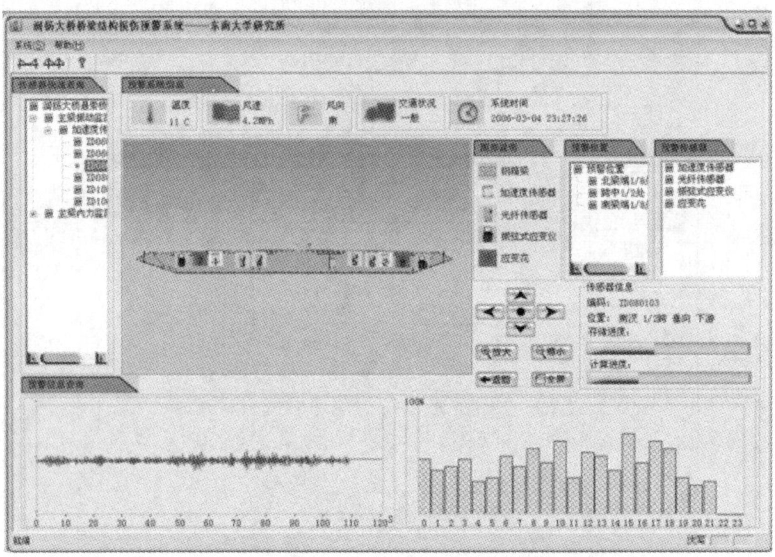

图 9-7 预警软件界面

(1)A—预警传感器快速查询窗口(图 9-8):在该列表窗口内,按照主梁振动监测和主梁内力监测两个类别采用树形列表的方法分别列出润扬大桥悬索桥和润扬大桥斜拉桥所有的预警监测传感器。可以通过直接点击某个传感器的方法最快的查询该传感器的预警信息。

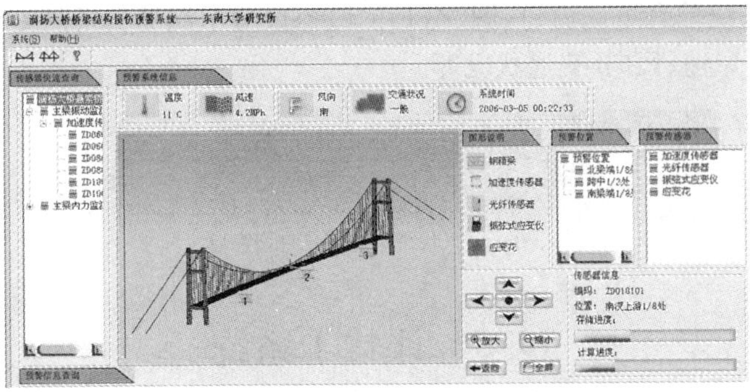

图 9-8　预警传感器图形查询窗口(1)

(2)B—预警传感器图形查询窗口(图 9-8 和图 9-9):该窗口拟完成如下两种功能:①预警信息的总体显示。在该窗口中将显示整个桥梁结构的三维效果图。通过点击预警位置下拉列表或者直接点击三维效果图,将进入所选择的传感器安装位置,并在图形中显示传感器安装位置的三维效果图和传感器的信息(位置、查询时间和预警状态)。该图形窗口具有全屏、缩小、放大、平移和恢复的功能。②预警传感器的选择功能。对于一般使用者来说,可以通过该窗口选择需要查看的传感器。用户可以通过点击预警位置下拉列表或者直接点击三维效果图,进入所选择的传感器安装位置,选择想要查看的传感器。

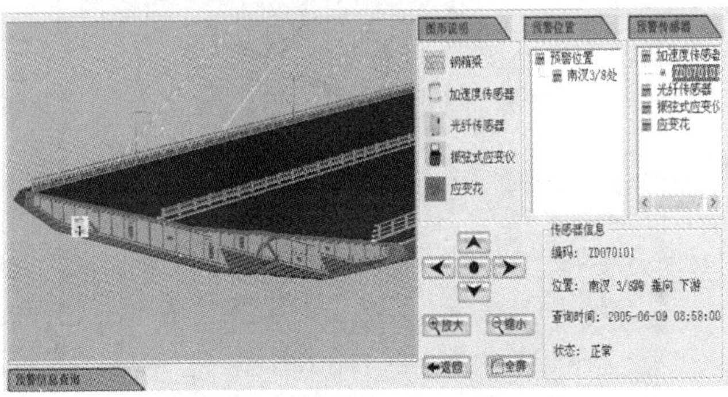

图 9-9　预警传感器图形查询窗口(2)

(3)C—传感器预警信息查询窗口(图 9-10):通过窗口 A 和窗口 B 选择传感器后,在该窗口中可以查询各种信息。信息类别具体为:①传感器响应信息,即结构健康监测系统采集的各传感器的时域响应信息。②结构小波包能量谱信息,即传感器时域响应的小波包能量谱。③结构损伤预警指标信息。显示当前查询时间前 24h 的结构损伤预警指标信息。图 9-10 为有限元模型的损伤模拟工况下的损伤预警指标变化情况。

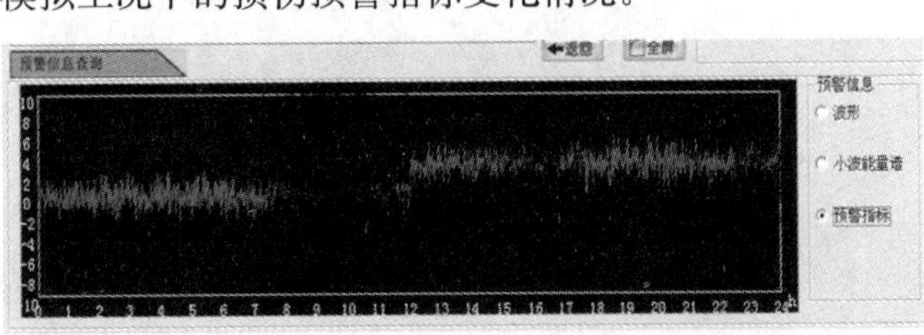

图 9-10　传感器预警信息查询窗口

(4)D—预警系统信息查询窗口(图 9-11)。该窗口显示润扬大桥悬索桥和斜拉桥当前运营状态,包括温度、风速、风向、交通状况等。

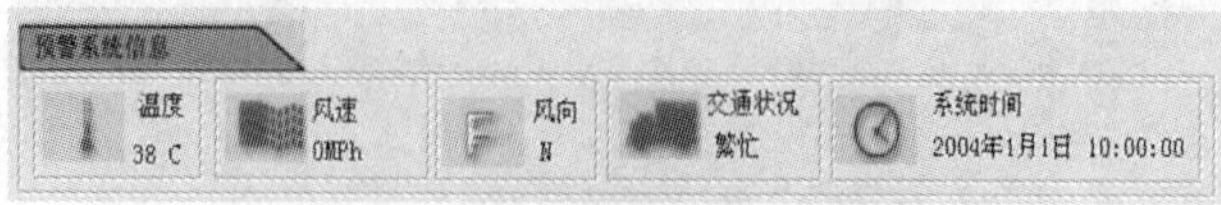

图 9-11　预警系统信息查询窗口

9.5　评估子系统

评估子系统软件提供了针对监控信息的评估功能。根据监测系统所采集的数据,进行定期的统计和分析。可以了解大桥在运营期间的性能变化情况。点击“监控信息查询”—“南汉悬索桥”,在主界面屏幕显示区出现带有传感器标记的悬索桥形象,在传感器标记上击右键,可以显示该传感器的统计结果,如图 9-12 所示。利用视图控制区的控制按钮,可以调整视图的大小、位置,并且可以在多个视角之间切换。

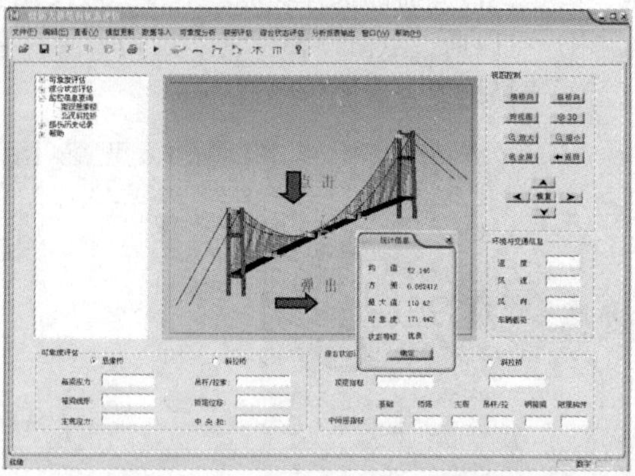

图 9-12　监控信息评估界面(GPS 监控信息评估)

由于钢箱梁中的应力传感器数量较多,为了便于用户查询它们的工作状况,需先对所分析的截面进行选择,如图 9-13 所示,随后即可弹出该截面的各个传感器,在传感器标志上单击右键,即可查询该传感器的统计评估结果,如图 9-14 所示。

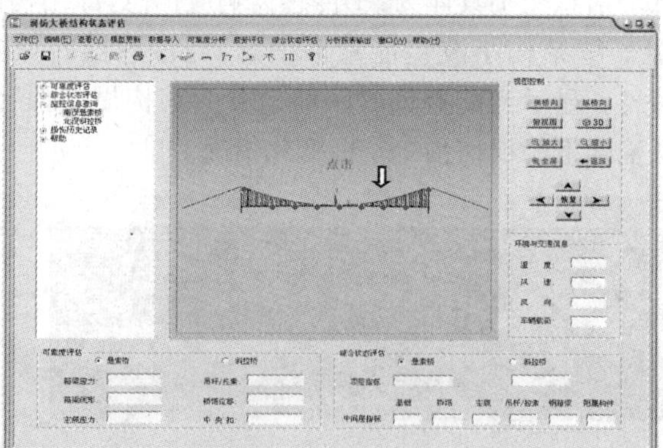

图 9-13　监控截面选择

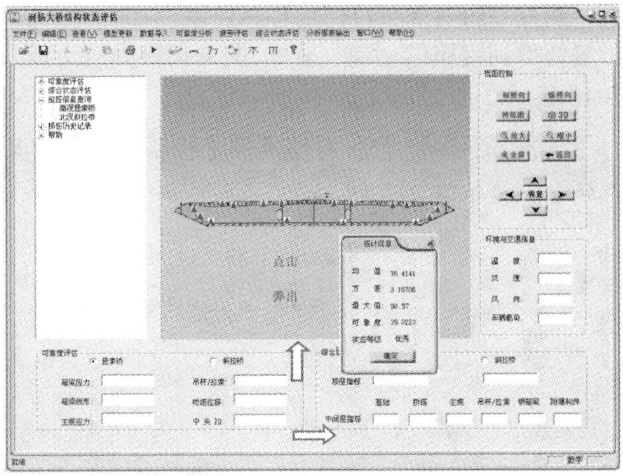

图 9-14　应力传感器选择

结构状态评估子系统包括了可靠度评估、疲劳评估以及综合状态评估等内容。主要功能包括：

(1)计算大桥各个主要失效模式下的响应值(应力、位移等)，并得到这些响应的统计值。根据主要失效模式下的响应值，计算主要构件的可靠度。

(2)根据监测系统采集到的动态应变监测数据，应用雨流计数法建立构件疲劳载荷谱。对关键疲劳构件进行疲劳评估和整体结构疲劳寿命评估，并进行主要关键构件的剩余疲劳寿命可靠度评估。

(3)根据监测系统采集得到的信息，对这些信息进行自动的评估和打分。结合日常检测或周期性检修的结果，对桥梁的整体性能进行综合评估。

点击健康监测系统主目录窗口的四个按钮(图 9-4)，可分别进入监测系统的不同子系统，如单击“评估系统”，可进入润扬大桥状态评估子系统，其主界面如图 9-15 所示。

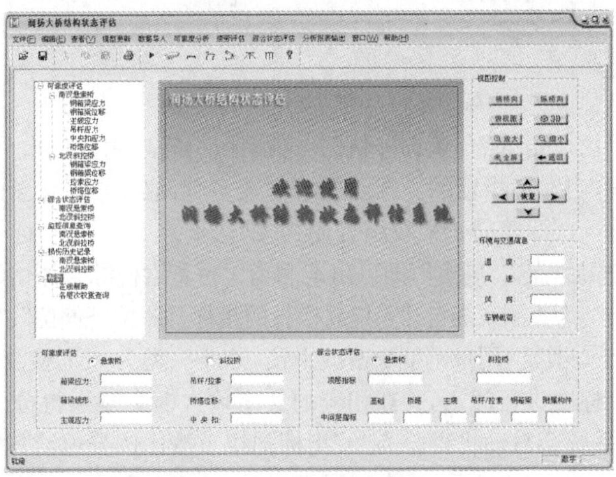

图 9-15　评估子系统软件主界面

评估系统的主界面由菜单控制区、树状目录控制区、屏幕显示区、视图控制区、环境交通信息显示区以及评估结果输出区构成。其中菜单控制区和分支控制区的部分功能是相似的，所不同的是菜单控制区还提供了文件操作(如打开、保存、打印等)、快捷按钮以及分析过程的控制功能，用户可根据自己的习惯选择菜单控制方式或目录控制方式。

在下拉菜单中点击“执行分析”,并对桥型进行选择(悬索桥或斜拉桥),即可调用可靠度分析模块进行数值计算,最终得到钢箱梁、主缆、吊杆、中央扣最大应力以及钢箱梁、桥塔最大位移等评估结果,如图 9-16 所示。

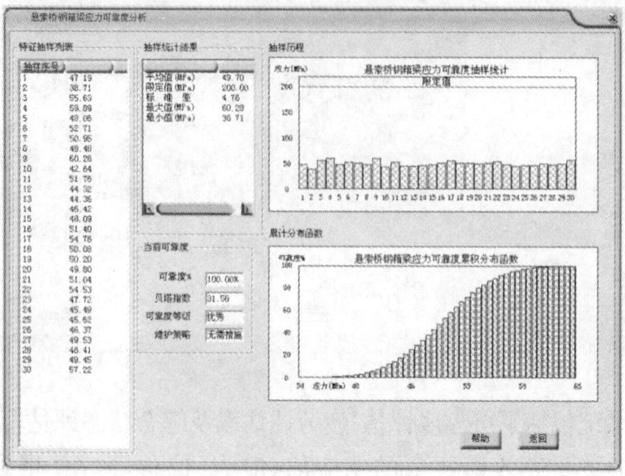

图 9-16 钢箱梁最大应力可靠度评估界面

评估结果显示区提供评估的最终结果显示,包括可靠度分析结果、综合评估分析结果两个区域。可在悬索桥、斜拉桥之间切换。主界面左下方的可靠度评估结果显示区会自动出现最终的评估结果(图 9-17)。点击菜单控制区的“分析报表输出”并选择桥型,则系统可根据上述可靠度分析结果自动生成并打开 WORD 格式的分析报表。

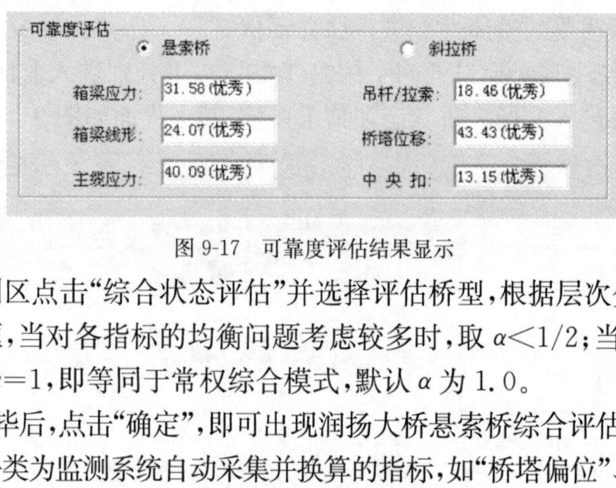

图 9-17 可靠度评估结果显示

在树状目录控制区点击“综合状态评估”并选择评估桥型,根据层次分析法原理,将出现输入均衡系数的对话框,当对各指标的均衡问题考虑较多时,取 $\alpha<1/2$;当比较能容忍某方面缺陷时,取 $\alpha>1/2$;当 $\alpha=1$,即等同于常权综合模式,默认 α 为 1.0。

均衡函数输入完毕后,点击“确定”,即可出现润扬大桥悬索桥综合评估的底层指标(图 9-18),这些指标分为两类,一类为监测系统自动采集并换算的指标,如“桥塔偏位”、“钢箱梁应力”,此类指标的文字输入框属性为“只读”,用户不能更改或干预;另外一类为人工检测数据,用户可根据在线帮助中提供的打分标准进行评定,并在相应的文字输入框中输入得分。若该项目没有进行检测,则应输入“0”,系统会自动将得分为“0”指标的权重按比例分配给其他同级指标。

点击“下一步”,出现图 9-19 所示的中间层指标,灰色的文字输入框表示该输入框的属性为“只读”,其数值通过下一级指标换算得到,用户只需要在空白的文字输入框中输入相应得分。

点击“下一步”,出现图 9-20 所示的顶层指标,按照顶层指标的分数,可以得到对大桥综合性能的评语。同时,根据底层和中间层指标得分的排序,给出了前三个劣化构件或系统的名称以及相应的得分。评估结束后,出现本次评估的最终结果,如图 9-21 所示。

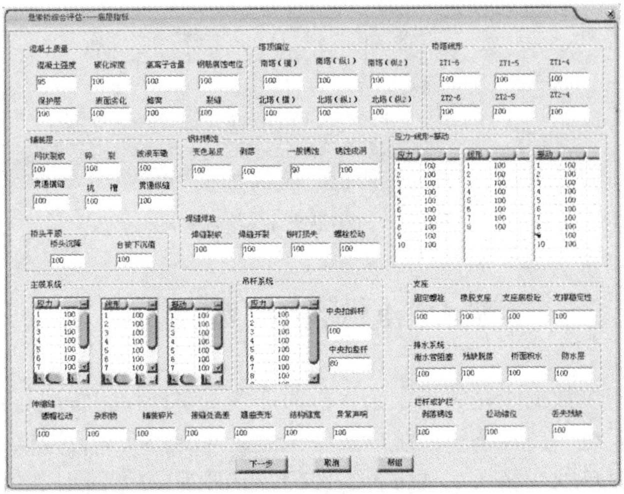

图 9-18　底层指标

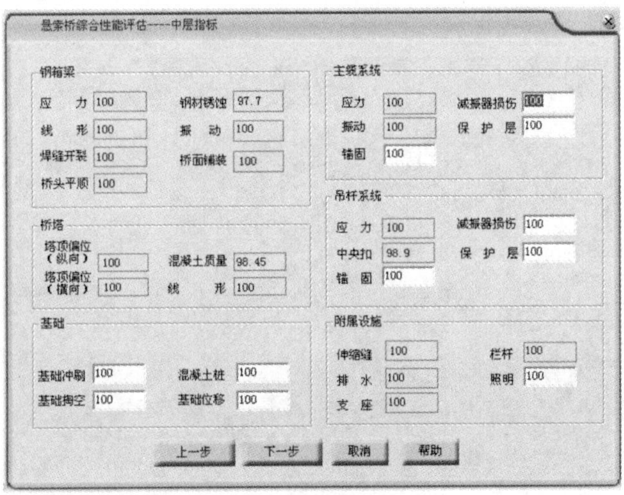

图 9-19　中间层指标

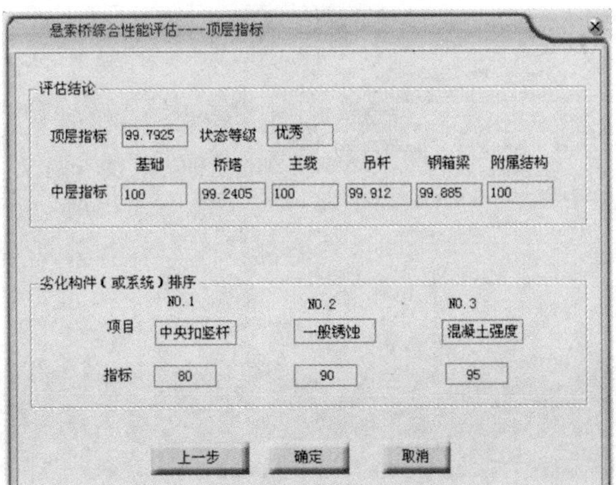

图 9-20　顶层指标

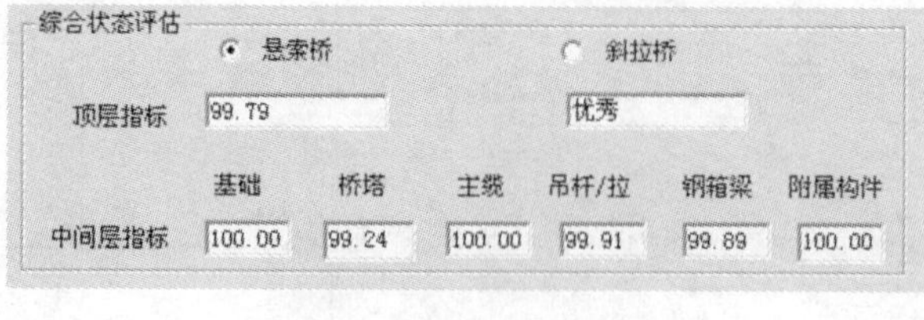

图 9-21　综合状态评估结果显示

9.6　原始指纹数据库

润扬大桥原始指纹数据库是关于润扬大桥的许多重要资料的管理与查询的软件系统。该系统包括悬索桥子系统、斜拉桥子系统以及结构健康检测初期运行数据三大部分。

软件的总界面是反映润扬桥总体位置、布局及其外观的效果图，如图 9-22 所示。将鼠标移动到图片的左上方将会显示本软件的第一级菜单，如图 9-23 所示。通过一级菜单可以进入二级菜单，如图 9-24 所示。

图 9-22　软件总界面

图 9-23　软件的第一级菜单

图 9-24　软件的二级菜单—斜拉桥部分

主界面的菜单包括大桥概况、悬索桥分系统、斜拉桥分系统、结构健康检测运行数据以及退出。进入悬索桥分系统和斜拉桥分系统的方式也可以通过鼠标点击悬索桥和斜拉桥图形区域实现。悬索桥分系统和斜拉桥分系统包括以下七个子系统：

(1)结构几何参数查询子系统:结构几何参数是施工与计算的依据,该桥有大量的施工图纸,为便于查询关键部位的几何参数,可以通过该系统通过点击相应区域实现。

(2)结构材性参数查询子系统:结构材性参数是指结构构件的截面面积、抗弯惯性矩、抗扭惯性矩等参数。

(3)缆索内力查询子系统:保存了悬索桥和斜拉桥施工过程中、成桥后以及荷载实验中缆索内力,是鉴定成桥质量和后期健康检测评估的重要依据。数据库包含悬索桥部分和斜拉桥部分。悬索桥部分包括吊索内力(90×2 根)和锚碇中索股(184×4 根)内力两大部分。斜拉桥部分包括 94 根斜拉索的内力。

(4)主梁结构内力状态查询子系统:可以查询主梁在各种荷载作用下的内力、变形等数据。该部分的大部分数据来自于荷载试验的实测数据,是检验设计理论、成桥质量的重要依据。

(5)结构动力特性参数查询子系统:结构动力特性是结构的重要力学特性,它包括结构的自振频率、振型及阻尼比。数据库中含有悬索桥和斜拉桥整个施工过程的动力特性参数。

(6)结构有限元整体及局部分析模型子系统:结构有限元整体及局部分析模型子系统含有润扬桥的悬索桥和斜拉桥分析计算时所采用的模型。

(7)施工控制网复测:为满足大桥施工控制和施工期安全监测工作的需要,相关单位在大桥区域内建立了首级控制网。2005 年 3 月相关单位对控制网进行了复测。本次控制网复测完成后,再次将镇江岸、世业洲和扬州岸各建筑物进行了有机联系,能够满足大桥在运营期间各项测量工作的需要,特别是运营期安全监测工作的需要。

9.6.1　结构(设计/测量)几何参数查询

结构几何参数是施工与计算的依据,该桥有大量的施工图纸,为便于查询关键部位的几何参数,可以通过该系统通过点击相应区域实现(图 9-25～图 9-27)。

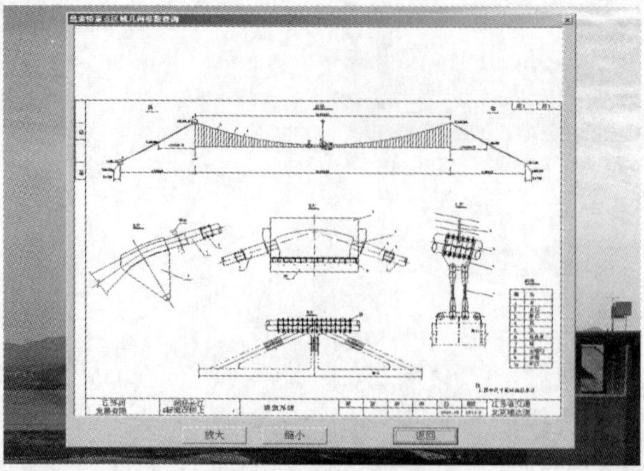

图 9-25　悬索桥中央扣的几何参数

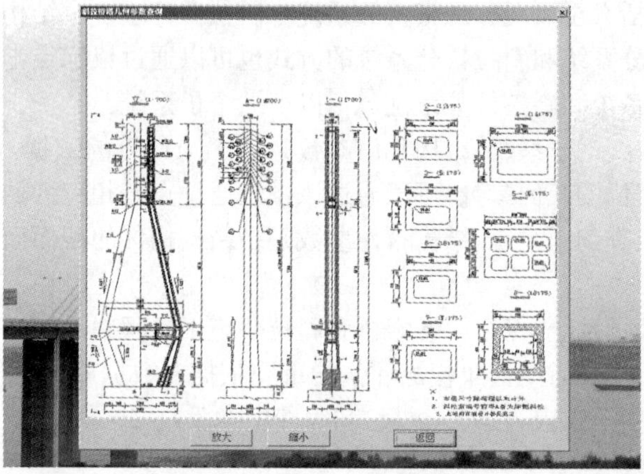

图 9-26　斜拉桥桥塔的几何参数

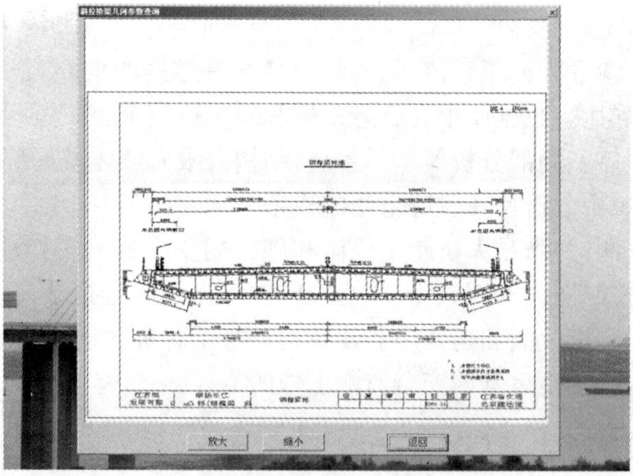

图 9-27　斜拉桥主梁标准断面的几何参数

流程：南汉（北汉）桥型示意图，图形点击进入梁、塔、缆索以及特殊设计区域示意图。点击“结构几何参数查询子系统”菜单，进入几何参数查询状态，将鼠标放到悬索桥或斜拉桥的相应部位会显示该部位的名称，在不同的部位点击鼠标会显示该部位的图形与参数。

9.6.2　结构材性参数查询

流程：南汉（北汉）桥型示意图，图形区域点击进入梁、塔、缆索的材性参数数据库。主要包括梁、塔、缆索构件典型截面图和材性参数表格（图 9-28～图 9-30）。

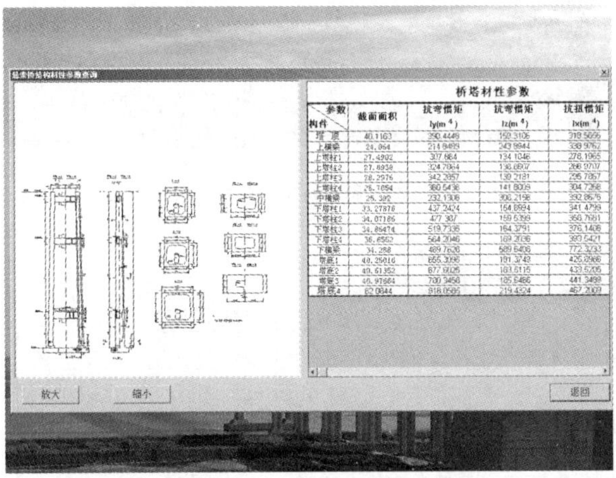

图 9-28　悬索桥桥塔的材料特性参数

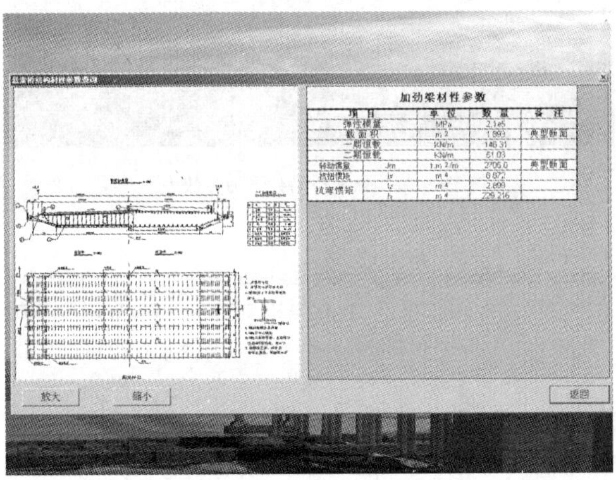

图 9-29　悬索桥主梁的材料特性参数

9.6.3　缆索内力查询

流程：南汉（北汉）桥型示意图，图形区域点击进入斜拉索、主缆、索股、吊索内力查询数据库（图 9-31 和图 9-32）。

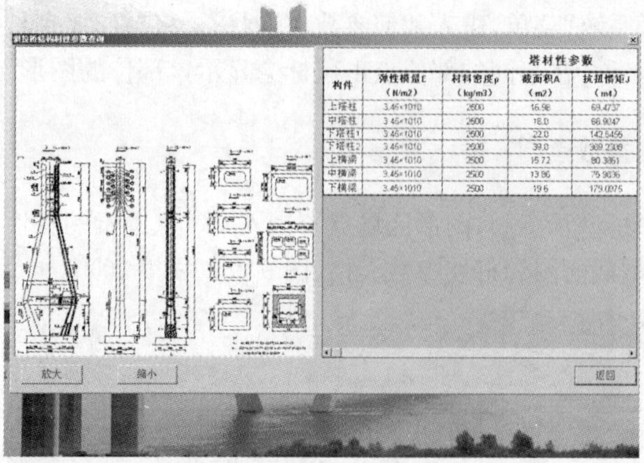

图 9-30　斜拉桥桥塔材性参数

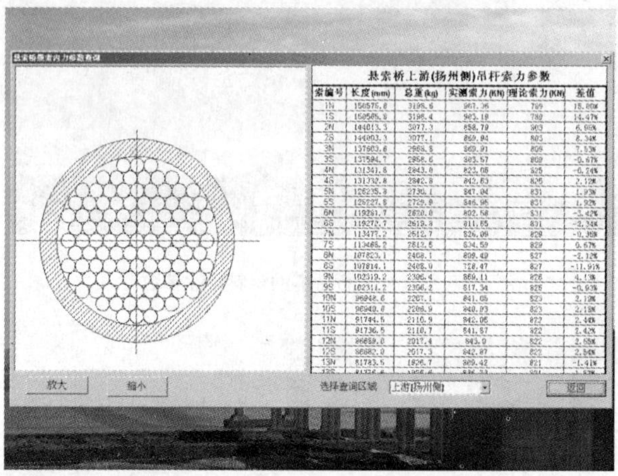

图 9-31　悬索桥吊杆索力参数表

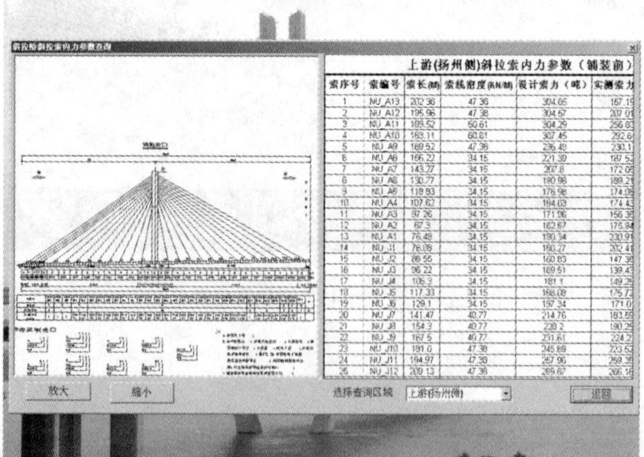

图 9-32　斜拉桥索力参数表

9.6.4　主梁结构内力状态查询

流程：南汉(北汉)桥型示意图，图形点击进入全桥恒载状态应力分布图＋设计荷载状态应力分布图。图形区域点击进入梁段区域，显示恒载状态梁段截面内力分布图及数据＋显示设计载荷状态梁段截面内力分布图及数据。

主要表格和数据包括：全桥恒载状态分布有限元分析结果、设计荷载下梁段区域截面局部应力计算结果以及大桥特殊设计与重点区域应力分布等(图 9-33 和图 9-34)。

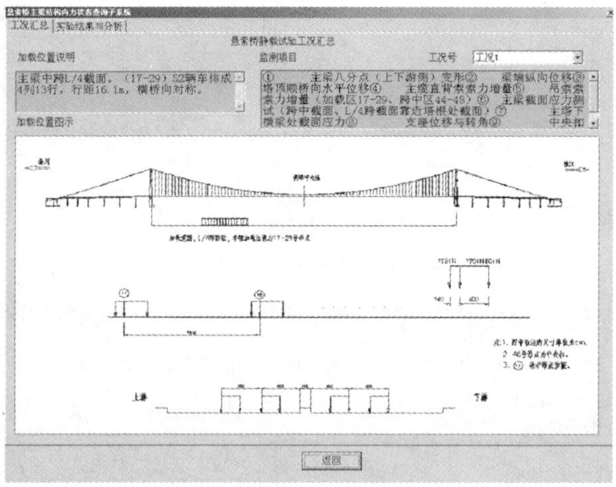

图 9-33　悬索桥荷载实验工况表

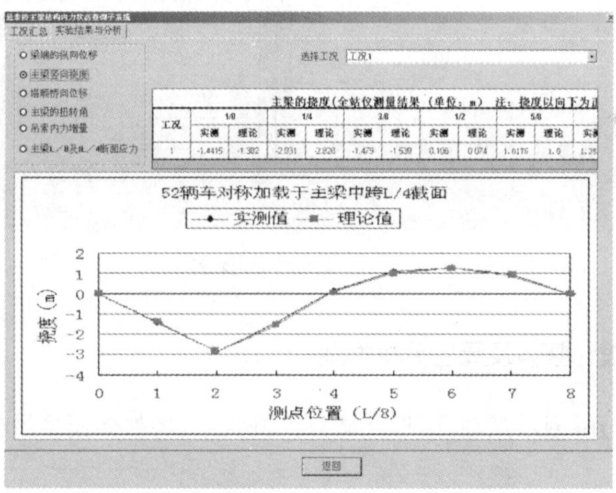

图 9-34　悬索桥主梁在各种荷载下的内力分析表

9.6.5　结构动力特性参数查询

流程：南汉(北汉)桥型示意图，图形区域点击进入梁、塔、缆的动力特性数据库。点击列表序号进入振型(计算/测量)。

内容包括：南汉(北汉)桥索塔以及全桥动力特性计算(提供有限元模型说明)与测量数据

结果列表(频率+振型文字描述)(图 9-35 和图 9-36)。

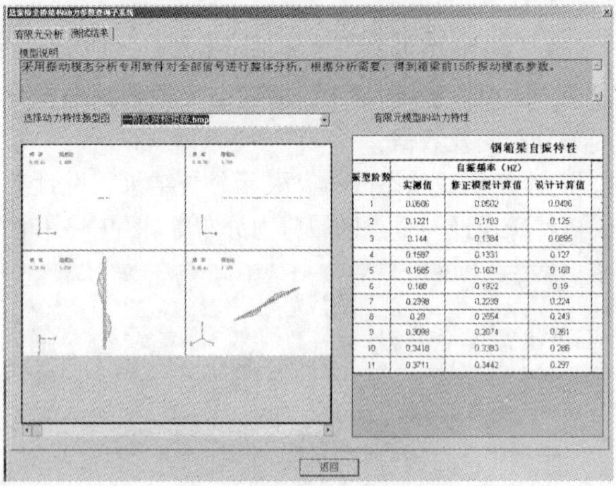

图 9-35　悬索桥主梁动力特性

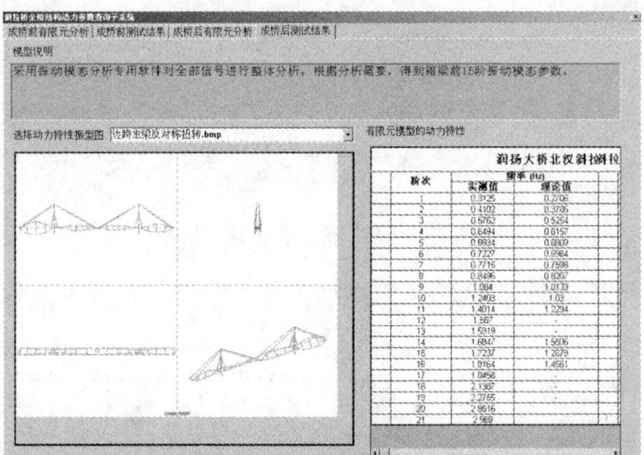

图 9-36　斜拉桥动力特性

9.6.6　结构有限元整体及局部分析模型

流程:南汊(北汊)桥型示意图,图形区域点击进入梁、塔整体模型及模型说明,点击图形进入局部模型及说明。

内容包括:结构有限元简化模型及说明,结构有限元精细模型及说明,修正后的结构有限元精细模型及说明。

9.6.7　施工控制网复测子系统子系统

流程:南汊(北汊)桥型示意图,图形区域点击进入施工控制网复测数据库。

内容包括:水准路线示意图、三角高程示意图以及控制网网形图,高程控制点成果表以及平面控制点成果表(图 9-37)。

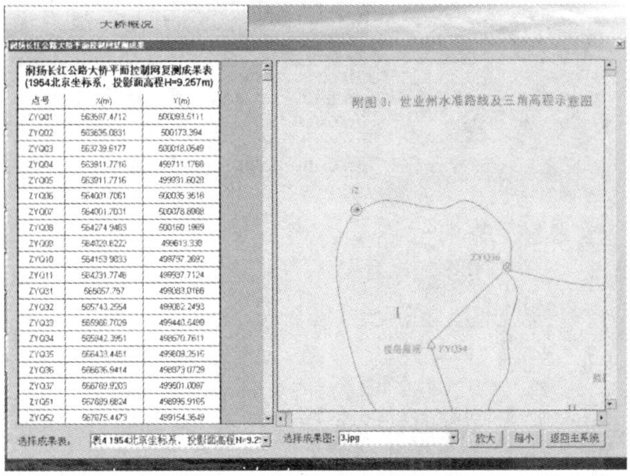

图 9-37　施工控制网复测成果

9.7　基础安全监测系统

"基础安全监测系统"主要对大桥施工期和运行期基础工程安全监测数据进行储存、整理和分析。主要功能包括：监测信息输入、存储、输出、文本查询、可视化查询等；其主要内容包括长江水位、气象信息、地下水位、测点基本信息、水平位移测值、竖直位移测值、应力观测、渗压观测、深层位移观测、监测系统设计图等。用户可根据需要用文本和图形两种形式进行查询，并根据实际需要进行输入和输出。

系统主要功能设计包括四个方面：

(1)数据预处理：对于数据进行粗差逻辑检验、包络图检验、系统误差检验、观测资料整理及监测仪器检查。

(2)数据库管理：数据查询、修改、添加、删除、报表生成等。

(3)图表生成：生成过程线、相关图、分布图、综合过程线、特征值统计、测斜仪时变曲线、钢筋计时变曲线等。

(4)数据库备份：数据备份与数据恢复。

9.7.1　数据预处理

流程：从菜单或快捷工具栏进入功能窗体；选择观测项目与测点编号；设定起止时间；根据菜单选择进行粗差逻辑检验、包络图检验、系统误差检验、观测资料整理及监测仪器检查等。

(1)粗差检验：针对所有观测项目的观测值进行遍历分析，通过粗差检验程序和方法检测观测值是否含有粗差(图 9-38)。

(2)包络图：用于显示环境量与检测量进行分析时，根据历史测值，形成包络域，并把包络域内的正常点用黑色显示，对包络域外的数据，即为测量异常数据或粗差，用黄色点显示。把最外围的数据连接起来，形成一个封闭的多边形包络线。从包络线图可以查看最近观测数据是否落在用以往测值画的包络域内，以不同的颜色区分域内域外的测值，并且显示包络域外的测值及其观测日期，检查是否由于录入错误或测量误差引起的(图 9-39)。

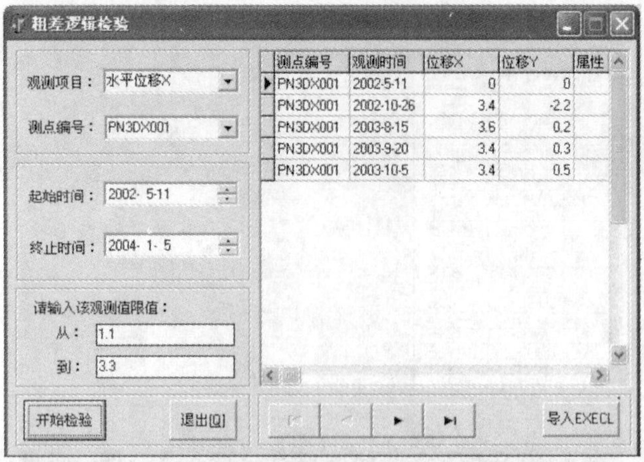

图 9-38　粗差逻辑检验

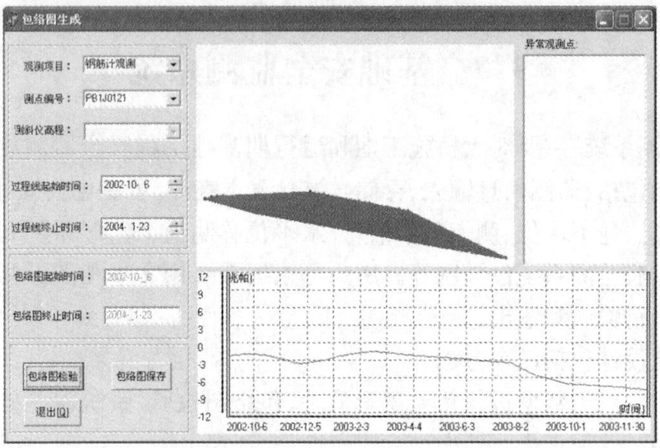

图 9-39　包络图生成

(3)系统误差检验：采用 U 检验法，对某测点的整个测值系列在不同时间段是否存在系统误差进行检验(图 9-40)。

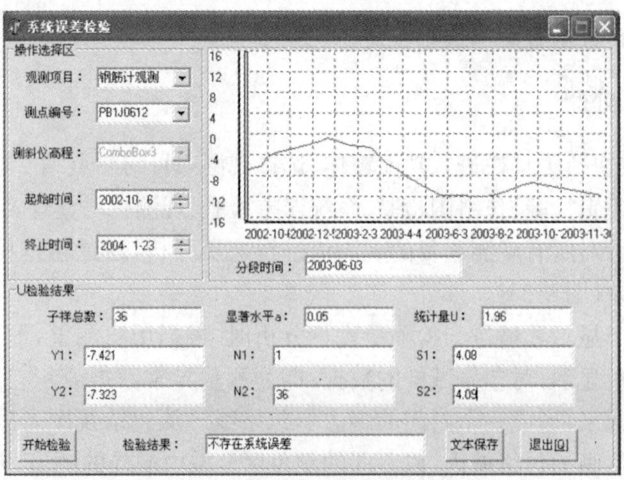

图 9-40　系统误差检验

（4）观测资料整理：按入库要求整理规定格式的数据。由于观测仪器的类型不同、型号不同，测量出来的结果的格式也有一定的差别，在入库以前必须进行数据格式转换，使监测数据的格式统一到数据库设计的格式。

9.7.2　数据库管理

流程：从菜单或快捷工具栏进入功能窗体；选择观测项目或测点；根据菜单选择进行查询、修改、添加、删除、报表生成等。

（1）监测信息的查询：采用文本查询和图形查询（可视化查询）两种形式。文本查询根据用户提出的查询条件（如测点号、测点类型、观测日期等）进行查询，也可根据各种条件进行组合查询。图形查询是将各测点信息封装在测点对象的属性中，用户根据可视化的图形界面直接查询该点的属性数据（图 9-41）。

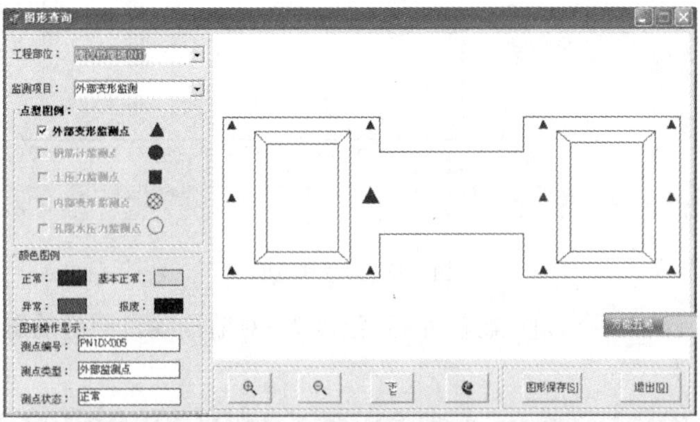

图 9-41　监测数据图形查询

（2）数据修改：由被授权人员进行权限内的系统数据库信息的修改工作，修改前提是保证数据库中的数据的绝对安全，而在预处理的过程中进行对数据进行合理性的修改，并把预处理结果输入数据库（图 9-42）。

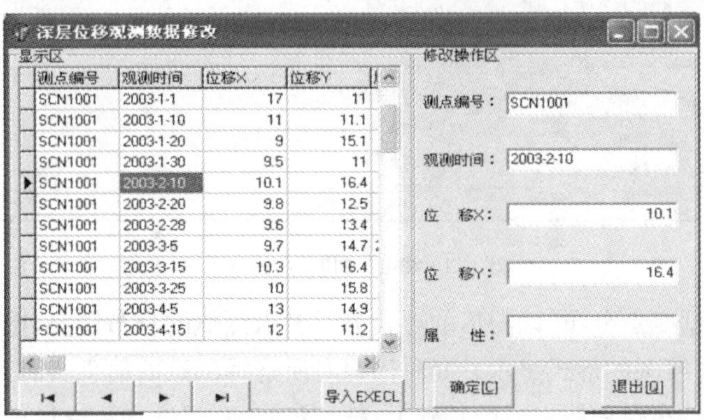

图 9-42　监测数据的修改

（3）数据添加：采用界面手工输入和文件输入两种形式。把各种观测数据、资料（包括数据、资料、图形、图像等）输入相应的数据库。另外，为提高系统的可扩充性，系统留有自动监测数据输入接口。

(4)删除:由被授权人员进行权限内的系统数据库信息的删除工作。

9.7.3 图表生成

流程:从菜单或快捷工具栏进入功能窗体;选择观测项目或测点;设定时间;根据菜单选择生成过程线、相关图、分布图、综合过程线、特征值统计图、测斜仪时变曲线等。

(1)过程线:生成单值走势曲线,反应测值随时间的变化情况。根据过程线可以对测值序列进行初步分析,进行固定因子的回归分析计算,了解测值过程的规律(图 9-43)。

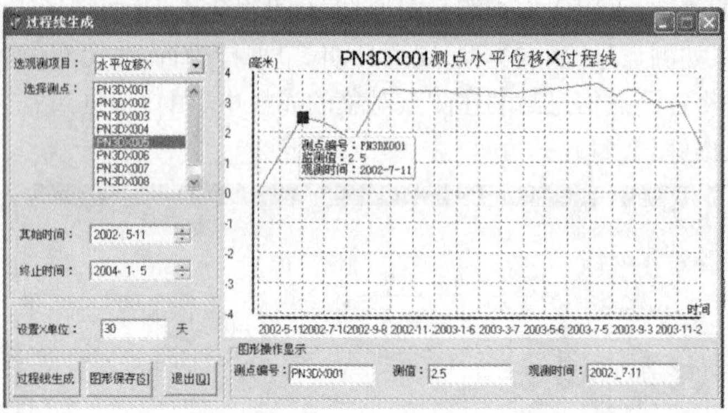

图 9-43 过程线生成

(2)相关图:反映相关环境量(流速、水位、温度等)对监测项目测值的影响能力和影响程度(图 9-44)。

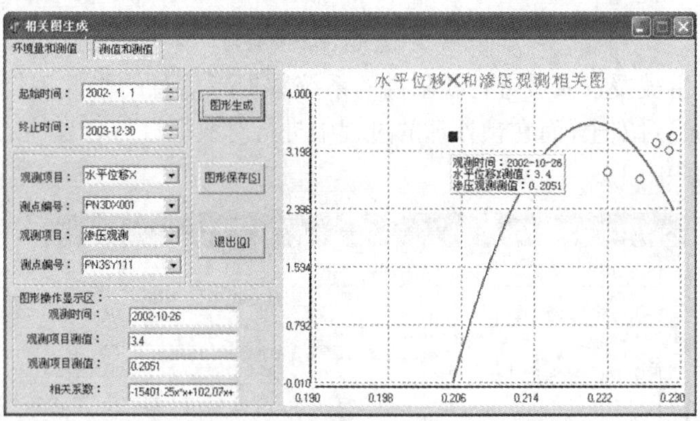

图 9-44 测值与测值的相关分析

(3)分布图:根据测点分布,以图形的形式显示测点测值的分布情况,按照所选择的时间及对应的测点,以等直线图的形式显示。同时用户对所选择测点的信息实时查询(图 9-45)。

(4)综合过程线:在过程线生成的基础上,把长江水位、温度等环境量的过程线与测点测值过程线在同一个窗体内显示出来,直观反映出在选择时间段上的测点测值、长江水位、温度等的变化趋势,以及水位、温度等对测点测值的影响程度和趋势(图 9-46)。

(5)特征值统计:针对描述该测值特征的观测值,如最大值、最小值、某时间段的极大值以及极小值等。以图形的形式显示测值的统计特性(图 9-47)。

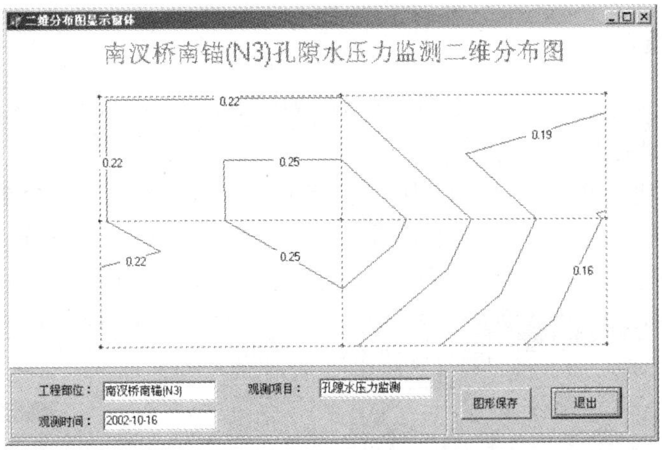

图 9-45　测值二维分布图

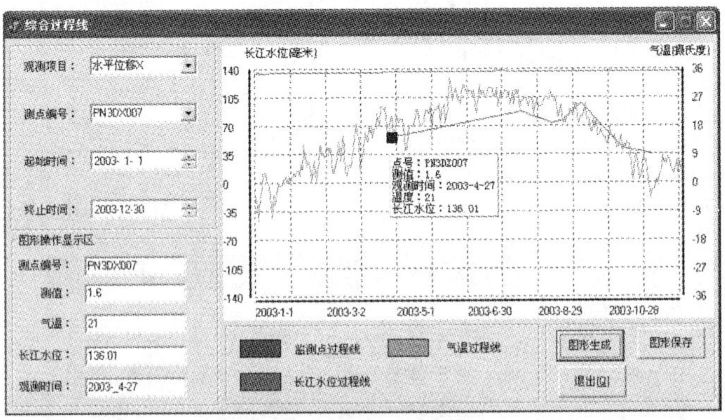

图 9-46　综合过程线生成

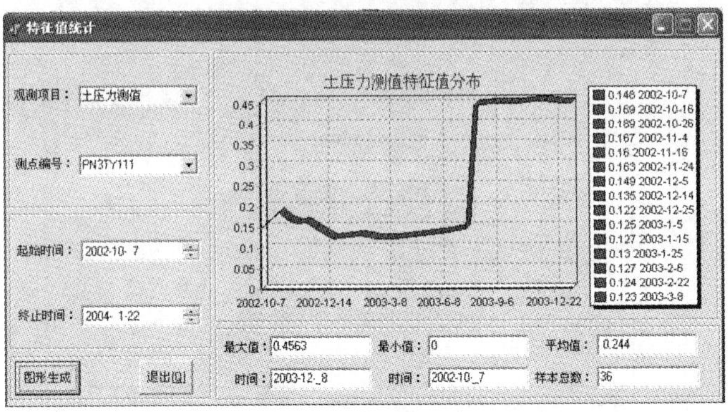

图 9-47　特征值统计

9.8　基础安全监测辅助决策系统

基础安全监测辅助决策子系统是“基础安全监测系统”的一部分，包括：模型库管理、知识库管理和辅助决策三大模块。主要功能包括：模型生成、模型查询、模型预报、知识添加、知识查询、知识检验；异常值分析、监测系统检查、安全评价；数据备份和恢复等。

9.8.1 模型管理

模型库管理模块包括：模型生成、模型查询、模型预报、模型库备份与恢复。

9.8.1.1 模型生成

模型库管理模块提供了统计模型、时间序列模型、灰色系统模型三种模型生成方式，即三个功能块(图 9-48～图 9-50)。每个功能块包括：工程部位和观测项目进行选择、对建模数据的起始时间和终止时间进行选择，通过执行建模，显示模型的评价指标。具体包括操作流程如下：

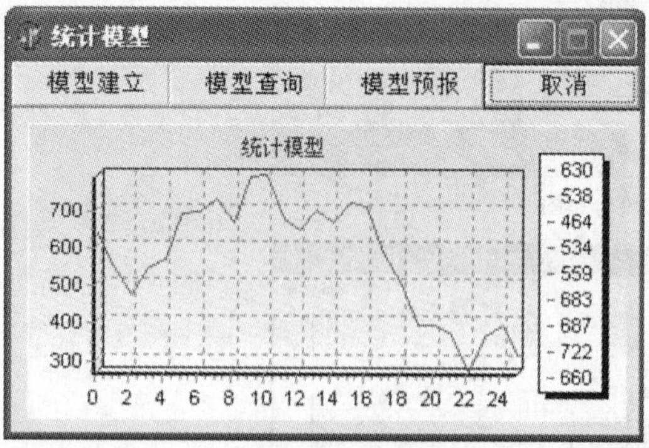

图 9-48 进入统计模生成型窗口

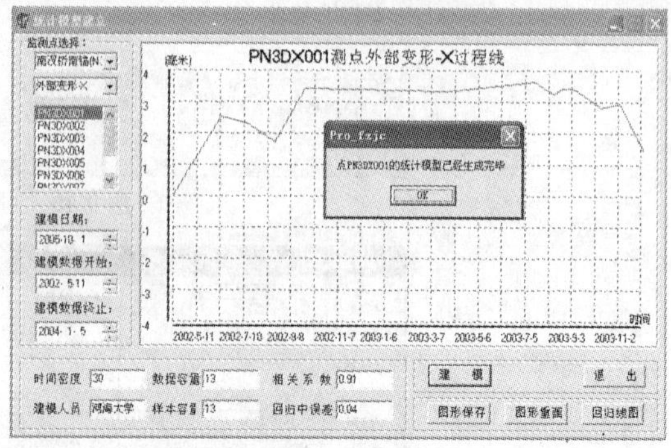

图 9-49 建立统计模型

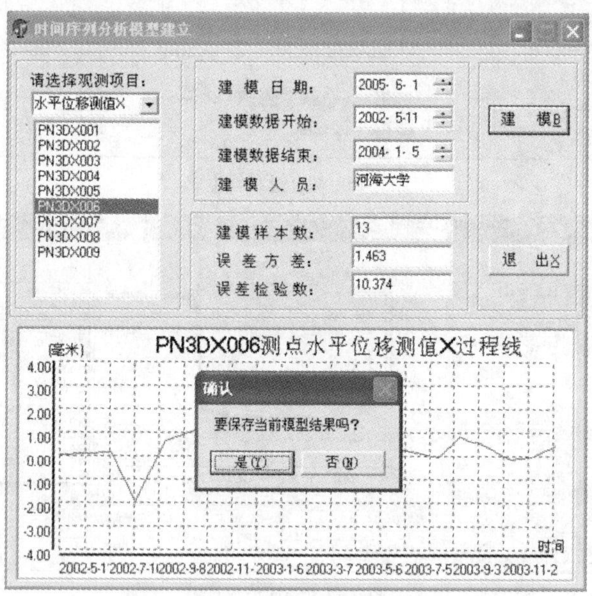

图 9-50 建立时间序列模型

第一步：进入统计模型(时间序列模型、灰色系统模型)生成窗体。直接从主界面菜单进入，或从主界面的快捷工具栏进入。

第二步：选择统计模型(时间序列模型、灰色系统模型)建立的监测点。在模型生成界面中，首先选择工程部位，然后选择监测项目以及建立模型的点号。

第三步：设置建模参数：设置建模日期、建模数据开始结束日期等参数。

第四步：执行建模命令。设置好参数后，运行建模命令，程序将自动绘图并生成相应的参数信息，同时提示是否存入模型数据库。

第五步：执行图形保存命令，保存图形结果。

9.8.1.2　模型查询

模型库管理模块提供了统计模型查询、时间序列模型查询、灰色系统模型查询三个功能模块。通过设定每个模块的查询条件；从点号列表中选择要查询的点，并执行查询操作。查询结果马上显示出来，可以导出到 EXCEL 表中进行再编辑。

与模型生成的操作流程类似，操作流程如下：

第一步：进入统计模型（时间序列模型、灰色系统模型）查询窗体。一种是直接从主界面菜单进入，模型库管理—模型查询—统计模型查询；另一种是从主界面的快捷工具栏进入。

第二步：选择统计模型查询的监测点。在统计模型查询界面，选择观测项目，则所有点号自动显示出来。

第三步：设置查询条件。根据特殊要求，对查询设置条件。

第四步：执行查询命令。统计模型的查询结果显示在界面中。

第五步：查询结果的再编辑。执行“导入 EXECL”，可以将查询结果导入到 EXECL 表中，做进一步的编辑操作。

9.8.1.3　模型预报

模型库管理模块提供了统计模型预报、时间序列预报、灰色系统预报三个功能块。与模型生成、模型查询的操作流程类似。首先选择观测项目，给出每一项预报条件，在点号列表中选择要预报的点；执行预报命令，将首先显示模型相关参数，然后给出预报结果。可以将结果导出到 EXCEL 中继续有关操作。

9.8.2　知识库管理

知识库的管理的主要功能是对于各类知识的添加、查询、检验。知识库的主要知识内容包括五类：设计规范类、设计参数类、计算成果、图文件和监控指标。

知识库的管理具体包括操作：首先进入知识添加主界面进入知识添加（查询、检验）界面；从主菜单知识库管理－知识添加（查询、检验）进入，或者从工具栏进入；按要求输入要添加（查询、检验）的知识内容，如设计规范类、设计参数类、计算成果、图文件和监控指标等（图 9-51）。

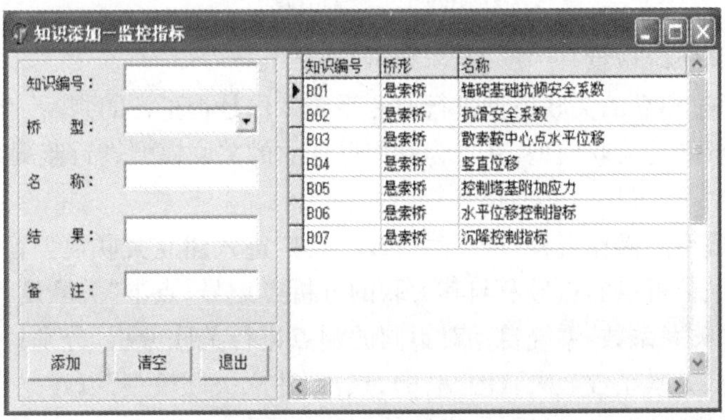

图 9-51　监控指标类知识添加

9.8.3 辅助决策

系统主要通过异常值分析、监测系统检查、安全评价实现辅助决策。

9.8.3.1 异常值检验

进入界面后，调入新增测值，然后进行检验，同时将异常测值用不同颜色区分开来，并可以对全部测点或有异常的测点报表。操作流程如下：

第一步：进入主界面，一种方法是直接从主界面菜单进入，辅助决策—异常值分析；另一种方法是从主界面的快捷工具栏进入。

第二步：调入新增测值。点击调入测值按钮，从安全监测数据库调入新增测值到动态库表。

第三步：进行异常值检验。点击检验按钮，对所有新增测值进行检验，并将检验结果显示窗体上。

第四步：对全部识别结果进行报表。并可以进行打印、保存等操作。

第五步：生成报表。点击“异常值报表”将识别结果中存在异常值的点进行报表输出。点击“全部报表”将全部检验数据生成报表(图 9-52)。

图 9-52 异常值检验

9.8.3.2 监测系统检查

该模块主要通过建立的关联模型进行监测系统工作是否正常的判断。模块有两个操作窗口，其一为建立测点间的关联模型，其二为利用已建立的关联模型进行监测系统工作是否正常的判断。

(1)建立关联模型的操作流程：从主菜单或工具栏进入建立关联模型窗体；选择工程部位及监测项目；选择主分析点的点号及与其关联的分析点点号；点击“关联度计算”，计算主分析点与关联分析点的关联系数，系统自动对不同的测点进行关联分析，分别计算其关联系数，以确定最优关联测点(关联系数最大)(图 9-53)；点击“建立关联模型”以建立主分析点与关联分析点之间的关联模型，模型参数显示在窗口的左下角(图 9-54)。

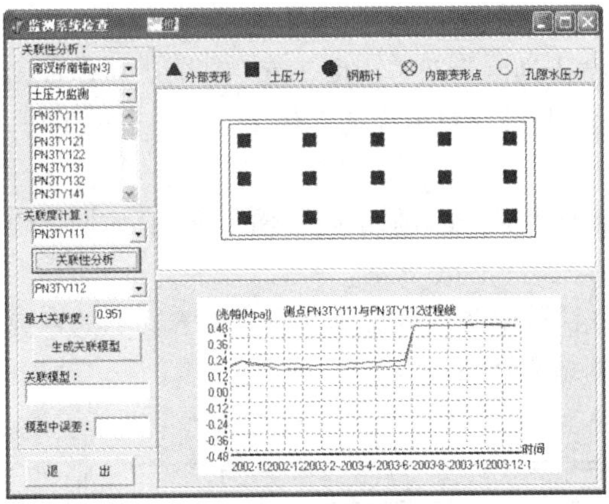

图 9-53　关联分析

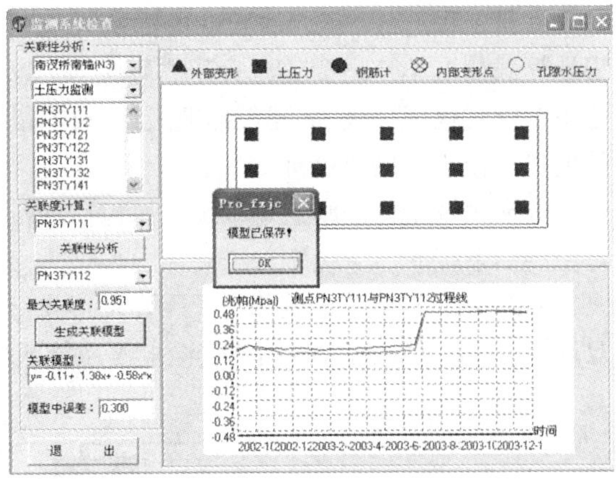

图 9-54　建立关联模型

(2)监测系统检查的操作流程:从主菜单或工具栏进入监测系统检查窗体,这时窗体中会显示最近检验到的异常测值;点击"检查",系统自动利用已建立的关联模型进行分析,并显示分析结果;点击"导出到 EXCEL"可对数据进行进一步的编辑。

9.8.3.3　安全评价

利用新增测值对大桥重要部位进行安全性评价。从主菜单辅助决策－安全评价,或者在工具栏上点击按钮可进入系统界面。任意选择一个工程部位进行安全评价(图 9-55)。

具体操作流程:在主窗体上选中悬索桥南锚碇(其他工程部位)安全评价单选框,然后点击确定按钮,进入评价界面;利用和南汉悬索桥南锚碇相关的数据进行评价;保存评价结果,将评价结果入库;形成评估结果报表(图 9-56)。

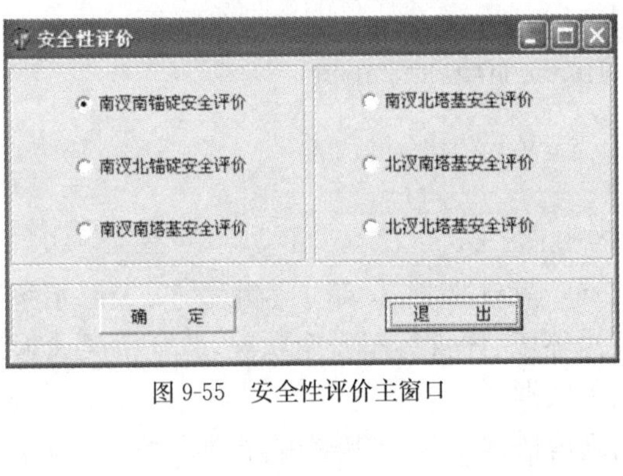

图 9-55　安全性评价主窗口

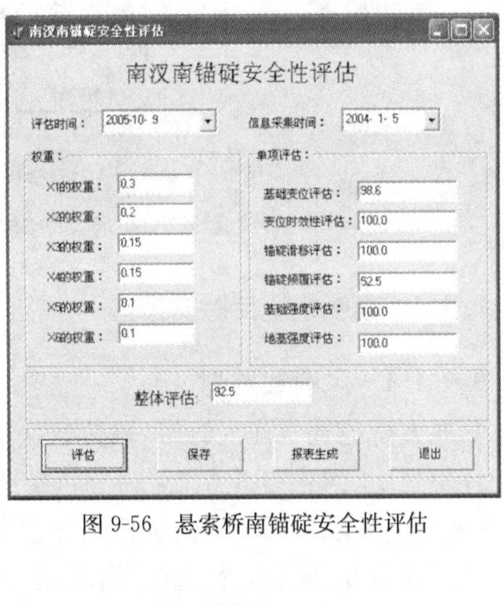

图 9-56　悬索桥南锚碇安全性评估

9.9　苏通大桥安全监测系统设计与传感器布设

苏通大桥位于江苏省东部的南通市和苏州(常熟)市之间,西距江阴长江大桥 82km,东距长江入海口 108km,是国家重点干线公路和江苏省规划的"四纵四横四联"公路主骨架的重要组成部分。苏通大桥全部工程由跨江大桥工程、北岸接线工程和南岸接线工程三部分组成。

跨江大桥工程总长 8 146m，其中主桥采用主跨 1 088m 的双塔双索面钢箱梁斜拉桥，载荷等级为计算载荷汽车—超 20 级，验算载荷挂车—120，抗震烈度为基本烈度 7 度。苏通大桥是我国建桥史上工程规模最大、建设标准最高、技术最复杂、科技含量最高的现代化特大型桥梁工程，是世界跨径最大的斜拉桥。

苏通大桥结构健康监测系统主要包括：传感器子系统、数据采集与传输子系统、数据管理与控制子系统。

系统通信网络主干网络为 FDDI 环形光纤网，且采用两根传输光缆组成更为安全的自愈双环，图 9-57 为苏通大桥结构安全监测系统通信网络拓扑图。

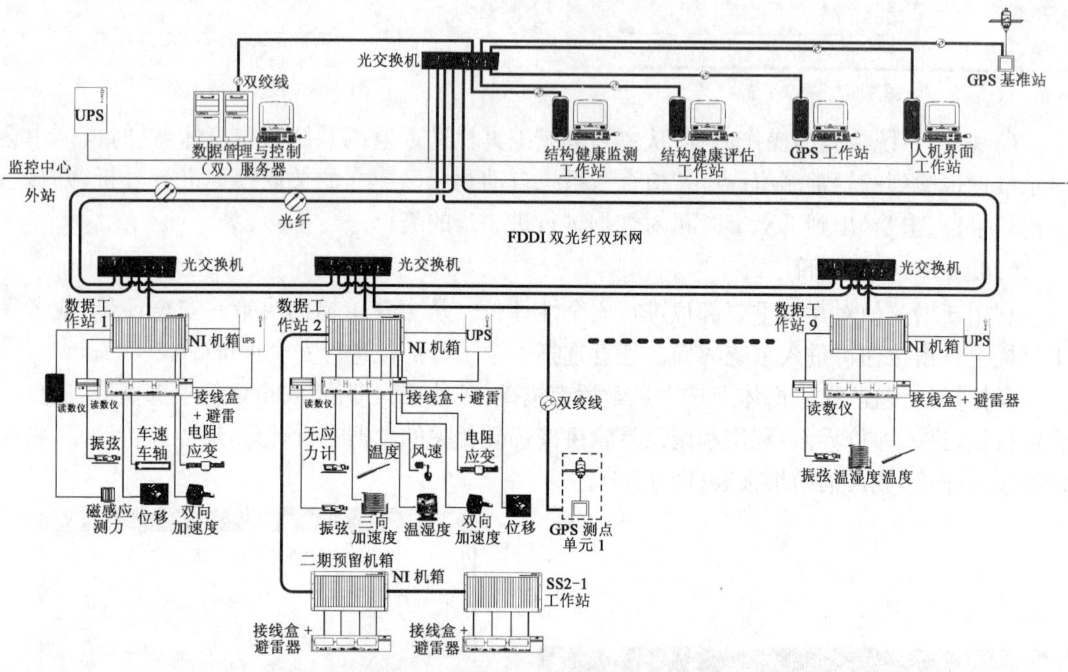

图 9-57　苏通大桥结构安全监测系统通信网络拓扑结构图

9.9.1　监测系统传感器布置

9.9.1.1　风荷载监测

苏通大桥地处长江入海口，风荷载是该桥的重要荷载源之一，实时监测系统能及时了解桥址处环境风力、风向变化情况，为分析桥梁的工作环境、评价行车安全状况、验证桥梁风振理论，以及研究极限风环境下的大桥工作状况提供了依据。

风速仪布置分别布置在北索塔塔顶 1 台、南索塔塔顶 1 台、主跨跨中桥面水平上下游各 1 台，共计 4 台。采用三向超声风速仪连续监测，对风速信号的直接采样频率为 10Hz。

9.9.1.2　结构温度监测

苏通大桥跨度大、一年四季温度变化大。根据所监测构件的材料不同，分为钢构件温度监测、混凝土构件温度监测、路面温度监测：

(1)钢构件温度传感器：主跨跨中主梁截面 24 个、北索塔拉索钢锚箱 6 个，共计 30 个；

(2)混凝土构件温度传感器:北索塔锚索区底截面 14 个、主跨跨中主梁截面 40 个,共计 54 个;

(3)路面温度传感器:主跨跨中两侧沥青路面 3 个、主跨北 1/4 截面沥青路面 3 个、主跨北索塔处截面沥青路面 3 个,共计 9 个;

(4)空气温度湿度计:主跨跨中 3 个、北索塔塔顶 1 个、北索塔拉索锚区 2 个、主跨索塔处 3 个、辅桥 3 个,共计 12 个。

9.9.1.3　空气温度与相对湿度监测

苏通大桥所在地靠近入海口,温湿度变化是评估钢桥环境腐蚀的重要资料。通过安装空气温度湿度计,可以监测环境温湿度。

空气温度湿度计布置:主跨跨中 3 个、北索塔塔顶 1 个、北索塔拉索锚区 2 个、主跨索塔处 3 个、专用航道辅桥 3 个,共计 12 个。

9.9.1.4　腐蚀监测

通过监测混凝土碳化及氯离子侵入的情况,为评估混凝土性能退化及寿命提供依据。

腐蚀监测采用阳极梯系统。测点布置:北索塔上游侧下塔柱底截面 2 套、北索塔桩基承台 8 套、北索塔锚索区(A34、J34)12 套,共计 22 套。

9.9.1.5　整体位移(GPS)监测

通过实时监测大桥的几何线形及其变化,研究桥塔位移与环境变化(如温度、风)的关系,为大桥工作状态动态显示及结构健康评估提供资料。

由于苏通大桥为斜拉桥,相对于悬索桥来刚度较大。因此,从经济性等方面综合考虑,应用 GPS 监测主跨跨中和索塔塔顶位移。

GPS 接收机布置:主桥北索塔塔顶 1 台、主桥南索塔塔顶 1 台、主桥主跨跨中上下游各 1 台,共计 4 台。

9.9.1.6　支座位移监测

苏通大桥索塔与连接处的液压缓冲系统是大跨斜拉桥中的一个特殊设计,监测液压缓冲系统的位移以及梁端支座的支座纵、横向位移,可以为评估风荷载、船撞、地震、交通对主梁的作用提供依据。

测点布置:主桥主梁北索塔处 2 台;主桥主梁南索塔处 2 台;主桥主梁北端部 2 台;主桥主梁南端部 2 台。

9.9.1.7　振动监测

振动监测主要实时监测桥塔、主梁各部位在风、交通、地震等作用下引起的振动加速度响应,评估结构的整体动力特性,为桥梁结构整体健康状况评估、验证大桥设计理论及运营管理提供依据。

苏通大桥振动监测系统包括:索塔振动、主梁振动、控制截面斜拉索振动。测点布置:

(1)主桥北索塔塔顶(水平纵向和横向)1 个双向加速度传感器;

(2)主桥南索塔塔顶(水平纵向和横向)1 个双向加速度传感器;

(3)主桥主跨 5 个等间距截面(竖向和水平横向)10 个双向加速度传感器;

(4)主桥北 300m 边跨跨中(竖向和水平横向)2 个双向加速度传感器;

(5)主桥南300m边跨跨中(竖向和水平横向)10个双向加速度传感器;

(6)主桥A18号拉索(共4根)(索平面内于索平面外)4个双向加速度传感器;

(7)主桥A34号拉索(共4根)(索平面内于索平面外)4个双向加速度传感器;

(8)主桥J34号拉索(共4根)(索平面内于索平面外)4个双向加速度传感器。

9.9.1.8　地震、船撞监测

监测桥址处的地震及船撞情况,记录地震及船撞引起的加速度响应并发出警报。

测点布置:主桥北索塔塔底1个三向加速度传感器;主桥南索塔塔底1个三向加速度传感器。

9.9.1.9　动态应变监测

通过监测大桥各重要钢构件的应变、应力情况,为进行交通荷载、风荷载、温度荷载及地震荷载等作用下的结构工作状态评估及疲劳寿命预测提供依据。

动态应变监测采用焊接式电阻应变计,测点布置:

(1)主桥主跨跨中主梁截面56个电阻应变计;

(2)主桥主跨北1/4跨主梁截面31个电阻应变计;

(3)主桥主跨北索塔处主梁截面31个电阻应变计;

(4)主桥300北边跨近塔辅助墩墩顶主梁截面57个电阻应变计;

(5)主桥J34拉索主梁锚固区(钢锚箱与主梁焊缝)12个电阻应变计构成应变花;

(6)主桥A18拉索主梁锚固区(钢锚箱与主梁焊缝)12个电阻应变计构成应变花;

(7)主桥索塔钢锚箱(J5、J19、J34拉索)各4个电阻应变计。

9.9.1.10　静态应变监测

通过监测大桥主要构件的应变、应力情况,得到结构内力变化趋势,为进行各种荷载作用下的结构工作状态评估提供依据。

静态应变监测采用振弦式应变计,测点布置:

1)混凝土构件部分

(1)主桥(混凝土构件)北索塔锚索区底截面4个振弦式应变计;

(2)专用航道桥(混凝土构件)主跨跨中以北11m(箱梁底板拉应力)6个振弦式应变计;

(3)专用航道桥(混凝土构件)主跨跨中以北16m(箱梁顶板压应力)10个振弦式应变计;

(4)专用航道桥(混凝土构件)主跨合拢段与31号块相连区域(箱梁底板横向应力)4个振弦式应变计;

(5)专用航道桥(混凝土构件)主跨23号块与24号块相连区域(箱梁腹板主应力)12个振弦式应变计;

(6)主桥(混凝土构件)北索塔锚索区底截面1个无应力计;

(7)专用航道桥(混凝土构件)主跨跨中以北11m处1个无应力计;

(8)专用航道桥(混凝土构件)主跨跨中以北16m处1个无应力计;

(9)专用航道桥(混凝土构件)主跨23号块与24号块相连区域1个无应力计。

全桥混凝土构件共计36个振弦式应变计及4个无应力计。在上述每个截面选取其中一个测点附近布置无应力计,以消除混凝土收缩对应变、应力的影响。

2)钢构件部分

(1)主桥(钢构件)主跨跨中主梁截面2个振弦式应变计;

(2)主桥(钢构件)主跨北 1/4 跨主梁截面 2 个振弦式应变计;

(3)主桥(钢构件)主跨北索塔处主梁截面 2 个振弦式应变计;

(4)主桥(钢构件)300m 北边跨近塔辅助墩墩顶主梁截面 2 个振弦式应变计。

钢构件共计 8 个振弦式应变计。在上述截面顶板及底板各选取一个电阻应变片测点附近布置振弦式应变计。

9.9.1.11　拉索索力监测

实时掌握大桥斜拉索的拉力情况,可以为评估各构件的工作状况提供依据。关于大桥斜拉索连续监测测点布置已在上述振动监测中介绍。另外配备便携式传感器系统,由 16 个单向伺服式加速度传感器组成。其中 6 个加速度传感器配置较大量程,用于大幅度拉索振动监测(图 9-58)。

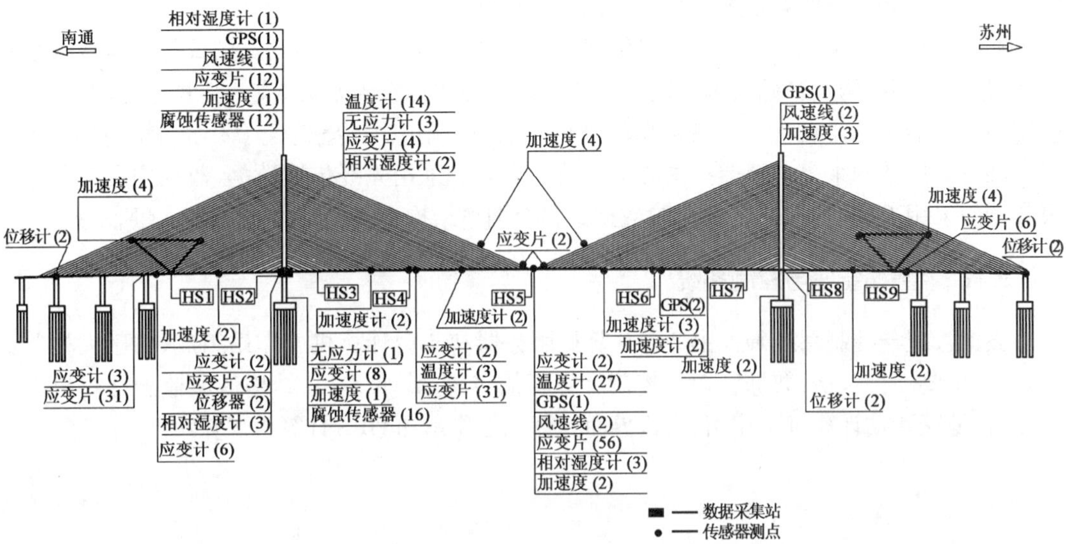

a) 苏通大桥主桥传感器布置

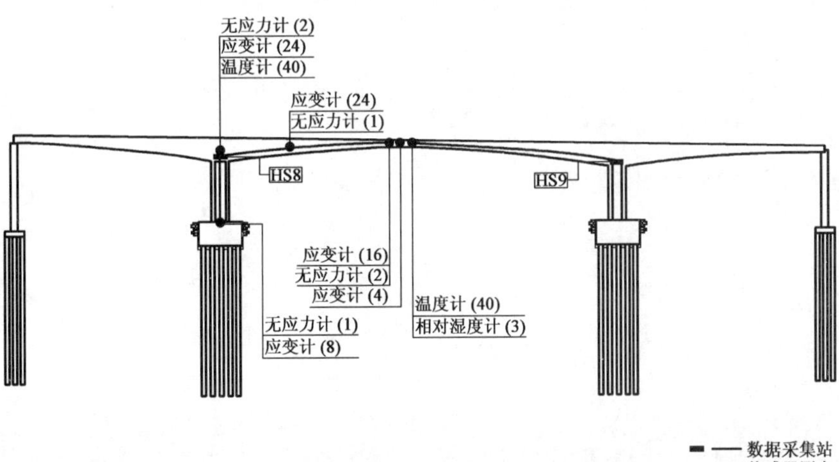

b) 苏通大桥专用航道桥传感器布置

图　9-58

9.9.2 数据采集与传输系统的组成

数据采集与传输系统由数据传输网络和数据采集单元组成。

数据采集单元:本系统共有 9 个数据采集单元(DAU,data acquisition unit),即 DAU1 至 DAU9,其中 DAU1 至 DAU7 安装在主桥上,而 DAU8 和 DAU9 安装在辅桥上。DAU2 和 DAU6 分别由一个数据采集站(MS2,MS6)和一个数据采集子站(SS2-1,SS6-1)组成,而其他数据采集单元仅由一个数据采集站组成。数据采集子站 SS2-1 和 SS6-1 分别通过适当技术连接至数据采集站 MS2 和 MS6,专用于采集地基基础稳定与安全监测系统的数据。数据采集站由 PXI 控制器模块、SCXI 信号调理模块和数据采集模块组成,所有模块均插置在 PXI/SCXI 组合式机箱内。数据采集子站与数据采集站的不同在于其本身不包括 PXI 控制器模块,SCXI 信号调理模块和数据采集模块仍插置在 PXI/SCXI 组合式机箱内。

数据传输网络系统主要由数据采集网络、GPS 数据采集网络以及振弦式传感器数据采集网络(包括上部结构及基础监测系统所需纳入的振弦式传感器)等组成。其物理传输介质为:前端的传感器至信号调理和采集数据的采集站采用控制电缆传输信号(GPS 系统前端采用专用同轴电缆);数据采集站至监控中心工作站和服务器采用光纤传输数据,监控中心工作站和服务器间采用五类四对 UTP 线传输数据。整个网络结构为环型结构,如图 9-57 所示。

9.9.3 数据管理与控制系统

数据管理与控制系统硬件由 2 台计算机服务器和 4 台计算机工作站组成(位于大桥监控中心)。主要硬件包括:数据管理与控制计算机服务器(DMCS-1)、结构健康监测计算机工作站、结构健康评估计算机工作站、人机界面计算机工作站和 GPS 计算机工作站。

第10章 大跨桥梁基础安全监测与评估实例

江阴大桥、润扬大桥、泰州大桥是地处长江下游的三座超千米的特大型缆索支承型桥梁。由于所处的地质环境各有不同，其基础结构设计与施工各有特点。如江阴大桥南锚基础为山体岩石基础；润扬大桥悬索桥北锚碇基础采用地下连续墙方案，南锚碇基础采用矩形排桩围护；泰州大桥为深厚覆盖层地基基础，锚碇基础采用重力式沉井结构，而边塔基础采用钻孔灌注群桩，中塔墩采用沉井。

本章介绍了三个特大型桥梁的基础结构安全监测系统构成，并结合江阴大桥、润扬大桥基础安全监测的实测数据进行了结构安全性评估。

10.1 江阴大桥南岸地基监测系统设计与数据分析

江阴大桥位于江苏省江阴市长江下游河段上，主桥采用一跨过江、主跨长1 385m的悬索桥方案，是当时我国规模最大的桥梁工程。全线重要基础工程为南塔、北塔、南锚碇和北锚碇等部分。江阴大桥南塔、南锚建筑物等级高，工程荷载作用面集中，荷载集度大，水平荷载大。同时地基基础分布于高边坡区，边坡临空条件好且为顺向坡；岩体中软弱夹层、泥化夹层、节理裂隙发育，边坡岩体具备了滑动破坏的底滑面于纵、横切面。所以进行南岸山体及相应地基基础安全性监控显得非常重要。

10.1.1 南岸山体及地基基础安全监测系统的设计

根据第三章关于大跨桥梁地基安全监测系统的基本原则(突破口理论与敏感性分析)，在设计江阴大桥南岸山体地基基础监测系统时，确定了两个主要监测目的：①监测施工期和运营期大桥地基基础的安全性。②验证设计理论，优化工程设计，提高设计水平。

这两个目的中，第一个是主要监测目的，第二个是辅助监测目的。基于这两个监测目的，综合考虑监测效益与成本，进行了监测项目、监测区域、监测仪器与数据采集方式的设计。

10.1.1.1 监测的项目与重点监测区域

首先必须分析南岸山体及地基基础中存在的安全性问题，从监测目的分析初步确定应该监测的项目与区域：

(1)由于南岸山体中软弱夹层、泥化夹层、节理裂隙发育，并且边坡岩体具备了滑动破坏的底滑面于纵、横切面，因此存在边坡安全性问题。边坡发生滑动的主要表征是在潜在滑动面上发生很大的相对位移，地表发生较大变形，因此位移就是测量的项目之一，而那些软弱夹层、泥化夹层就是岩体的突破口，应该予以重点监测。

(2)在主缆拉力和散索鞍反力作用下，锚碇及其基础的抗滑稳定性是地基基础的主要安全问题之一。由于南岸锚碇直接作用在地基岩体上，如果锚碇与地基接触面的摩阻力小于锚碇受到的水平拉力，锚碇就会发生滑动，而基底的摩阻力又由基底的正压力与摩擦系数确定，因此地基基础的应力监测也应该成为监测项目之一，同时锚碇与地基的接触区应该成为重点监测的区域。

(3)锚碇及其地基基础挂缆前的抗后倾稳定及通车运营后的抗前倾稳定性是江阴大桥的主要安全问题之一。为了优化锚碇结构受力条件，相对基础而言，锚碇往往呈后座式。所以，主缆架设前在锚碇及其基础自重作用下可能会发生后倾失稳问题。一旦桥梁通车运营后，在主缆拉力和散索鞍反力作用下，锚碇及其基础受到巨大的力矩作用，锚碇及其基础就有可能发生前倾失稳现象。模型试验与理论分析均表明：无论是前倾失稳还是后倾失稳，在力矩方向上的基础前后壁与地层接触面上的应力都会发生急剧变化，锚碇前后趾地层的表面也会发生较大的变形，因此要监测锚碇及其基础是否会发生倾倒破坏，应该监测接触面上的应力以及锚碇前后趾地层表面的变形。

(4)散索鞍水平位移和沉降及其协调性的控制是保证大桥上部结构安全的主要因素之一。不同跨径的悬索桥对锚碇散索鞍的水平位移和沉降都有严格的不同要求，它是确保悬索桥上部结构合理受力的关键性指标之一。但也由于锚碇及其基础结构和受力条件的复杂性，散索鞍水平位移和沉降往往难以控制，也难以准确确定。因此，散索点水平位移与沉降的监测应该是重点监测的项目与区域。

(5)南塔桩基是重要的承力结构，其安全性是大桥安全的关键控制指标之一。由于桩基轴力的大小反映了桩基的安全性高低，因此，桩基的轴力监测是重点的监测项目，桩基本身成为重点监测的部位。

于是，根据以上监测目的、监测项目与监测区域的分析，得到江阴大桥南岸山体及其地基基础应该监测的项目与区域见表 10-1。

监测项目与监测区域 表 10-1

监 测 目 的	监 测 项 目	监 测 区 域
边坡滑动安全监测	位移	软弱夹层、结构面以及可能成为滑体的地表
锚碇及其基础滑动安全监测	应力	基础与地基的接触面
锚旋及其基础倾倒安全监测(重点：抗前倾)	应力与位移	力矩方向上的基础前后壁与地层接触面上应力锚碇后趾地层表面上位移
散索鞍水平位移和沉降的监测	位移	散索点
南塔桩基的安全监测	应力	桩基

但是南岸山体及其地基基础结构复杂、空间范围大，不可能对以上所提出的监测区域都布置监测点，尤其是南岸山体在总体上可以分为八个区域，每一个区域都存在边坡稳定性问题，如果每一个区域都进行稳定性监测，监测的成本将难以接受。根据突破口理论的基本思想，结合理论计算和不同分区的稳定性分析的成果确定南岸山体容易发生破坏的区域，则这些区域将是我们监测点布置的重点区域。不同区域在不同工况下的稳定性见表 10-2。

南岸山体各个分区的稳定性　　表 10-2

分区	一区（塔基及以北边坡）	二区（塔区南侧边坡）	三区（塔区东侧山梁）	四区（南锚碇南墙）	六区（南锚碇北墙）	七区（塔承台及塔基桩）	八区（南锚碇东南角）
自然状态	稳定	边坡安全系数均大于 1.12	稳定	稳定	稳定	稳定	稳定
开挖期	各可能滑动体的稳定安全系数均大于 1.35	各亚区的安全系数普遍下降，最低 0.695	各可能滑动体的稳定安全系数均大于 1.2	浅层滑体最小安全系数为 0.92	不存在沿软弱夹层向基坑方向抗滑稳定问题	不存在抗滑稳定问题	—
运营期正常荷载下	各亚区的安全系数均大于 1.28	不存在暴雨入渗时，开挖支护后该区安全系数为 1.080；存在暴雨入渗，边坡的安全系数最低 0.889	不存在暴雨入渗时，开挖支护后该区安全系数为 1.080；考虑暴雨入渗，浅层滑体的安全系数为 1.030	考虑暴雨入渗，以上滑体失稳向西扩展，约至桥轴线	不存在沿软弱夹层向基坑方向抗滑稳定问题	不存在抗滑稳定问题	—
运营期地震荷载下	各亚区的稳定安全系数大于 1.1	地震期间并有暴雨入渗，则 230 夹层以上岩体也将出现整体滑动破坏	地震和暴雨共同作用下，滑体安全系数小于 1.0	地震作用下，在南墙东部 208 夹层以上岩体处于不稳定状态，南墙西部表层岩体处于亚临界状态	不存在沿软弱夹层向基坑方向抗滑稳定问题	不存在抗滑稳定问题	—

通过以上分析可以发现，在所有的八个分区中只有二、三和四分区的稳定性较差，在开挖、工程荷载或地震荷载作用下会发生失稳破坏，因此在外部变形监测网的布置时，三个区域应该成为测点布置的重点。同时，在这几个分区中最容易发生破坏的部分（即破口）又是二区的 230 夹层以上岩体、三区的浅层滑体、四区的南墙东部 208 夹层以上体和南墙西部表层岩体，这些区域应该成为测点布置的重中之重。根据突破口的分析结果得到南岸山体的外部变形监测点布置见图 10-1a）。由于锚碇与塔基在结构运营期的变位将严重影响上部结构的几何形态与工作状态，进行锚碇与塔基的变形监测也是非常必要的。但是锚碇与塔基自身的稳定性问题不突出，一般不会发生破坏，因此在兼顾全面的基础上，应该尽量将有限的监测点布置在对荷载变化敏感性较大的点上，这样一方面可以使监测信息中有用信息的比例增加，同可以敏感地反映上部结构荷载的变化。如果假定问题是弹性问题，移对荷载的敏感性可以表达为：

$$\frac{\partial\{u\}}{\partial\lambda}=[K]^{-1}\{F_0\} \tag{10-1}$$

式中，$[K(u)]$是刚度矩阵；λ 是荷载因子；$\{u\}$是位移列阵；$\{F_0\}$ 是标准荷载列阵。实际式(10-1)的右侧就等于在标准荷载下的位移列阵 $\{u_0\}$，即：

$$\{u_0\}=[K]^{-1}\{F_0\} \tag{10-2}$$

如果将锚碇与塔基的变位近似为弹性问题，并且将工程荷载作为标准荷载阵。那么各点位移对荷载的敏感性就与工程荷载下的各点位移成正比，于是工程荷载下的位移可以近似表示各个点的敏感性。

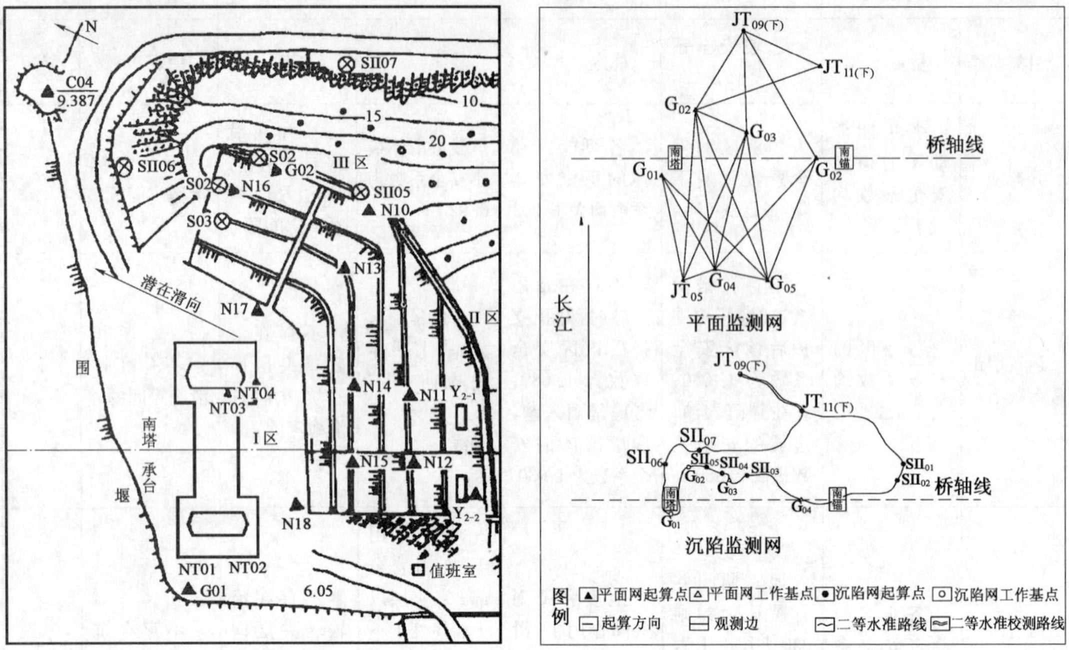

a)南岸山体与地基基础外部变形监测点布置　　b)南岸外部变形监测网构成示意图

图 10-1

理论分析可以知道，锚碇受拉力作用下位移主要表征为跨中方向的水平位移，分布比较均匀(东索处 2.21mm，西索处 2.20mm，轴线处 2.15mm)，同时锚碇尾部(即南部)有向上翘起现象，其向上的位移分布为：东部 1.52mm，西部为 1.46mm。因此锚碇上各个点的敏感性相差不大，可以采用均布的形式。塔基的变位则主要表现为不均匀沉降，其变位图见图 10-2。由图可见西支墩比东支墩的沉降明显较大，也就是西支墩的敏感性大于东支墩，所以应该将监测点布置偏于西侧，这样可以获取更多的有用信息。

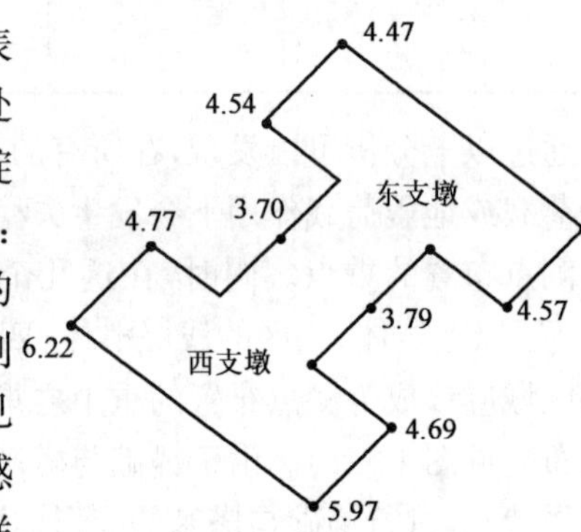

图 10-2　南塔承台沉降观测点

10.1.1.2　监测网的空间布置

在通过突破口理论与敏感性分析得到大型桥梁地基基础应该重点监测的区域后，根据保证施工期间与大桥运营期间基础安全要求，分别建立了南岸外部变形监测网、南塔桩基轴力监测网与南锚碇应力监测网。

(1)南岸外部变形监测网的建立

南岸外部变形监测网由平面监测网和沉降监测网两个部分组成。其中平面监测网新增工作基点 5 个(编号为 G01～G05)，连同施工控制网中的 JT05、JT07、JT09 和 JTI11 作基点构成了由9个点组成的边角网，用于观测南岸各部位的变形监测点共36个。沉降监测网按二等水准环线布设将各监测点纳入水准路线之中，并新增了5个工作基点（其编号为SII01、SII02、SII03、SII04、SII05），如图10-1b）所示。

从南岸外部变形监测的20多次的监测资料分析可知，在大桥施工与运营期间，南锚顶面和南塔承台均未发现有明显位移产生，南引桥墩基础各监测点的变位量也在误差允许的范围之内，仅南塔区南侧永久边坡部分点位（如G02、N10等）有3～4mm的沉降，且主要发生于1998年，该部位已有裂缝在1998年以后未见继续扩展。

(2)南塔桩基轴力监测网的建立

测试仪器的埋设工作与桩基础钢筋笼制作同步进行，共在13根桩内埋设垂向钢筋应力计64套。其中有3根桩（西承台的5号、10号桩、东承台的20号桩）进行全桩轴力测试，每根桩分别在4个断面（各断面高程分别为－1.0m，－19.0m，－27.0m，－32.2m）上各埋设4套（个别断面为2套）垂向钢筋应力计，其余10根桩（西承台的1号、3号、12号桩，东承台的13号、14号、15号、17号、22号、23号、24号桩）仅进行桩顶轴力测试，每根桩埋设2套垂向钢筋应力计。南塔桩基轴力测点分布如图10-3所示。经过3年多来的调试和测试工作，桩基础中的垂向钢筋应力计性能稳定、工作正常，能较准确地揭示桩基轴力的分布及变化规律。

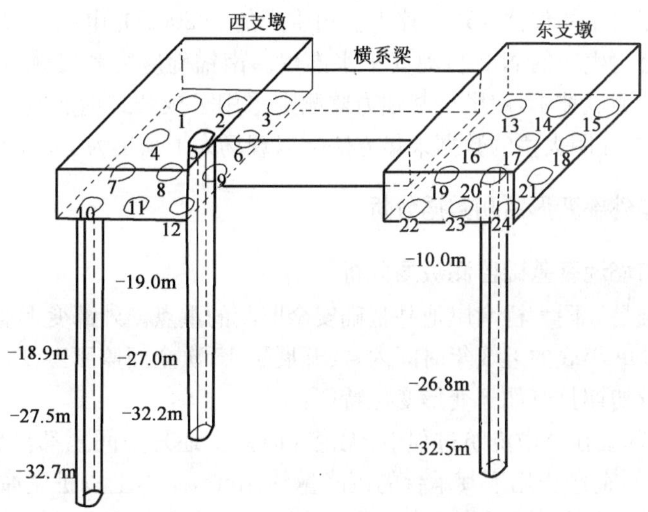

图10-3　南岸山体与地基基础外部变形监测点布置

(3)南锚碇应力监测网的建立

南锚碇应力和接触应力监测采用压力盒和钢筋应力计2种测试技术，测试仪器的埋设工作与南锚碇浇筑和基坑回填施工同步进行。南锚碇应力测试仪器的埋设工作历时400d，共埋设测试仪器132套（压力盒84套，钢筋应力计48套）和相应的调试测试工作30次。埋设的仪器主要分布于东半幅（压力盒60套，钢筋应力计45套），西半幅仅在Ⅰ级齿坎立面埋设压力盒2套，在前墙上埋设压力盒4套。在所有132套测试仪器中，59套用于观测垂向接触应力（基底反力），55套用于观测水平向抗力，12套用于观测后锚面结构应力，6套用于观测鞍部结构应力。南锚碇基底接触应力测点分布如图10-4所示。

在测试仪器埋设完成后，经过近3年半时间的调试和测试工作表明，埋入仪器工作正常、性能稳定，能准确监测南锚碇基底反力和水平向抗力的发挥和分布规律以及后锚面和鞍部的局部受力情况。

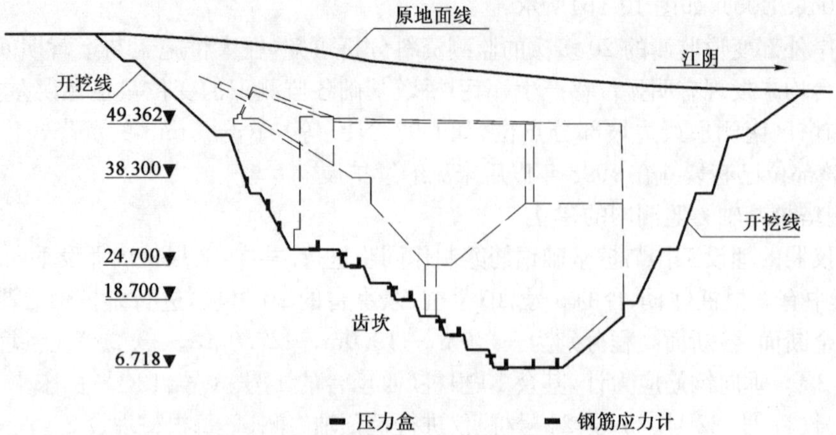

图 10-4　南锚碇基底接触应力测点分布

10.1.1.3　测量仪器与数据采集方式

外部变形监测采用的仪器为瑞士徕卡公司生产的 DI2002 光电测距仪和 T1800 电子经纬仪以及德国蔡司公司生产的 NI2 自动安平水准仪。南锚碇应力和接触应力监测采用压力盒和钢筋应力计 2 种测试技术，南塔桩基轴力监测则采用了振弦式钢筋应力计测试技术。综合考虑经济性要求，在江阴大桥的数据采集方法上以现场人工采集为主、自动数据采集为辅。

10.1.2　南岸外部变形监测数据分析

10.1.2.1　南塔地基基础监测数据分析

南塔地基基础是江阴大桥南岸地基基础安全监测的重点。外部变形监测工作始于南塔墩浇筑初期，在到 1999 年底的近 3 年时间内，共开展了 15 次全面监测工作。南塔地基基础在工程施工期间和运营初期具有如下变形变位特征：

(1)南塔地基基础在塔墩浇筑过程中，无论在时间上还是空间上都呈现均匀的沉降，在塔墩约 6×10^5kN 自重荷载作用下其承台的沉降量约 4mm，基本上以桩基摩擦失效段的压缩变形为主。塔墩浇筑对承台周边岩体基本上没有影响，地基基础始终保持其良好的稳定性和较大的安全储备。

(2)在主缆架设、箱梁吊装、桥面铺装和通车运营过程中，南塔承台在时间上和空间上也基本呈现均匀的沉降趋势(西承台略大一些)。在塔顶主缆约 6×10^5kN 垂向荷载作用下，南塔承台的实测累积沉降约 4mm，承台周边岩体的沉降量均小于 1.3mm。

(3)南塔承台的沉降除与塔墩自重和塔顶主缆荷载呈现正相关外，还具有季节性变化规律，即在夏季长江高水位期间，即使承台所受的荷载递增，其沉降不仅没有增加，反而减少。如 1998 年 8～10 月，虽然由于主缆架设，承台所受的垂向荷载增加，但承台的沉降并没有增加，反而出现均匀的回升，各监测点的回升量约 1.3 mm；又如 1999 年 8～10 月，桥面铺装和静载试验产生的荷载也没有使承台的沉降增加，承台上各监测点的高程反而均匀增加了 1～2mm。而承台周边岩体上监测点的沉降变化过程却没有这种季节性变化规律，承台下桩基轴力的变化过程也与承台沉降具有相同的变化规律。由此可以认为，长江高水位对桩和承台所产生的浮力(约 3.6×10^5kN)对南塔地基基础的沉降有一定的影响。地下水位对桩基的影响正是目前国际上研究的前沿问题之一。

(4)从主缆架设后到通车运营至 1999 年底，南塔地基基础的最大水平位移为 3.6mm，各测点水平位移的方向紊乱，各测点水平位移的变化过程也未见有与主缆架设、箱梁吊装等施工过程具有相关性。

综上所述，可以认为南塔地基基础在塔墩自重和塔顶主缆荷载作用下始终保持其良好的稳定性和较大的安全储备。

10.1.2.2　南锚碇位移监测数据分析

南锚碇位于西山山梁的后侧(南部)，北距长江水边线 300m 以上，但由于南锚碇位于西山山梁东侧山坡上，所以南锚碇在东西方向上岩体的抗力不一致，相对而言，东侧岩体的抗力比西侧弱。显然，南锚碇的监测重点在不均匀变形。根据南锚碇外部变形监测成果，南锚在工程施工期间具有如下变形变位特征：

(1)在架缆前南锚顶面约有 1～2mm 的沉降。

(2)架缆后南锚前侧(鞍部)呈现逐渐沉降趋势。其中东鞍部沉降量 2.8mm，西鞍部沉降量 1.8mm。虽然东、西两侧的差异沉降不大，但规律性明显，它反映出南锚东、西两侧岩体抗力的差异性。

(3)架缆后南锚后侧(锚块)不再出现沉降趋势。其中东南角出现了轻微的抬升趋势，抬升量约 2mm，而西南角未见抬升趋势。它进一步说明南锚西侧岩体的抗力比东侧大。

综上所述，虽然南锚碇地基岩体抗力在东西方向上存在差异，但因之引起的差异变形十分微小。所以，南锚碇浇筑完成后始终保持良好的稳定性、微小的变形和差异变形。从江阴大桥 1999 年 9 月通车至 2001 年的 9 次观测结果来看，总体上看每次观测的数据变化不大，特别是 2000 年和 2001 年的 7 次观测，其数据基本没有变化。这也说明了南锚碇及地基基础具有良好的安全稳定性。

10.1.3　南塔桩基轴力监测成果分析

根据现场实测成果的分析可知，承台下各桩所承担的荷载并不均匀，塔墩下桩基础所承担的荷载明显比承台周边下的桩基础多，尤其是主缆架设期间，塔墩下桩基础所承担的荷载是各桩均摊荷载的 3～5 倍。但箱梁吊装后这种差异性减小，至通车运营 50d 时，塔墩桩基础所承担的荷载为各桩均摊荷载的 1.14 倍(平均)。

各桩轴力随深度的分布规律分析表明，各桩各断面中摩擦失效段底部断面上的轴力最大，其次为桩顶，再次为嵌岩段中部，轴力最小的断面为桩底。根据测试数据可知，塔墩和承台自重荷载、大缆和箱梁以及桥面恒载、活载等均能通过摩擦失效段全部传递到 20m 以下的深部岩体中去。桩基嵌岩后，其所承担的荷载能很快向基岩中扩张，至嵌岩段中部断面时，其轴力仅为嵌岩面处轴力的二分之一(承台周边的桩基础的三分之一)。至桩底时，其轴力增量仅为嵌岩面处轴力的五分之一。由此可见，南塔桩基础的承载力有相当大的安全储备。

从各桩各测点实测成果的离散性看，摩擦失效段各测点成果的离散性最大，桩基嵌岩后各测点实测成果的离散性减小。可见摩擦失效段的受力条件比较复杂。此外，随着塔顶荷载的增大，桩顶所承担的荷载通过摩擦失效段逐渐向嵌岩面以下的桩基和岩体中传递。这一传递过程塔墩下的桩基础先于承台周边下的桩基础。

总体上看，桩顶荷载随着时间而逐渐增加。各桩中塔墩下桩基础各断面轴力与桩顶荷载的相关性最好，承台4个角点下桩基础各断面轴力与桩顶荷载的相关性复杂，既有正相关，也有负相关。不同桩以及同一桩基础中的不同测点所反映的轴力传递过程是一致的，但在时间上有先后之分。由此可见，群桩在受荷过程中，各桩所承担的荷载有一定的调整过程。

10.1.4 南锚碇基础接触应力监测成果分析

(1)南锚碇锚块基底反力的变化规律：南锚碇浇筑期间，锚块基底垂向反力基本上以垂向自重应力为主。在主缆架设期间，锚块基底前侧II级齿坎台面上的反力大幅上升，而基底(高程6.718m)反力大幅降低，说明在主缆架设期间，锚块存在着以前侧基底作为支点的向前倾覆转动的趋势和应力变化过程。随着钢箱梁、桥面铺装的进行及大桥的通车，锚块持续保持转动趋势，出现整体上抬倾向，其基底垂向反力实测值降幅约为6%～15%。可见，南锚碇基底附加应力损失不大，显然南锚碇基底摩阻力的损失也不大，所以南锚碇具有较大抗滑稳定安全储备。南锚碇浇筑期间，锚块基I级和III级齿坎立面的水平向抗力介于锚体混凝土水平向自重应力和基岩水平向自重应力之间。架缆后，I级齿坎立面水平向抗力平均上升8.3kPa，III级齿坎立面水平向抗力平均上升207kPa。由此可见，虽然南锚碇具有较大的抗滑稳定安全储备，但锚块基底各级齿坎立面仍承担一定的水平向推力。南锚碇所承受的水平力是由基底平面上的摩阻力和齿坎立面上的水平向抗力共同承担的。

(2)南锚碇鞍部基底反力的变化规律：上部结构架设之前鞍部基底垂向反力的分布相对复杂一些。主缆架设期间，散索鞍反力较均匀地传递给鞍部各级齿坎台面，箱梁吊装期间，随着散索鞍反力(斜推力)的增大，鞍部出现前倾转动的趋势，鞍部后侧几级齿坎台面上的垂向反力反而减小。所以散索鞍反力主要由其底部的VI、VII级齿坎台面承担。散索鞍反力产生的水平推力主要由齿坎立面和前墙承担，其中V级齿坎立面水平向抗力平均增大46kPa，前墙下部水平向抗力增大27.8kPa，前墙中部的水平向抗力也呈大幅增长趋势，且变化幅度较大，最大平均升幅近30kPa。

(3)从实测的南锚碇基底II、IV、VI、VII级齿坎台面垂向反力的变化过程来看，除了VII级齿坎台面的垂向反力在整个恒载、活载施加过程中保持持续平稳上升外，II、IV、VI级齿坎台面的垂向反力都是一个先升后降的过程，而且发生升降变化的转折点基本有一个先后的时间顺序。由此可以推测，在主缆架设期间锚碇存在以前侧基底(II级齿坎)为支点的前倾转动趋势，随着工程施工的进展，荷载不断增加，支点也在不断迁移，以维持南锚碇自身的整体平衡。这与外部变形观测结果：锚块南侧(后侧)出现轻微抬升(抬升量近3mm)、鞍部产生了2～3mm沉降是相吻合的。

10.1.5 南岸山体及地基基础稳定性综合评价

10.1.5.1 主缆架设前西山山体及地基基础安全性评价

在江阴长江公路大桥主缆架设，对于南岸山体及地基基础的安全监测工作进行了较长时间。观测结果表明：

(1)南塔地基基础的稳定性是良好的。在南塔及其承台浇筑期间,其地基基础以压缩变形为主,在约 6.1×10^{5} kN 的垂向荷载作用下,南塔桩基及其地基岩体仅产生约 4mm 的沉降,平面位移可以忽略不计。

(2)南塔承台和横系梁下的细砂和软木垫层隔离措施能有效地使承台所承受的塔墩荷载全部传递给桩基础;桩基上部 20m 的摩擦失效处理效果也是良好的。从 3 根全桩轴力测试的结果可见,1997 年底以后,桩基的摩擦失效段能有效地将桩顶所承受的全部荷载传递到地表以下 26m 的深部岩体中去。

(3)从南塔嵌岩段桩基轴力的测试结果可知,嵌岩段桩体与地基岩体的胶结良好,约 6.1×10^{5} kN 的塔墩自重荷载仍主要由桩侧摩阻力承担,桩底端承力微小。此外,从总体上看,西承台桩基所承受的荷载偏大,东承台桩基所承受的荷载偏小。

(4)南塔区南侧永久边坡在经过预应力岩锚加固后,其整体稳定性是良好的。在一年多的时间内,在 2 号南引桥墩荷载的作用下,在经历了一个丰水雨季后,仍未出现明显的沉降和水平位移。如在边坡的西侧边缘,由于天然陡直临空面的存在,才出现了几个毫米沉降和向临空方向的水平位移。

(5)随着南锚碇的浇筑及其基坑的回填,南锚碇区的基坑边坡已不复存在。南锚碇在其浇筑完成后的半年多时间内,水平位移和沉降都可忽略不计。

10.1.5.2　架缆后西山山体及地基基础安全性评价

(1)在主缆约 6.1×10^{5} kN 垂向荷载作用下,南塔地基基础仍保持其良好的安全稳定性,地基基础仍以压缩变形为主,沉降量小于 4mm,平面位移可以忽略不计。南塔桩基轴力实测成果表明,塔顶承受的大缆荷载,经塔墩后能通过承台较均匀地全部传递给各桩(塔墩下的桩基础较承台周边的桩基础约多承担 30%的荷载)。各桩所承担的荷载也能通过摩擦失效段全部传递到嵌岩段。所以,南塔地基上部 26m 岩体基本上不承受塔墩及大缆荷载。也就是说,约 1.2×10^{6} kN 的塔墩自重及大缆荷载的作用面在地表以下 26m 深处,南塔承台以下边坡岩体受工程荷载的影响很小。

(2)南塔桩基嵌岩后,桩基承受的荷载能够很快向基岩中扩散。在嵌岩面以下 7m 的断面上,约 6.1×10^{5} kN 的大缆荷载仅使该断面轴力增加 $(5\sim17)\times10^{3}$ kN,仅是嵌岩面处桩基轴力增量的 10%～45%。各桩桩底轴力增量则更小,仅占嵌岩面处桩基轴力增量 10%～20%,由此可见,南塔桩基的承载力具有较大的安全储备。

(3)南塔的南坡和南引桥墩地基基础在架缆后至通车运营时,也保持良好的安全稳定性,未见明显的沉降和水平位移。由于南塔的南坡处于西山山体的前缘。所以,可以认为西山山体的整体稳定性也是良好的。西山山体西北坡的局部不稳定体于 1999 年初被挖除,之后再未见明显的沉降和水平位移。

(4)南锚碇在约 6.4×10^{5} kN 的主缆荷载作用下,锚块南侧出现了轻微抬升,但抬升量小于 3mm。鞍部产生了 2～3mm 的沉降。从沉降变化规律看,南锚碇东西方向上的基底岩体抗力存在差异,东侧比西侧弱。但因南锚碇地基岩体的变形量很小,所以差异沉降和位移更小。主缆架设完成后,锚块基底反力逐渐减小,但降幅仅 6%～15%。由此可见,主缆拉力使重力式锚体重量的损失有限,南锚碇具有较大的抗滑稳定安全储备。值得指出的是,锚块基底摩阻力虽有较大的储备,但仍有一定数量的水平力需由锚块基底齿坎立面承担。在散索鞍反力的斜推作用下，鞍部后侧基底(Ⅳ级和Ⅵ级齿坎台面)的垂向反力也损失了约5%。此外，也有一定数量的水平分力需由鞍部基底各级齿坎立面和前墙承担。所以，从总体上看，南锚碇及地基基础的安全稳定性是良好的，变形和不均匀变形也是可以忽略不计的。但由南锚碇承受的主缆拉力和散索鞍反力的水平分力仍有一部分是以推力的形式传递给南锚前侧的西山山体。

(5)南岸地基基础局部稳定问题有待重视的部位是南塔区东侧单薄山梁。虽然其稳定问题不直接影响南塔地基基础的安全稳定性，但作为南塔区南坡的抗力体，其稳定性应给予一定的重视，应该强化监测，并结合山体内的水平位移观测资料对山梁的稳定性及时作出评价。

10.2 润扬大桥塔地基及锚碇基础安全监测

润扬大桥位于镇扬汽渡上游约2km，横跨南汊江、世业洲及北汊夹江，全长3.5km。其中南汊主江采用悬索桥，跨度1 490m，建成时为国内第一悬索大桥；北汊夹江采用斜拉桥，跨度406m，两桥于世业洲高架相联。润扬长江公路大桥桥位区在基岩以上，广泛沉积着第四系松散层，基岩的埋深高程从镇江南岸引桥的▽－26m，渐降到世业洲北岸的▽－50多米，然后以陡坎下降到夹江中▽－70m左右，再向北引桥段逐渐上抬到▽－64m左右。沉积的第四系松散层，在地表浅部有Ⅰ层软粘土和Ⅱ层的淤泥质亚粘土夹粉砂互层构成，其厚度一般在20m左右，在镇江岸接近30m；该层以下为粉细砂、中砂、粗砂或砾砂等。

本节主要根据润扬大桥基础工程的特点，介绍锚碇基础、塔基础安全监测系统布设，并进行了评估分析。

10.2.1 地基基础安全监测方案

针对润扬大桥基础工程的特点，锚碇基础需要通过监测研究的主要问题有：

(1)由于断层的存在，在荷载作用下，锚碇可能产生差异沉降，地基可能沿断层面产生破坏。

(2)主缆在巨大的水平拉力作用下，锚碇的水平位移和稳定性。

(3)由于地质条件不对称和可能的荷载不对称，锚碇可能会产生微小的扭动。

(4)孔隙水压力对锚碇稳定性和基底混凝土浇筑的影响。

对于索塔基础，需要通过监测研究的主要基础工程问题有：

(1)由于地基不均匀、可能的荷载不对称，可能引起的地基不均匀沉降。

(2)在巨大荷载作用下的基础沉降。

(3)由于地基不均匀、可能的荷载不对称，可能出现的局部承载力不足，对于南汊索塔，主要是桩端承载力，对于北汊索塔，主要是桩侧摩阻力。

10.2.1.1 南汊悬索桥南锚碇监测布置

南汊悬索桥南锚碇基础方案为矩形排桩围护方案。排桩围护体尺寸为69m×54.6m，围护桩直径为1.5m。围护体顶标高＋3.0m，底标高约为－32m，嵌入微风化岩中。基础底标高为－26m，底版与强风化岩层面之间用素混凝土填方找平。

为增加锚碇自重，提高基底水平向摩阻力，锚体结构采用重力式锚体。锚固系统为预埋应力钢绞线法，由索股锚固拉杆构造和预应力锚固钢索组成，在前锚面位置拉杆一端与索股锚头相连，另一端与被预应力钢索锚固于前锚面的连接器相连接。

(1)外部变形监测布置：在围护体上和围护体外共布置 3 个外部水平位移、垂直位移观测点，在锚碇体上布置 6 个外部水平位移观测点，监测锚碇体的变形和稳定性。

(2)测斜仪监测布置：在围护桩内埋设 2 个测斜管、围护体外土体中布置 1 个测斜孔，监测锚碇体的变形和稳定性。

(3)钢筋计监测布置：在围护体内布置 2 个钢筋计观测断面，每个断面布置 3 层，每个断面每层布置 2 个钢筋计，监测锚碇体的稳定性。

(4)土压力计监测：在锚碇基础下埋设土压力计 15 点，每点布置 2 个土压力计，监测锚碇基础受力情况。

(5)孔隙水压力计监测：在锚碇基础下埋设孔隙水压力计 9 点，观测锚碇基础下孔隙水压力分布，为锚碇体稳定分析提供依据。孔隙水压力计的具体位置开挖后根据地质条件适当调整，使测点具有代表性。

10.2.1.2　南汉悬索桥北锚碇监测布置

北锚碇基础方案矩形地下连续墙方案。连续墙外尺寸为 69m×55m，墙厚 1.2m。连续墙的顶标高为 3m，墙底标高－48m～－56m，墙体嵌入微风化层中。基础底标高为－45m，底板与强风化层岩面之间用素混凝土填方找平。

与南锚碇一样，北锚碇锚体结构采用重力式锚体。

(1)外部变形观测：在连续墙上和连续墙外共布置 3 个外部水平位移、垂直位移观测点，观测基坑施工时变形，并用于监测锚碇体的变形和稳定性。在锚碇体上布置 6 个外部水平位移观测点，监测锚碇体的变形和稳定性。

(2)测斜仪监测：在连续墙内埋设 2 个测斜管、连续墙外土体中布置 1 个测斜孔，观测基坑开挖和锚碇施工阶段基坑变形和稳定，并用于监测锚碇体的变形和稳定性。

(3)钢筋计监测布置：在地下连续墙内布置 2 个钢筋计观测断面，每个断面布置 5 层，每个断面每层布置 2 个钢筋计，观测基坑施工时墙内应力，并用于监测锚碇体的变形和稳定性。

(4)土压力计监测：在锚碇基础下埋设土压力计 15 点，每点布置 2 个土压力计，观测锚碇基础受力情况。

(5)孔隙水压力监测：在锚碇基础下埋设孔隙水压力计 9 点，观测锚碇基础下孔隙水压力分布，为锚碇体稳定分析提供依据。孔隙水压力计的具体位置开挖后根据地质条件适当调整，使测点具有代表性。

10.2.1.3　悬索桥南塔基础监测布置

根据悬索桥索塔影响基础稳定性的因素，结合大桥施工和运行期间可能出现的基础工程问题的分析，悬索桥索塔基础的安全问题主要有两类问题，一类是地基基础本身的强度问题，表现为基础桩的承载力问题和桩身稳定问题；另一类问题是基础的变形问题，包括为基础的沉降问题、差异性沉降问题和水平位移问题。外部变形观测解决由不确定性因素引起的基础变形问题，采用在承台角点布置外部变形观测点，监测承台沉降、差异沉降和水平位移。

南索塔基础以底系梁将两个 21.6×21.6m、厚 6m 的承台相连接，每根塔柱底设 16 根 ϕ2.8m的钻孔灌注桩，平均桩长 65m。

(1)钢筋应力计的布置:

在南塔承台的 5 根桩内分层布置钢筋计。每根桩布 5 层,第一层布置在承台底部,第二层布置在⑤层工程地质层层顶高程,第三层布置在⑨-1 层工程地质层层顶高程,第四层布置在⑨-2 层工程地质层层顶高程,第五层布置在离钢筋笼内弯处上部 0.5m 处。每断面布 4 只钢筋计。监测桩体不同深度各断面的应力分布,监测桩的受力情况,评价桩基稳定性。

选择 4 根桩每桩承台底部布置一个钢筋计断面。每断面布置 4 只钢筋计。测量承台底部应力分布,分析塔基稳定性。

(2)外部变形监测点布置:

在南塔承台布置 12 个外部变形观测点,观测承台沉降和水平位移,分析塔基的变形和稳定性。

10.2.1.4 悬索桥北塔基础监测布置

悬索桥北索塔基础位于南汉浅水区,基础以底系梁将两个 21.6×21.6m、厚 6m 的承台相连接,每根塔柱底设 16 根 ϕ2.8m 的钻孔灌注桩,按嵌岩桩设计,平均桩长 52.7m。

北塔基工程地质条件相对南塔基较好,出现承载力方面的问题的可能性比南塔小。同时,由于变形是对各种不确定因素的综合反映,可根据北塔外部变形监测点的变形分析和变形速率分析,间接分析北塔基础的强度问题。

根据经济合理性原则,北塔基监测只布置外部变形观测项目。

在北塔承台角点共布置 12 个外部变形观测点,观测承台沉降和水平位移,分析塔基的变形。

由于悬索桥北塔承台顶面标高为+5.3m,最高洪水位为+7.3m,悬索桥北塔承台上的外部变形观测点有可能在汛期高水位时处于水面以下,影响正常的观测,因此,在塔身高程为7.5m处角点上布置 8 个备用观测点,在不影响观测精度时,尽量避开高水位期,在汛期高水位时间很长的情况下,备用观测点作为外部变形观测点,在布点初期通过同时观测,建立正常观测点与备用观测点之间的关系。

10.2.1.5 斜拉桥南塔基础监测布置

斜拉桥南塔采用群桩基础。承台顶标高 0m,承台厚 6m,下设高为 2m 的裙板。钻孔灌注桩桩直径 2.5m,由于基岩埋置较深且强度较低,按摩擦桩设计,布置 24 根桩,入土桩长 60.4m,桩总长 85m。

索塔施工:搭设水中施工平台,插打钻孔桩钢护筒,施工钻孔桩。索塔承台的施工采用钢套箱支撑在桩顶浇筑承台混凝土。塔柱采用附挂有工作平台的爬升式模板施工。

(1)钢筋计应力监测:

在承台的 2 根桩内分层布置钢筋计,每根桩布 5 层,每层布 4 只钢筋计,监测不同深度桩体断面应力,分析桩侧摩阻力的发挥情况,监测桩基稳定性。在承台上选择 5 根桩在顶层布置 4 个钢筋计,测量承台应力分布,分析塔基稳定性。

(2)外部水平位移及沉降观测:

考虑到塔身东西向宽度小,由于斜拉桥塔基承台在河水位以下,因此外部变形观测点布置在标高为 8.0m 塔身上,在塔身上布置 4 个外部变形观测点,观测水平位移和沉降,分析塔基的变形。

10.2.1.6　斜拉桥北塔基础监测布置

索塔采用群桩基础。承台顶标高 0m,承台厚 6m,下设高为 2m 的裙板。钻孔灌注桩桩直径 2.5m,由于基岩埋置较深且强度较低,按摩擦桩设计,布置 24 根桩,入土桩长 62m,桩总长 92m。

索塔施工:搭设水中施工平台,插打钻孔桩钢护筒,施工钻孔桩。索塔承台的施工采用钢套箱支撑在桩顶浇筑承台混凝土。塔柱采用附挂有工作平台的爬升式模板施工。

由于斜拉桥塔基承台在河水位以下,因此外部变形观测点布置在标高为 8.0m 塔身上。考虑到塔身东西向宽度小,原设计中东西向测点间的变形差很小,因此,与斜拉桥南塔基一致,外部变形观测点布置 4 点,为提高分析精度,利用相邻点的相对高差测量值(精度为±0.3mm)作为分析差异性沉降的依据。

选择四个角点及三个代表性基桩,在其顶部布置单断面钢筋应力计,每断面布置 4 个钢筋计,监测承台下基桩顶部应力分布,与斜拉桥南塔类比,分析斜拉桥北塔的稳定状态。

图 10-5 是悬索桥南锚、悬索桥南塔、悬索桥北塔监测点布置示意图,图 10-6 是悬索桥北锚、斜拉桥南塔、斜拉桥北塔监测点布置示意图。

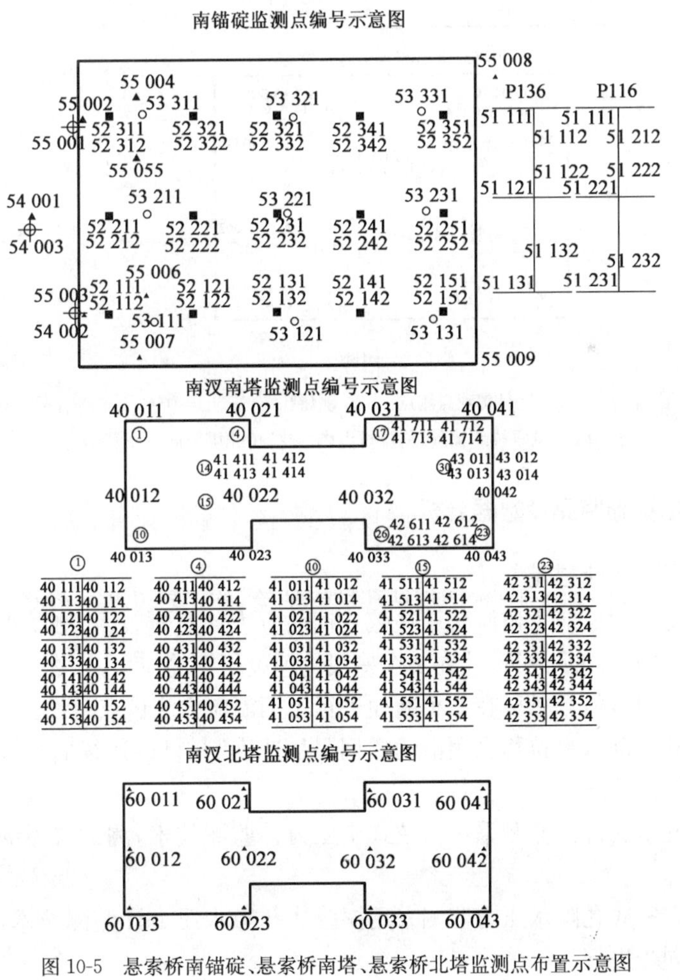

图 10-5　悬索桥南锚碇、悬索桥南塔、悬索桥北塔监测点布置示意图

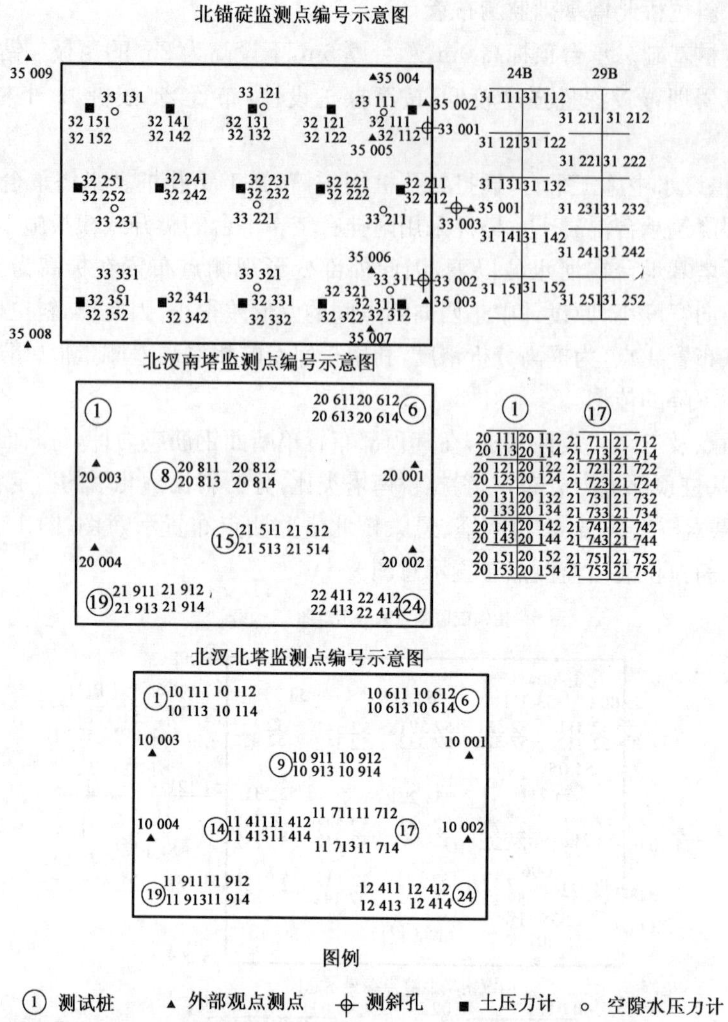

图 10-6 悬索桥北锚碇、斜拉桥南塔、斜拉桥北塔监测点布置示意图

10.2.2 地基基础监测及数据分析

10.2.2.1 悬索桥北锚碇

悬索桥北锚碇连续墙应力监测采用振弦式钢筋应力计监测技术，测试仪器的埋设工作与连续墙钢筋笼吊装施工同步进行，共在 2 个槽段内埋设了钢筋应力，计 20 套。其中 24 号槽段 10 套，29 号槽段 10 套，每个槽段在 5 个断面进行了钢筋应力测试点布设。

悬索桥北锚碇内部水平位移采用滑动式伺服加速度测斜仪，连续墙槽段内测斜管的埋设工作与槽段钢筋笼吊装施工同步进行。

悬索桥北锚碇基底应力监测采用振弦式土压力计监测技术，测试仪器的埋设工作与基底开挖同步进行。

悬索桥北锚碇基底孔隙水压力监测采用振弦式孔隙水压力计监测技术，测试仪器的埋设工作与基底开挖同步进行。

(1)北锚碇基础应力随时间变化规律

悬索桥北锚碇基底压力在锚碇基础和锚碇浇筑期间,土压力计测量应力随浇筑过程增加较快,但土压力分布明显比南锚碇不均匀性增加,在微风化基岩部位压力明显集中,在大缆开始架设后随着大缆拉力增加,表现为应力调整和总体应力降低,应力增量变化与工程荷载的变化有较好的对应关系。图 10-7 是北锚碇基底第五排土压力随时间变化曲线。

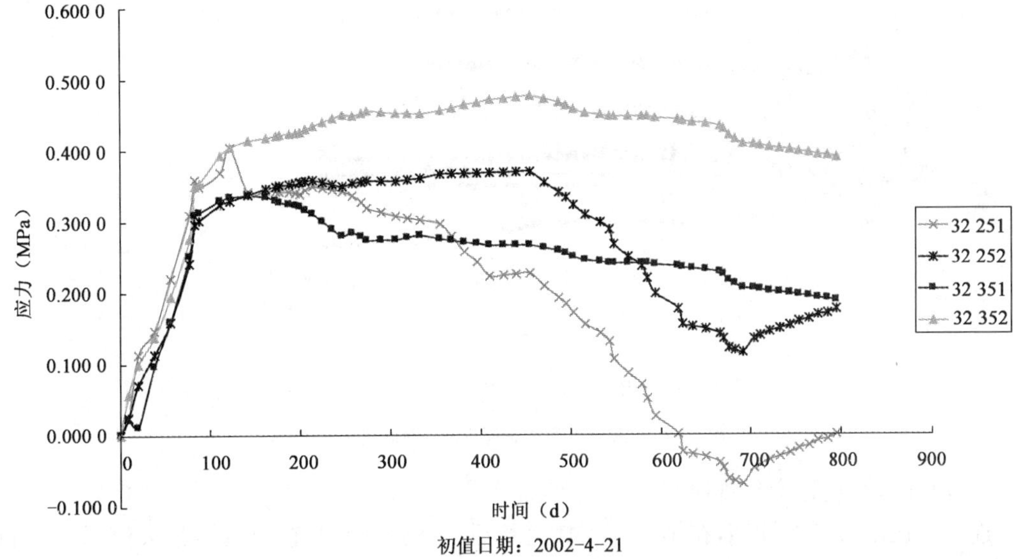

图 10-7　北锚碇基底第五排土压力随时间变化曲线

悬索桥北锚碇基底孔隙水压力在锚碇基础和锚碇浇筑期间,孔隙水压力计测量应力随浇筑过程增加较快,达到一定值后,测值缓慢降低,表明孔隙水压力增量变化与地下水位的恢复有关,工程荷载的变化引起压力有一定调整。北锚碇基底孔隙水压力随时间变化曲线如图 10-8 所示。

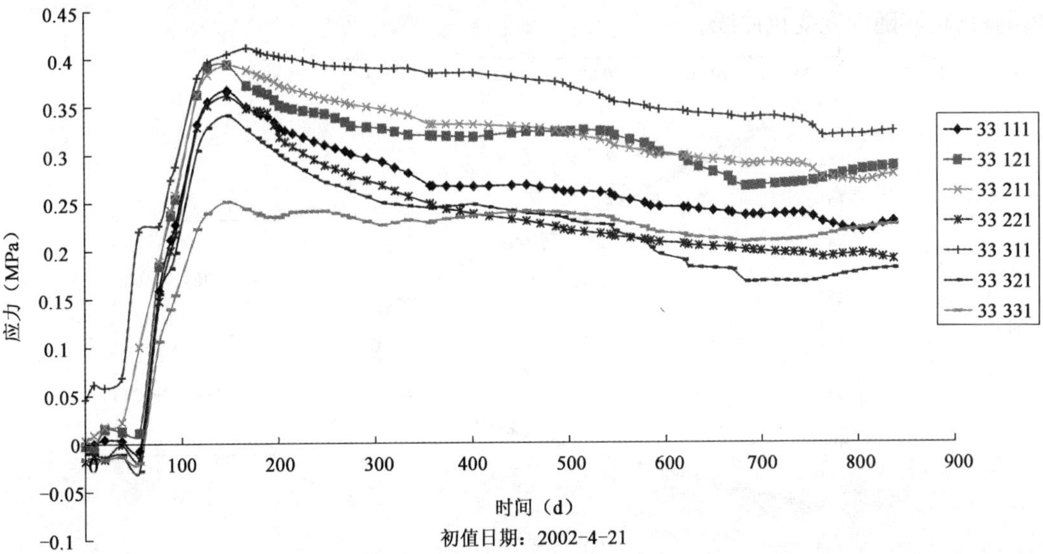

图 10-8　北锚碇基底孔隙水压力随时间变化曲线

悬索桥北锚碇连续墙钢筋应力在基坑开挖期间，应力变化很大，最大拉应力达到 60MPa，最大压应力达到 18MPa 以上，在锚碇基础浇筑期间及其后，应力有所调整，总体表现为压应力升高，拉应力降低。北锚碇连续墙钢筋应力随时间变化曲线如图 10-9 所示。

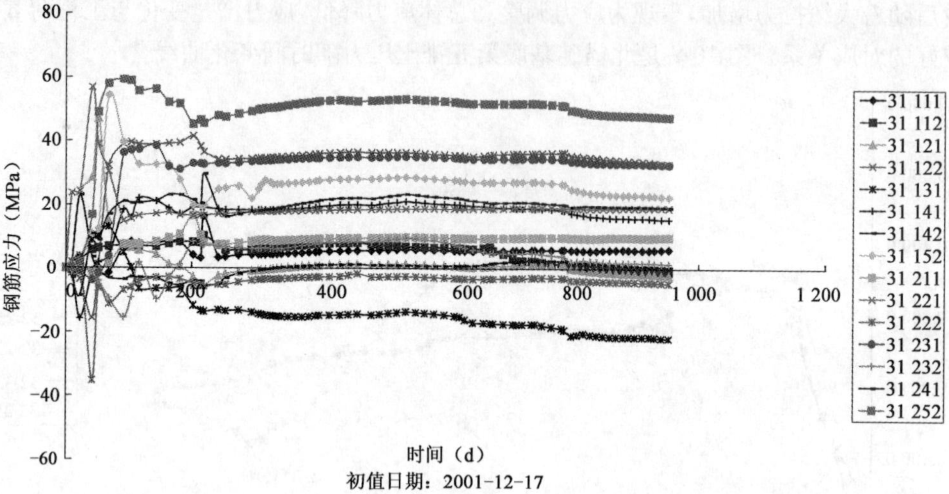

图 10-9　北锚碇连续墙钢筋应力随时间变化曲线

(2)内部水平位移变化规律

连续墙在基坑开挖期间，在第一道支撑浇筑后，中间部分向坑内位移，最大值达 110mm，基坑回填及锚体浇筑期间，总体位移量不大，局部有位移调整，大缆架设开始，前墙有向坑外变形趋势，顶部位移最大，量值约 5～7mm。

土体测斜孔位移在基坑开挖期间，有明显向坑内位移，受基坑降水的影响有明显的位移，最大位移量达 130mm，锚体浇筑后，受桥面钢管支柱的基础施工影响，总体有向坑外倾斜变形，总之，土体测斜孔位移与锚碇所受荷载关系不大。图 10-10 是 34 002 号孔 2004 年 6 月水平桥轴向位移随深度变化曲线。

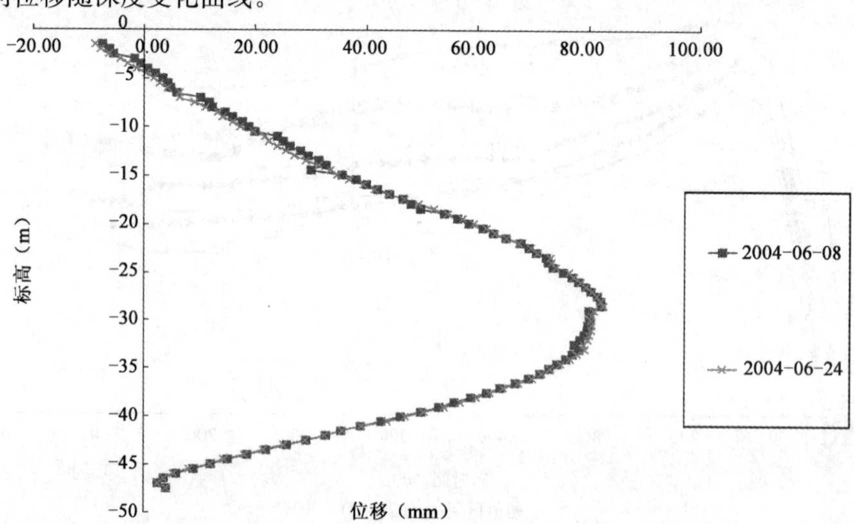

图 10-10　34 002 号孔 2004 年 6 月水平桥轴向位移随深度变化曲线

(3)各阶段基础内部应力及变形分析评估

①锚碇基础开挖及浇筑期间

在基坑开挖期间连续墙钢筋应力变化很大，最大拉应力达 60MPa，最大压应力达 30MPa，在基础浇筑期间，应力有所减小，最大拉应力减至 50MPa，最大压应力减至 17MPa。

基坑封底后，基底土压力随基础浇筑持续增长，最大值达到 1.5MPa，反映由于基底岩性不均匀引起基底压力分布不均匀，同时总体基底压力小于基础荷载，反映部分荷载通过连续墙传递到墙下及坑外。

基坑封底后，基底孔隙水压力随基础浇筑持续增长，最大值达到 0.4MPa，不同部位孔隙水压力值有一定差异，但多数部位孔隙水压力值比较接近，反映基础浇筑过程中没有引起局部孔隙水压力集中。

在基坑开挖期间连续墙前墙水平位移变化很大，最大水平位移达 95mm，出现在－28m 标高位置；在基础浇筑期间，最大位移有所减小，减至 90mm，同时在支撑间出现局部位移调整现象。

②锚碇浇筑期间

在锚碇浇筑期间连续墙钢筋应力变化不大，表现为应力调整，最大拉应力变为 55MPa，最大压应力变为 18MPa。

基底土压力随锚碇浇筑明显变化，特别是靠后墙部位增加明显，最大值达到 2.65MPa，荷载在后墙部位相对集中。

基底孔隙水压力随锚碇浇筑明显波动，不同部位孔隙水压力值仍有一定差异，但多数部位孔隙水压力值比较接近，反映锚碇浇筑过程中没有引起局部孔隙水压力集中。

在锚碇浇筑期间排桩水平位移变化较小，主要表现为向后墙方向的倾斜，水平位移最大只有 1～2mm，出现在基础顶面位置。

③大缆架设期间

在大缆架设期间连续墙钢筋应力变化不大，表现为拉应力降低，压应力增大，最大拉应力变为 50MPa，最大压应力变为 19MPa。

基底土压力随大缆架设明显变化，表现为靠后墙部位明显降低，靠前墙部位明显增加，最大值变为 2.8MPa，荷载向前墙部位明显转移。

基底孔隙水压力随大缆架设波动较小，不同部位孔隙水压力值仍有一定差异，靠后墙部位孔隙水压力值有明显减小，反映大缆架设引起的应力调整。

在大缆架设期间前墙水平位移变化较小，主要表现为向大缆拉力方向的倾斜，水平位移最大只有达 2～3mm，出现在基础顶面位置。

④钢箱梁吊装期间

在大缆架设期间连续墙钢筋应力变化不大，仍表现为拉应力降低，压应力增大，最大拉应力变为 48MPa，最大压应力变为 21MPa。

基底土压力随钢箱梁吊装明显变化，表现为靠后墙部位明显降低，靠前墙部位略有增加，最大值变为 2.9MPa，应力集中现象仍较明显。

基底孔隙水压力随钢箱梁吊装波动较小，不同部位孔隙水压力值仍有一定差异，靠后墙部位孔隙水压力值有明显减小，反映钢箱梁吊装引起的应力调整。

在钢箱梁吊装期间前墙水平位移变化较小，主要表现为向大缆拉力方向的倾斜，水平位移最大只有达 2～3mm，出现在基础顶面位置。

⑤桥面铺装期间

在桥面铺装期间连续墙钢筋应力变化不大，仍表现为拉应力降低，压应力增大，最大拉应力变为 42MPa，最大压应力变为 23MPa。

基底土压力从 2004 年 7 月随桥面铺装有一定变化，表现为靠后墙部位有一定降低，靠前墙部位变化不大，最大值变为 2.7MPa，荷载表现为减小。

基底孔隙水压力随桥面铺装波动较小，不同部位孔隙水压力值仍有一定差异，靠后墙部位孔隙水压力值有明显变化。

在桥面铺装期间连续墙水平位移变化很小，主要表现为向大缆拉力方向的倾斜，水平位移最大只有 1～2mm，出现在基础顶面位置。

10.2.2.2　悬索桥南塔

(1)外部变形监测

在南塔施工期间，南塔承台约发生了 2～3mm 的沉降，至大缆完成后，南塔承台总计沉降了约 7～8mm，沉降量基本一致，没有不均匀沉降产生。钢箱梁架设阶段，南塔承台沉降了约为 2mm，无不均匀沉降。

(2)桩基钢筋应力随时间变化规律

悬索桥南塔基础桩基钢筋应力总体上应力增量随时间增加逐渐增加，应力增量随深度变化逐渐减小，同一桩体的同一断面应力差别较大，应力增加量变化与工程荷载的变化有较好的对应关系。

悬索桥南塔 1 号、10 号、23 号桩顶钢筋应力随时间变化曲线如图 5-11 所示，图 5-12 是悬索桥南塔 10 号桩钢筋应力随时间变化曲线。

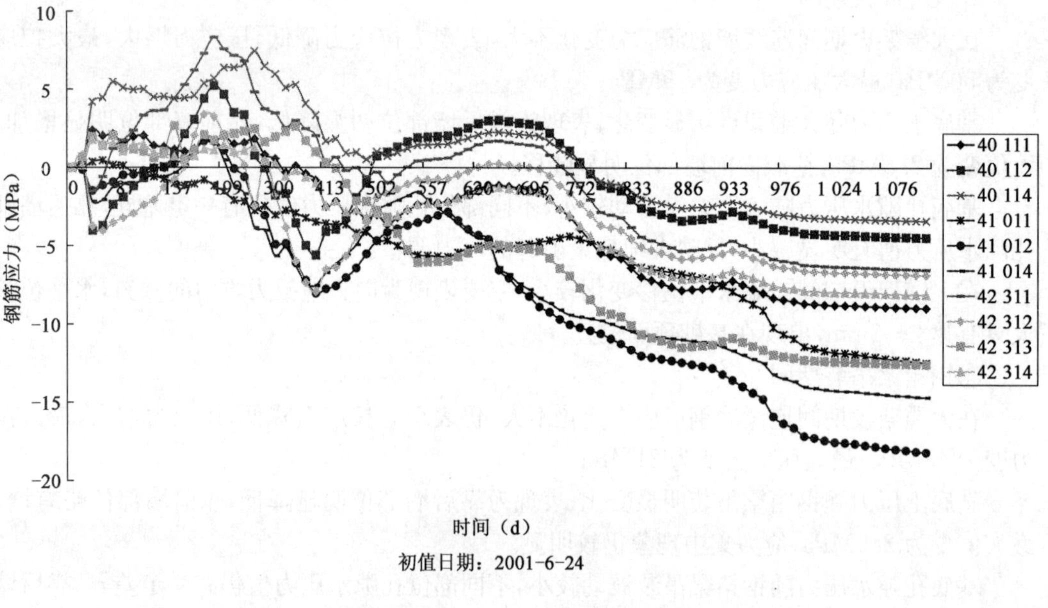

图 10-11　悬索桥南塔 1 号、10 号、23 号桩顶钢筋应力随时间变化曲线

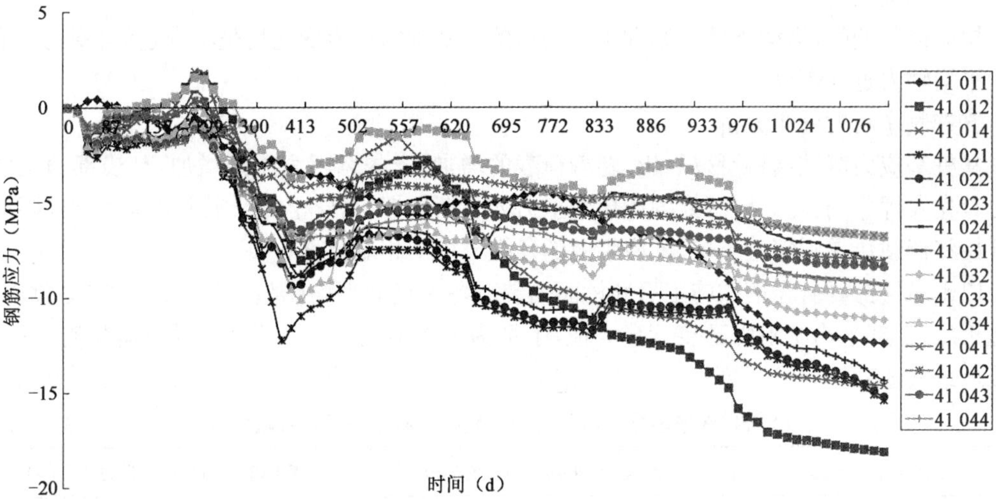

图 10-12　悬索桥南塔 10 号桩钢筋应力随时间变化曲线

(3)各阶段桩基应力分析评估

①塔墩及基础浇筑期间

承台浇筑后，随着混凝土的凝固，其重量逐渐分摊于各桩基上，各桩轴力明显增强，在个承台浇筑完成后的一个月左右，承台重量大部分已全部作用于桩基上；横系梁浇筑后，荷载向桩基转移过程与承台类似，桩基轴力的变化趋势明显反映了承台和横系梁的凝固过程，也反映了应力测试仪器的有效性。

在塔墩自重荷载的作用下，嵌岩段桩基轴力的增幅不大，尤其是桩底端承力微小，说明桩基所承受的荷载至架缆前主要由桩侧摩阻力承担。

从各桩顶轴力的测试结果对比可以看出，不同部位的桩所承担的荷载并不相等，总体上，东西承台的中间部位的桩荷载较大，西承台所承担的荷载比东承台的略大。

同一桩的不同方位的应力值大小不同，反映桩体受到的垂直荷载是一种偏心分布荷载。

②架缆期间

主缆架设期间，各桩顶轴力呈两种变化趋势，塔墩下的桩，其桩顶轴力明显上升，其增幅是平均增幅的 2～3 倍，而塔墩周边的桩基，尤其是承台角点部位的桩基础，轴力增幅很小。可见，在主缆架设期间，南塔承台下的桩基础各桩受力的不均匀性明显增强，甚至差异较大，而且同一桩的不同侧，主筋轴力的差异也在增大。

主缆架设后至钢箱梁吊装前，桩基轴力不断调整，其间差异有一定缩小。

③钢箱梁吊装期间

在钢箱梁吊装期间，塔墩下的桩，其桩顶轴力明显上升，塔墩周边的桩基，在钢箱梁吊装初期，轴力变化较小，当钢箱梁吊装后期，轴力明显上升，与塔墩下的桩基轴力的差异明显缩小。

在钢箱梁吊装后至桥面铺装前，桩基轴力处于调整阶段，塔墩下的桩基轴力进一步向周边桩基转移，至桥面铺装前，由主缆和箱梁产生的荷载基本均匀分布于各桩上，累积轴力差值也缩小至 20％左右。

④桥面铺装期间

桥面铺装期间，塔墩下的桩基和承台周边的桩基础的轴力变化均呈上升趋势，变化量值不大。平均轴力近 5MPa。

⑤桩侧摩阻力分布分析

从桩基应力测试结构可以看出，随着荷载的增加，土的摩阻力逐渐增加，且浅部的土层摩阻力首先发挥作用，然后向深处的土层摩阻力才逐渐发挥，每层土的摩阻力并未达到极限值时就开始将荷载传递到邻近土层，即摩阻力的发挥与桩土相对位移有关。

以 14 号桩为例，在塔墩施工后和桥面铺装后各测点的平均摩阻力值见表 10-3，反映在塔墩施工后，上部平均摩阻力已接近最大值，下部为最大值的 60%～70%，桥面铺装后，下部也已接近最大值。

14 号桩在塔墩施工后和桥面铺装后各测点的平均摩阻力值 表 10-3

测点标高(m)	塔墩施工后平均摩阻力值(kPa)	桥面铺装后平均摩阻力值(kPa)
2.3.0	0	0
−29.06	19.4	20.3
−35.06	62.1	81.2
−45.26	74.4	117.4
−58.00	347.5	453.6

10.3 泰州大桥塔地基及锚碇基础安全监测系统设计

泰州大桥上游距润扬大桥约 66km，下游距江阴大桥约 57km。位于江苏省境内长江的中段太平洲左汊高港—天星港顺直河流段的分流口。大桥的桥型结构为主跨 2×1 060m 的三塔两锚式悬索桥。该桥型在我国尚属首次，其结构具有跨度大、塔柱高，柔性大等特点。

该桥的中塔柱位于常水位水深约 16m 的江中，工程区地质条件较差，覆盖层厚达 200m；边塔柱位于两岸滩地，常水位时为无水区；锚碇基础区位于农田中，覆盖层厚达 200m，覆盖层以粉砂、中砂为主。根据泰州大桥桥型结构的特点，其重要的基础工程为南塔柱、中塔柱、北塔柱、南锚碇、北锚碇等部分。

本节主要介绍泰州大桥基础监测系统设计与基础安全评估思路，锚碇基础、塔基础安全监测测点的布设。

10.3.1 监控系统总体设计

根据泰州大桥深厚覆盖层地基特点，泰州大桥基础监测系统主要包括理论分析、监控系统和专家经验知识三大模块。监控系统的设计分析是在理论分析的基础上进行的，首先根据地质条件和设计理论进行力学分析，获得基础在施工运营过程中理论上需要监测的关键点和面，据此进行监控系统设计；根据实测资料建模计算分析，利用关键物理量计算值与监测点物理量实测值进行比较，对岩土试验参数进行反分析，计算关键物理量修正值；通过正分析得到关键点的位移和应力(关键物理量)的计算值,与工程允许值比较,结合专家知识,预测工程的安全程度。

由于泰州大桥基础工程部位很多,不同部位因其工程的重要性和地质条件的复杂程度不同,监控时不能等同对待,根据关键部位优先监测原则和经济合理性原则,本系统主要监测:

(1)中塔水中沉井基础;

(2)边塔基群桩础(以北塔为主);

(3)锚碇沉井基础(以北锚为主)。

10.3.1.1　中塔水中沉井基础稳定与安全监控思路

根据勘察资料、设计资料、施工方法、监测结果,并考虑到中塔水中沉井基础体积巨大、施工难度大以及对工程的重要性,采用振弦式应变计、钢板计及土压力传感器进行内部监测;外部监测采用测距三角高程法和全站仪跟踪测量相结合作业方式,在数据处理上将多种类型的数据处理进行联合处理,以确保实时监控的有效性。

在整个沉井施工、承台施工及上部结构施工过程以及运营初期,监测与观测如下几个方面的内容:

(1)沉井沉降及差异沉降监测;

(2)基底反力监测;

(3)沉井侧壁摩阻力(土压力)监测;

(4)沉井结构应力和应变监测;

(5)承台应力和应变监测。

在以上监测项目的基础上,根据外部变形监测相邻监测点的点位和高程变化,分析沉井基础的水平位移,沉降及变化规律,从总体上分析沉井基础的稳定性。为了能够准确地反映沉井基础的客观变形情况,规范要求测量观测变形点的点位精度应达到±3mm,高程精度达到±2mm。根据外部变形监测相邻监测点的高差变化,分析沉井差异性沉降及变化规律,因此可作为建立数学监控模型及反演分析的依据。为了反映沉井基础的差异沉降情况,测量相邻变形点高差精度应达到±0.3mm。

主要目的:根据内应力变化,分析在沉井施工过程中及周围岩土体的应力状态,用于建立数学监控模型,并用于反演分析。根据沉井侧壁监测点土压力变化,分析沉井侧壁土压力分布,分析沉井实际的变形机制,用于建立数学监控模型,并用于反演分析,为反馈分析提供依据。

在沉井基础监测预报方面综合应用正分析与反演分析结果,结合监测资料,分析中塔沉井基础变形破坏机制,根据拟定的基础安全监控指标确定基础当前的实际安全度,及时反馈到设计、施工和运行中去。

在沉井基础监测安全评估方面主要以地质资料为基础,结合工程设计、施工资料,基于现场监测数据,采用分形和混沌理论等新技术拟定锚碇基础安全监控指标,应用统计分析、物元理论建立地基基础稳定性预测模型,综合分析评价地基基础稳定性。

10.3.1.2　塔群桩基础稳定与安全监控思路

塔基监测的主要内容是外部变形监测和桩体内应力监测。

外部变形监测主要监测塔基监测点的点位变化、高程变化,相邻监测点的高差变化。应力监测主要监测桩体内、承台内应力监测点的应力变化。

在此监测项目的基础上，根据外部变形监测点的点位变化、高程变化，分析塔基的水平位移、沉降及变化规律，主要从总体上分析塔基的稳定性。根据外部变形监测相邻监测点的高差变化，分析塔基差异性沉降及变化规律，分析地质不均匀性、荷载不对称性等对塔基稳定性的影响程度。根据全断面桩顶层与单断面桩的应力监测点的应力变化分析荷载变化时承台下的应力分布，分析基础结构、荷载的性质及地质不均匀性对荷载分布的影响。根据全断面桩不同层位的应力分布及其变化情况，分析侧摩阻力的发挥情况。根据全断面桩底部应力监测点的应力变化情况，可以分析桩体端部承载力储备情况，分析基础的安全程度。

在塔基监测预报方面综合应用正分析、反演分析、反馈分析等方法，根据监测资料建立建立对称荷载下荷载分布模型、荷载与应力的关系模型、荷载与沉降的关系模型、荷载与沉降差关系模型，建立不对称荷载下荷载分布模型、荷载与应力的关系模型、荷载与沉降的关系模型、荷载与水平位移关系模型、荷载与沉降差关系模型。通过理论分析，反求桩侧壁及桩底端变形参数及桩侧摩阻力参数。综合应用正分析与反演分析结果，分析塔基的变形破坏机制，结合试桩资料，拟定塔基安全监控指标，根据指标确定塔基当前的实际安全度，及时反馈到设计、施工和运行中去。

在正分析、反演分析及反馈分析基础上，结合试桩资料，找出荷载、地质条件等与效应集之间的定性、定量关系及效应集之间的关系，结合工程经验，综合评价塔基的工作性状，协助工程决策。

10.3.1.3 锚碇沉井基础稳定与安全监控思路

锚碇稳定与安全监控系统设计主要根据勘察资料、设计资料、施工方法，结合三维数值分析。在整个沉井施工、承台施工及上部结构施工过程以及运营初期，主要监测与观测内容包括：

(1)沉井沉降及差异沉降监测；

(2)基底反力监测；

(3)沉井侧壁摩阻力(土压力)监测；

(4)沉井结构应力和应变监测；

(5)锚碇周边土内部水平位移监测；

(6)锚碇周边土孔隙水压力。

在以上监测项目的基础上，根据外部变形监测相邻监测点的点位和高程变化，分析锚碇基础的水平位移、沉降及变化规律，从总体上分析锚碇基础的稳定性。为了能够准确地反映锚碇基础的客观变形情况，要求测量观测变形点的点位精度应达到±3mm，高程精度达到±2mm。根据外部变形监测相邻监测点的高差变化，分析锚碇差异性沉降及变化规律，作为建立数学监控模型及反演分析的依据。根据内应力变化，分析在沉井在施工过程中及周围岩土体的应力状态，用于建立数学监控模型，并用于反演分析。根据锚碇基底监测点土压力变化，分析锚碇基底土压力分布，分析锚碇体实际的变形破坏机制，用于建立数学监控模型，并用于反演分析，为反馈分析提供依据。根据锚碇侧壁监测点水压力变化，分析锚碇侧壁水压力分布，指导锚碇施工，为稳定性分析中有效应力的获得提供资料。

在监测资料分析的基础上，建立土体与沉井共同作用的本构模型。根据监测资料和接触面环剪试验，揭示接触面的应力应变特性，建立合理的接触面模型，进行相关数值模型的验证与应用研究。基于确定性分析模型，仿真计算沉井碇基础的应力和变形，分别从抗滑和抗倾覆两方面分析沉井基础的稳定性；基于不确定分析模型，仿真计算沉井基础的应力和变形的均值以及不确定因素影响下应力和变形可能出现的变幅，分别从抗滑和抗倾覆两方面分析沉井基础的稳定性可靠度，对设计方案进行校核；基于超载或强度储备方式，分析沉井基础的极限承载力以及相应的稳定安全度。将正分析成果作为依据，结合三维数值分析，通过理论分析，反求周围岩土体及锚碇基底岩体变形参数及摩阻力参数。

综合应用正分析与反演分析结果，结合水压力监测资料、三维数值分析，分析锚碇的变形破坏机制，拟定锚碇基础安全监控指标，根据指标确定锚碇当前的实际安全度，及时反馈到设计、施工和运行中去。

在正分析、反演分析及反馈分析基础上，结合三维数值分析，找出荷载、地质条件等与效应集之间的定性、定量关系及效应集之间的关系，结合工程经验，综合评价锚碇的工作性状，协助工程决策。

10.3.2 中塔沉井基础监测

泰州大桥的中塔沉井为世界级的特大桥深水基础，基础深度达 70 多米。中塔柱位于长江正中间，距离岸边 1km 以上，塔柱基础拟采用沉井施工方案。中塔柱沉井为超大型钢混沉井，沉井长 58.5m，宽 44.4m，沉井壁厚 1.8m，内分 12 个隔仓，隔舱长 12.6m，宽 12.6m，隔舱壁厚 1.5m。沉井高 70m，顶标高＋6.0m，底标高－82m，坐落于粉砂层中，封底混凝土厚 10m，顶板承台厚 5m。

中塔墩位置的覆盖层厚度较大，深水江底段厚约 175m，覆盖层自上而下可分为粉细砂夹亚粘土、中砂层、中、砾砂圆砾土。由于中塔墩沉井规模宏大，处于深水中下沉施工，施工工艺复杂，施工精度要求高，沉井下沉过程中需要收集大量的信息数据，以便及时进行处理同时作出判断，指导下沉施工。同时，承台、塔柱、大缆以及桥面的施工过程中，由于荷载分布的不确定性和施工因素的影响，沉井结构内部应力应变及整体稳定性监控都是非常重要的。根据对塔址的工程地质条件和中塔沉井基础工程条件分析，中塔基础在施工和运行期主要有以下几方面的工程问题：

(1)基础沉降及不均匀沉降问题；

(2)沉井基础的应力和变形问题；

(3)河床冲刷问题。

中塔沉井测点布置见表 10-4。

中塔沉井基础监测仪器统计 表 10-4

序号	监测项目	仪器类型	测点数量/仪器数量	埋设位置	备注
1	结构应力和应变监测	钢板计	3/3	第二节沉井底部	
		混凝土应变计	2/4	高程－17m 的位置	
2	基底反力及封底混凝土反力监测	土压力计/混凝土压力计	刃脚：14/14 封底：10/10 抗剪键：5/5	井壁刃脚和隔墙刃脚 沉井底部 封底混凝土剪力键底部	刃脚反力使用施工单位埋设的 14 支仪器

续上表

序 号	监 测 项 目	仪 器 类 型	测点数量/仪器数量	埋 设 位 置	备 注
3	侧壁土压力监测	土压力计	8/8	沉井侧壁	根据沉井侧壁正应力换算摩阻力
4	沉降及差异沉降监测	GPS、全站仪	9/GPS3 台 全站仪 1 台	沉井顶面	每个点包括水平位移和沉降
5	承台应力应变监测	钢筋计	6/10	承台顶面和底面	

10.3.2.1 沉井结构应力应变监测

中塔沉井底部 7 节采用钢沉井，长度为 44m，上部为钢筋混凝土沉井，长度为 32m(图 10-13)。对于钢沉井，监测的对象为钢壳内混凝土和钢壁，通过埋设钢板计，对钢沉井的钢板变形进行监测；对于钢筋混凝土沉井，监测的对象为井壁混凝土的变形。采用钢筋计和混凝土应变计综合测试技术。

沉井受自重及上部荷载作用，正常情况下受力对称分布，从理论上考虑，平面上只要布置四分之一的面积的沉井，但考虑到大缆吊装、受偶然荷载作用时荷载的不均匀性，同时考虑测点仪器在施工和运行过程中的损坏或失效，沿短边方向对称布置了应力应变监测点，并对钢板计及电缆进行了保护。

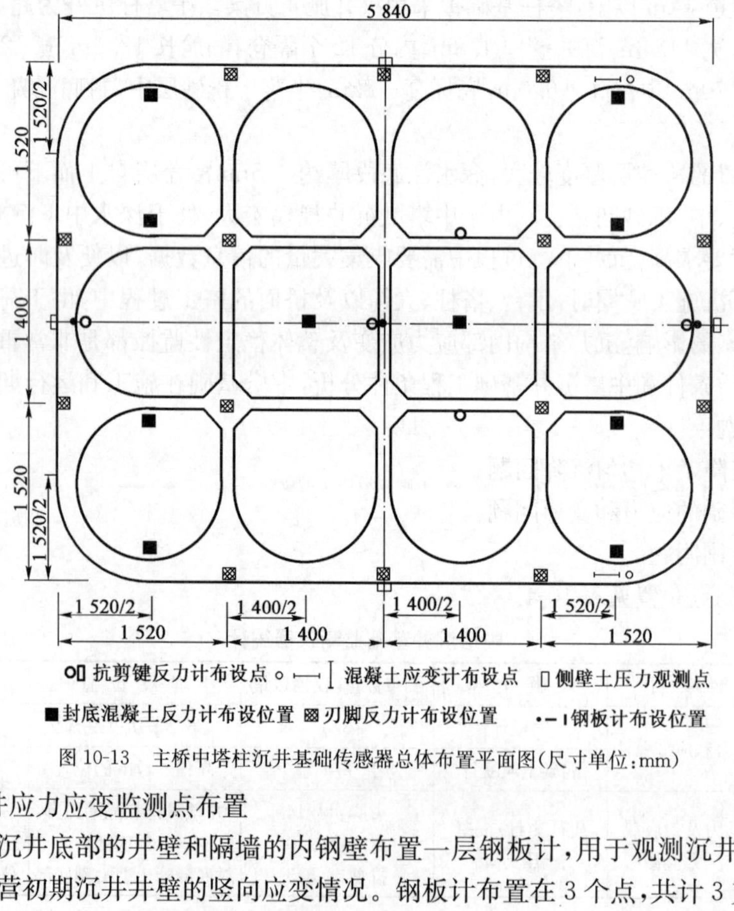

图 10-13　主桥中塔柱沉井基础传感器总体布置平面图(尺寸单位：mm)

(1)钢沉井应力应变监测点布置

在第二节沉井底部的井壁和隔墙的内钢壁布置一层钢板计，用于观测沉井施工以及上部结构施工和运营初期沉井井壁的竖向应变情况。钢板计布置在 3 个点，共计 3 支仪器。

(2)混凝土沉井应变监测点的布置

根据沉井受力情况，主要为竖向荷载，监测断面选在隔仓充水的混凝土沉井中间断面(图 10-14)，即高程－17m 的位置的断面。混凝土应变监测采用振弦式应变计。

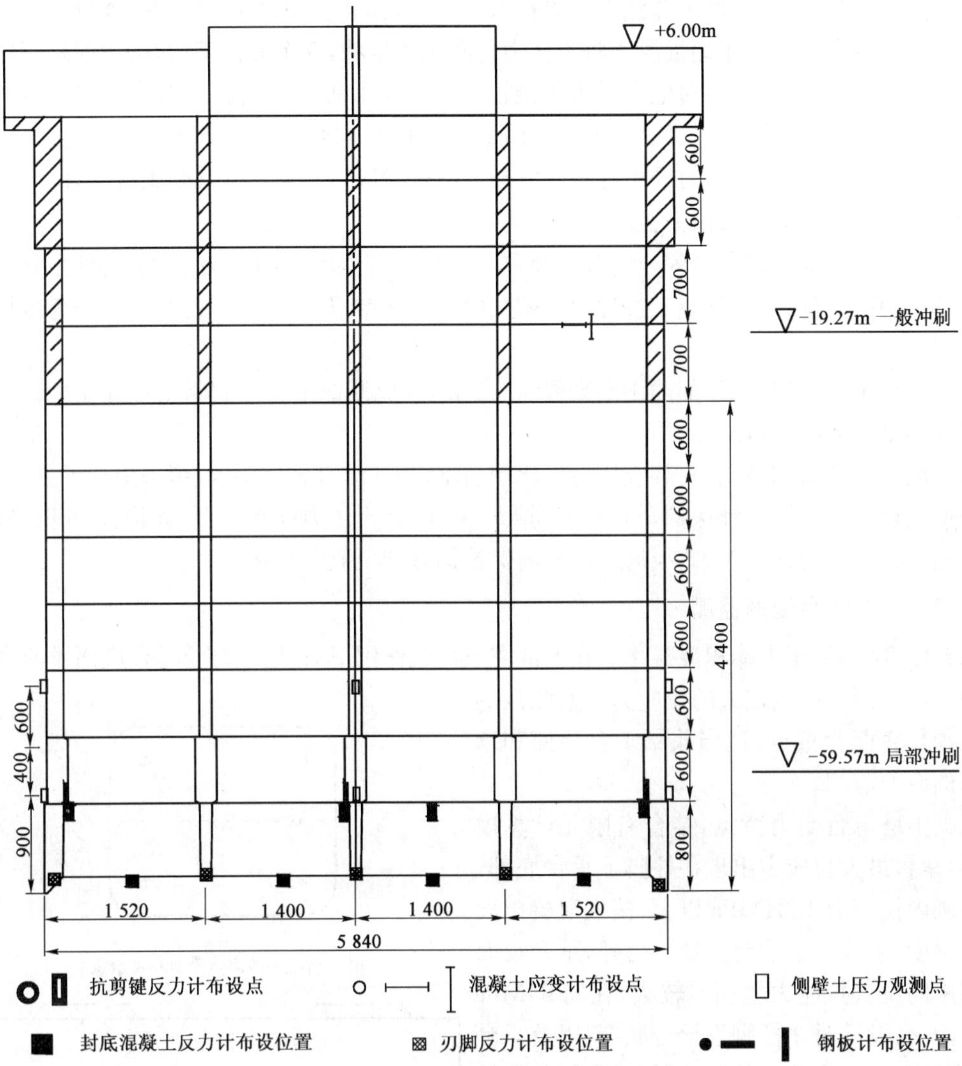

图 10-14　主桥中塔柱沉井基础传感器总体布置剖面图

在沉井井壁中心布置 2 组(每组 2 支)应变计，分别监测混凝土竖向和水平应变，混凝土应变计共计 4 支。

10.3.2.2　沉井基底反力监测

基底反力包括刃脚反力和封底混凝土底部反力。具体测点布置：

(1)在沉井井壁的中部、两道隔墙之间的刃口斜面上布置 2 套反力计；在沉井四角刃口斜面上各布置 1 套反力计；在沉井隔墙的底部布置 4 套反力计。共布置 14 套反力计，用于监测沉井下沉过程中刃口和隔墙底部的反力。沉井刃口反力测点布置。刃口斜面的反力计承载面呈水平布置。

(2)封底混凝土反力选择6个隔舱,其中四脚的隔舱每个隔舱顺桥向布置两个监测点,每个点布置1套压力传感器,共8个监测点,8套监测仪器。此外在中部两个隔舱各布置一个监测点,每点布置1套压力传感器,共2个点。

(3)考虑到封底混凝土反力监测点布置在水下进行,而且受封底混凝土浇筑影响较大,拟采用以下布设方案。首先采用混凝土将土压力计浇筑成块状,在沉井清基后,采用四跟钢丝将压力计平稳吊下至河床,同时对电缆线采用钢管保护。为了防止封底混凝土将监测仪器冲移原来的位置,在试块的地面焊接四根2m长的ϕ16mm钢筋,可以插入河床土层。

(4)内壁抗剪键的键底与封底沉井封底混凝土的接触应力布置5支混凝土应变计。

10.3.2.3 沉井侧壁摩阻力监测

为深入了解侧壁摩阻力沿深度的分布及其与沉井下沉深度之间的关系,在沉井井壁布置测点,监测沉井下沉以及后续施工过程中井壁法向应力和摩阻力的变化规律,得到较为可靠的分布形式。

考虑到河床冲刷较深,局部冲刷面高程约−44m,因此侧壁土压力监测点布置在第二和第三节沉井外壁,共8个测点。

由于沉井下部为钢结构,安装土压力计比较困难,为此结合施工要求,拟采用如下方案:在沉井钢壁上切出与土压力计保护套直径相同大小的孔,将土压力计测力面与钢沉井外壁平齐,然后用钢板将土压力计固定,导线通过沉井内保护钢管伸至监测总站。

10.3.2.4 承台变形监测

承台厚度大,属于大体积混凝土。在上部塔墩荷载作用下,在塔墩部位承台底面及两塔墩之间的承台顶面会产生较大的拉应力。监测点的布置以承台底面为重点,适当兼顾承台顶面和承台内部的应力监测。

根据中塔承台受力特点,结合有限元计算模拟结果,承台最大拉应力出现在柱脚下承台底部,较大范围内拉应力1.24MPa以上,接近混凝土设计抗拉强度,可能引起承台开裂。另外,承台顶面两柱脚中间位置拉应力也相对较大,在0.84MPa以上。因此,设计时在柱脚下承台底部,以及承台顶面两柱脚中间设置平行于主拉应力方向的钢筋计。

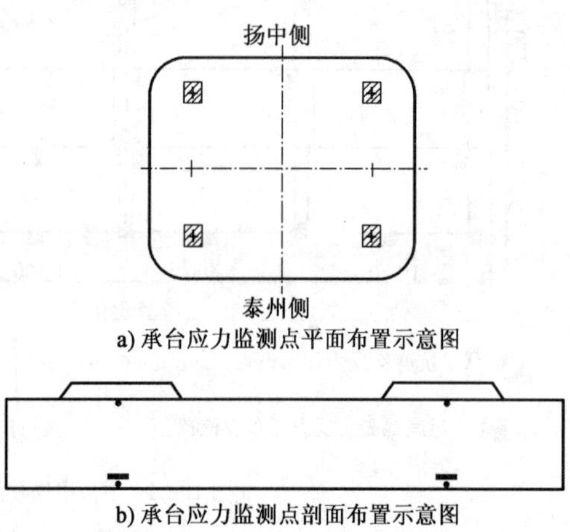

a)承台应力监测点平面布置示意图

b)承台应力监测点剖面布置示意图

图10-15 中塔柱承台监测点布置示意图

根据模拟结果,承台底面应力监测点布置在四个塔柱脚之下,分别布置1个监测点,每个监测点布置水平方向的钢筋计2支,共8支。承台顶面应力监测点布置在人字形刚架两个柱脚中间位置,共布置2个测点,每个测点布置1支钢筋计,如图10-15所示。

10.3.2.5 沉井的沉降和不均匀沉降监测

运营阶段中塔柱沉井外部变形监测的内容主要包括:

(1)不均匀沉降观测;

(2)绝对沉降量观测;

(3)水平位移监测。

根据承台尺寸和墩座的位置,布设一定数目的沉降监测点和水平位移监测点。布设沉降监测点 5 个,即 ZC1、ZC2、ZC3、ZC4 和 ZC5。其中,ZC1、ZC2、ZC3、ZC4 附近也布设 4 个水平位移监测点,名称与沉降点同名。其中,沉降监测点采用水准测量标志,水平位移监测点采用钢管式强制观测墩。

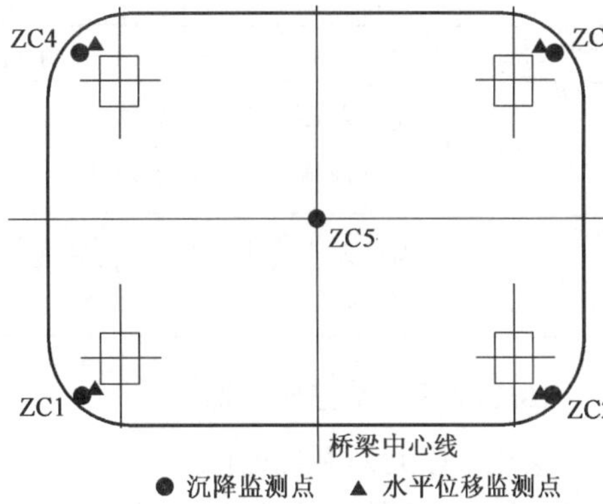

图 10-16　中塔柱沉降与水平位移监测点布置图

ZC1、ZC2、ZC3 和 ZC4 布设成矩形形状,并和承台中心线对称,其中 ZC1 到 ZC2 距离为 57m,ZC3 到 ZC4 距离为 57m,ZC1 到 ZC4 距离为 45m,ZC2 到 ZC3 距离为 45m。布置位置示意图如图 10-16 所示。

10.3.3　边塔群桩基础监测

泰州大桥边塔基础采用钻孔灌注群桩,桩基采用 46 根直径 2.8m 的钻孔灌注桩,按照摩擦桩设计,其中北边塔基础桩长 102m,南边塔基础桩长 97m。

边塔群桩基础区为松散沉积物覆盖。影响边塔群桩基础稳定的因素主要为:①地层岩性因素;②自然及工程荷载因素;③侧摩阻力的发挥情况;④群桩效应。

根据对塔址的工程地质条件和群桩基础工程条件分析,南北边塔基础在施工和运行期主要有:①桩承载力问题;②基础沉降问题;③基础水平位移问题。

监测部位包括南、北两个边塔基础,由于两个边塔基础结构基本相似,监测以北边塔为重点,南边塔仅对承台进行监测。根据影响边塔基础稳定性的因素,结合大桥施工和运行期间可能出现的基础工程问题的分析,基础的安全问题主要有两类问题,一类是地基基础本身的强度问题,表现为基础桩的承载力问题,另一类问题是基础的变形问题,表现为基础的沉降问题、差异性沉降问题和水平位移问题。

针对这两类问题,选用两类监测方法,即外部变形观测和内部应力观测。内部应力观测包括基桩桩身轴力和桩顶轴力的监测,解决由不确定性因素引起的强度问题,采用分断面在钻孔桩内部埋设钢筋计监测桩顶、桩体、桩底的应力状况。外部变形观测解决由不确定性因素引起的基础变形问题,采用在承台角点布置外部变形观测点,监测承台沉降、差异沉降和水平位移。测点统计见表 10-5。

边塔群桩基础监测仪器统计　　表 10-5

序　号	监 测 项 目	仪器类型	测点数量/仪器数量	埋 设 位 置	备　注
1	桩身轴力监测	钢筋计	56/56	选择基桩断面	北塔
2	桩顶轴力监测	钢筋计/混凝土应变计	北塔 18/10 南塔 18/18	选择基桩顶面	
3	桩端土压力监测	土压力计	4/4	桩端	北塔

续上表

序　号	监 测 项 目	仪器类型	测点数量/仪器数量	埋 设 位 置	备　　注
4	桩侧土压力监测	土压力计	8/8	桩侧	北塔
5	承台应力应变监测	钢筋计	5/6	沉井侧壁	南北塔共 10/12
6	沉降及差异沉降监测	GPS、全站仪	7	承台顶面	每个点包括水平位移和沉降

10.3.3.1　基桩应力监测

采用有限元对基础的沉降和结构应力应变进行了计算，分析表明同一根桩的桩顶应力大小是不同的，尤其是靠近承台边缘的桩，差异更为显著。这主要是由于桩的不均匀沉降导致桩身弯曲引起的。根据桩身应力特征确定桩身轴力和桩顶应力监测点的分布。同时，考虑到弯矩的存在，选择靠近承台角点的桩，弯矩较大的上部每层布置 4 个监测点，下部则可布置 2 个监测点。

考虑到大桥边塔桩基础既要承受巨大的竖向荷载，也需安全承受一定的水平荷载和弯矩。所以，不同部位基桩的工作机理存在一定的差异。故监测桩位的选择不宜利用结构的对称性。在监测桩位的选择和布置时，参考有限元计算结果，并遵循代表性原则、最不利原则和按剖面布置的原则。

根据上述原则，南、北索塔各布置 4 根监测桩。边塔的监测桩位如图 10-17 所示。基桩应力监测以桩身轴力监测为主，兼顾基桩强度监测。

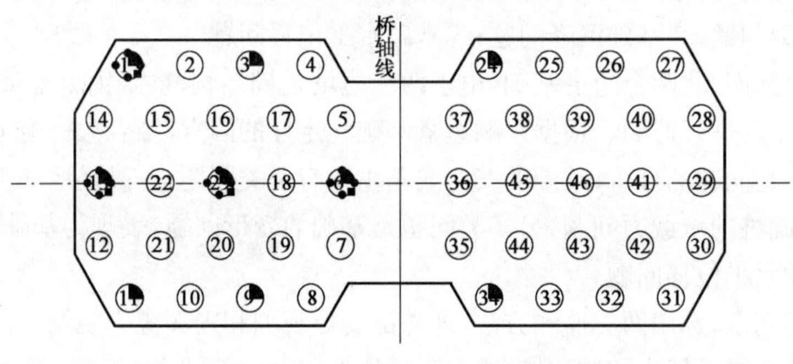

图 10-17　基桩轴力及桩侧摩阻力监测平面图

桩身轴力监测选择①、⑥、⑬和㉓号 4 根桩。为了获得不同部位基桩的桩身轴力随深度的变化规律，每根监测桩布置 5 层监测点。每根监测桩上部两层对称布置 4 个监测点(图10-18)，主要目的是在监测桩身轴力的同时，可以对由于不均匀荷载造成的桩身弯矩进行监测。以下各层均布置两个监测点，主要监测桩身轴力。监测采用钢筋计监测方法，共 56 个监测点，56 套监测仪器。通过监测不同深度桩体断面应力，分析桩侧摩阻力的发挥情况。

考虑到承台封底混凝土与桩接触部位基桩所受弯矩最大，因此最上面一层监测点布置在承台封底混凝土与桩接触部位，以下几层均匀布置。

在群桩基础设计中，对于摩擦桩，除了关心桩周摩擦作用外，还关心桩端受力情况。因此桩身轴力监测点最底部一层设在桩身底部位置。此外，为了更直观了解桩端受力情况，拟在①、⑥、⑬和㉓号桩底部钢筋上布置土压力计（图 10-17），监测桩端受力情况。

桩身轴力监测采用钢筋计，焊接与相应位置的钢筋笼上。

为了更直观地监测桩周与土的相互作用，拟选择两根桩⑬和㉓号，布置 4 层土压力计（图 10-18），通过测量基桩在浇筑过程中的侧壁土压力，来反映运行期基桩的侧壁土压力。具体安装方法是在桩的钢筋笼上焊接预先埋设好的土压力计，受力面朝桩与土的接触面。

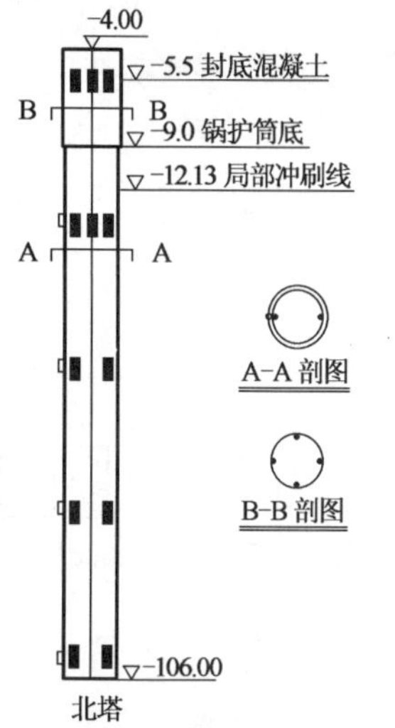

图 10-18　边塔监测点布置示意图

10.3.3.2　桩顶轴力监测

桩顶轴力在平面分布的均匀性是评价边塔地基基础安全性的重要因素。所以，桩顶轴力是监测的重点之一。考虑到索塔地基基础安全问题的复杂性，桩顶轴力布置原则遵循：

（1）以承台周边桩为监测重点；

（2）以承台中轴线（横桥向）上的基桩为监测重点；

（3）以一个塔柱下的承台为监测重点，基本满足隔桩布置的要求，并使监测桩构成观测剖面。

根据上述原则，塔基共布置桩顶轴力监测桩 9 根，北塔其中 4 根桩采用桩身轴顶部监测点，采用钢筋计监测；选择 5 根桩，作为桩顶轴力监测桩，每根桩顶布置 2 个监测点，每个监测点布置 1 支混凝土应变计。南塔布置桩顶轴力监测桩 9 根，每根桩顶布置 2 个监测点，每个监测点布置 1 支混凝土应变计。监测桩位的分布如图 10-17 所示。

10.3.3.3　承台应力、变形监测

采用有限元对承台结构应力应变进行了计算。根据计算结果，需要在柱脚部位的承台底部布置监测点，监测承台在拉应力作用下混凝土开裂情况。

根据边塔承台受力特点，考虑到两个塔柱受力分布的对称性，选择一个柱脚作为重点监测对象。承台底面应力监测点布置在柱脚周围，钢筋计布置方位见图 10-19，柱脚四周布置 4 个监测点，每个监测点布置一支钢筋计；在柱脚的正中部位布置一个监测点，该点布置两支水平方向的钢筋计。两个柱脚共 5 个监测点，6 支传感器。

10.3.3.4　外部变形监测

在每个承台的四个角和中心位置上分别布设 7 个水准测点，如图 10-20 所示。承台监测采用水准网形式进行监测，作业方法主要采用 NA3 水准仪器观测和近距离测距三角高程方法测量。测量布置网图如图 10-21 所示。

监测中，选定两岸近边塔位置的控制点作为高程监测基点为 JD01 和 JD02 点，岸边高程传递点 CDD 与 JD01 和 JD02 点构成环线，承台上 CT01～CT05 监测点、CT01、CT02、CT07、CT05 和 CT06 分别构成环线，CDD 点与 CT01 点采用近距离测距三角高程方法测量或水准测量进行高差测定。

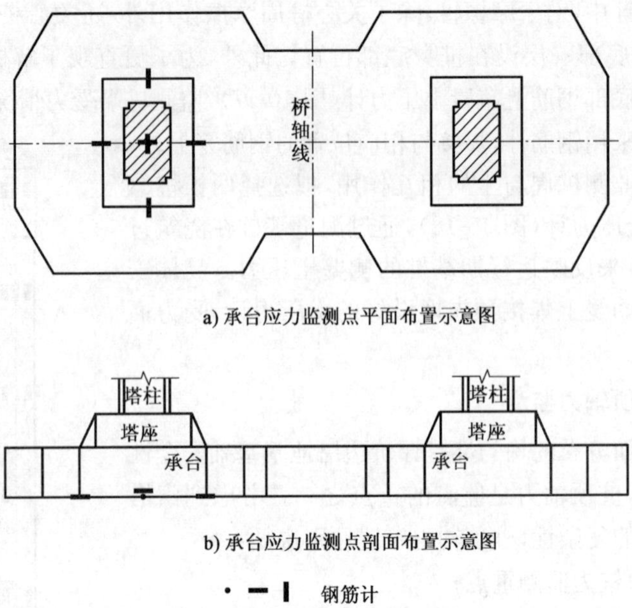

a) 承台应力监测点平面布置示意图

b) 承台应力监测点剖面布置示意图

图 10-19　边塔承台监测点布置示意图

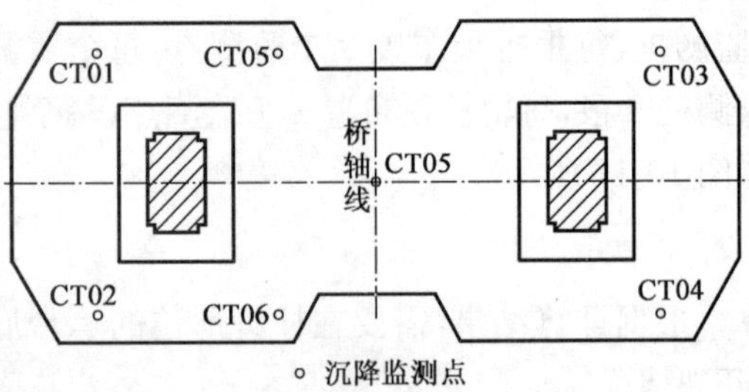

图 10-20　承台沉降监测点布置图

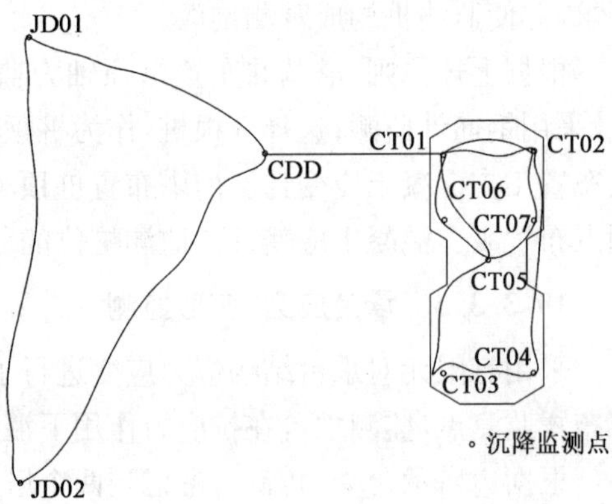

图 10-21　边塔承台沉降监测图

10.3.4　锚碇沉井基础监测

泰州大桥锚碇基础为重力式沉井。锚碇沉井平面为矩形，长 68m，宽 52m，沉井壁厚 1.85m，内分 20 个隔仓，隔舱长 11.66m，宽 10.95m，隔舱壁厚 1.7m。封底混凝土厚 8m，中跨侧盖板厚 4m，边跨侧盖板厚 6m。南锚沉井高 41m，顶标高＋2.0m，底标高－39m，北锚沉井高 57m，顶标高＋2.0m，底标高－55m。无论从尺寸方面，还是重量方面都属于国内外罕见的超大型混凝土结构。

锚体基础下沉深度很大，根据地质资料可以知道沉井穿过地层几乎全部为砂层，且存在丰富的地下水，在沉井下沉过程中易出现涌砂现象；同时由于沉井重量大，其所穿过的地基的承载力相对较小，造成下沉系数较大，所以下沉过程难于控制。影响锚碇沉井基础稳定的因素为:①地层岩性因素;②地下水压力因素;③自然及工程荷载因素。

根据对锚址的工程地质和基础工程条件分析,基础在施工和运行期主要影响因素有:①锚碇体水平向变形和稳定;②锚碇体垂向变形和稳定;③锚碇体转动。

锚碇沉井测点布置见表 10-6。

锚碇监测仪器统计　　　　表 10-6

<table>
<tr><th>序 号</th><th>监测项目</th><th>仪 器 类 型</th><th colspan="2">测点数量/仪器数量</th><th>备　注</th></tr>
<tr><td>1</td><td>结构应力和应变</td><td>钢板计、混凝土应变计</td><td colspan="2">南锚:15/21
北锚:17/25</td><td>其中刃脚水平应力 9 个监测点采用施工方监测点</td></tr>
<tr><td rowspan="2">2</td><td rowspan="2">刃脚反力、封底混凝土反力、第二节抗剪键反力</td><td>土压力计</td><td colspan="2">南锚:刃脚 13/13
封底 9/9
北锚:刃脚 13/13
封底 9/9</td><td rowspan="2">井壁刃脚 8 个监测点为施工方监测仪器。其他仪器分布在隔墙刃脚、封底混凝土底部、第二节抗剪键</td></tr>
<tr><td>混凝土应变计</td><td colspan="2">北锚:4/4(抗剪键)</td></tr>
<tr><td rowspan="3">3</td><td rowspan="3">侧壁摩阻力</td><td rowspan="2">土压力计</td><td>南锚</td><td>18/18</td><td>其中 14 个监测点采用施工方监测仪器</td></tr>
<tr><td>北锚</td><td>28/28</td><td>沉井侧壁</td></tr>
<tr><td>侧摩阻力计</td><td>北锚</td><td>16/16</td><td>沉井侧壁采用施工方监测仪器</td></tr>
<tr><td>4</td><td>沉降及差异沉降</td><td>GPS、全站仪</td><td colspan="2">8/GPS 3 台
全站仪 1 台</td><td>南锚 8 点
北锚 8 点</td></tr>
<tr><td>5</td><td>周边土内部水平位移</td><td>测斜仪</td><td colspan="2">南锚:1/1
北锚:1/1</td><td></td></tr>
<tr><td>6</td><td>孔隙水压力</td><td>水位计</td><td colspan="2">3/2</td><td>南锚 1 点,北锚 2 点</td></tr>
</table>

10.3.4.1　锚碇沉井结构应力应变监测

结构应力和应变是客观反映沉井结构是否处于安全状态的最直观的指标。为确保沉井施工及运行过程中结构的安全,须对关键部位及关键截面的结构应力进行实时监测,以防止结构因出现过大的拉应力而导致局部开裂。施工过程中主要考虑沉井壁受到的环向应力,运营期主要是在后锚面部位,沉井壁及井盖受力复杂,因此沉井第一节和最上部一节及沉井盖底面是监测的主要断面。

监测沉井各关键截面的应力应变,并以沉井井壁为主要监测对象,兼顾隔墙;施工过程中主要监测隔墙刃脚以上 1～2m 部位的水平向应力;运营期主要监测井盖与井壁接触部位应力。

选择顺桥向的两个隔墙作为监测对象。每个隔墙布置 3 个监测点,每个监测点布置 2 支混凝土应变计。为了能更直观地了解锚碇与井盖共同对沉井壁得剪切作用,混凝土应变计布置方向与主应力方向重合,及混凝土应变计与水平面呈 45°角布置。每个锚碇布置 6 个监测点,12 支混凝土应变计。

考虑到南北锚隔舱充填材料不同,南锚全部充填混凝土,北锚靠长江侧两排隔舱充水,因此在北锚锚碇脚与沉井盖板接触部位,布置钢筋计,设两个监测点,每个测点布置两支水平向的钢筋计。

刃脚水平方向应力监测点布置在井壁及隔墙上，具体布置为：顺桥向中间隔墙中部布置3个测点，横桥向轴线上选两个隔墙中部布置2测点。在垂直方向上，布置在刃脚以上1.5m部位。每个锚碇共布置5个测点，每个测点布置1支钢板计。沉井壁环向应力监测点布置在沉井四壁中点，第一节钢壳内壁刃脚以上1.5m部位，各布置一支钢板计。

南北锚碇测点布置如图10-22和图10-23所示。

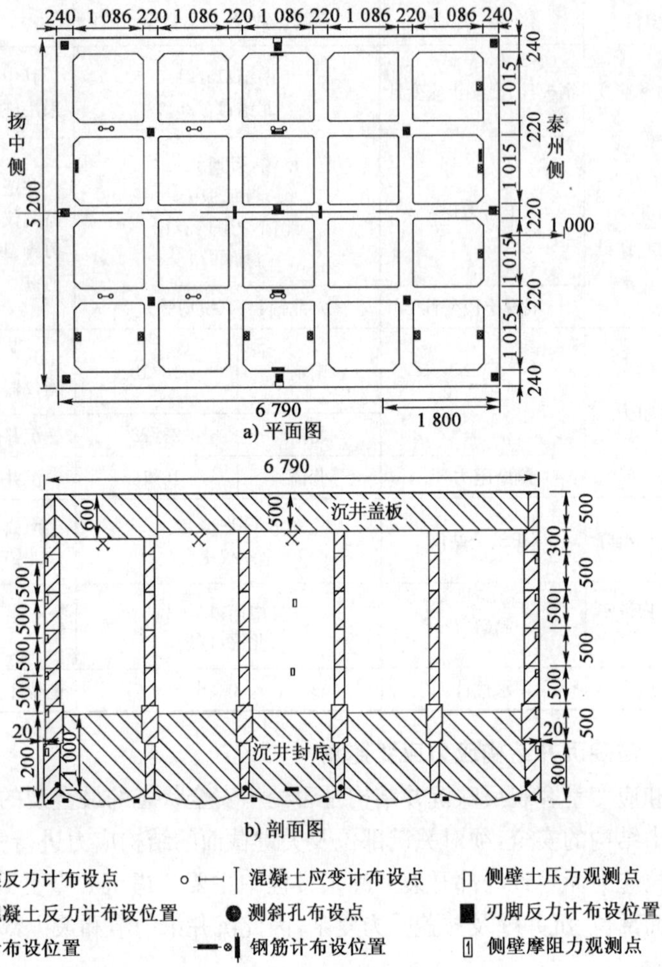

图10-22 南锚碇沉井基础传感器总体布置平面图

10.3.4.2 沉井基底反力监测

基底反力监测点结合施工期监测方案统一布置。考虑到沉井施工期安全及施工工艺，施工期监测点主要布置在沉井壁四周刃脚上，即在沉井壁四角及四周中点，刃脚处布置8个监测点。每个监测点布置1支土压力计。隔墙布置5个监测点，每个监测点布置1支土压力计。基底反力监测点共布置13个监测点。

封底混凝土反力选择6个隔舱，在顺桥向方向上布置一条测线，横桥向布置一条测线。考虑到每个隔舱面积较大，封底混凝土在同一隔舱受力也不一定均匀，在顺桥向测线上每个隔舱布置两个监测点。

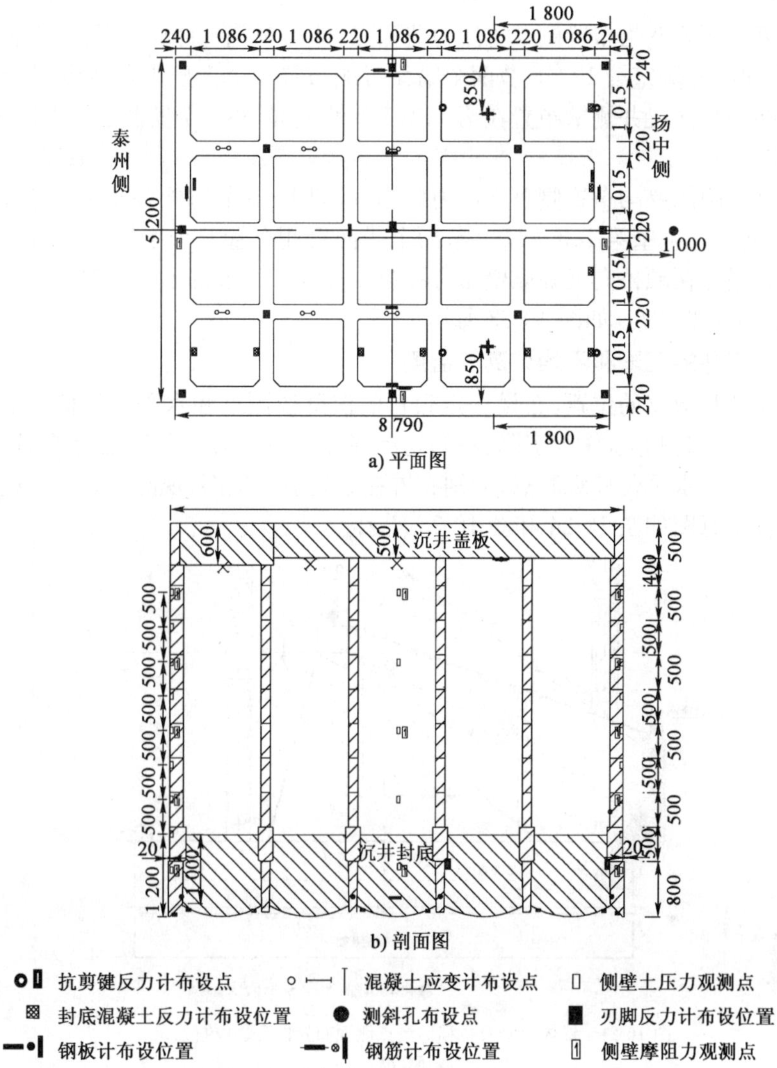

图 10-23　北锚碇沉井基础传感器总体布置平面图

北锚碇和南锚碇沉井隔舱中充填物不同，北锚碇前锚两排隔舱中充水，因此第二节沉井内壁抗剪键监测点布置在北锚碇充水的隔舱位置，布置 4 个监测点，每个测点布置 1 支混凝土应变计。

10.3.4.3　锚碇沉井侧壁摩阻力监测

为深入了解侧壁摩阻力沿深度的分布及其与沉井下沉深度之间的关系，锚碇在运营过程中前锚面与后面面所受的摩阻力，在沉井井壁布置测点，以监测沉井下沉以及后续施工过程中井壁法向应力和摩阻力的变化规律，得到较为可靠的分布形式。

考虑到工程安全监测和锚碇与地基土相互作用的机理研究的需要，在前锚面与后锚面每节沉井上部均布置侧壁土压力监测点，两侧壁上隔一节也布置了传感器。由于北锚碇和南锚碇结构不同，因此具体测点布置分别如下：

(1)南锚碇

在顺桥向沉井两侧壁均布置侧壁土压力监测点,即1～6节每侧各布置6个监测点,共12个监测点;横桥向沉井侧壁第1、3、5节两个锚面每侧布置3个土压力监测点,共6个监测点。摩阻力监测点在顺桥向沉井侧壁布置在第1、3、5节的上部,共6个监测点。如图10-22所示。

(2)北锚碇

在顺桥向沉井两侧壁均布置侧壁土压力监测点,即1～9节每侧各布置9个监测点,共18个监测点;横桥向沉井侧壁第1、3、5、7、9节两个锚面每侧布置5个土压力监测点,共10个监测点。摩阻力监测点在顺桥向沉井侧壁布置在第1、3、5、7、9节的上部,横桥向布置在第1、5、9节的上部,共16个监测点,如图10-23所示。

10.3.4.4 沉井的沉降和不均匀沉降监测

根据承台尺寸和墩座的位置,布设一定数目的沉降监测点和水平位移监测点。在沉井4个角点布置4个沉降观测点,作为沉降、不均匀沉降监测点。为了获得锚碇顶部绝对位移量,拟在锚碇顶部设4个水平位移观测点,分别布置在锚碇前后顶部,观测锚碇施工过程中的水平位移。布置位置示意图如图10-24和图10-25所示。

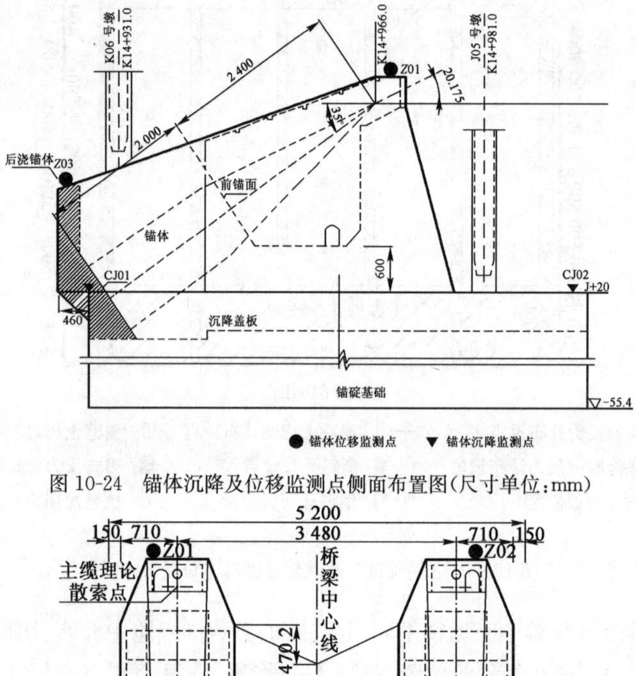

图10-24　锚体沉降及位移监测点侧面布置图(尺寸单位:mm)

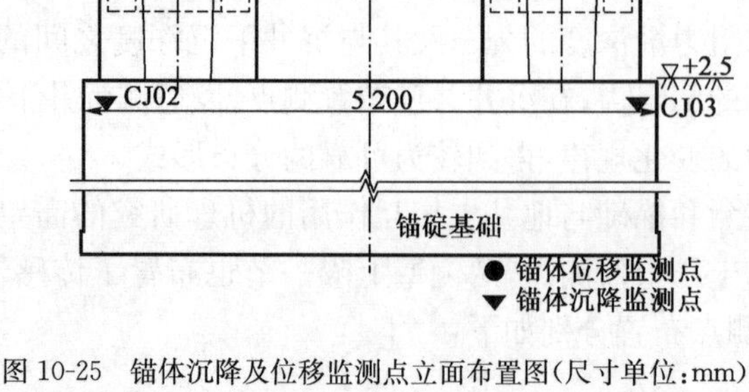

图10-25　锚体沉降及位移监测点立面布置图(尺寸单位:mm)

为了能获得沉井下沉后井盖浇筑过程中锚碇的沉降情况，进而反演得到岩土体物理力学参数，对锚碇的沉降和位移情况进行预测预报，需要将监测点布置在沉井上。为此，拟将监测点布置在沉井壁上，不均匀沉降和绝对沉降观测观测采用二等水准测量的方法实施，锚体沉降监测网如图 10-26 所示。

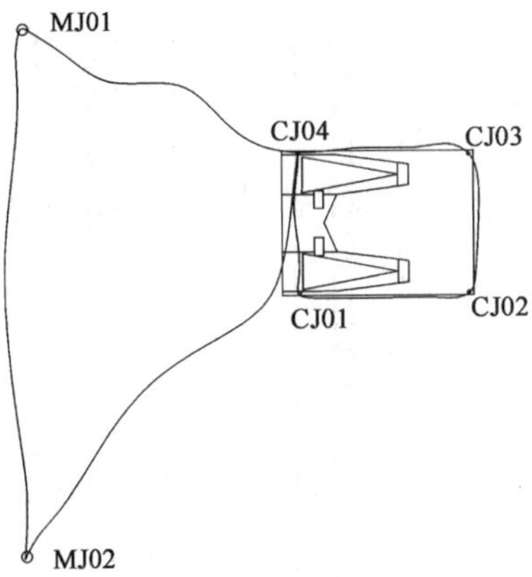

图 10-26　锚体沉降监测网布置图

选择选定两岸近锚体位置的控制点作为沉降监测基点为 MJ01 和 MJ02 点，与锚体沉降监测点构成两个闭合水准环线，由于现场中 MJ01 和 MJ02 点距离锚体中心在 200m 以内，构成环线的长度小于 1km，由按二等水准测量精度可以估算锚体沉降点的绝对沉降量的精度在 2mm 以内，相对沉降的精度在 1mm 以内，可以满足锚体沉井沉降监测的精度要求。

为了监测锚体的水平位移，采用精密全站仪极坐标测量方法，根据监测现场条件，位移控制点到锚体监测点的距离在 200m 以内。

10.3.4.5　锚碇周边土内部水平位移监测

内部水平位移监测主要是针对两个锚体周边土体在施工受土压力影响将产生的水平位移，而运营期在大缆的巨大荷载作用下将沿桥轴线方向产生一定的水平位移量。本方案以监测锚体轴线方向变形为主，兼顾了施工期锚体周围土体的侧向位移的监测。

锚碇在施工期和运营期，由于受外部荷载的作用，会产生整体位移或倾斜。为此结合外部观测结果，在锚碇沉井靠长江侧布置 1 个测斜孔，监测锚碇体的变形和稳定性。

根据锚碇沉井的深度，北锚沉井(井深 57.0m)测斜孔深度 50m，南锚碇沉井(井深 41.0m)测斜孔深度 40m。测读间距取 5.0m。

在沉井施工完成后，在距离沉井壁 10m 位置的地基土体中，采用预埋式双向倾斜仪监测沉井运营过程中周围土体纵向倾角及其变化。主桥锚碇沉井与地基土相互作用的倾斜监测孔的布置如图 10-22 和图 10-23 所示。

10.3.4.6　孔隙水压力计监测

由于锚碇区均为第四系覆盖层，厚度大，因此孔隙水压力的监测可以通过布置地下水观测孔，监测地下水位的方法来获得。

南锚碇工程区上部为弱透水层，下部一层承压含水层，因此在南锚碇距离前锚面约 50m 的位置，布置 1 个地下水位观测孔，观测孔结构如图 10-27a)所示。钻孔深度约 40m。

北锚碇部位有两层承压含水层，两层承压含水层对锚碇的影响均需要通过监测获得相应的孔隙水压力，因此在南锚碇距离前锚面约 50m 的位置，布置 2 个地下水位观测孔，观测孔结构如图 10-27b)所示。浅孔深度约 20m，深孔深度约 60m。

10.3.5　南锚碇沉井基础施工期安全监测数据与分析

沉井设计一般对井壁竖向弯曲受力进行强度计算，将井壁视作简支梁，在自重荷载作用下计算内力。在抽垫过程中和沉井下沉初期，沉井一般落置在几个定位的点上，由于沉井受到四周土体的约束很小，因此沉井井壁及隔墙底部的拉应力是控制沉井下沉的主要指标之一。特

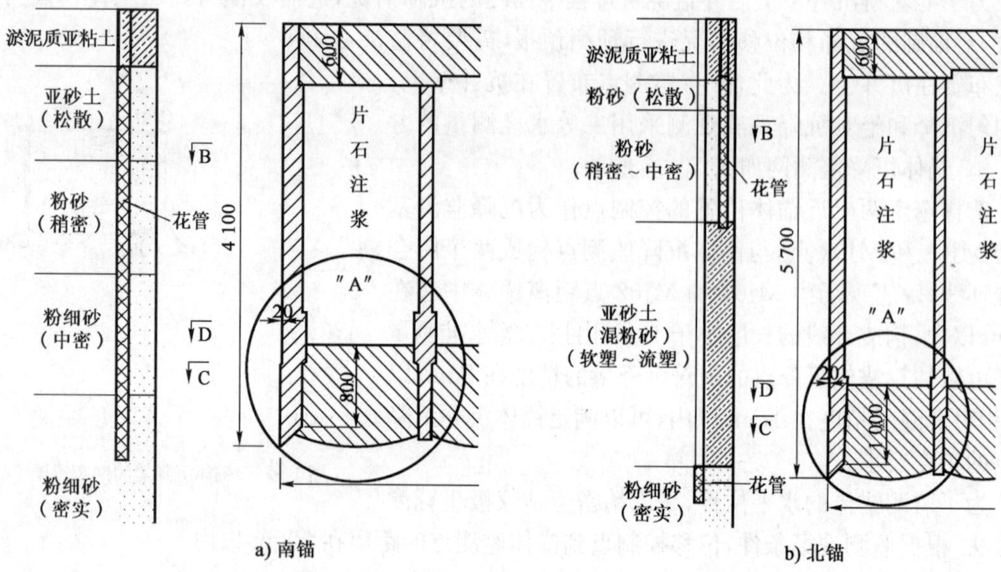

图 10-27　地下水位观测孔结构示意图

别是对于大型沉井，由于没有可参照的规范，必须对沉井井壁和隔墙底部进行应力监测，指导施工取土，确保结构安全。

10.3.5.1　底部钢板应力变化规律

根据施工设计，南锚碇沉井第一次下沉前共接高 3 节，高度 20m。根据沉井结构、施工方法等，结合类比分析，拟定沉井底部水平拉应力指标安全控制量值的因素有：

(1)Q235 钢板的抗拉强度虽较大，但考虑到焊缝等因素，控制量值应小于设计值；

(2)考虑到监测断面位于井壁刃脚以上约 1.5m 的位置，监测得到的拉应力非最大拉应力断面；井壁刃脚底部受到的拉应力为最大值；

(3)结合泰州大桥北锚碇下沉中的监测数据作为参考。

综合考虑上述因素，拟定钢壳沉井底部（监测点）水平方向拉应力指标控制量值为 100.0MPa。

沉井下沉初期，监测频率为 6 次/天(即每 4 小时 1 次)。沉井取土下沉，中间隔舱掏空形成"大锅底"后，2008 年 6 月 8 日 17 时，监测得到的钢板计应力值达到 99.01MPa，出现在顺桥向北侧沉井壁，如图 10-28 所示。根据监测数据及时指导施工，随后对取土位置进行了调整，应力最大值未超过控制量。

沉井下沉过程中钢板计监测应力分布有以下特点：

(1)沉井接高两节后开始抽垫下沉过程中，监测到了钢板应力的迅速上升，表明抽垫过程对沉井的应力有很大的影响。

(2)沉井开挖形成"大锅底"后(沉井入土 5m 左右)，监测得到的钢板计应力值达到 99.01 MPa，出现在顺桥向北侧沉井壁。

(3)通过施工控制，在以后的沉井下沉过程中，钢板计应力始终控制在安全范围内。每次

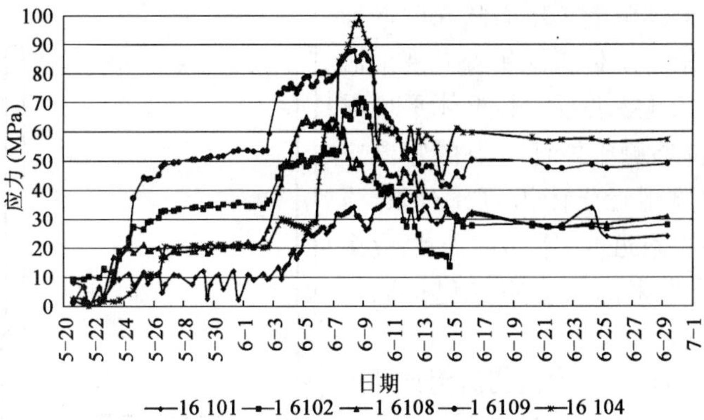

图 10-28　沉井下沉初期钢板计过程线图

下沉钢板计应力都会上升，随后又下降，最后趋于平稳，呈稳定增长的趋势。

(4)钢板应力在下沉初期，钢板应力较高；但随着下沉深度的增加，在沉井侧壁土压力的作用下，钢板应力又逐渐下降，最后趋于平稳。整个下沉过程中，呈稳定增长的趋势。

(5)钢板应力与下沉深度没有明显的线性相关性。实际上，钢板应力主要受刃脚反力的分布控制。

10.3.5.2　沉井侧壁土压力监测分析

根据南锚碇侧壁土压力的监测数据(下沉到位后)，绘制了其沿高程的分布情况，见图 10-29。图中应力为有效应力，即已经从水土总应力(直接观测值)中扣除了静水压力。另外，由于数据离散性较大，剔除了明显误差，并给出了总体平均值。可以看出，侧壁土压力的分布有以下特点：①侧壁土压力随入土深度先增加后减小，其转折点约发生在 35m 深度处，即首节钢沉井的顶部；②刃脚附近侧壁土压力较低。

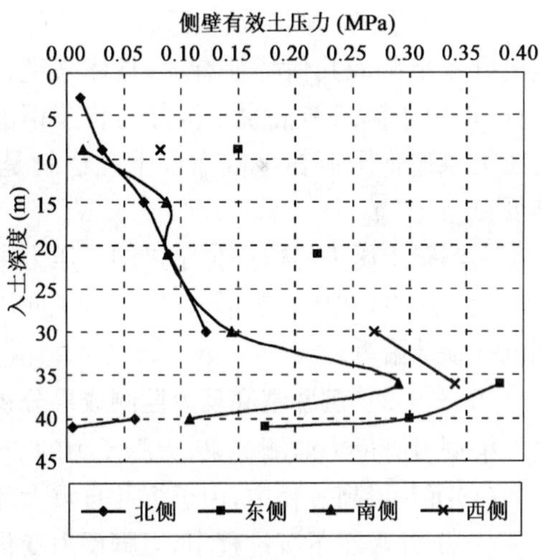

图 10-29　侧壁有效土压力分布

从监测结果看，部分侧壁土压力监测值偏大，可能与仪器率定系数偏差有关。但总的趋势反映出了侧壁土压力随入土深度先增加后减小的规律。对于侧壁土压力随入土深度先增加后减小的原因，可以使用土体极限平衡及变形协调要求来解释。

(1)浅层侧壁土压力随深度增加

受沉井内部吸泥下沉影响，井周土体塌陷。在密实度上，从天然密实状态逐渐转变为松弛状态；在水平应力大小上，从天然静止侧压力逐渐下降为主动土压力。当沉井下沉达到一定深度时，浅层土体进入最松弛状态，达到极限平衡，形成主动土压力区。在主动土压力区，土体内的水平应力，也就是沉井的侧壁土压力，将随深度增加而增加，见图 10-30。

(2)刃脚附近深度土体侧壁土压力随深度增加而减小的原因

刃脚附近深度土体侧壁土压力随深度增加而减小主要与刃脚附近土体极限平衡及变形协调有关。假设沉井入土深度为 H,土体平均浮重度为 γ',沉井刃脚外侧土体任一点的竖向应力为 δ_z。取沉井刃脚附近土体为研究对象,当井内吸泥至刃脚踏面附近时,竖向应力 δ_z 应满足的条件以及由此带来的效应主要包括以下几点:

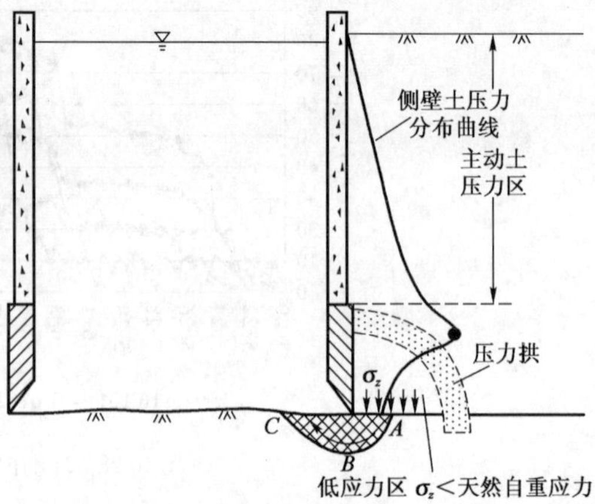

图 10-30　沉井侧壁土体受力分析

· σ_z 小于天然自重应力 $\gamma' H$,刃脚附近井周存在低应力区。此时沉井入土深度为 41 m,有效自重应力约为 0.4 MPa,而对应高程的井内土体有效自重应力为 0。在该应力差下,刃脚附近土体将因强度不够而形成破裂面,土体失稳后井周土体竖向应力 σ_z 部分释放,直至滑裂体达到平衡状态。当然,若土体塑性较高,如软黏土,土体可能不直接表现为破裂,但在该压力差下会发生塑性流动,同样形成低应力区。

· 低应力区形成过程中,其应力转移到周围土体,形成压力拱。为满足变形协调,井周土体有向刃脚位移的趋势,即土体以刃脚为圆心发生趋向圆心的径向变形,导致拱效应,形成压力拱。

· 压力拱的一侧拱端接近首节钢沉井顶部,但位置略低。压力拱的位置与下沉深度以及沉井水平截面几何特征有关,具体来说,下沉深度越大,压力拱中心线位置相对刃脚也越上移,但由于第二节混凝土沉井与首节钢沉井顶部接高位置呈台阶缩进,截面尺寸减小,因此压力拱通常限制在该截面以下。也就是说,压力拱的拱端约在首节钢沉井顶部,但位置略低。

· 侧壁土压力峰值点位于拱端。压力拱在与沉井外壁接触位置的拱向压力同时也是沉井的侧壁土压力,在压力拱形成过程中,拱向压力不断提高,导致侧壁土压力峰值点出现在首节钢沉井顶部附近。

10.3.5.3　沉井基底反力监测成果分析

根据刃脚反力监测成果,刃脚反力的变化有以下特点:

(1)沉井接高过程中,由于沉井自重大部分传递到刃脚,刃脚反力逐渐增加。

(2)沉井吸泥下沉过程中,刃脚反力变化一般是先增加后减小。这是由于吸泥初期,刃脚支撑土体面积减小,使得刃脚反力上升;当进一步吸泥后,刃脚土体越来越接近掏空状态,刃脚反力下降。

(3)随着沉井接高及下沉深度的增加,水土总压力总体呈下降趋势,扣除水压力后,有效土压力下降趋势更快。也就是说,在下沉初期,刃脚反力分担了大部分沉井重量;但随着下沉深度的增加,绝大部分重量由侧壁摩阻力分担。

(4)隔墙底部反力计只是在施工初期显示出压应力,后期基本为零,主要是采用大开挖方案,隔墙底部是凌空的。

参 考 文 献

[1] 项海帆. 高等桥梁结构理论[M]. 北京:人民交通出版社,2001

[2] 吉林. 润扬长江公路大桥建设:第 2 册:科研试验与勘测[M]. 北京:人民交通出版社,2005

[3] 冯兆祥. 大型桥梁地基基础的稳定性分析及监控[D]. 南京,河海大学博士论文,2002

[4] 吉林. 大型桥梁地基基础稳定性监控体系的研究[D]. 南京,河海大学博士论文,2002

[5] 冯兆祥,吉林,钟建弛. 江阴大桥锚碇基础接触应力的实测研究[J]. 公路,2003,2:23-25

[6] 吴胜东,吉林,阮静. 润扬大桥悬索桥北锚碇基础方案比选[J]. 桥梁建设,2003,2:44-46

[7] 李爱群,缪长青. 桥梁结构健康监测[M]. 北京:人民交通出版社,2009

[8] 李爱群,丁幼亮. 工程结构损伤预警理论与应用[M]. 北京:科学出版社,2008

[9] 东南大学土木工程学院. 润扬大桥结构健康监测与安全评估研究[R]. 南京:东南大学,2006

[10] 河海大学土木工程学院. 润扬大桥锚碇基础三维变形和稳定分析及安全可靠性评价和预测[R]. 南京:河海大学,2002

[11] 冯兆祥,吉林,周世忠. 江阴大桥下部结构安全监测系统[J]. 公路,2002,10:72-75

[12] 吉林,冯兆祥. 基于监测信息的悬索桥地基基础安全性评估[J]. 解放军理工大学学报,2007,8(2):161-165

[13] 邵国建,卓家寿,等. 岩体稳定性分析与评判准则研究[J]. 岩石力学与工程学报,2003,22(5),691-696

[14] 吴中如,沈长松,阮焕祥. 水工建筑物安全监控理论及其应用[M]. 南京:河海大学出版社,1990

[15] 朱晓文. 结构安全监控技术研究及其在润扬大桥北锚碇地基基础的应用[D]. 南京,东南大学博士论文,2005

[16] 孙钧,赵其华,熊孝波. 润扬长江公路大桥北锚碇基础施工变形的智能预测[J]. 岩土力学,2003,24(2):25-31

[17] 卓家寿,邵国建,等. 工程稳定问题中确定滑坍面、滑向与安全度的干扰能量法. 水利学报,1997,NO. 8,80-84

[18] 赵启林,朱晓文,孙宝俊. 考虑误差影响的力学参数反分析神经网络方法研究[J]. 东南大学学报,2003,33(5):24-28

[19] 缪长青. 大跨桥梁结构健康监测系统设计研究[R][博士后出站科研报告]. 南京:东南大学,2003

[20] 李爱群,缪长青,等. 润扬长江大桥结构健康监测系统研究[J]. 东南大学学报(自然科学版),2003,33(5):544-548

[21] C. Q. Miao, A. Q. Li , L. Zhao, L. Ji, Z. X. Feng. The SHM System-based Investigation on Reliability of Bridge Components. International Symposium on Innovation & Sustainability of Civil Engineering including Seismic Engineering, 2005, Nanjing, China, 1430-1449.

[22] 缪长青,韩惠婷,等.江阴大桥原结构安全监测系统设计分析[J].公路交通科技,2007,24(11):81-86

[23] 缪长青,李爱群,等.润扬大桥结构健康监测策略[J].东南大学学报(自然科学版),2005,35(3):780-785

[24] 陈志坚.层状岩质边坡工程安全监控建模理论及关键技术研究[D],南京,河海大学博士论文,2001

[25] 张建仁,刘扬,等.结构可靠度理论及其在桥梁工程中的应用[M].北京:人民交通出版社,2003

[26] 赵国藩.工程结构可靠性理论与应用[M].大连理工大学出版社,1996

[27] 贾金青,陈凤山.桥梁工程设计计算方法及应用[M].北京:中国建筑工业出版社,2003

[28] 王惠南.GPS导航原理与应用[M].北京:科学出版社,2003

[29] 李兆霞,李爱群,陈鸿天,等.大跨桥梁结构以健康监测和状态评估为目标的有限元模拟[J].东南大学学报(自然科学版),2003,33(5):562-572

[30] 李守巨,刘迎曦,王登刚.基于神经网络的岩体渗透系数反演方法及其工程应用[J].岩石力学与工程学报,2002,21(4):479-483

[31] 王小平,曹立明.遗传算法的理论应用与软件实现[M].西安:西安交通大学出版社,2002

[32] Z. X. Li, T. H. T Chan & R. Zheng. Statistical analysis of online strain response and its application in fatigue assessment of a long-span steel bridge. Engineering Structures, 25(2003): 1731-1741

[33] Li, Z. X., Chan, T. H. T., Ko, J. M., Fatigue Analysis and Life Prediction of the Bridges with Health Monitoring Data—Part I: Methodology and Strategy, Int. J. of Fatigue, 2001, 23(1): 45-53

[34] Ding Youliang, Li Aiqun, Miao Changqing. Theoretical research on structural damage alarming of long-span bridges using wavelet packet analysis. Journal of Southeast University, 2005, 21(4): 459-462

[35] Ding Youliang, Li Aiqun, Miao Changqing. Design of online condition assessment system for the Runyang Yangtse River Bridge. Proceedings of the third China-Japan-US symposium on structural health monitoring and control and fourth Chinese national conference on structural control, Dalian, China, 2004

[36] 丁幼亮,李爱群,韩晓林,润扬大桥斜拉桥结构安全评估的有限元建模与修正[J].东南大学学报,2006,36(1):92-96

[37] 刘西拉.重大土木与水利工程安全性及耐久性的基础研究[J].土木工程学报,2001,34(6):1-7

[38] 朱平华,金伟良,倪国荣.在役混凝土桥梁结构耐久性评估方法[J].浙江大学学报(工学版),2006,40(4)

[39] 任必年.公路钢桥腐蚀与防护[M].北京:人民交通出版社,2002

[40] 朱劲松,肖汝诚.大跨度斜拉桥拉索安全性分析方法研究[J].土木工程学报.2006,39(9):74-79

[41] Li, Z. X., Chan, T. H. T., Ko, J. M., Fatigue analysis and life prediction of bridges with structural health monitoring data—Part I: methodology and strategy, Int. J. Fatigue, 2001; 23(1): 45-53.

[42] AASHTO. Guide specifications for fatigue evaluation of existing steel bridges[S]. USA: American Association of State Highway and TransportationOfficials,1990

[43] Margery M E. Hoffman P C. Corrosion and fatigue research-structural-issues and relevance to naval aviation[J]. International Journal of Fatigue,2001,23:S1-S10

[44] 朱晓文,赵启林.大跨度悬索桥地基基础安全监控系统[J].公路交通科技,2005,25(6):98-100

[45] 朱晓文,赵启林,朱凯,等.润扬大桥北锚碇基础三维数值仿真分析[J].东南大学学报,2005.35(2)

[46] 李运生,张彦玲.明石海峡大桥的监测[J].世界桥梁,2002(3):52-55

[47] 严国敏.基础相对地震位移时悬索桥与斜拉桥的受力行为[J].国外桥梁,1997(4):58-62

[48] 黄清,郭良友.希腊里—安蒂里桥桥址处活动断层的长期监测[J].世界桥梁,2002(3):30-34

[49] 赵国藩,金伟良,贡金鑫,等.结构可靠度理论[M].北京:中国建筑工业出版社,2000

[50] Shi Z. Y., Law S. S.,Zhang L. M. Improved Damage Quantification from Elemental Modal Strain Energy Change. Journal of Engineering Mechanics, 2002, 128 (5): 521-529

[51] Cao T. T.,Zimmerman D. C. Procedure to extract Ritz vectors from dynamic testing data. Journal of Structural Engineering—Asce, 1999, 125 (12): 1393-1400

[52] Sohn H. Extraction of Ritz vectors from vibration test data. Mechanical Systems and Signal Processing, 2001, 15 (1): 213-226

[53] Sohn H. Damage diagnosis using experimental Ritz vectors. Journal of Engineering Mechanics—Asce, 2001, 127 (11): 1184-1193

[54] Worden K.,Lane A. J. Damage identification using support vector machines. Smart Materials & Structures, 2001, 10 (3): 540-547

[55] Worden K.,Manson G. The application of machine learning to structural health monitoring. Philosophical Transactions of the Royal Society—Mathematical Physical and Engineering Sciences, 2007, 365 (1851): 515-537

[56] Chou J. H. Genetic algorithm in structural damage detection. Computers & Structures, 2001, 79 (14): 1335-1353

[57] Hao Hong,Xia Yong. Vibration-based Damage Detection of Structures by Genetic Algorithm. Journal of Computing in Civil Engineering, 2002, 16 (3): 222-229

[58] He R. S. Damage detection by an adaptive real-parameter simulated annealing genetic algorithm. Computers & Structures, 2006, 84 (31-32): 2231-2243

[59] He R. S. Damage detection by a hybrid real-parameter genetic algorithm under the assistance of grey relation analysis. Engineering Applications of Artificial Intelligence, 2007, 20: 980-992

[60] Sahoo B. Damage assessment of structures using hybrid neuro-genetic algorithm. Ap-

plied Soft Computing, 2007, 7 (1): 89-104

[61] He R. S. Identifying damage in spherical laminate shells by using a hybrid real-parameter genetic algorithm. Composite Structures, 2007, 80 (1): 32-41

[62] 孙钧,黄伟.岩土力学参数弹塑性反演问题的优化方法[J].岩土力学与工程学报,1992, Vol. 11 No. 3: 221-229

[63] 袁勇.岩土工程中的系统辨识理论及其工程应用[D].上海:同济大学博士学位论文,1991

[64] 汪中卫.根据反馈对基坑围护结构内力与变形的反分析[J].大坝观测与土工测试,1998, 22(6):14-17

[65] 金玉泉.桥梁的病害与灾害[D].上海:同济大学硕士学位论文,2006